Die Reparationsverpflichtungen der Bundesrepublik Deutschland nach dem Zweiten Weltkrieg

SCHRIFTEN ZUM STAATS- UND VÖLKERRECHT

Herausgegeben von Prof. Dr. Dieter Blumenwitz

Band 115

Peter Lang
Frankfurt am Main · Berlin · Bern · Bruxelles · New York · Oxford · Wien

Kerstin Liesem

Die Reparationsverpflichtungen der Bundesrepublik Deutschland nach dem Zweiten Weltkrieg unter besonderer Berücksichtigung der Zwangsarbeiterentschädigung

Peter Lang
Europäischer Verlag der Wissenschaften

Bibliografische Information Der Deutschen Bibliothek
Die Deutsche Bibliothek verzeichnet diese Publikation in der Deutschen Nationalbibliografie; detaillierte bibliografische Daten sind im Internet über <http://dnb.ddb.de> abrufbar.

Zugl.: Würzburg, Univ., Diss., 2004

D 20
ISSN 0172-7796
ISBN 3-631-53393-4

www.peterlang.de

Meinen Eltern

in Liebe und Dankbarkeit gewidmet

Vorwort des Herausgebers

Die vorliegende Arbeit ist im Rahmen eines von der Hanns-Seidel-Stiftung e.V. geförderten und in Zusammenarbeit mit dem Lehrstuhl für Völkerrecht, allgemeine Staatslehre, deutsches und bayerisches Staatsrecht und politische Wissenschaften organisierten Promotionskollegs zu „Völkerrechtlichen Fragen der Friedensicherung" entstanden.

Ziel des Kollegs war es, verschiedene für die Frage der künftigen Friedenssicherung relevante Themen zu bearbeiten und durch den stetigen Austausch der Teilnehmer die Interdependenz der Einzelthemen zu der übergeordneten Thematik der Friedenssicherung herauszuarbeiten.

Prof. Dr. Dieter Blumenwitz

Vorwort

Die vorliegende Arbeit wurde im Sommersemester 2004 von der Juristischen Fakultät der Bayerischen Julius-Maximilians-Universität Würzburg als Dissertation angenommen. Sie wurde durch ein Begabtenstipendium der Hanns-Seidel-Stiftung aus Mitteln des Bundesministeriums für Bildung und Forschung (BMBF) gefördert.

Ganz herzlich danke ich meinem verehrten Doktorvater, Herrn Prof. Dr. Dieter Blumenwitz, der mir aus seinem schier unerschöpflichen Wissensschatz immer wieder wichtige Impulse gegeben, mich motiviert und gefördert hat und meine Arbeit in seine Reihe „Schriften zum Staats- und Völkerrecht" aufgenommen hat. Herrn Prof. Dr. Dr. hc. Hugo J. Hahn danke ich für die zügige Erstellung des Zweitgutachtens.
Mein Dank gilt auch Herrn Privatdozent Dr. Winfried Bausback, der mir mit Rat und Tat zur Seite gestanden und mir immer wieder wertvolle Anregungen gegeben hat. Für die hervorragende organisatorische Betreuung meiner Dissertation möchte ich Frau Ruth Rupp danken.

Während der gesamten Anfertigung der vorliegenden Arbeit war ich als wissenschaftliche Mitarbeiterin bei Prof. Dr. Frank Zieschang am Lehrstuhl für Strafrecht und Strafprozessrecht der Universität Würzburg beschäftigt.
Prof. Zieschang hat meine Dissertation wohlwollend begleitet und mir besonders in der letzten Phase der Anfertigung genügend Freiheit zur Ausarbeitung der vorliegenden Arbeit gewährt. Dafür schulde ich ihm herzlichen Dank.

Danken möchte ich auch meinem Kollegen, Herrn Karsten Eirich, der mir besonders in der Endphase der Dissertation den Rücken frei gehalten hat. Meinen Freundinnen, Frau Sandra Müller und Frau Monika Walther, danke ich für die kritische Durchsicht dieser Arbeit.

Gewidmet habe ich meine Arbeit meinen Eltern, die mich immer gefördert, motiviert und unterstützt haben.

Wiesbaden, im Februar 2005 Kerstin Liesem

Inhaltsverzeichnis

«C´est un principe du droit international que la violation d´un engagement entraîne l´obligation de réparer dans une forme adéquate...»

Einleitung

Dieser völkerrechtliche Grundsatz hatte für Deutschland nach dem Zweiten Weltkrieg eine besondere Tragweite, bedeutete er doch, dass Deutschland als Aggressor den Siegern Kriegsentschädigung leisten musste. Bereits nach dem Ersten Weltkrieg hatten die immensen Reparationsforderungen der Siegermächte zu einem Ausbluten der deutschen Wirtschaft und zu einer massiven Gefährdung der jungen Demokratie geführt. Noch heute trägt Deutschland Folgelasten des verlorenen Ersten Weltkrieges. Auch nach dem Zweiten Weltkrieg spielte die Frage nach Höhe und Umfang der deutschen Reparationsverpflichtung eine wesentliche politische Rolle. Welch große Bedeutung die Wiedergutmachungsproblematik für Deutschland und sein Ansehen in der internationalen Staatengemeinschaft und der Weltöffentlichkeit haben würde, war damals wohl kaum absehbar.
Obgleich seit der Überwindung des Faschismus inzwischen mehr als fünf Jahrzehnte vergangen sind, hat die Reparationsfrage nichts an politischer Brisanz eingebüßt. Vielmehr entbrannte nach der Wiedervereinigung der beiden deutschen Staaten und der Wiederherstellung der staatlichen Souveränität Deutschlands eine lebhafte öffentliche Diskussion darüber, ob und in welchem Ausmaß das wiedervereinigte Deutschland zu Kriegsentschädigungen herangezogen werden könne. Die oft äußerst emotional geführte Debatte entzündete sich am Beutegold[1] und jüdischen Konten auf Schweizer Banken[2]. Der Druck führte dazu, dass Schweizer Banken im Jahr 1998 1,25 Milliarden Dollar an jüdische Organisationen auszahlten.[3] Die Beschlagnahmung deutscher Kulturgüter von künstlerischer und kunsthistorischer Bedeutung zu Reparationszwecken nach dem Zweiten Weltkrieg – vor allem durch die sowjetische Besatzungsmacht – ist nach wie vor Gegenstand deutsch-russischer Verhandlungen.[4] Auch der deutsch-

---

[1] Ausführlich dazu BOWER, Das Gold der Juden.
[2] Vgl. dazu FINKELSTEIN, Die Holocaust-Industrie, S. 85 ff., S. 94.
[3] DER SPIEGEL 9/2000, S. 54.
[4] Ausführlich zur Thematik STUMPF, Kulturgüterschutz im internationalen Recht unter besonderer Berücksichtigung der deutsch-russischen Beziehungen; vgl. auch WALTER, Rückführung von Kulturgut im internationalen Recht, S. 1 ff.

liechtensteinische Bilderstreit ist in diesem Kontext zu nennen. In dessen Mittelpunkt stand die Frage, ob ein Gemälde des liechtensteinischen Fürsten als deutsches Eigentum qualifiziert und zum Zwecke der Reparation konfisziert werden durfte.[5] Für Konfliktstoff und Belastungen in den deutsch-tschechischen Beziehungen sorgen nach wie vor die Rechtfertigung von Vertreibungen und Konfiszierungen sudetendeutschen Vermögens nach dem Zweiten Weltkrieg aufgrund der Benesch-Dekrete[6]. Dieser Streit hat die bilaterale Ebene verlassen und strahlte auf die Europäische Union und deren Beitrittsverhandlungen mit Tschechien aus. Seinen Ursprung hat der Konflikt in der Frage, ob Enteignungen sudetendeutschen Vermögens als Reparationen zu werten sind.[7]
In letzter Zeit haben insbesondere amerikanische Sammelklagen (so genannte class-actions) gegen die deutsche Wirtschaft und Industrie Schlaglichter auf die Entschädigungsthematik geworfen.[8] Eine immense Klagewelle richtete sich gegen deutsche Unternehmen, die während der Nazi-Diktatur Zwangsarbeiter beschäftigt hatten. Die Entschädigungsforderungen in horrender Höhe waren verbunden mit Boykottaufrufen gegen deutsche Produkte und negativen Imagekampagnen.[9] Selbst Firmen, die bereits Entschädigungszahlungen geleistet hatten, waren vor amerikanischen Sammelklagen und deren negativen Auswirkungen auf ihr Ansehen in der ausländischen Öffentlichkeit nicht gefeit.[10]
Obwohl aus juristischer Sicht die Frage nach Bestehen und Umfang von Reparationsverpflichtungen nicht abschließend geklärt war, wuchs der politische und wirtschaftliche Druck auf die deutsche Wirtschaft und die Bundesregierung. Schließlich hatten die SPD und Bündnis 90/ Die Grünen in ihren Koalitionsvereinbarungen im Oktober 1998 die Errichtung einer Stiftung unter der Beteiligung des Bundes und der Industrie zugesagt, aus der ehemalige NS-Zwangsarbeiter entschädigt werden sollten. Die Augen der internationalen Staatengemeinschaft und ihrer Presse waren auf

[5] Vgl. BLUMENWITZ, in: Festschrift Hacker, S. 347 ff.
[6] Vgl. SZ v. 2.07.2003, S. 1, DIE WELT v. 15.07.2002, S. 29. Umfassend zur völkerrechtlichen Einordnung der Enteignungen auf der Grundlage der Benesch-Dekrete, ALLSTADT, Die offene Völkerrechtslage im deutsch-tschechischen Verhältnis und ihre Bedeutung für die Osterweiterung der Europäischen Union, S. 25 ff.
[7] Ausführlich zur Thematik WENK, Das konfiszierte deutsche Privatvermögen in Polen und der Tschechoslowakei; RASCHHOFER, in: Festschrift für Frhr. v. d. Heydte, S. 495, ff., S. 509 f. Dieselbe Frage stellt sich bezüglich der jugoslawischen AVNOJ-Dekrete, die in Jugoslawien die Grundlage für die Konfiskationen deutschen Eigentums bildeten.
[8] BAZYLER, Holocaust Justice, S. 1 ff.
[9] Vgl. SZ v. 20.11.1999, S. 6.
[10] Vgl. zur Thematik HESS, Die Aktiengesellschaft 1999, S. 145 ff.; SAFFERLING, NJW 2000, S. 1922 ff.

Deutschland gerichtet: Wie würde es mehr als 50 Jahre nach Ende des Zweiten Weltkrieges mit seiner Historie umgehen?
Die Antwort ist mittlerweile bekannt. Sowohl die Bundesregierung als auch die deutsche Wirtschaft haben sich mit dem Gesetz zur Errichtung der Stiftung „Erinnerung, Verantwortung und Zukunft“[11], das am 12. August 2000 in Kraft trat, ihrer Verantwortung gestellt und damit nach über einem Jahr andauernden[12] langwierigen und aufreibenden Verhandlungen einen zumindest finanziellen Schlussstrich[13] unter die Zwangsarbeiterdebatte gezogen. Die Bundesregierung und die deutsche Wirtschaft beteiligten sich mit jeweils fünf Milliarden DM an dem Stiftungsfonds zur Entschädigung ehemaliger Zwangsarbeiter. Die Einigung in den Entschädigungsverhandlungen wurde als ein historisches Ereignis und ein großer Tag für die Opfer[14] gefeiert. Mit der feierlichen Unterzeichnung des deutsch-amerikanischen Regierungsabkommens am 17. Juli 2000[15], das am 19. Oktober 2000 in Kraft trat, konnte auch die Forderung deutscher Unternehmen nach Rechtssicherheit gelöst werden.
Vorerst letzter Höhepunkt der hitzig geführten Debatte um die Reparationen war der vor deutschen[16] und griechischen[17] Gerichten ausgetragene Rechtsstreit, in dem Angehörige der griechischen Opfer des SS-Massakers von Distomo die Bundesrepublik Deutschland auf Entschädigung in Millionenhöhe verklagt hatten und sowohl vor dem Gericht erster Instanz als auch vor dem Obersten Griechischen Gericht, dem Areopag, als Revisionsinstanz obsiegten.[18] Als die deutsche Regierung jegliche Zahlungen ver-

---

[11] BGBl. 2000 I, 1263. Vgl. auch Plenarprotokoll des Deutschen Bundestages 14/114 v. 6.07.2000, S. 10751 ff. Am 11.08. 2001 trat das 1. Änderungsgesetz v. 4.08.2001 in Kraft.

[12] Die erste Verhandlungsrunde zwischen der deutschen Bundesregierung, der US- Regierung und Vertretern osteuropäischer und jüdischer Opfer fand bereits im Mai 1999 statt.

[13] Die Betonung liegt auf „finanzieller Schlussstrich“. Damit sei jedoch kein Schlussstrich unter die deutsche Geschichte gemeint, vgl. Reuter (Plenarprotokoll 14/114 v. 6.07.2000).

[14] FAZ v. 14.06.2000, S.1.

[15] BGBl. 2000 II 1372 f.

[16] LG Bonn v. 23.06.1997, Az.: 1 O 358/95; Urteil des OLG Köln v. 27. August 1998, Az.: 7 U 167/97; Urteil des III. Zivilsenats des BGH v. 26.6.2003, Az.: III ZR 245/98.

[17] Urteil des Landgerichts Levadia v. 30.10.1997; Urteil des Ersten Zivilsenats des Obersten Gerichtshofs Griechenlands (Areopag) v. 4.05.2000, Nr. 131/2001, teilweise abgedruckt in: Kritische Justiz (KJ), 2000 (33), S. 473 ff.; Entscheidung des Obersten Sondergerichts v. 17.09.2002, Oberster Sondergerichtshof, 6/2002, Dike Int. 2002, S. 1282 ff.

[18] Vgl. dazu FAZ v. 9.05.2000, S. 6.

weigerte, wollten die Kläger ihre Ansprüche zwangsweise durchsetzen. Das Deutsche Archäologische Institut, die deutsche Schule in Athen, das Goethe-Institut in Athen sowie die deutsche Schule in Thessaloniki sollten zur Befriedigung der Opfer des SS-Massakers versteigert werden. Erst auf massiven politischen Protest des deutschen Außenministers verweigerte der griechische Justizminister seine für eine Zwangsvollstreckung nach griechischem Recht notwendige Zustimmung, so dass die Versteigerungen letztlich scheiterten.
Das Oberste Griechische Sondergericht[19] wies die Klagen schließlich aus Rücksicht auf die Staatenimmunität der Bundesrepublik Deutschland ab. Auch die vor deutschen Gerichten rechtshängig gemachte Klage der Angehörigen der Opfer von Distomo wurde kürzlich vom Bundesgerichtshof (BGH) als unbegründet abgewiesen.[20]
All diese Beispiele zeigen, dass Deutschland mehr als ein halbes Jahrhundert nach Ende des Zweiten Weltkrieges von seiner Geschichte eingeholt wurde. Die Reparationsproblematik ist politisch vor allem deshalb so heikel, weil sie sich immer auf dem schmalen Grat zwischen juristischer Vertretbarkeit und praktischer Realisierbarkeit auf der einen Seite sowie moralischer und historischer Verantwortung auf der anderen Seite bewegt. Hinzu kommt, dass die Entschädigungsdebatte für alle Beteiligten stark emotionsbeladen ist, was eine sachlich-nüchterne Herangehensweise nahezu unmöglich macht.
Bei der kontrovers geführten Diskussion um deutsche Entschädigungsleistungen darf nicht unberücksichtigt bleiben, dass die Gefahr bestand und immer noch besteht, dass Konflikte und Unstimmigkeiten in der Reparationsfrage auf bi- und multilaterale Beziehungen der Bundesrepublik Deutschland ausstrahlen. Deshalb konnte und durfte sich die Problematik für die deutsche Politik und Diplomatie nie isoliert, sondern immer nur im Gesamtkontext der internationalen Beziehungen stellen. Schließlich stellt die Lösung der Reparationsstreitigkeiten einen kleinen, aber äußerst wichtigen Mosaikstein zur Sicherung und Förderung einer stabilen Friedensordnung in Europa und der Welt dar.
Unabdingbar für einen dauerhaften Frieden und freundschaftliche Beziehungen mit anderen Staaten sind gegenseitige Rücksichtnahme, Achtung und Respekt. Vor diesem Hintergrund war die Bundesrepublik Deutschland bei den Verhandlungen über Reparationszahlungen mit einer schwierigen Aufgabe konfrontiert. Denn sie musste zwei gegenläufige Interessen zum Ausgleich bringen: Auf der einen Seite standen die NS-Opfer mit ih-

---

[19] Urteil des Obersten griechischen Sondergerichts v. 17.09.2002. Oberster Sondergerichtshof, 6/2002, Dike Int. 2002, S. 1282 ff.
[20] Urteil des BGH v. 26.07.2003, Az.: III ZR 245/98.

rer leidvollen Geschichte, die an die moralische und historische Verantwortung Deutschlands appellierten. Auf der anderen Seite war es die Aufgabe der deutschen Regierung, zum Schutze eines funktionierenden Staatswesens und einer stabilen Wirtschaft eine Überflutung Deutschlands mit Entschädigungsforderungen zu verhindern.
Unter Berücksichtigung dieser vielfältigen Facetten war und ist bei der hoch sensiblen Reparationsproblematik neben juristischem Sachverstand vor allem moralisches und diplomatisches Fingerspitzengefühl gefragt.

Die folgende Darstellung zielt deshalb darauf ab, das Zusammenspiel historischer, politischer, moralischer und rechtlicher Faktoren bei der Behandlung der Reparationsfrage aufzuzeigen und die Problematik unter dem Blickwinkel dieser Vernetzungen juristisch zu würdigen. Die Untersuchung zeigt, wie in der Vergangenheit mit Reparationskonflikten umgegangen wurde. Daneben will sie einen Beitrag zu einer endgültigen und einheitlichen Staatenpraxis innerhalb der internationalen Gemeinschaft bei der Behandlung der deutschen Reparationen leisten.
Ausgehend von einer Definition des Begriffes „Reparation" und seiner völkerrechtlichen Einordnung gewährt die Darstellung einen Einblick in Hintergründe und Motive reparationsrechtlicher Regelungen und Vereinbarungen seit dem Ende des Zweiten Weltkrieges. In einem ersten Teil wird ein historischer Überblick über Entwicklung, Höhe und Umfang der nach dem Zweiten Weltkrieg geleisteten Entschädigungs- und Wiedergutmachungszahlungen sowie deren rechtliche Grundlagen gegeben.
Dieser theoretischen Darstellung folgt in einem zweiten Teil die praktische Umsetzung der Erkenntnisse. Ausgehend von der Rechtsnatur der Reparationsforderungen steht die Frage im Vordergrund, ob die behaupteten Ansprüche ehemaliger NS-Zwangsarbeiter aus juristischer Sicht gerechtfertigt waren. Unter Berücksichtigung der Tatsache, dass der 2+4-Vertrag[21] bei der Behandlung der Reparationsansprüche eine Zäsur darstellt, unterscheidet die Untersuchung die rechtliche Bewertung der Forderungen vor und nach der Wiedervereinigung.
In der jüngsten Vergangenheit setzte ein Trend zur Privatisierung zwischenstaatlicher Ansprüche ein. Dieser ist dadurch charakterisiert, dass sich Klagen ehemaliger NS-Zwangsarbeiter nicht gegen die Bundesrepublik Deutschland, sondern gegen einzelne deutsche Unternehmen richteten.

---

[21] Vertrag über die abschließende Regelung in bezug auf Deutschland (2+4-Vertrag) v. 12.09.1990 zwischen der Bundesrepublik Deutschland, der DDR und den vier Hauptsiegermächten USA, Großbritannien, Frankreich sowie der Sowjetunion. Text des Vertrages BGBl. 1990 II, 1317 ff.

Der dritte Teil der Darstellung widmet sich der Lösung der Zwangsarbeiterproblematik. Dabei werden das Stiftungsgesetz als Ergebnis intensiver Entschädigungsdebatten und das deutsch-amerikanische Regierungsabkommen zum Schutz deutscher Unternehmen vor weiteren Forderungen einer kritischen Würdigung unterzogen.
Davon ausgehend wird untersucht, ob Reparationsforderungen gegen Deutschland auch über ein halbes Jahrhundert nach Kriegsende noch Bestand haben. Darauf aufbauend soll die Darstellung dazu beitragen, künftige Reparationskonflikte zu lösen. Schließlich wird dargestellt, wie die Wiedergutmachung typisch nationalsozialistischen Unrecht – ein speziell deutsches Phänomen – durch die Bundesrepublik Deutschland erfolgte.
Die Untersuchung schließt mit einem Ausblick, in dem die Verantwortung der Staaten und der Europäischen Union bei der Lösung der Reparationsfrage zum Zwecke der Friedenssicherung und stabiler multilateraler Beziehungen herausgestellt wird.

Erster Teil: Die Entwicklung der Reparationsproblematik nach dem Zweiten Weltkrieg

A. Der völkerrechtliche Reparationsbegriff

Zum Verständnis und der kritischen Auseinandersetzung mit der Reparationsproblematik – wie sie sich nach dem Ende des Zweiten Weltkrieges stellte – wird zunächst allgemein der Reparationsbegriff inhaltlich umrissen sowie seine Entwicklungsgeschichte in groben Zügen dargestellt. Es folgt ein Überblick über die Entwicklung der Reparationsverpflichtungen nach dem Zusammenbruch des Dritten Reiches. Besondere Berücksichtigung findet dabei die Rolle der alliierten Siegermächte. Illuminiert werden daneben die wesentlichen historischen, politischen und rechtlichen Hintergründe. Denn diese bilden die Eckpfeiler und die Grundlage der Reparationsdebatte. Außerdem wird dargestellt, nach welchen Kriterien sich Reparationsansprüche von anderen Formen von Entschädigungsleistungen abgrenzen lassen.

I. Entwicklung des Reparationsbegriffs

Der völkerrechtliche Begriff[22] „Reparation" tauchte erstmals am Ende des Ersten Weltkrieges im Versailler Vertrag[23] auf. Dort verdrängte er den seit dem Mittelalter verwendeten Begriff der „Kriegsentschädigung"[24]. Seinen Ursprung fand der überkommene Begriff „Kriegsentschädigung" bereits in den Tributen des klassischen Altertums, die die Sieger unterworfenen Völkern auferlegten.[25] Im Mittelalter setzte sich der Grundsatz des Rechts auf Kriegsentschädigung zur Abdeckung der allgemeinen Kriegskosten immer mehr durch. So vertrat Gentilis die Ansicht, der Sieger habe nach dem Ende eines Krieges einen Anspruch auf Erstattung seiner Kriegskosten.[26]

---

[22] Vgl. RUMPF, AVR Bd. 23 (1985), S. 74 ff.; ders., ZaöRV Bd. 33 (1973), S. 344 ff.; SEIDL-HOHENVELDERN, Beiträge „Reparations" und Reparations after World War II, in: EPIL, Instalment 4 (1982), S. 180 f.

[23] SEIDL-HOHENVELDERN, in: Festschrift für Stern, S. 89. Text des Versailler Vertrags, in: RGBl. 1919, 687. Der VIII. Teil des Versailler Vertrages ist mit „Reparations" überschrieben, ebenso wie die entsprechenden Abschnitte der Friedensverträge von St. Germain mit Österreich (1919), von Trianon mit Ungarn (1920) und von Neuilly mit Bulgarien (1919);
SEIDL-HOHENVELDERN, in: Strupp/Schlochauer, Wörterbuch des Völkerrechts, Bd. II, S. 337; KRÜGER, „Wesen, Grund und Höhe des Reparationsanspruchs", S. 5.

[25] SEIDL-HOHENVELDERN, in: Strupp/Schlochauer, Wörterbuch des Völkerrechts, Bd.II, S. 337.

[26] SEIDL-HOHENVELDERN, in: Strupp/Schlochauer, Wörterbuch des Völkerrechts, Bd. II, S. 338.

Auch Straf- und Sühnezwecken sollten die Kriegsentschädigungen dienen.[27] Die Friedensverträge nach dem Ersten Weltkrieg leiteten eine Wende ein.[28] Der Versailler Vertrag verknüpfte mit der Aggression Deutschlands und seiner Verbündeten die Verantwortung für alle im Krieg entstandenen Schäden.[29] Mit der Substituierung der „Kriegsentschädigung" durch die „Reparation" im Versailler Vertrag war neben einer rein begrifflichen Änderung auch und vor allem eine inhaltliche Änderung im Begriffsverständnis verbunden. Während Kriegsentschädigungen – in dem Sinne, wie sie vor dem Ersten Weltkrieg verstanden wurden – vorrangig das Ziel verfolgten, die Kriegskosten des Siegers abzudecken und den Besiegten zu bestrafen, sollte Reparationen ein weiter reichender Umfang zukommen.[30] Eine Untersuchung des Begriffs „Reparation" – insbesondere wie er nach dem Ende des Zweiten Weltkrieges verstanden wurde – zeigt ein Konglomerat verschiedener Motivationen: Einerseits deckt er sich mit dem Begriff „Kriegsentschädigung" und beinhaltet die Forderung nach Erstattung der Kriegskosten, wie es dem Besiegten bereits im Altertum in Form von Tributen[31] widerfuhr. Andererseits greift er über den Begriff „Kriegsentschädigung" hinaus und erweitert den Begriff der „Kriegsentschädigung" um das Element des Schadensersatzes für völkerrechtswidrige Handlungen.
Der Begriff „Reparation" vereinigt damit zwei Grundprinzipien: Das elementare, archaische „vae victis" auf der einen Seite und die Idee der Gerechtigkeit auf der anderen Seite.[32] Daneben tritt als weiteres Motiv die Schädigung des ehemaligen Kriegsgegners[33] und die Fortsetzung des Krie-

---

[27] Vgl. BISHOP, International Law, 3th Ed. (1971), S. 795 ff.; OPPENHEIM/ LAUTERPACHT, International Law, 7th Ed. (1952), S. 594 f., KRÜGER, „Wesen, Grund und Höhe des Reparationsanspruchs", S. 5.

[28] BROMS, The Definition of Aggression, RdC 154 (1977 – I), S. 299 ff., S. 305 ff.; ARONEANU, La définition de l'aggression, S. 19 ff.

[29] Art. 231 des Versailler Vertrags, RGBl. 1919, 687.

[30] Der moralisch-rechtlich indifferente Begriff der „Kriegsentschädigung" wurde durch den rechtlich-moralisch gefärbten Gedanken der pauschalen Wiedergutmachung für ein völkerrechtliches Delikt verdrängt, so v. MÜNCH, Das völkerrechtliche Delikt in der modernen Entwicklung der Völkergemeinschaft, S. 150 ff. Vgl. auch RUMPF, AVR 23 (1985), S. 74 ff., S. 75.

[31] Jedoch bildet die Rechtsgrundlosigkeit des Eingriffs das entscheidende Unterscheidungsmerkmal zwischen Tribut, Beute oder Kontribution einerseits und Reparation andererseits.

[32] So RUMPF, Die deutsche Frage und die Reparationen, ZaöRV 33 (1973), S. 356.

[33] Rechtlich umgesetzt wurde dieses Ziel der Sieger z.B. durch die Enteignung deutschen Vermögens im neutralen Ausland durch das Kontrollratsgesetz v. 30.10.1945, Abl. des Kontrollrats in Deutschland Nr. 2, S. 27; vgl. auch MANN, NJW 1947/1948, S. 608.

ges mit rein ökonomischen Mitteln nach Beendigung des militärischen Kriegszustandes.[34] Die Sieger wollten laut Seidl-Hohenveldern[35] mit diesem neuen Begriff ihre Absicht zum Ausdruck bringen, die Besiegten zu verpflichten, grundsätzlich für den gesamten Schaden einzustehen, der der Zivilbevölkerung durch deren Kriegshandlungen entstanden war. Hinzu kam eine Verpflichtung zum Ersatz der Kosten für Pensionen von Kriegsopfern, für Unterstützung von Kriegsgefangenen und für zerstörtes Staatseigentum der Sieger.

II. Der Reparationsbegriff im völkerrechtlichen Sprachgebrauch

Aus dieser teleologischen Auslegung des Reparationsbegriffs leitet Seidl-Hohenveldern[36] seine Begriffsdefinition ab. Er versteht unter „Reparationen" Wiedergutmachungsleistungen, die der Besiegte nach dem Ende eines Krieges wegen seines schuldhaften Angriffs an den oder die Sieger erbringen muss. Reparation bedeutet also Schadensersatz wegen eines völkerrechtlichen Delikts.[37] Ein solches liege dann vor, wenn ein Staat durch seine Organe oder seine Staatsangehörigen gegenüber einem anderen Staat, dessen Organen oder Staatsangehörigen gegen positives Völkerrecht oder allgemein anerkanntes Völker(gewohnheits-)recht[38] verstößt.

1. Inhalt der Reparation

Nach dieser Definition stehen Reparationen für einen weit reichenden Ausgleich von Völkerunrecht. Begrifflich differenziert das Völkerrecht zwischen verschiedenen Arten von Reparationen. Es kennt mit der Naturalrestitution (*„restitutio in integrum"*), dem Wertersatz (*„compensation"*) und der Genugtuung (*„satisfaction"*) drei verschiedene Formen, die alternativ, teilweise jedoch auch kumulativ, angewendet werden können.[39]
Unter der Naturalrestitution versteht man die Wiederherstellung des Zustandes, der ohne die Rechtsverletzung bestehen würde.[40] Naturalrestitution bedeutet somit Rückgabe in natura von Vermögensobjekten und Personen, die der besiegte Staat oder dessen Staatsangehörige während eines Krieges

---

[34] Vgl. HARMSSEN-DENKSCHRIFT, S. 93 und Anlage IV zur Demontage; BERBER, Lehrbuch des Völkerrechts, Bd. 2, S. 197 f.

[35] SEIDL-HOHENVELDERN, „Kriegsentschädigung", in: Strupp/Schlochauer, Wörterbuch des Völkerrechts, Bd. I, S. 337 ff.

[36] SEIDL-HOHENVELDERN, Völkerrecht, Rn. 1867.

[37] KRÜGER, „Wesen, Grund und Höhe des Reparationsanspruchs", S. 40.

[38] Das völkerrechtliche Deliktsrecht ist nur unzulänglich vertraglich geregelt. Deshalb blieb neben den Normen des Völkervertragsrechts der Entfaltung von Gewohnheitsrecht ein breiter Raum, vgl. V. MÜNCH, Das völkerrechtliche Delikt, S. 28.

[39] So auch HAHN, in: Festschrift für Krause, S. 93 ff., S. 95.

[40] BERBER, Lehrbuch des Völkerrechts, Bd. III, S. 25.

aus dem Gebiet des siegreichen Staates entfernt und an sich genommen haben.[41] Dazu gehört auch der seit der Stimson-Doktrin etablierte Grundsatz, dass der Aggressor eroberte Gebiete herauszugeben hat.[42] Daneben unterliegt der Naturalrestitution auch die Aufhebung rechtswidriger Gesetze und ähnlicher Maßnahmen.[43]

Ist das Objekt, das im Hinblick auf eine Naturalrestitution grundsätzlich zurückzugeben wäre, nicht mehr vorhanden, so ist Raum für die so genannte „restitution in kind". Diese bezeichnet eine Wiedergutmachung der Gattung nach.[44] An die Stelle von Gütern, die im Krieg geraubt oder zerstört wurden, untergingen oder abhanden kamen, tritt die Leistung gleichwertiger oder vergleichbarer Objekte.[45] Da der Besiegte bei der „restitution in kind" ebenfalls Einbußen seines Vermögens hinnehmen muss, kann sie als besondere Spielart der Reparation bezeichnet werden.

Erst wenn die Wiederherstellung des früheren Zustandes unmöglich, ungenügend, unzumutbar oder unbillig wäre, tritt der Wertersatz („compensation") an die Stelle der Naturalrestitution.[46] Darüber hinausgehend wird dann Wertersatz geschuldet, wenn die Naturalrestitution allein den entstandenen Schaden nicht auszugleichen vermag.[47] Der Wertersatz ist eine Wiedergutmachung in Form von Geld, bei dessen Bemessung allerdings ausschließlich der adäquat-kausal verursachte Schaden („proximate cause") einschließlich des entgangenen Gewinns („lucrum cessans") Berücksichtigung findet.[48] Die Höhe des Wertersatzes richtet sich danach, was für einen gerechten Ausgleich angemessen erscheint.

Neben diese beiden Ausformungen der Reparation tritt die Genugtuung („satisfaction") als Reparation im moralischen Sinne[49]. Ihre inhaltliche Ausgestaltung ist im Völkerrecht nicht geregelt, sie bleibt vielmehr den verletzten Staaten vorbehalten. Üblicherweise beinhaltet sie eine förmliche Feststellung des Unrechts, eine offizielle Entschuldigung sowie die Übernahme der Verantwortung[50] für das völkerrechtswidrige Verhalten.[51] Die Reparation im moralischen Sinne wird gewöhnlich dann gewählt, wenn

---

[41] STUMPF, Kulturgüterschutz im internationalen Recht, S. 78.
[42] So KALDENBACH, in: Entschädigung nach bewaffneten Konflikten, S. 63 ff., S. 74.
[43] BERBER, Lehrbuch des Völkerrechts, Bd. III, S. 25.
[44] Vgl. STUMPF, Kulturgüterschutz im internationalen Recht, S. 79.
[45] STUMPF, Kulturgüterschutz im internationalen Recht, S. 79 m.w.N.
[46] BERBER, Lehrbuch des Völkerrechts, Bd. III, S. 25.
[47] BERBER, Lehrbuch des Völkerrechts, Bd. III, S. 26.
[48] IPSEN, Völkerrecht, § 40 Rn. 66.
[49] VERDROSS, Völkerrecht, S. 302.
[50] Eine solche Übernahme von Verantwortung kann beispielsweise durch entsprechende Gesetze oder die innerstaatliche Bestrafung des Schuldigen erfolgen, so BERBER,

die Völkerrechtsverletzungen wertmäßig nicht bezifferbar sind. Teilweise kommt sie aber auch neben der Restitution und dem Wertersatz zur Anwendung.

2. Kreis der Anspruchsberechtigten

Die Problematik der Anspruchsberechtigung wird an der Frage deutlich, ob nach einem Krieg nur Staaten Ansprüche geltend machen können oder ob auch Individuen anspruchsberechtigt sind. Die Beantwortung dieser Frage ist insbesondere deshalb so folgenschwer, weil sie über die Größe des Kreises möglicher Forderungsinhaber entscheidet. Während bei einer Begrenzung der Anspruchsberechtigung auf Staaten der Kreis überschaubar bleibt, kann eine Erweiterung auf verletzte Individuen zu einer Explosion von Ansprüchen führen. Ein befriedigendes Ergebnis muss deshalb vor dem Hintergrund der dogmatischen Einordnung des Krieges erfolgen.

Nach dem Ende des Zweiten Weltkrieges wie auch heute werden Kriege als zwischenstaatliche Konflikte qualifiziert, deren Folgen ausschließlich im Verhältnis zwischen den Staaten, in der Regel durch Friedensverträge oder friedensvertragliche Bestimmungen, geregelt werden.[52] Diesem Verständnis liegen vor allem praktische und ökonomische Erwägungen zugrunde. Denn eine völkerrechtliche oder völkergewohnheitsrechtliche Anerkennung individueller Kriegsentschädigungsansprüche wäre immer mit dem Risiko behaftet, dass der Besiegte nach dem Ende eines Krieges mit einer unüberschaubaren Klageflut überzogen würde, die die Aufnahme friedlicher zwischenstaatlicher Beziehungen verzögern oder gar vereiteln könnte.[53] Ansprüche von im Krieg geschädigter Individuen können deshalb nur mediatisiert durch den jeweiligen Schutzstaat geltend gemacht werden. Der Staat, dessen Staatsangehörige durch Kriegshandlungen geschädigt wurden, fordert in eigenem Namen Reparationen, die er dann der eigenen nationalen Rechtsordnung entsprechend an die Geschädigten verteilt.[54] Reparationen gründen sich somit auf zwischenstaatlichen Ansprüchen, denen immanent ist, dass Individuen, die durch unerlaubte Handlungen eines fremden Staates geschädigt wurden, die Anspruchsberechtigung verwehrt bleibt.[55]

Lehrbuch des Völkerrechts, Bd. III, S. 28. Daneben kommt auch die Zuwendung einer Geldsumme aus Gründen der Genugtuung in Betracht, KÜNG/ECKERT, Repetitorium zum Völkerrecht, S. 103.

[51] IPSEN, Völkerrecht, § 40 Rn. 67.

[52] KEMPEN, in: Festschrift für Steinberger, S. 181 ff., S. 187.

[53] KEMPEN, in: Festschrift für Steinberger, S. 181 ff., S. 187.

[54] So auch KEMPEN, in: Festschrift für Steinberger, S. 181 ff., S. 187.

[55] GRANOW, AöR Bd. 77, S. 67 ff.

Hervorzuheben ist somit, dass Reparationen nicht nur den Ersatz des adäquat-kausal verursachten Vermögensschadens eines verletzten Staates umfassen, sondern auch einen Ausgleich für die Verletzung von Rechtsgütern der Staatsangehörigen des verletzten Staates beinhalten.

3. Entstehen von reparationsrechtlichen Verpflichtungen

Nachdem der Kreis der Anspruchsberechtigten bestimmt ist, stellt sich die Frage, unter welchen Voraussetzungen Reparationsansprüche ausgelöst werden.

a) Voraussetzungen für die Entstehung von Reparationspflichten
Die völkerrechtliche Verantwortlichkeit eines Staates resultiert aus seinem völkerrechtswidrigen Verhalten.[56] Ein solches wird in jeder Verletzung völkerrechtlicher Normen gesehen, sofern dafür keine völkerrechtlichen Rechtfertigungsgründe[57] vorliegen.[58] Erfasst sind Verletzungen von Vertrags- und Gewohnheitsrecht sowie auch Verstöße gegen allgemeine Rechtsgrundsätze, soweit es sich um völkerrechtliche Normen handelt.[59] Dabei trifft die völkerrechtliche Wiedergutmachungspflicht denjenigen Staat, dem das völkerrechtsverletzende Verhalten zurechenbar ist.[60] Eine solche Verletzung völkerrechtlicher Normen durch das Deutsche Reich könnte bereits in der Durchführung eines Angriffskrieges unter Verletzung internationaler Verträge gesehen werden. Voraussetzung ist allerdings, dass es sich dabei im Zeitpunkt des Ausbruches des Zweiten Weltkrieges um ein völkerrechtswidriges Verhalten handelte. Davon ist auszugehen, berücksichtigt man die Vielzahl internationaler Verträge, die die Vertragsparteien zur Schlichtung bi- und multinationaler Konflikte zunächst auf friedliche Streitbeilegungsmöglichkeiten verweisen.[61] War es im 19. Jahr-

---

[56] IPSEN, Völkerrecht, § 39 Rn. 1.
[57] Zu den völkerrechtlichen Rechtfertigungsgründen zählen die Einwilligung des Verletzten, die erlaubte Selbsthilfe, höhere Gewalt, Notwehr, Notstand sowie Maßnahmen zur kollektiven Selbstverteidigung und Sanktionen der Vereinten Nationen, vgl. KÜNG/ECKERT, Repetitorium zum Völkerrecht, S. 102.
[58] KÜNG/ECKERT, Repetitorium zum Völkerrecht, S. 101.
[59] So stellt ein Verstoß gegen die Courtoisie keine völkerrechtswidrige Handlung, sondern allenfalls einen unfreundlichen Akt dar. Nicht ausreichend zur Begründung einer Staatenverantwortlichkeit ist außerdem die Verletzung einer nichtvölkerrechtlichen Rechtsverpflichtung eines Staates oder die Verletzung eines völkerrechtlich nicht geschützten Interesses, KÜNG/ECKERT, Repetitorium zum Völkerrecht, S. 101, BERBER, Bd. III, S. 4.
[60] IPSEN, Völkerrecht, § 40, Rn. 65.
[61] Vgl. INTERNATIONAL MILITARY TRIBUNAL, Der Prozess gegen die Hauptkriegsverbrecher, Bd. I, S. 241 ff.

hundert noch überwiegend anerkannt, Konflikte primär durch Selbsthilfe und Kriege beizulegen, setzte sich im 20. Jahrhundert die Überzeugung durch, vor einer Gewaltanwendung einen Versuch friedlicher Streitbeilegung zu fordern.[62] Allen voran liegt in dem vom Deutschen Reich geführten Angriffskrieg eine Verletzung des Allgemeinen Vertrags zum Verzicht auf den Krieg vom 27. August 1928 (Kellog-Briand-Pakt), der im Jahr des Kriegsausbruchs 1939 für 36 Nationen, darunter auch Deutschland, bindend war. Mit der Unterzeichnung des Kellog-Briand-Paktes verpflichteten sich die Signatare, zukünftig bedingungslos den Krieg als Werkzeug der Politik zu ächten und auf ihn zu verzichten.[63] Diese Vereinbarung hatte zur Folge, dass jegliche Kriegsführung nunmehr zu einem Vertragsbruch und mithin zu einem völkerrechtswidrigen Verhalten führte.[64] Damit liegen bereits durch das Führen eines Angriffskriegs[65] durch das Deutsche Reich die Voraussetzungen für einen Reparationsanspruch vor.[66]

b) Reparationspflichten als Rechtsfolge völkerrechtswidrigen Verhaltens

Als Rechtsfolge eines solchen völkerrechtswidrigen Verhaltens ist die Pflicht zur Wiedergutmachung im Völkerrecht allgemein anerkannt. Wiedergutmachung ist die völkerrechtliche Pflicht desjenigen Staates, dem das

---

[62] So heißt es in Art. 1 des I. Haager Abkommen zur friedlichen Erledigung internationaler Streitfälle von 1907:
„Um in den Beziehungen zwischen den Staaten die Anrufung der Gewalt soweit wie möglich zu verhüten, erklären sich die Vertragsmächte einverstanden, alle ihre Bemühungen aufwenden zu wollen, um die friedliche Erledigung der internationalen Streitfragen zu sichern.“,
zit. nach BERBER, Lehrbuch des Völkerrechts, Bd. III, S. 32.

[63] So heißt es in Art. 1 des Kellog-Briand-Paktes:
„Die Hohen Vertragsschließenden Parteien erklären feierlich im Namen ihrer Völker, dass sie den Krieg als Mittel für die Lösung internationaler Streitfälle verurteilen und auf ihn als Werkzeug nationaler Politik in ihren gegenseitigen Beziehungen verzichten.“,
zit. nach INTERNATIONAL MILITARY TRIBUNAL, Bd. I, S. 245.

[64] INTERNATIONAL MILITARY TRIBUNAL, Bd. I, S. 246.

[65] Im Gegensatz dazu gab es zum Zeitpunkt des Ausbruches des Ersten Weltkrieges im Jahre 1914 noch „keine die Kriegseröffnung beschränkende Illegalisierung“, BERBER, Lehrbuch des Völkerrechts, Bd. II, S. 239.

[66] Neben dem Briand-Kellog-Pakt verletzte das Deutsche Reich durch den Überfall Polens im Jahr 1939 auch den deutsch-polnischen Vertrag v. 26.01.1934. Darin hatten sich die Vertragspartner verpflichtet, „unter keinen Umständen ... zum Zweck der Austragung solcher Streitigfragen zur Anwendung von Gewalt zu schreiten“, BLUMENWITZ, Grundlagen eines Friedensvertrages, S. 177, Fn. 157. Darüber hinaus brach das Deutsche Reich mit seinem Angriff auf die Sowjetunion am 22.06.1941 den zwischen den beiden Staaten am 23.08.1939 geschlossenen Nicht-Angriffs-Pakt, vgl. INTERNATIONAL MILITARY TRIBUNAL, Bd. I, S. 237 ff.

völkerrechtsverletzende Verhalten zurechenbar ist.[67] Trotz dieser unstreitig bestehenden Staatenverantwortlichkeit ist in der Völkerrechtslehre umstritten, wie und wann eine Reparationspflicht eines Staates entsteht. Im Kern geht es um die Frage, ob Inhalt, Höhe und Umfang von Reparationsleistungen von den Siegern eigenmächtig und einseitig festgesetzt werden können oder ob es dazu eines gesonderten Rechtsaktes bedarf. Dieses

Problem ist insbesondere deshalb virulent, weil es abgesehen von den Friedensverträgen keine Regelungen über die Sekundärrechtsfolgen gibt.[68] Nach einer starken Strömung in der völkerrechtlichen Literatur soll – mangels inhaltlicher Konkretisierung des Reparationsbegriffs – ein gesonderter Rechtsakt erforderlich sein, der die Reparationspflicht auslöst. Denn ein Schadensersatzanspruch und sein Inhalt könnten nur durch einen Wiedergutmachungsvertrag oder ein durch Vertrag eingesetztes Schiedsgericht nach dessen Ermessen bestimmt werden[69], wobei die Reparationsleistungen in einem angemessenen Verhältnis zum Schaden stehen müssten.[70] Teilweise wird sogar vertreten, ein Vertrag sei das einzig rechtlich zulässige Mittel zur Durchsetzung von Reparationsansprüchen.[71] Eine einseitige Festsetzung von Reparationen durch die Sieger ohne einen zumindest formellen Mitwirkungsakt des besiegten Staates ist nach dieser Auffassung unzulässig.[72] Auf die deutsche Situation übertragen bedeutete dies, dass Reparationsansprüche erst durch eine Einigung zwischen dem deutschen Staat und den ehemaligen Kriegsgegnern durchgesetzt werden können.[73]

---

67 IPSEN, Völkerrecht, § 40 Rn. 65.

68 KALDENBACH, in: Entschädigung nach bewaffneten Konflikten, S. 63 ff., S. 66.

69 KELSEN, ZaöRV, Bd. XII (1933), S. 481 ff., S. 556; RUMPF, AVR Bd. 23 (1985), S. 74 ff., S. 76 f.

70 ANTONI, Das Potsdamer Abkommen, S. 262.

71 GUGGENHEIM, Lehrbuch des Völkerrechts, S. 568.

72 So wohl auch HAHN, in: Festschrift für Krause, S. 93 ff., S. 98: „In der Tat bedürfen Reparationen stets einer völkerrechtlich gültigen Vereinbarung zwischen leistendem und empfangendem Staat, (....). Diese Einsicht bildet den Gegenstand eines Satzes des allgemeinen Völkerrechts, den in stets wachsendem Ausmaß einschlägige bi- und multilaterale Verträge sowie die überwältigende Spruchpraxis zwischenstaatlicher Gerichte und Schiedsgerichte bestätigen."

73 Auch das Bundesverfassungsgericht scheint diese Meinung zu vertreten. Jedenfalls hat es durch Beschlüsse vom 13.01.1976 (E 41, 126 und 193) Verfassungsbeschwerden zurückgewiesen, die u.a. vortrugen, durch Art. 3 des IV. Teils des Überleitungsvertrags tilge die Bundesrepublik de facto Reparationsschulden. Das Gericht entkräftete den Einwand mit der Begründung, eine deutsche Reparationsschuld sei durch die Reparationseingriffe schon deshalb nicht getilgt worden, weil eine solche nur in einem Friedensvertrag hätte begründet werden können.

Die Gegenmeinung[74] verzichtet auf einen gesonderten Rechtsakt und das zumindest formelle Einverständnis des Besiegten. Sie vertritt die Ansicht, dass realisierbare Reparationsansprüche allein durch die Begehung eines völkerrechtlichen Delikts entstünden. Eine Konkretisierung durch positive Normen sei nicht erforderlich. Nach Kaldenbach[75] ergibt sich eine völkerrechtliche Haftung, wenn das Aggressionsverbot in den Zusammenhang des Urteils des StIGH im Chorzow-Fabrikfall[76] gestellt wird, dem zufolge die Haftung eines Staates für rechtswidrig verursachte Schäden einen allgemeinen Rechtsgrundsatz bildet. Spätestens durch diese Verknüpfung sei eine rechtlich verpflichtende generelle Haftung des Aggressors entstanden.[77] Übertragen auf die deutsche Situation nach dem Zweiten Weltkrieg bedeutete dies, dass Reparationsverpflichtungen bereits während des Krieges durch die Begehung völkerrechtswidriger Handlungen entstanden sein würden. In diese Richtung ging auch die Rechtsauffassung der Alliierten nach dem Zweiten Weltkrieg.[78] Der Zusammenhang zwischen dem Verbot des Angriffskrieges und der Staatenverantwortlichkeit des Angreifers kommt auch in den Präambeln der Friedensverträge zum Ausdruck, die nach dem Zweiten Weltkrieg mit den europäischen Verbündeten Deutschlands und Japan geschlossen wurden.[79] Demgegenüber ging das deutsche Recht wohl davon aus, dass Reparationspflichten einer Konkretisierung durch völkerrechtliche Verträge und innerstaatlicher Rechtsetzung bedürfen.[80] De facto aber wurde dem Meinungsstreit nach Ende des Zweiten Weltkrieges bei der praktischen Realisierung der Reparationsansprüche keinerlei Beachtung geschenkt. Die Sieger hielten lediglich zwei Möglichkeiten zur Lösung der Reparationsfrage denkbar und praktisch durchführbar: Die Regelung durch Vertrag zwischen den ehemaligen Kriegsgegnern einerseits und durch einseitiges Diktat des Siegers andererseits.[81]

---

[74] SCHÜLE, in: Strupp/Schlochauer, Wörterbuch des Völkerrechts, S. 843, EAGLETON, The responsibility of States in International Law, S. 22.

[75] KALDENBACH, in: Entschädigung nach bewaffneten Konflikten, S. 63 ff., S. 66.

[76] Chorzow Factory (Jurisdiction), PCIJ Ser. A, Nr. 9, S. 21.

[77] Harvard Draft Convention on Rights and Duties of States in Case of Aggression, AJIL 33 (1939), Supp., S. 827 (887 f., Art. 3); DONNEDIEU DE VABRES, Le procès de Nuremberg devant les principes modernes du droit pénal international, RdC 70 (1947 – I), S. 477 ff., S. 499.

[78] CASTILLON, Les Réparations Allemandes. Deux Expériences, S. 83 f.

[79] So KALDENBACH, in: Entschädigung nach bewaffneten Konflikten, S: 63 ff., S. 67 Rn. 17.

[80] Vgl. BT-Drs. 5/2432.

[81] So RUMPF, AVR 23 (1985), S. 74 ff., S. 77.

III. Reparation und Wiedergutmachung typisch national-sozialistischen Unrechts

Neben dem Begriff „Reparation" bildete sich nach dem Ende des Zweiten Weltkrieges die speziell deutsche Wendung der „Wiedergutmachung typisch nationalsozialistischen Unrechts" heraus.
Im folgenden Abschnitt werden die inhaltlichen Unterschiede und Überschneidungen dieser beiden Entschädigungsformen herausgearbeitet und aufgezeigt, in welchem Kontext die verschiedenen Begriffe gebräuchlich sind.

1. Unterscheidung von Reparation und Wiedergutmachung

Der Begriff „Reparation" wird im Deutschen mit dem Ausdruck „Wiedergutmachung" übersetzt.[82] Die Verwendung des Begriffs „Wiedergutmachung" als Synonym für „Reparation" ist deshalb nicht ungefährlich, weil es dadurch leicht zu Verwechslungen mit der speziell deutschen Wendung „Wiedergutmachung typisch nationalsozialistischen Unrechts" kommen kann.
Unter dem Begriff „Reparation" oder „Wiedergutmachung" versteht man im völkerrechtlichen Sprachgebrauch die umfassende Haftung für völkerrechtswidriges Verhalten, wobei neben verschiedenen Ausformungen der Reparation auch der Sühnecharakter eine entscheidende Rolle spielt.[83]
Hervorzuheben ist, dass es sich bei der Reparation um einen völkerrechtlichen Deliktsanspruch handelt, der ausschließlich auf zwischenstaatlicher Ebene geltend gemacht werden kann. Dabei macht der fremde Staat sein eigenes Recht darauf geltend, dass das Völkerrecht in der Person seines Staatsangehörigen beachtet wird.[84] Nicht die einzige, aber eine bedeutsame inhaltliche Rechtfertigung dieser Anspruchsbeschränkung auf die zwischenstaatliche Ebene sieht Hahn[85] in dem rechtspolitischen Ziel, dass über noch offene Forderungen ehemaliger Kriegsgegner nur insgesamt und unter Berücksichtigung sämtlicher, insbesondere von der Bundesrepublik sowie deutschen Staatsangehörigen erbrachten Vorleistungen verhandelt werden soll. Dem ließe sich bei Statthaftigkeit der Rechtsverfolgung durch individuelle Einzelkläger mit Gewissheit nicht Rechnung tragen. Die logische Konsequenz daraus ist, dass Handlungen, die von einem Staat gegenüber den eigenen Staatsangehörigen verübt werden, nie Reparationsver-

---

[82] Im Englischen werden die Begriffe „reparation", „compensation" und „indemnification" verwendet. Die französische Sprache gebraucht die Wendungen „réparation" und „indemnisation".

[83] RUMPF, ZaöRV 33 (1973), S. 344 ff., S. 355.

[84] Vgl. Reparations for Injuries Fall, ICJ Rep. 1949, 184; Nottebohm Fall, ICJ Rep. 1955, S. 24.

[85] HAHN, in: Festschrift für Krause, S. 93 ff., S. 98.

pflichtungen zwischen dem Staat und Individuen auslösen können. Reparationsverpflichtungen sind lediglich aufgrund von Handlungen gegenüber fremden Staatsangehörigen denkbar.

Der speziell deutsche Begriff der „Wiedergutmachung typisch nationalsozialistischen Unrechts“[86] hingegen umschreibt die Wiedergutmachung an Opfern, die aus Gründen politischer Gegnerschaft gegen den Nationalsozialismus oder aus Gründen der Rasse, des Glaubens oder der Weltanschau ung unter der nationalsozialistischen Gewaltherrschaft verfolgt wurden.[87] Wiedergutmachung typisch nationalsozialistischen Unrechts wird also gewährt zur Kompensation von Unrecht, das sich unmittelbar aus der nationalsozialistischen Ideologie ergibt. Gesetzlichen Niederschlag fand der Grundsatz der „Wiedergutmachung typisch nationalsozialistischen Unrechts“ vor allem im Bundesentschädigungsgesetz (BEG)[88] und im Bundesrückerstattungsgesetz (BRüG). Dabei handelt es sich um nationale verwaltungsrechtliche Wiedergutmachungsansprüche.
Der Wiedergutmachungsanspruch wegen typisch nationalsozialistischen Unrechts ist im Gegensatz zum Reparationsanspruch ein Individualanspruch, der vom geschädigten Individuum selbst geltend gemacht werden muss.[89] Das Territorialitätsprinzip[90], das aus Gründen der Rechtssicherheit in das Bundesentschädigungsgesetz aufgenommen wurde, fordert jedoch eine räumliche Beziehung des Antragsstellers zu Deutschland.[91]

2. Umfang der Reparations- und Wiedergutmachungsansprüche

Der völkerrechtliche Reparationsanspruch und der nationale verwaltungsrechtliche Wiedergutmachungsanspruch wegen typisch nationalsozialistischen Unrechts schließen sich somit hinsichtlich ihrer Rechtsfolge gegenseitig aus.[92] Ersterer gewährt Wiedergutmachung gegenüber einem fremden Staat, letzterer direkt gegenüber dem verletzten Individuum. Hinsichtlich ihrer Rechtsfolgen stehen die beiden Ansprüche damit zueinander in einem Exklusivitätsverhältnis.
Tatbestandlich stehen der Reparationsanspruch und der Wiedergutmachungsanspruch wegen typisch nationalsozialistischen Unrechts jedoch

---

86 So KISCHEL, JZ 1997, S. 126 ff., S. 126.
87 Vgl. Bericht der Bundesregierung über Wiedergutmachung und Entschädigung für nationalsozialistisches Unrecht sowie über die Lage der Sinti, Roma und verwandter Gruppen, BT-Drs. 10/6287 v. 31.10.1986.
88 Vgl. Präambel zum BEG.
89 Vgl. KISCHEL, JZ 1997, S. 126 ff., S. 130.
90 Kodifikation in § 4 BEG.
91 Vgl. auch BT-Drs. 10/6287.
92 Vgl. KISCHEL, JZ 1997, S. 126 ff., S. 130.

keineswegs immer in einem Ausschlussverhältnis. Es sind nämlich durchaus Konstellationen denkbar, die sowohl Wiedergutmachungs- als auch Reparationsansprüche auslösen: Verschleppungen der jüdischen Bevölkerung aus einem von Deutschland besetzten Gebiet beispielsweise können zu Reparationsansprüche führen, wenn ein Verstoß gegen das Kriegsvölkerrecht gegeben ist. Daneben liegt aber auch eine Verfolgung aus Gründen der Rasse im Sinne des Bundesentschädigungsgesetzes vor, die möglicherweise einen Anspruch auf Wiedergutmachung typisch nationalsozialistischen Unrechts rechtfertigt.

Als Resümee ist festzustellen, dass zwar hinsichtlich der Rechtsfolgen ein striktes Ausschlussverhältnis besteht, es jedoch auf der Tatbestandsseite durchaus zu Überschneidungen zwischen Reparationen und Wiedergutmachungsleistungen wegen typisch nationalsozialistischen Unrechts kommen kann.[93]

B. Reparationsverpflichtungen Deutschlands nach dem Zweiten Weltkrieg

Die Reparationsverpflichtungen Deutschlands waren in der langen Nachkriegsgeschichte allein schon durch die Änderung der politischen sowie rechtlichen Grundvoraussetzungen einem stetigen Wandel unterworfen. Obgleich die allgemeinen Voraussetzungen für Reparationsansprüche bereits während des Zweiten Weltkrieges gelegt wurden, bildet das Ende des Zweiten Weltkrieges den historischen Ausgangspunkt für alle derartigen Forderungen. Denn erst zu diesem Zeitpunkt, als Sieger und Besiegte feststanden, bestand die Möglichkeit zur Realisierung von Ansprüchen auf der Grundlage von Reparationen.

I. Historische Ausgangslage

Sowohl die amerikanische als auch die sowjetische Regierung hatten bereits im Jahre 1943 begonnen, sich intensiv mit der Reparationsfrage auseinander zu setzen.[94] So planten die Amerikaner im Jahre 1943, das Deut-

[93] So auch RUMPF, ZaöRV 33 (1973), S. 344 ff., S. 356 ff.; EICHHORN, Reparationen als völkerrechtliche Deliktshaftung, S. 147 ff.; MAJER, in: Entschädigung für NS–Zwangsarbeit, Öffentliche Anhörung des Innenausschusses des Deutschen Bundestages v. 14.12.1989 (Zur Sache 6/90), S. 170, 174 f. Von einer strikten Trennung gehen hingegen aus: KÜSTER, Erfahrungen in der deutschen Wiedergutmachung, S. 4; DOLZER, in: Entschädigung für NS-Zwangsarbeit, Öffentliche Anhörung des Deutschen Bundestages (Zur Sache 6/90), S. 202.

[94] ANTONI, Das Potsdamer Abkommen, S. 254.

sche Reich mit Reparationsforderungen in Höhe von 30 Milliarden Dollar (verteilt auf zwölf Jahre) zu belasten, wobei hauptsächlich die Gewinne der laufenden Produktion zur Zahlung herangezogen werden sollten.[95]
Die sowjetische Regierung, die den durch die deutsche Invasion verursachten Schaden auf 128 Millionen Dollar bezifferte[96], veranlasste im Jahre 1943 die Bildung einer Reparationskommission, die ein Programm für die Reparationsverpflichtungen Deutschlands erarbeiten sollte. Diese Kommission plädierte für die Demontage von Betrieben und Lieferungen aus der laufenden deutschen Produktion.[97]

1. Die Jalta-Erklärung vom 11. Februar 1945[98]

Noch während des Zweiten Weltkrieges fand auf der Krim vom 4. bis zum 11. Februar 1945 die Konferenz von Jalta statt, auf der sich Stalin, Roosevelt und Churchill über eine gemeinsame alliierte Kriegs- und Friedenspolitik verständigten.[99] Insbesondere einigten sich die drei Mächte in der Jalta-Erklärung[100] vom 11. Februar 1945 auf eine gemeinsame Leitlinie zur alliierten Reparationspolitik. Deutschland sollte in größtmöglichem Umfang zum Ersatz in Waren verpflichtet werden[101]:

„*We have considered the question of the damage caused by Germany to the Allied Nations in this war and recognized it as just that Germany is*

---

[95] Damit wollte die amerikanische Regierung die Fehler des Versailler Vertrags vermeiden und auf jeden Fall verhindern, dass die Finanzierung der Reparationen wie nach dem Ersten Weltkrieg letztlich durch amerikanische Anleihen erfolgte, ANTONI, Das Potsdamer Abkommen, S. 254.

[96] ANTONI, Das Potsdamer Abkommen, S. 254 m.w.N.

[97] ANTONI, Das Potsdamer Abkommen, S. 254 f. m.w.N.

[98] V. MÜNCH, Dokumente des geteilten Deutschlands, S. 5 ff.

[99] Die Jalta-Konferenz führte die Verhandlungen der Alliierten, die auf der Konferenz von Teheran vom 28. 11. bis zum 1. 12. 1943 begonnen hatten, fort und gelangte zu Ergänzungen der dort getroffenen Beschlüsse. Umfassend zur alliierten Reparationspolitik: HEIKKILÄ, The Question of European Reparations in Allied Policy, 1943 - 1947, S. 1 ff., S. 70 ff.

[100] V. MÜNCH, Dokumente des geteilten Deutschlands, S. 5 ff.

[101] Einzelheiten sollten von einer Interalliierten Reparationskommission mit Sitz in Moskau ausgearbeitet werden. Diese sollte die deutschen Reparationen feststellen. Die Gesamtsumme, die durch Entnahmen aus der laufenden Produktion und durch die Befriedigung aus deutschem Nationalvermögen erzielt werden sollte, wurde zunächst grob mit einem Betrag in Höhe von 20 Milliarden Dollar beziffert, vgl. Ziff. 3 und 4 des Protokolls zur Wiedergutmachung, SIEGLER, Dokumentation zur Deutschlandfrage, S. 14.

obliged to make compensation for this damage in link to the greatest extent possible."[102]

Gemäß der Jalta-Erklärung sollten sowohl Sach- und Geldwerte aus Deutschland und deutschen Investitionen im Ausland als auch die laufende Warenproduktion zu Reparationszwecken herangezogen werden.[103] Daneben war geplant, deutsche Arbeitskräfte zur Befriedigung alliierter Reparationsforderungen auszubeuten.[104] Ziel dieser Maßnahmen waren die Zerstörung des deutschen Kriegspotenzials, Abrüstung sowie Entmilitarisierung.
Zu einer zahlenmäßigen Bezifferung der Reparationsforderungen der drei Mächte kam es jedoch auf der Jalta-Konferenz nicht. Zwar hatte sich Roosevelt mit Stalins Forderung, die Gesamtsumme der Reparationen auf 20 Milliarden Dollar festzusetzen und der Sowjetunion davon zehn Milliarden Dollar zuzuweisen[105], einverstanden erklärt, Großbritannien[106] hatte den Vorschlag jedoch abgelehnt. Dennoch verständigten sich die sowjetische und die amerikanische Delegation im Reparationsprotokoll darüber, dass die Basis für die Moskauer Reparationskommission der sowjetische Vorschlag darstellen sollte, der die Gesamtsumme der Reparationen auf 20 Milliarden Dollar bezifferte, wovon die Hälfte der Sowjetunion zukommen sollte. Der Einwand Großbritanniens wurde insofern berücksichtigt, als ausdrücklich festgelegt wurde, dass nach Ansicht der britischen Delegation „vor Prüfung der Reparationsfrage durch die Moskauer Reparationskommission keinerlei Reparationssummen genannt werden könnten.[107]

---

[102] Jalta-Erklärung v. 11. Februar 1945, Art. 3 Reparation by Germany, abgedruckt in: v. MÜNCH, Dokumente des geteilten Deutschlands, Bd. I, S. 8.

[103] Vgl. RUMPF, AVR Bd. 23 (1985), S. 74 ff., S. 78.

[104] In dem Protokoll zur Wiedergutmachung heißt es in Ziff. 2:
„(a) ... Wegschaffen von deutschem Nationalvermögen, welches sich sowohl auf dem Gebiete Deutschlands selbst als auch außerhalb des Gebietes befindet (Werkzeugmaschinen, Schiffe, rollendes Material, deutsche Investitionen im Auslande, Aktien Industrieller, Transport- und andere Unternehmungen in Deutschland) ...;
(b) jährliche Lieferungen von Gütern der laufenden Produktion für eine festzusetzende Zeitspanne;
(c) Benützung deutscher Arbeitskräfte",
zit. nach SIEGLER, Dokumentation zur Deutschlandfrage, S. 14.

[105] Vgl. SCHLOCHAUER, Yalta Conference, in: EPIL, Instalment 4 (2000), S. 358 ff.; SCHLOCHAUER, Jalta-Konferenz von 1945, in: Strupp/Schlochauer, Wörterbuch des Völkerrechts, Bd. II, S. 162 ff.

[106] Umfassend zur britischen Reparationspolitik, CAIRNCROSS, The Price Of War, S. 1 ff.

[107] Vgl. Ziff. 2 und 4 des Reparationsprotokolls vom 11.02.1945.

2. Die bedingungslose Kapitulation

Als historischer Ausgangspunkt für spätere Reparationspflichten ist die bedingungslose Kapitulation der Deutschen Wehrmacht anzusehen, der mit der Übergabe „aller gegenwärtig unter deutschem Befehl stehenden Streitkräfte zu Lande, zu Wasser und in der Luft[108]" durch Generaloberst Jodl in Reims am 7. Mai 1945 der Weg bereitet wurde.

Die Übergabe des Oberbefehls über die deutschen Streitkräfte an den Befehlshaber der Alliierten Streitkräfte, General Eisenhower, sowie an das Oberkommando der Roten Armee wurde durch die bedingungslose militärische Kapitulation[109] vertraglich geregelt[110]. Die Oberkommandierenden der Deutschen Wehrmacht und der alliierten Streitkräfte unterzeichneten am 7. Mai 1945 im amerikanischen Hauptquartier in Reims die Urkunden über die bedingungslose militärische Kapitulation der deutschen Streitkräfte.[111] Sie führte zur Besetzung des Deutschen Reiches durch Truppen der Siegermächte.

Die „Geschäftsführende Reichsregierung" unter Großadmiral Dönitz und Graf Schwerin von Krosigk, die sich um die Wahrung der Einheit des Reiches bemüht hatte, wurde am 23. Mai 1945 durch die Alliierte Kontrollkommission aufgelöst und von der britischen Militärpolizei verhaftet. Damit verlor das Deutsche Reich seine verfassungsmäßige Vertretung.

3. Übernahme der „Supreme Authority" durch die Hauptsiegermächte

Auf der Grundlage der „Berliner Deklaration in Anbetracht der Niederlage Deutschlands und Übernahme der obersten Regierungsgewalt hinsichtlich Deutschlands vom 5. Juni 1945[112]" übernahmen die Hauptsiegermächte die „Supreme Authority" in Deutschland. Die USA, die Sowjetunion, Großbritannien und Frankreich verfügten danach über alle Befugnisse der deutschen Regierung, des Oberkommandos der Wehrmacht, der Regierungen und Verwaltungen der Länder, Städte und Gemeinden. Die Siegermächte setzten in der Folge die Vereinbarungen[113] um, die sie bereits im Jahre

---

[108] CORNIDES, Die Weltmächte und Deutschland, S. 38.

[109] Zum Begriff vgl. BLUMENWITZ, in: Seidl-Hohenveldern, Lexikon des Rechts, S. 189 f.

[110] Abl. des Kontrollrats in Deutschland, Ergänzungsblatt Nr. 1, S. 6.

[111] In der Nacht vom 8. auf den 9. Mai 1945 wurde der Kapitulationsakt von Reims im russischen Hauptquartier in Berlin-Karlshorst wiederholt, so dass er nunmehr für Gesamtdeutschland galt.

[112] Abl. des Kontrollrats in Deutschland, Ergänzungsblatt Nr. 1, S. 7-9, abgedruckt bei: RAUSCHNING, Rechtsstellung Deutschlands, Nr. 5, S. 15.

[113] Londoner Protokoll betreffend die Besatzungszonen in Deutschland und die Verwaltung von Groß-Berlin vom 12. 09. 1944, abgedruckt in: V. MÜNCH, Dokumente

1944 – damals allerdings noch ohne Frankreich – getroffen hatten: In territorialer Hinsicht hatten sich die USA, die Sowjetunion und Großbritannien darauf verständigt, das deutsche Staatsgebiet in den Grenzen vom 31. Dezember 1937 in drei Besatzungszonen aufzuteilen, wobei jede Besatzungsmacht ihre eigene Zone verwalten sollte. Berlin als die Hauptstadt des Deutschen Reiches sollte von allen Siegermächten gemeinsam verwaltet werden. Als im Jahre 1945 Frankreich als vierte Besatzungsmacht hinzukam, wurde Deutschland in vier Zonen aufgeteilt. Dabei blieb die Sonderstellung Berlins mit der konsequenten Änderung erhalten, dass auch Frankreich an der gemeinsamen Verwaltung partizipierte. Als zentrale Einrichtung wurde der Alliierte Kontrollrat mit Sitz in Berlin installiert, der nach dem Grundsatz der Einstimmigkeit alle Deutschland als Ganzes betreffenden Angelegenheiten zu regeln hatte.[114]
Dies war die historische Ausgangssituation, die auch die Frage nach Reparationsverpflichtungen des besiegten Deutschen Reiches auslöste. Für die Sieger war die Stunde der Abrechnung mit dem Aggressor gekommen; Forderungen nach Ausgleichszahlungen für das vom Deutschen Reich begangene Völkerunrecht wurden laut.

Welche Reparationsverpflichtungen dann tatsächlich nach dem Ende des Zweiten Weltkrieges entstanden und wie ihnen von Deutschland in der Nachkriegszeit bis heute Rechnung getragen wurde, zeigt die folgende Analyse. Im Vordergrund steht dabei die grundlegende Problematik, wie die Kriegsgegner Deutschlands ihre Forderungen in der Nachkriegszeit realisierten. Untersucht wird aber auch das Phänomen, dass die Entschädigungsproblematik nach der Wiedervereinigung der beiden deutschen Staaten im Jahre 1990 und der Erlangung der vollen Souveränität durch den 2+4 – Vertrag[115] eine neue Brisanz erhalten hatte. Dazu bietet es sich an, die Reparationsleistungen in der Zeit vom Ende des Zweiten Weltkrieges bis heute in sechs Phasen einzuteilen.

II. Die sechs Phasen der Reparationsleistungen

1. Erste Phase: Selbstbedienung der Siegermächte

Nachdem das Deutsche Reich bedingungslos kapituliert hatte, die deutsche Reichsstaatsgewalt vollständig aufgelöst war[116] und die Siegermächte in

des geteilten Deutschlands, Bd. I, S. 25 ff.

[114] Proklamation Nr. 1 v. 30.August 1945, Abl. des Kontrollrats, S. 4.

[115] BGBl. 1990 II, 1317.

[116] Vgl. BRODESSER u.a., Wiedergutmachung und Kriegsfolgenliquidation, S. 1.

der Berliner Deklaration vom 5. Juni 1945[117] die „Supreme Authority" in Deutschland übernommen hatten, gab es auf deutscher Seite niemanden mehr, der für das Deutsche Reich hätte verhandeln können[118]. Aus dieser fehlenden Handlungsfähigkeit resultierte die Vertragsunfähigkeit des Deutschen Reiches.

Diesen Zustand beschreibt die Präambel der Berliner Deklaration:

„*There is no central Government or authority in Germany capable of accepting responsibility for the maintenance of order, the administration of the country and compliance with the requirements of the victorious Powers. (...) The Governments of the United States, the Union of Soviet Socialist Republics and the United Kingdom, and the Provisional Government of the French Republic hereby assume supreme authority with respect to Germany, including all the power possessed by the German Government, the High Command and any state, municipal, or local government or authority."*[119]

Konsequenz dieser Handlungsunfähigkeit des Deutschen Reiches war die Tatsache, dass die Siegermächte in der Anfangszeit der Besatzung ihre Reparationsansprüche eigenmächtig – das bedeutet ohne Mitwirkung eines Vertreters des Deutschen Reiches – durch einseitige Befehle und Gesetze realisierten. Ungeklärt blieb dabei, ob die Siegermächte an Stelle der handlungsunfähigen deutschen Regierung oder als Besatzungsmächte handelten[120]. Gegen die erste Variante sprach das gewichtige Argument, dass die materiellen Interessen einer deutschen Regierung denen der

Siegermächte diametral entgegenstanden. Die Alliierten legten einseitig Höhe, Umfang und Inhalt der Reparationen fest und befriedigten sich eigenmächtig. Mithin wurden die von den Siegermächten behaupteten Reparationsansprüche durch Reparationsdiktat verwirklicht. Selbst wenn man die eigenmächtige Vollstreckung der Reparationsansprüche – entgegen einer starken Strömung in der völkerrechtlichen Lehre – nicht als völkerrechtswidriges Handlungsweise qualifiziert, so kann in dieser Vorgehensweise keinesfalls eine abschließende Einigung über die Höhe und den Umfang der von Deutschland zu leistenden Reparationen gesehen werden.

---

[117] Abl. des Kontrollrats in Deutschland, Ergänzungsblatt Nr. 1, S. 7-9, abgedruckt bei: RAUSCHNING, Rechtsstellung Deutschlands, Nr. 5, S. 15.

[118] So RUMPF, AVR Bd. 23 (1985), S. 74 ff., S. 78.

[119] V. MÜNCH, Dokumente des geteilten Deutschlands, Bd. I, S. 19 f.

[120] In diesem Fall waren die Schranken der occupatio bellica zu beachten; vgl. ROOS, Zur Konfiskation privater deutscher Auslandsvermögen, S. 126 ff.

Die Lösung der Reparationsproblematik spielte eine zentrale Rolle bei der Konferenz von Potsdam, die nur wenige Monate nach dem Ende des Zweiten Weltkrieges stattfand.

a) Das Potsdamer Abkommen vom 2. August 1945[121]

Auch bei der Fortsetzung der Verhandlungen von Jalta über eine Nachkriegspolitik zwischen Stalin, Truman und Churchill[122] auf der Konferenz von Potsdam vom 17. Juli bis zum 2. August 1945 konnte keine Einigung über die Gesamtsumme der Reparationsforderungen der „Großen Drei" erzielt werden. Die Reparationen gehörten zu den umstrittensten Fragen der Potsdamer Konferenz und führten zu Spannungen im Verhältnis der Siegermächte[123], wollte sich doch weder die amerikanische noch die britische Delegation auf eine bestimmte Reparationssumme festlegen. Demgegenüber wurde das Bestehen von Reparationsansprüchen von den Alliierten in Abschnitt IV des Potsdamer Abkommens einhellig mit der Begründung bejaht, dass Deutschland den Vereinten Nationen Verluste und Leiden verursacht habe, wofür das deutsche Volk der Verantwortung nicht entgehen könne.[124] Uneinigkeit herrschte jedoch in der Frage, welche Priorität den Reparationsleistungen zukommen sollte. Während Amerikaner und Briten der Ankurbelung der deutschen Wirtschaft durch Importe den Vorrang vor Reparationen einräumten, hatten die Reparationen für die Sowjetunion oberste Priorität.[125]

Zur Durchsetzung alliierter Reparationsansprüche sah das Potsdamer Abkommen vom 2. August 1945[126] eine Verteilung deutscher Gebiete und Vermögenswerte vor. Dabei trug das Potsdamer Protokoll der Tatsache Rechnung, dass sich die westlichen Siegermächte mit der Sowjetunion nicht über die Verteilung der zur Verfügung stehenden Reparationswerte verständigen konnten. Abschnitt IV[127] (Reparationen aus Deutschland)[128]

---

[121] Vgl. zum Potsdamer Abkommen: V. DER HEYDTE, Potsdamer Abkommen von 1945, in: Strupp/Schlochauer, Wörterbuch des Völkerrechts, Bd. II, S. 786 ff.

[122] Dieser wurde noch während der Konferenz von Clement Attlee (Labour Party) abgelöst.

[123] ANTONI, Das Potsdamer Abkommen, S. 251, S. 257.

[124] SIEGLER, Dokumentation zur Deutschlandfrage, S. 40 ff.

[125] ANTONI, Das Potsdamer Abkommen, S. 257.

[126] Abl. des Kontrollrats in Deutschland, Ergänzungsblatt Nr. 1, S.13 ff; abgedruckt in: V. MÜNCH, Dokumente des geteilten Deutschland, S. 32 ff.

[127] Abschnitt IV des Potsdamer Protokolls lautet:

Reparationen aus Deutschland

In Übereinstimmung mit der Entscheidung der Krim-Konferenz, wonach Deutschland gezwungen werden soll, in größtmöglichem Ausmaß für die Verluste und die Leiden, die es den Vereinten Nationen verursacht hat, und wofür das deutsche Volk teilte deshalb das Besatzungsgebiet für Reparationszwecke in zwei Gebiete ein, die sich räumlich an dem Besatzungsgebiet der Westmächte einerseits und der sowjetischen Zone andererseits orientierten. Das Potsdamer Protokoll teilte somit alle noch in Deutschland vorhandenen Vermögenswerte in eine Konkursmasse Ost und eine Konkursmasse West auf. Vereinbart war, dass sich die Sowjetunion aus ihrer Zone und aus dem deutschen Vermögen in den von ihr besetzten Ländern Osteuropas befriedigte. Neben der Sowjetunion sollte auch Polen[129] an der Konkursmasse Ost partizipieren.[130] Die westlichen Verbündeten sollten sich aus den Vermögenswerten ihrer Zonen und dem im westlichen Bereich gelegenen deutschen Auslandsvermögen befriedigen.[131]

Da sich in der sowjetischen Besatzungszone lediglich ungefähr 40 Prozent der „reparationsfähigen" Anlagen befanden, der Sowjetunion jedoch 56 Prozent der Reparationen zustehen sollten, sicherte das Potsdamer Abkommen der Sowjetunion zehn Prozent der in den Westzonen zu demontie-

---

der Verantwortung nicht entgehen kann, Ausgleich zu schaffen, wurde folgende Übereinkunft über Reparationen erreicht:
Die Reparationsansprüche der UdSSR sollen durch Entnahmen aus der von der UdSSR besetzten Zone in Deutschland und durch angemessene deutsche Auslandsguthaben befriedigt werden.
2. Die UdSSR wird die Reparationsansprüche Polens aus ihrem eigenen Anteil an den Reparationen befriedigen.
3. Die Reparationsansprüche der Vereinigten Staaten, des Vereinigten Königreiches und der anderen zu Reparationsforderungen berechtigten Ländern werden aus den westlichen Zonen und den entsprechenden deutschen Auslandsguthaben befriedigt werden.

[128] Obgleich die Rechtsnatur des Potsdamer Abkommens insbesondere wegen seiner Bezeichnung als „Mitteilung über die Dreimächtekonferenz von Berlin" umstritten ist, herrscht in der weit überwiegenden völkerrechtlichen Literatur der Bundesrepublik Deutschland Einigkeit darüber, dass die beteiligten Siegermächte in rechtsverbindlicher Weise Abmachungen treffen wollten. Insoweit ist auch Abschnitt IV als rechtsverbindliche Vereinbarung anzusehen, vgl. ANTONI, Das Potsdamer Abkommen, S. 41 ff., S. 42, S. 310.

[129] Vgl. Abschnitt IV Ziff. 2.

[130] Daneben sollten der Sowjetunion und Polen auch die deutschen Auslandswerte in Finnland, Ungarn, Bulgarien, Rumänien und Ost-Österreich für Reparationsansprüche zur Verfügung stehen.

[131] Hintergrund dieser Vorgehensweise war die Befürchtung der Westmächte, durch die Erfüllung der sowjetischen Ansprüche würde die deutsche Wirtschaft zusammenbrechen, so dass die Westalliierten für die Ernährung der Bevölkerung ihrer Zonen hätten sorgen müssen. Dieser Gefahr wollten die Westalliierten durch die Aufteilung vorbeugen.

renden[132] Industrieanlagen zu, 15 weitere Prozent sollte die Sowjetunion im Austausch mit Lieferungen von Nahrungsmitteln und Rohstoffen[133] erhalten. Dieser Tausch sollte dem Ausgleich der durch die Oder-Neiße-Linie beeinträchtigten innerdeutschen Güterbilanz dienen.[134] Als die Sowjetunion die Gegenleistungen nicht mehr vereinbarungsgemäß erbrachte, stellte die amerikanische Militärregierung die Lieferung von Demontagegütern im Jahre 1946 ein.

Ungeregelt blieb im Rahmen der Potsdamer Konferenz die Frage nach dem Verhältnis zu den reparationsrechtlichen Regelungen der Jalta-Konferenz. Dies ist deshalb von entscheidender Bedeutung, da im Potsdamer Abkommen Arbeitsleistungen deutscher Kriegsgefangener oder Zwangsarbeiter und deren Bewertung keinerlei Erwähnung mehr fanden.[135] Ebenfalls ungeklärt blieb die Frage einer möglichen Anrechnung des jenseits der Oder-Neiße-Linie zurückgelassenen Eigentums, das auf 60 bis 70 Milliarden DM[136] geschätzt wurde.

Dominierendes Ziel der Potsdamer Beschlüsse[137] war jedoch die Fortsetzung der militärischen Auseinandersetzung mit ökonomischen Mitteln unter Beseitigung des deutschen Kriegs- und Wirtschaftspotenzials.[138]

---

132 Unter zu demontierenden Anlagen verstand man solche, die die deutsche Friedenswirtschaft nicht benötigte. Was die deutsche Friedenswirtschaft nicht benötigte, ergibt sich lediglich im Umkehrschluss aus der Festlegung des zu gewährleistenden Wirtschaftsniveaus in Deutschland. Danach sollten die Warenproduktion und die Dienstleistungen in dem Umfange sichergestellt werden, dass sie für die Erhaltung eines mittleren Lebensstandards in Deutschland ausreichten. Dabei sollte der mittlere Lebensstandard der europäischen Länder die Obergrenze darstellen, vgl. ANTONI, Das Potsdamer Abkommen, S. 252.

133 Vor allem Kohle, Kali, Zink, Holz, Tonprodukte und Petroleumprodukte, vgl. v. MÜNCH, Dokumente des geteilten Deutschland, S. 32 ff.

134 CORNIDES, Die Weltmächte und Deutschland, S. 85.

135 ANTONI, Das Potsdamer Abkommen, S. 258.

136 BACKER, Entscheidung zur Teilung Deutschlands, S. 91 ff.

137 Die provisorische französische Regierung erklärte zwar mit Schreiben v. 7.08.1945 ihre Teilnahme an der alliierten Reparationskommission, behielt sich aber hinsichtlich der für eine Regelung des Reparationsproblems in Aussicht genommenen Grundlagen eine spätere Darlegung ihres Standpunktes vor. Trotzdem wirkte Frankreich in der Folgezeit an einem Reparationsprogramm auf Grundlage des Potsdamer Abkommens mit, so dass von einer grundsätzlichen Zustimmung Frankreichs zu den reparationsrechtlichen Regelungen des Potsdamer Abkommens auszugehen ist, ANTONI, Das Potsdamer Abkommen, S. 252.

138 So WOLFF, Zur Abgeltung der Reparationsschäden, S. 24.

b) Das Pariser Reparationsabkommen vom 14. Januar 1946[139]

Eine wesentliche Rolle für die Abwicklung der Konkursmasse West spielte das Pariser Reparationsabkommen vom 14. Januar 1946[140], worin der westliche Reparationsanteil unter allen Kriegsgegnern Deutschlands mit Ausnahme der Sowjetunion und Polens aufgeteilt wurde. Vertragspartner des Pariser Reparationsabkommens waren damit nicht nur die drei Westmächte Großbritannien, die USA und Frankreich und die ehemals von Deutschland besetzten westlichen Länder, sondern auch Albanien, Ägypten, Australien, Kanada, Neuseeland, Indien, die Tschechoslowakei, Jugoslawien und Südafrika und später sogar Pakistan. Zur praktischen Umsetzung der Vereinbarungen des Pariser Reparationsabkommens richteten die westlichen Alliierten eine Interalliierte Reparationsagentur mit Sitz in Brüssel ein.[141]

Gemäß dem Pariser Reparationsabkommen wurden die deutschen Vermögenswerte in die Kategorien A und B aufgeteilt. Während in Kategorie B alle Industrieausrüstungen und andere Produktionsanlagen, Handels- und Binnenschiffe erfasst waren, enthielt Kategorie A alle übrigen Reparationsgüter, vor allem das private deutsche Auslandsvermögen. Die Vertragspartner erhielten prozentual festgelegte Anteile[142] an den Vermögenswerten der beiden Kategorien.[143] Um diese vereinbarte Aufteilung zu gewährleisten, führte die Interalliierte Reparationsagentur für jeden Signatarstaat ein Reparationskonto, auf dem die bereits empfangenen Werte aufgelistet wurden.[144] Die Verteilung der Güter erfolgte mit der Maßgabe, dass die Ver-

---

139 BÖHMER/DUDEN/JANSSEN, Deutsches Vermögen im Ausland, Bd. I, S. 10 ff.

140 BÖHMER/DUDEN/JANSSEN, Deutsches Vermögen im Ausland, Bd. I, S. 10 ff.

141 Da die Sowjetunion der durch das Potsdamer Abkommen installierten interalliierten Reparationsagentur ihre Anerkennung versagte, war sie auch nicht an den Verhandlungen des Pariser Reparationsabkommens beteiligt, vgl. KURTZ, Nazi Contraband, S. 138.

142 Vgl. RUMPF, Wiedergutmachung, S. 7.

143 Gemäß Teil I Artikel 2 B sollte das Pariser Reparationsabkommen keine Präjududizwirkung hinsichtlich der zu gegebener Zeit zu treffenden Bestimmung der Formen, der Dauer und des Gesamtbetrages der von Deutschland zu leistenden Reparationen und des jeder Signatarmacht möglicherweise zustehenden Rechts bezüglich der endgültigen Regelung der deutschen Reparationen entfalten. Daneben sollte es den Unterzeichnerstaaten unbenommen bleiben, ihre Ansprüche politischer, territorialer oder anderer Art bei einem Friedensschluss mit Deutschland geltend zu machen, vgl. WOLFF, Zur Abgeltung der Reparationsschäden, S. 27.

144 Schwierigkeiten mit der Berechnung ergaben sich im Hinblick auf die Tschechoslowakei und Jugoslawien, die nach 1945 die deutsche Bevölkerung aus ihren Gebieten vertrieben hatten. Es stellte sich die Frage, ob das in diesen Ländern verbliebene Vermögen der deutschen Bevölkerung unter die Kategorie „deutsches Auslands vermögen" fiel. Daran schließt sich das Folgeproblem an, ob die Konfiskationen, die in der Tschechoslowakei aufgrund der Benesch-Dekrete und in Jugoslawien aufgrund der AVNOJ-Dekrete durchgeführt wurden, Reparationszwecken dienten oder

tragsstaaten einen Teil der ihnen zufließenden Reparationsleistungen zur Entschädigung eigener Staatsangehöriger[145] und Staatenloser[146] verwenden sollten.[147] Es oblag somit dem jeweiligen Empfängerstaat, aus seinen Einnahmen Individualgeschädigte zu befriedigen.[148]

Die nachhaltigste Wirkung der alliierten Reparationspolitik, die im Rahmen des Pariser Reparationsabkommens vereinbart worden waren, hatten die Demontagen[149] und die Enteignung deutschen Auslandsvermögens. Diese Maßnahmen zielten vor allem darauf ab, das deutsche Kriegspotenzial zu zerstören und die industrielle Abrüstung des Deutschen Reiches voranzutreiben. Auf Druck der deutschen Bundesregierung, des deutschen Bundestages wie auch der amerikanischen Öffentlichkeit wurden die Demontagen in den westlichen Besatzungszonen nach dem Petersberg-

Abkommen[150] von 1949 zunächst erheblich reduziert und dann im Jahre 1951 vollständig eingestellt.[151] Die Interalliierte Reparationsagentur bezif-

---

auf die Bestrafung und Vertreibung eines missliebigen Bevölkerungsteils abzielte.

145 Diese Verpflichtung geht aus Art. 2 (A) des Reparation Agreements hervor: *„The Signatory Governments agree among themselves that their respective shares of reparation as determined by the present Agreement shall be regarded by each of them as covering all its claims and those of its nationals against the former German Government and its Agencies, of a governmental or private nature, arising out of the war (which are not otherwise provided for)".*

146 Gemäß Art. 8 des Reparation Agreements sollte ein Teil der Reparationen für Staatenlose bereitgestellt werden, die Opfer des Nationalsozialismus geworden waren.

147 Innerstaatlich setzte beispielsweise die USA diese Verpflichtung durch den so genannten War Claims Act von 1948 um. Danach wurde aus den Reparationsanteilen der USA – also vor allem aus den Liquidationserlösen feindlichen (namentlich deutschen) Vermögens – ein Fonds gebildet. Aus diesem Fonds wurden Schäden in bestimmtem Umfang abgegolten, die amerikanischen Kriegsgefangenen infolge schlechter Behandlung entstanden waren, vgl. OPPENHEIM-LAUTERPACHT, International Law, Bd. II, S. 384.

148 FEAUX DE LA CROIX, NJW 1960, S. 2268 ff., S. 2270 f.

149 Die Demontagen wurden von den Besatzungsmächten nach einseitig festgelegten Listen vollzogen.

150 Petersberg-Abkommen v. 22. 11. 1949, abgedruckt in: V. MÜNCH, Dokumente des geteilten Deutschland, S. 226.

151 Dem Petersberg-Abkommen kommt insofern eine wichtige Rolle in der Entwicklungsgeschichte der Reparationen nach dem Ende des Zweiten Weltkrieges zu, als es die erste vertragliche Regelung zwischen der Bundesregierung und den westlichen Siegermächten darstellte. Die Bundesregierung verpflichtete sich zum Beitritt zur internationalen Ruhrbehörde und dem Europarat. Im Gegenzug erklärte sich die Alliierte Hohe Kommission bereit, den Demontageplan zu kürzen und den Abbau einer Anzahl namentlich angeführter Werke einzustellen. Diese Maßnahme erfolgte

ferte den Gesamtwert der Vermögensobjekte, die von den Siegermächten im unmittelbaren Zugriff entnommen und verteilt worden waren, in ihrem letzten Jahresbericht aus dem Jahre 1961 unter Zugrundelegung des Kurswertes von 1938 auf rund 520 Millionen Dollar.[152] Dieser Wert ist jedoch schon deshalb zu niedrig veranschlagt, weil die abgebauten Industrieanlagen und die Waren aus der laufenden Produktion nach den Richtlinien des Reparationsabkommens unter ihrem wahren Wert angesetzt worden waren. Außerdem flossen Industrieanlagen und Waren aus der laufenden Produktion, die die Sowjetunion aus ihrer Zone unter Verweis auf ihr Beuterecht ergriffen hatte, nicht in die Statistik mit ein.[153] Gleichsam unberücksichtigt blieben der Verlust der wirtschaftlichen Kapazität, insbesondere der deutschen Ostgebiete, sowie die Ausbeutung der Arbeitsleistung deutscher Kriegsgefangener und deutscher Fachleute durch die Sowjetunion.

c) Das Kontrollratsgesetz Nr. 5 vom 30. Oktober 1945[154]

Reparationsrechtliche Besatzungsnormen ergingen vor allem zur Enteignung deutschen Auslandsvermögens. Hohe Brisanz hatte diesbezüglich das für ganz Deutschland erlassene Kontrollratsgesetz (KRG) Nr. 5 vom 30. Oktober 1945 zur „Übernahme und Erfassung des deutschen Vermögens im Ausland". Obwohl es in der Präambel als Maßnahme zur Förderung des Weltfriedens und der allgemeinen Sicherheit durch Ausschaltung des deutschen Kriegspotenzials deklariert wurde[155], stellte es de facto eine reparationsrechtliche Regelung dar.

Durch dieses Gesetz wurden alle Rechte, Ansprüche und finanziellen Anteile auf bzw. an jeglichem Eigentum außerhalb Deutschlands, das sich im Besitz oder Verwahrung deutscher Staatsangehöriger oder einer Niederlassung irgendeines Geschäfts oder einer Körperschaft oder einer anderen juristischen Person in oder außerhalb Deutschlands befand, auf eine durch das gleiche Gesetz gebildete Kommission für deutsches Eigentum im Aus-

---

unter dem Eindruck der amerikanischen Regierung, dass sich Demontagen auf den erstrebten Wiederaufbau und das erwünschte Erstarken der deutschen Wirtschaft kontraproduktiv auswirken würden mit der langfristigen Folge einer stärkeren Belastung der amerikanischen Steuerzahler. Vgl. auch RUMPF, Wiedergutmachung, S. 9.

152 Vgl. FÉAUX DE LA CROIX, in: Strupp/Schlochauer, Wörterbuch des Völkerrechts, Bd. II, S. 29.

153 Vgl. RUMPF, ZaöRV 33 (1973), S. 344 ff., S. 347.

154 Abl. des Kontrollrats Nr. 1 vom 29.10.1945, S. 3.

155 *„Whereas the Control Council is determined to assume control of all German assets abroad and to divest the said assets of their German ownership with the intention thereby of promoting international peace and collective security of the elimination of German war potentials".*

land übertragen.[156] Da die Enteignungsbestimmungen nicht das deutsche Auslandsvermögen betrafen, das bereits von einem der Siegerstaaten durch seine nationale Gesetzgebung erfasst war (Art. IX des Alliierten Kontrollratsgesetzes Nr. 5), entfaltete die Regelung vor allem für das deutsche Vermögen im neutralen Ausland Wirkung.
Das Kontrollratsgesetz Nr. 5 stand in eklatantem Widerspruch zur Haager Landkriegsordnung (HLKO)[157] sowie dem Prinzip des Völkergewohnheitsrechts, wonach Enteignungsakte keine exterritoriale Wirkung entfalten dürfen.[158] Deshalb wurde es von deutscher Seite stark kritisiert und von Fachleuten als völkerrechtswidrig, teilweise sogar als „rechtliches scandalum" bezeichnet. Die Alliierten handelten januskopfig: Unter Berufung auf ihre „Supreme Authority" nahmen sie formell den Platz der deutschen Regierung ein. Materiell handelten sie jedoch nicht im Interesse des deutschen Volkes, sondern verfolgten ihre eigenen Ziele.[159]

d) Die safe-haven-agreements

Auch die so genannten safe-haven-agreements betrafen das deutsche Auslandsvermögen. Das auf Henry Morgenthau zurückgehenden safe-haven-Programm zielte darauf ab, zu verhindern, dass neutrale Staaten als „sichere Häfen" für deutsches Auslandsvermögen genutzt würden. Zu diesem Zweck wurden bereits während des Krieges finanzielle Transfers überwacht und Namenslisten von im Ausland lebenden Deutschen angelegt. Nach dem Kriegsende sollte der deutsche Besitz beschlagnahmt und als Grundstock für die Rückerstattung gestohlenen Besitzes verwendet werden. Damit war das safe-haven-Programm die konsequente Reaktion auf die Strategie der Naziregierung, Vermögenswerte, Industrieanlagen und Patentrechte ins neutrale Ausland zu verschieben, um nach dem Krieg dort ein neues Machtzentrum aufbauen zu können.[160] Die Umsetzung dieses Plans erfolgte durch die so genannten safe-haven-agreements. Dabei handelte es sich um Abkommen, die die drei westlichen Hauptsiegermächte in den Jahren zwischen 1946 und 1948 mit der Schweiz,[161] Spanien,[162]

---

156 Vgl. Art. II und III in Verbindung mit Art. I Kontrollratsgesetz Nr. 5; RUMPF, AVR Bd. 23 (1985), S. 74 ff., S. 82.

157 Die Vorschriften der Art. 42 ff. HLKO betreffend die „Militärische Gewalt auf besetztem feindlichen Gebiet" wurden missachtet.

158 RUMPF, AVR Bd. 23 (1985), S. 74 ff., S. 83.

159 So auch MANN, Deutsches Vermögen im Ausland, NJW 1947/1948, S. 608.

160 Vgl. SURMANN, in: Surmann/Schröder, Der lange Schatten der NS-Diktatur, S.62.

161 Washingtoner Abkommen mit der Schweiz vom 25.5.1946, in: US-Treaties and other International Agreements, Vol.13, Part 1, S. 1118.

162 Washingtoner Abkommen mit Spanien vom 10.05.1948, in: UNTS, Vol. 140, No.1887, S. 129.

Schweden[163] und Portugal[164] schlossen und die die Enteignung des deutschen Eigentums in diesen Ländern sowie dessen Übertragung auf die Siegermächte zum Inhalt hatten.

e) Das Gesetz der Alliierten Hohen Kommission Nr. 63[165]

Das Kontrollratsgesetz Nr. 5 bestand nur bis zum Jahre 1951. Nach der Auflösung des Kontrollrates wurde es für die drei westlichen Besatzungszonen, d.h. für die Bundesrepublik Deutschland, durch das Gesetz der Alliierten Hohen Kommission (AHK-Gesetz) Nr. 63 vom 31. August 1951[166] ersetzt. Ausgenommen blieb dabei das deutsche Auslandsvermögen, das auf die Sowjetunion und ihre Satelliten übergegangen[167] oder in der Schweiz, Portugal und der Türkei noch nicht liquidiert worden war. Das AHK-Gesetz bewirkte zwar keine neue Enteignung, schnitt aber der Bundesregierung und den Eigentümern Einwendungen und Klagen gegen die alliierten Maßnahmen und gegen die neuen Berechtigten ab.

f) Zusammenfassung

Zusammenfassend ist festzustellen, dass die erste Phase alliierter Reparationspolitik, die von 1945 bis 1955 andauerte, schlagwortartig mit dem Begriff „Selbstbedienung der Hauptsiegermächte“ bezeichnet werden kann. Unmittelbar nach der bedingungslosen Kapitulation und der damit verbundenen Handlungsunfähigkeit des Deutschen Reiches vollstreckten die Alliierten ihre selbst aufgestellten Reparationsansprüche eigenmächtig durch Reparationsdiktat. Zu einer zumindest formellen Mitwirkung von deutscher Seite kam es nur äußerst vereinzelt. Vielmehr war die erste Phase von einseitigen Maßnahmen der Alliierten geprägt. In dieser ersten Phase hatte die Reparationspolitik der Siegermächte vor allem zwei Stoßrichtungen:
Vordergründig war das Hauptziel der Alliierten, Schadensersatz für die Kriegsgegner des Deutschen Reiches sowie deren Staatsbürger zu erhalten. Daneben spielte jedoch auch das Bestreben der Siegermächte, das Deutsche Volk auf Dauer wirtschaftlich und militärisch zu schwächen, in mate-

---

[163] Washingtoner Abkommen mit Schweden vom 18.07.1946, in: UNTS, Vol. 125, No.1674, S. 119.

[164] Washingtoner Abkommen mit Portugal vom 21.02.1947, in: BÖHMER/DUDEN/JANSSEN, Deutsches Vermögen im Ausland, Bd.III, S. 447.

[165] Abl. der AHK Nr. 64 v. 5. September 1951, S. 1107; BÖHMER/DUDEN/JANSSEN, Deutsches Vermögen im Ausland, S. 58.

[166] Es diente der „Klarstellung der Rechtslage in bezug auf deutsches Auslandsvermögen und andere im Wege der Reparation oder Rückerstattung erfasste Vermögensgegenstände.

[167] Dies war das deutsche Auslandsvermögen in Bulgarien, Finnland, Ungarn, Polen, Rumänien und Ost-Österreich.

rieller und moralischer Ohnmacht zu bannen und damit einen gefährlichen Rivalen, Konkurrenten und Friedensstörer auszuschließen, eine entscheidende Rolle.

2. Zweite Phase: Schuldenaufschub und Schuldenverzicht

Nachdem sich vor allem die Hauptsiegermächte in der ersten Phase der Besatzung eigenmächtig befriedigt hatten, erfolgte ab dem Jahre 1953 ein Umschwung in der westlichen Reparationspolitik. Aus der Erkenntnis der westlichen Besatzungsmächte, dass der wirtschaftliche Wiederaufbau der Bundesrepublik Deutschland verzögert würde, wenn die noch junge Demokratie von Reparationsforderungen erdrückt würde, kam es Anfang der fünfziger Jahre zu entscheidenden reparationsrechtlichen Regelungen. An ihnen war die neue deutsche Demokratie als zumindest formal gleichberechtigter Verhandlungs- und Vertragspartner beteiligt.

a) Das Londoner Schuldenabkommen[168]

Besondere Relevanz hat das Londoner Schuldenabkommen (LSA) vom 27. Februar 1953, obgleich es eigentlich kein Reparationsvertrag, sondern ein Abkommen zwischen den Vertrag schließenden Staaten[169] zur Regelung der deutschen Auslandsschulden war.[170]
Im Zentrum des Abkommens stand die Übereinkunft, dass die Tilgung der deutschen Vor[171]- und Nachkriegsschulden[172] Vorrang vor Reparationen habe und die deutsche Bundesregierung mit ihrer Rückzahlung zu beginnen habe.[173] Dabei sollten die Vorkriegsforderungen der Unterzeichnerstaa-

---

[168] BGBl. 1953 II, 331.

[169] Dies waren Belgien, Ceylon, Dänemark, die Republik Frankreich, Griechenland, Iran, Irland, Italien, Jugoslawien, Kanada, Liechtenstein, Luxemburg, Norwegen, Pakistan, Schweden, die Schweiz, Spanien, die Südafrikanische Union, das Vereinigte Königreich von Großbritannien und Nordirland und die Vereinigten Staaten von Nordamerika einerseits sowie die Bundesrepublik Deutschland andererseits.

[170] RUMPF, Wiedergutmachung, S. 9. In der Präambel kam als Wunsch der Vertragspartner zum Ausdruck, „Hindernisse auf dem Wege zu normalen Wirtschaftsbeziehungen zwischen der Bundesrepublik Deutschland und den anderen Staaten zu beseitigen und dadurch einen Beitrag zur Entwicklung einer blühenden Völkergemeinschaft zu leisten".

[171] Die deutschen Vorkriegsschulden einschließlich der Zinsrückstände wurden auf 7,5 Milliarden DM beziffert, vgl. ABS, Entscheidungen, S. 241.

[172] Hinsichtlich der öffentlichen Nachkriegsschulden aus der Wirtschaftshilfe der westlichen Alliierten kam es zu separaten Vereinbarungen zwischen den Westmächten und der Bundesrepublik Deutschland. In diesen Vereinbarungen setzten die Westmächte ihre Forderungen auf sieben Milliarden DM fest, so ABS, Entscheidungen, S. 241.

[173] Dabei wies die Bundesregierung immer wieder auf ihre schwachen finanziellen

ten des Londoner Schuldenabkommens Vorrang vor den Ansprüchen anderer Staaten haben.[174] Das Abkommen legte in Art. 4[175] fest, dass vertragliche und nichtvertragliche Geldverbindlichkeiten aus der Zeit vor dem 8. Mai 1945 vorab zu regeln waren.[176] Eine Einigung wurde auch erzielt über die Bedienung der Dawes- und Young-Anleihen[177], die das Deutsche Reich nach dem Ersten Weltkrieg hatte aufnehmen müssen, um die Reparationen aus dem Versailler Vertrag zahlen zu können. Politischer Hintergrund dieser Vereinbarung war die Tatsache, dass die Bundesrepublik Deutschland keine neuen privaten Kredite und Investitionen erwarten konnte, solange die Schuldenfrage nicht geregelt war.

Daneben enthält das Londoner Schuldenabkommen aber auch entscheidende reparationsrechtliche Regelungen der Nachkriegszeit. Insbesondere regelt es für bestimmte Gruppen von Forderungen verschiedener Staaten und ihrer Staatsangehörigen einen Reparationsaufschub bis zu einer endgültigen Regelung der Reparationsfrage. Dieser Schuldenaufschub, der in der Folgezeit als das „Londoner Schuldenmoratorium“ bekannt wurde, bildete „den wichtigsten Damm gegen die Überflutung der Bundesrepublik mit Reparationsforderungen“.[178] Außerdem sollten die Ansprüche aller Betei-

---

Kräfte und ihre außerordentlichen Belastungen hin, vgl. Schriftwechsel v. 6.03.1951 zwischen der Bundesregierung und den Regierungen der drei Westmächte, in: BT-Drs. 1/4260, Anhang A, S. 141 ff.

[174] So enthält Art. 10 LSA ein Zahlungsverbot bezüglich regelbarer Schulden in nicht deutscher Währung gegenüber denjenigen Staaten, die dem Abkommen nicht beigetreten sind.

[175] Art. 4 LSA: Zu regelnde Schulden

(1) Die gemäß diesem Abkommen und seinen Anlagen zu regelnden Schulden sind

(a) nichtvertragliche Geldverbindlichkeiten, die der Höhe nach vor dem 8. Mai 1945 festgestellt und fällig waren;

(b) Geldverbindlichkeiten aus Anleihe- und Kreditverträgen, die vor dem 8. Mai 1945 abgeschlossen wurden;

(c) Geldverbindlichkeiten aus anderen Verträgen als Anleihe- und Kreditverträgen, sofern diese Verbindlichkeiten vor dem 8. Mai 1945 fällig waren.

[176] Dabei handelte es sich um privatrechtliche Schulden des Reiches, der Reichsbahn, der Reichspost, der Länder und Gemeinden und anderer Körperschaften des öffentlichen Rechts sowie um private Auslandsschulden.

[177] Die Young-Anleihe bildete den Vollzug des Young-Plans. Dieser wurde durch das 1. Haager Abkommen (RGBl. 1930 II, 45) in Kraft gesetzt. Mithilfe des Young-Plans sollte im Interesse der kontinentalen Siegermächte des Ersten Weltkrieges eine bessere Mobilisierung der Reparationszahlungen erfolgen. Denn diese sollten angesichts der sich bereits abzeichnenden Weltwirtschaftskrise so frühzeitig wie möglich ihre Kriegsverbindlichkeiten gegenüber den USA begleichen. Umfassend zur Young-Anleihe, insbesondere deren Wertsicherung, HAHN/BRAUN, in: Die Wertsicherung der Young-Anleihe, S. 1 ff.

[178] RUMPF, AVR Bd. 23 (1985), S. 74 ff., S. 89.

ligten umfassend berücksichtigt werden, was im Zeitpunkt des Abschlusses des Londoner Schuldenabkommens noch nicht möglich gewesen wäre.[179] In Verbindung mit der Wiedervereinigungsklausel des Art. 25 LSA ließe sich aus dem Schuldenaufschub die rechtspolitische Vorgabe entnehmen, dass erst eine gesamtdeutsche Regierung in die rechtliche Prüfung der Entschädigungsforderungen eintreten mögen, da Reparationen ohne Wiedervereinigung weder beziffert noch fällig werden könnten.[180]
Nach Art. 5 II LSA sollte die Prüfung „der aus dem zweiten Weltkrieg herrührenden Forderungen“ der ehemaligen Kriegsgegner und von Deutschland besetzter Staaten und ihrer Staatsangehörigen „bis zur endgültigen Regelung der Reparationsfrage zurückgestellt werden“.[181]

Die Bundesrepublik Deutschland verpflichtete sich gegenüber den Vertragsstaaten des Abkommens, auch mit Nichtsignatar-Staaten des Abkommens keine Sondervereinbarungen über Reparationsfragen zu treffen.[182]
Daneben wurden die Forderungen neutraler und am Krieg unbeteiligter Staaten und ihrer Staatsangehörigen, die „während des zweiten Weltkrieges entstanden“, prinzipiell zurückgestellt, bis sie im Zusammenhang mit der Regelung der Forderungen der ehemaligen Kriegsgegner geprüft werden konnten (Art. 5 III LSA).
Somit bildete Art. 5 LSA die unmittelbare Reaktion auf die Befürchtung der Bundesrepublik Deutschland, zahlungsunfähig zu werden, wenn weitere Reparationsforderungen gestellt würden[183].
Schlechter gestellt wurden die Staaten und ihre Staatsangehörigen, „die vor dem 1. September 1939 mit dem Reich verbündet waren“ (Art. 5 IV LSA). Denn sie wurden auf ihre Friedensverträge[184] mit den Alliierten verwiesen.

---

[179] So Hahn, in: Festschrift für Krause, S. 93 ff., S. 94.
[180] So Hahn, in: Festschrift für Krause, S. 93 ff., S. 98.
[181] Dieser Aufschub von Reparationsforderungen bis zu einem Friedensvertrag entspricht einem festen Brauch in der zwischenstaatlichen Rechtspraxis seit dem 19. Jahrhundert, vgl. Hahn, in: Festschrift für Krause, S. 93 ff., S. 94; Grewe, Peace Treaties, EPIL IV (1982), S. 102 ff.
[182] Vgl. BT-Drs. 1/4478 Anlage 3, S. 54, Nr. 5 und 7.
[183] Vgl. „Denkschrift zu den Abkommen über deutsche Auslandsschulden“, Anlage 1 d der BT-Drs. 1/4260, S. 158.
[184] Pariser Friedensverträge zwischen den Alliierten und Italien, Rumänien, Ungarn, Bulgarien vom 10.02.1947.

Darin mussten sich Italien[185], Rumänien[186], Bulgarien[187] und Ungarn[188] in fast gleich lautenden Klauseln im eigenen Namen und im Namen ihrer Staatsangehörigen „aller Ansprüche gegen Deutschland und deutsche Staatsangehörige, die am 8. Mai 1945 ausstanden und nicht bereits vor dem 1. September 1939 erworben waren, begeben[189]. Dieser Verzicht umfasste alle Schulden, alle zwischenstaatlichen Forderungen aus Abmachungen, die im Laufe des Krieges vereinbart wurden, sowie alle Forderungen aus Verlusten und Schäden, die während des Krieges entstanden waren. Finnland hatte in den Pariser Friedensverträgen[190] zwar keine Verzichtserklärung abgegeben, hatte die Reparationsfrage als Signatarstaat des Londoner Schuldenabkommens jedoch vorläufig zurückgestellt. Nach der Wiedervereinigung verzichtete Finnland ganz auf Reparationen gegenüber Deutschland.[191] Österreich sprach im Staatsvertrag[192] einen entsprechenden, allerdings auf den Zeitpunkt des Anschlusses (13. Mai 1938) bezogenen Verzicht auf Forderungen gegenüber Deutschland aus (Art. 23 III des Staatsvertrages). Als Gegenleistung wurden von Österreich „keine Reparationen verlangt, die sich aus dem Bestehen eines Kriegszustandes in Europa nach dem 1.September 1933 ergeben" (Art. 21 des Staatsvertrages). Hervorzuheben ist dabei jedoch, dass sich die Reparationsverzichte der so genannten Satelliten Deutschlands nicht auf die Rückerstattung privaten Vermögens und die Wiedergutmachung für Verfolgte des Nationalsozialismus erstreckten.

b) Der Überleitungsvertrag

Im Kontext mit dem Londoner Schuldenabkommen muss ein weiterer im Hinblick auf die Reparationsproblematik entscheidender Vertrag genannt werden, der so genannte Überleitungsvertrag (ÜV).

Der Vertrag zur Regelung aus Krieg und Besatzung entstandener Fragen vom 26. Mai 1952, der so genannte Überleitungsvertrag[193] war Bestandteil

---

[185] Art. 77 IV des Pariser Friedensvertrags mit Italien, UNTS 49, S. 126, Nr. 747.
[186] Art. 28 IV des Pariser Friedensvertrags mit Rumänien, UNTS 42, S. 34, Nr. 645.
[187] Art. 26 IV des Pariser Friedensvertrags mit Bulgarien, UNTS 41, S. 50, Nr. 643.
[188] Art. 30 IV des Pariser Friedensvertrags mit Ungarn, UNTS 41, S. 168, Nr. 644.
[189] Vgl. RUMPF, AVR Bd. 23 (1985), S. 74 ff., S. 88.
[190] Art. 29 des Pariser Friedensvertrags mit Finnland, UNTS 48, S. 228, Nr. 746.
[191] EICHHORN, Reparationen als völkerrechtliche Deliktshaftung, S. 136 Fn. 85, S. 144 Fn. 134; vgl. auch BRODESSER u.a., Wiedergutmachung und Kriegsfolgenliquidation, S. 64.
[192] Österreichischer Staatsvertrag v. 15.5.1955, BGBl. für die Republik Österreich v. 30.7.1955, S. 725.
[193] BGBl. 1955 II, 405 ff.

der Bonner Verträge[194] zwischen den Westalliierten und der Bundesrepublik Deutschland.
Ziel des Überleitungsvertrags war es, die zwischen den Westalliierten und Deutschland noch offene Reparationsfrage einer vorläufigen, vor allem aber die Bundesrepublik Deutschland im Ergebnis wenig belastenden Regelung zuzuführen. Ebenso wie das Londoner Schuldenabkommen bediente sich der Überleitungsvertrag zu diesem Zwecke eines Schuldenaufschubs. Er bestimmte, dass „die Frage der Reparationen durch einen Friedensvertrag zwischen Deutschland und seinen ehemaligen Gegnern oder vorher durch diese Frage betreffende Abkommen geregelt werden".[195]
Daneben kommt dem Überleitungsvertrag vor allem deshalb Bedeutung zu, weil er in Art. 3 I einen Einwendungsverzicht der Bundesrepublik Deutschland gegen ihre Kriegsgegner verankert:
So lautet Art. 3 I:

„Die Bundesrepublik Deutschland wird in Zukunft keine Einwendungen gegen die Maßnahmen erheben, die gegen das deutsche Auslands- oder sonstiges Vermögen durchgeführt worden sind oder werden sollen, das beschlagnahmt worden ist für Zwecke der Reparationen oder Restitution oder auf Grund des Kriegszustandes oder auf Grund von Abkommen, die die Drei Mächte mit den anderen alliierten Staaten oder ehemaligen Bundesgenossen Deutschlands geschlossen haben oder schließen werden."

Daran anknüpfend heißt es in Art. 3 III:

„Ansprüche und Klagen gegen Personen, die auf Grund der in Absatz (1) dieses Artikels bezeichneten Maßnahmen Eigentum erworben oder übertragen haben, sowie Ansprüche und Klagen gegen internationale Organisationen, ausländische Regierungen oder Personen, die auf Anweisung dieser Organisationen oder Regierungen gehandelt haben, werden nicht zugelassen."

Die Verantwortung für die Entschädigung früherer Eigentümer wegen völkerrechtswidriger Konfiskationen[196] von Privateigentum bürdete der Überleitungsvertrag der Bundesrepublik Deutschland auf.
Durch Art. 5 wurde die Bundesrepublik Deutschland dazu verpflichtet, Vorsorge zu treffen, dass die früheren Eigentümer der Werte, die beschlagnahmt worden waren, entschädigt wurden.

---

[194] BGBl. 1955 II, 301.
[195] Vgl. Teil VI Art. 1 Abs. 1 S. 1 LSA
[196] Vgl. Art. 53 ff. Haager Landkriegsordnung (HLKO).

Nachdem das Inkrafttreten des Überleitungsvertrages vorerst an der fehlenden Ratifikation Frankreichs gescheitert war[197], trat er erst nach der Neufassung der Bonner Verträge am 5. Mai 1955 in Kraft.
Betrachtet man das Londoner Schuldenabkommen und den Überleitungsvertrag, so ist festzustellen, dass keiner der beiden Regelungswerke die Reparationsfrage endgültig lösten. Auch enthielten sie keine Bestimmungen für den Fall der Wiedervereinigung Deutschlands. Die Vorschriften des Londoner Schuldenabkommens und des Überleitungsvertrags stellten somit lediglich vorläufige Regelungen dar, um die Bundesrepublik Deutschland wirtschaftlich nicht zu überfordern.

c) Der demonstrative Reparationsverzicht der Sowjetunion

Auf diese Entwicklungen in den westlichen Zonen reagierte die Sowjetunion am 22. August 1953 mit dem „Protokoll über den Erlass der deutschen Reparationszahlungen[198]".
Die Sowjetunion verzichtete darin auf die Erhebung von Reparationsforderungen gegenüber der Deutschen Demokratischen Republik (DDR) sowohl in Form von Warenlieferungen als auch in jeder anderen Form ab dem 1. Januar 1954. Damit befreite die Sowjetunion die DDR von noch offenen Reparationsforderungen in Höhe von 2537 Millionen Dollar.[199]
Daneben verpflichtete sich die Sowjetunion in dem Protokoll, die aus enteigneten deutschen Unternehmen gebildete Sowjet-A.G. in das Eigentum der DDR zu überführen und die Stationierungskosten ihrer Truppen zu senken.
Im Protokoll begründet die Sowjetunion diese Maßnahmen damit, dass „Deutschland schon einen bedeutenden Teil seiner finanziellen und wirtschaftlichen Verpflichtungen, die mit den Folgen des Krieges verbunden sind, gegenüber der UdSSR, der USA, Großbritannien und Frankreich erfüllt hat." Der Schuldenerlass entspreche somit der Notwendigkeit, „die

---

[197] Bedingung für das Inkrafttreten der Bonner Verträge war nämlich die Ratifikation des Vertrages über die Europäische Verteidigungsgemeinschaft durch die beteiligten Staaten, dem die französische Nationalversammlung am 30.08.1954 ihre Zustimmung versagte. Dieser Missstand wurde durch die Pariser Verträge vom 23. 10. 1954 (BGBl. 1955 II, 628) zwischen den Vereinigten Staaten, Kanada, dem Vereinigten Königreich, Frankreich, Italien, Belgien, den Niederlanden, Luxemburg und Deutschland behoben. Darin vereinbarten die Vertragsparteien, dass die Bonner Verträge – und damit auch der Überleitungsvertrag – ohne den Vertrag über die Europäische Verteidigungsgemeinschaft in Kraft treten konnten.

[198] Reparationsverzichtserklärung der UdSSR v. 22.08.1953, deutschsprachiger Text abgedruckt in: EA 1953, S. 5974 f.; vgl. auch Dokumente zur Außenpolitik der Regierung der Deutschen Demokratischen Republik, S. 286 ff.

[199] Dabei legte die Sowjetunion die Weltmarktpreise von 1938 zugrunde, vgl. zur Thematik RUMPF, ZaöRV 33 (1973), S. 344 ff., S. 350.

wirtschaftliche Lage Deutschlands zu erleichtern. Dabei handelte die sowjetische Regierung im Einvernehmen mit der polnischen Regierung, so dass dieser Reparationsverzicht auch Polen[200] verpflichtete. Diesen Reparationsverzicht bestätigte Polen im Rahmen der Verhandlungen zum deutsch-polnischen Vertrag vom 7. Dezember 1970.[201] Die Sowjetunion erklärte ferner nachdrücklich, dass Deutschland die staatlichen Nachkriegsschulden erlassen seien.
Ziel dieses Verzichtes war zum einen eine Verbesserung der Wirtschaftslage Deutschlands und zum anderen die Schaffung der Voraussetzungen für die Wiederherstellung der Einheit Deutschlands als friedliebender und demokratischer Staat verbunden mit dem Abschluss eines Friedensvertrages mit Deutschland[202].
Hinsichtlich der Erklärungen von Moskauer und Warschauer Seite sind zwei Fakten besonders hervorzuheben: Der Reparationsverzicht der Sowjetunion und Polens beschränkte sich nicht auf das Gebiet der DDR, sondern bezog sich auf Deutschland in seiner Gesamtheit. Damit war auch die Bundesrepublik Deutschland vom Reparationsverzicht erfasst. Zum zweiten handelte es sich bei den Erklärungen um einen ausdrücklichen Reparationsverzicht, nicht lediglich um einen Reparationsaufschub.

d) Zusammenfassung

Die zweite Phase alliierter Reparationspolitik, die den Zeitraum zwischen 1953 und 1955 umfasst, war auf Seiten der westlichen Besatzungsmächte von Moratoriumsbestimmungen hinsichtlich der Reparationsfrage geprägt. Sowohl bei den Regelungen im Londoner Schuldenabkommen als auch bei den Vorschriften im Überleitungsvertrag handelte es sich zwar um vorläufige, jedoch für die Bundesrepublik Deutschland existenziell wichtige Bestimmungen. Denn sie bildeten den entscheidenden Damm gegen eine Überflutung der Bundesrepublik Deutschland mit Reparationsforderungen.
Im Unterschied zu dieser Zurückstellung der Reparationsfrage erklärte die Sowjetunion ihren endgültigen Verzicht auf Reparationen, der auch für Polen Relevanz entfaltete. Obgleich die Sowjetunion ihre Reparationsforderungen vornehmlich in ihrer Besatzungszone, der DDR, vollstrecken musste, erstreckte sich ihr Reparationsverzicht auf Gesamtdeutschland. Damit war klargestellt, dass die Bundesrepublik Deutschland in der Folgezeit weder von sowjetischer noch von polnischer Seite mit Reparationsforderungen zu rechnen brauchte.

---

200 Reparationsverzichtserklärung Polens v. 22.08.1953, deutschsprachiger Text, abgedruckt in: MEISSNER (HRSG.), EA 1953, S. 5981.
201 Bulletin der Bundesregierung v. 8.12.1970, Nr. 171/S. 1818.
202 Vgl. Präambel, Ziffer I und Ziffer IV des Protokolls vom 22.08.1953.

3. Dritte Phase: Wiedergutmachung im engeren Sinne

Nachdem die Reparationsfrage auf zwischenstaatlicher Ebene vorläufig zurückgestellt worden war, begannen im Jahre 1955 von Seiten der Bundesrepublik Deutschland Bestrebungen, die Entschädigung von NS-Opfern in der nationalen Gesetzgebung zu berücksichtigen.

a) Innerstaatliche Ansätze

Nach Gründung der Bundesrepublik Deutschland schuf die Bundesregierung umfangreiche gesetzliche Regelungen zur Entschädigung typisch nationalsozialistischen Unrechts. Diese beruhten auf Verpflichtungen aus dem Überleitungsvertrag, der die Bundesrepublik Deutschland staatsvertraglich auf ein umfassendes legislativ und administrativ zu verwirklichendes Wiedergutmachungsprogramm festlegte, weshalb er auch als „Magna Charta“ und „Fundament der deutschen Wiedergutmachung“ bezeichnet wurde.[203] An der Spitze dieser wiedergutmachungsrechtlichen Vorschriften steht das Bundesentschädigungsgesetz (BEG) vom 29. Juni 1956[204] in der Fassung des BEG-Schlussgesetzes vom 14. September 1965[205].

Mit dem Bundesentschädigungsgesetz erfüllte die Bundesrepublik Deutschland die völkerrechtliche Verpflichtung aus dem Überleitungsvertrag (Teil IV ÜV[206]). Dieser sah vor, dass die Bundesrepublik Deutschland Personen, die wegen ihrer politischen Überzeugung, aus Gründen der Rasse, des Glaubens oder der Weltanschauung verfolgt wurden und hierdurch Schaden an Leben, Körper, Gesundheit, Freiheit, Eigentum, Vermögen oder in ihrem wirtschaftlichen Fortkommen erlitten hatten, eine angemessene Entschädigung gewähren sollte (Teil IV Art. 1). Das Bundesentschädigungsgesetz gewährt Individualansprüche für Verfolgungsschäden aus Gründen der politischen Gegnerschaft gegen den Nationalsozialismus, der Rasse, des Glaubens oder der Weltanschauung (§ 1 BEG) durch nationalsozialistische Gewaltmaßnahmen (§ 2). Dabei sieht das Gesetz Wiedergutmachung für Schäden an Leben, Körper oder Gesundheit, Freiheit, Eigentum, Vermögen und im beruflichen oder wirtschaftlichen Fortkommen vor, die Folge nationalsozialistischer Gewaltmaßnahmen waren. Aus Gründen der Rechtssicherheit und des Rechtsfriedens enthält das Gesetz Antragsfristen – absolute Ausschlussfrist für alle Ansprüche nach dem

---

203 FÉAUX DE LA CROIX, Die Wiedergutmachung nationalsozialistischen Unrechts durch die Bundesrepublik Deutschland, Bd. III, S. 142.

204 BGBl. 1956 I, 562.

205 BGBl. 1965 I, 1315.

206 BGBl. 1955 II, 431.

Bundesentschädigungsgesetz war der 31. Dezember 1969 – sowie Aufenthalts- und Stichtagsvoraussetzungen.
Der Kreis der Anspruchsberechtigten wurde durch das subjektive und objektive Territorialitätsprinzip[207] begrenzt. Denn nach dem subjektiven Territorialitätsprinzip[208] erhielt grundsätzlich nur derjenige eine Entschädigung, der eine räumliche Beziehung zum früheren Reichsgebiet oder zum Bundesgebiet aufweisen konnte. Eine Ausnahme von diesem Prinzip erfolgte lediglich im Zusammenhang mit Verfolgten aus den Vertreibungsgebieten, Staatenlosen und Flüchtlingen.
Ausgehend vom objektiven Territorialitätsprinzip wurde Wiedergutmachung für Personenschäden ohne Rücksicht auf ihren Begehungsort gewährt; Sachschäden wurden hingegen lediglich kompensiert, soweit sie im früheren Reichsgebiet begangen worden waren. Ausgenommen vom Bundesentschädigungsgesetz waren Personen, die in Ländern lebten, mit denen die Bundesrepublik Deutschland keine diplomatischen Beziehungen unterhielt. Opfer aus Mittel- und Osteuropa schieden somit von vornherein aus dem Kreis möglicher Anspruchsberechtigter aus. Eine mögliche Antragsberechtigung erstreckte sich somit lediglich auf Opfer, die in Deutschland oder in westlichen Ländern inklusive Israels lebten.

Auch der Erlass des Bundesrückerstattungsgesetzes (BRüG) vom 19. Juli 1957[209] erfolgte in Umsetzung der Verpflichtung der Bundesrepublik Deutschland zur „inneren Rückerstattung", die aus dem Dritten Teil[210] des Überleitungsvertrags resultierte. Der Rückerstattung[211] unterlagen Vermögensgegenstände, die in der Zeit zwischen dem 30. Januar 1933 und dem 8. Mai 1945 aus Gründen der Rasse, Religion, Nationalität, Weltanschauung oder politischer Gegnerschaft gegen den Nationalsozialismus entzogen[212] worden waren. Rückerstattungsansprüche richteten sich in erster Linie auf

---

[207] Ausführliche Erläuterungen bei GIEßLER, in: Die Wiedergutmachung nationalsozialistischen Unrechts durch die Bundesrepublik Deutschland, Bd. IV, S. 51 ff.
[208] Vgl. ZORN, in: Entschädigung für NS-Zwangsarbeit, Öffentliche Anhörung des Innenausschusses des Deutschen Bundestages (Zur Sache 6/90), S. 49.
[209] Gesetz zur Regelung der rückerstattungsrechtlichen Geldverbindlichkeiten des Deutschen Reiches und gleichgestellter Rechtsträger, BGBl. 1957 I, 734, zuletzt geändert am 3.09.1969, BGBl. 1969 I, 1561.
[210] BGBl. 1955 II, 418 ff.
[211] Zur Rückerstattungsgesetzgebung vor Erlass des BRüG, HOCKERTS, Zeitgeschichte, S. 167 ff., S. 170 ff.
[212] Unter den Begriff Entziehung fielen sowohl Wegnahme durch Zwang als auch Weggabe unter Zwang.

Naturalrestitution, d.h. die Rückgabe entzogener Vermögensgegenstände[213]. Bei den Forderungen nach dem Bundesrückerstattungsgesetz handelte es sich um Individualansprüche. Dieses konnten sowohl gegen das Deutsche Reich, seine Behörden, die NSDAP und alle diesen gleichgestellte Rechtsträger als auch gegen Privatpersonen einschließlich Unternehmen, Banken, Versicherungsgesellschaften und sonstige private Verbände gerichtet werden. Anspruchsberechtigt waren die Verfolgten sowie deren Erben und sonstige Rechtsnachfolger. Waren keine Erben vorhanden oder machte der Verfolgte von seiner Anspruchsberechtigung keinen Gebrauch, so gingen die Ansprüche auf Nachfolgeorganisationen[214] über. Der Gesamtwert der Ansprüche und Leistungen, die auf die Nachfolgeorganisationen übergingen, beläuft sich schätzungsweise auf 200 Millionen DM.[215]

Ebenso wie im Entschädigungsrecht galt auch im Rückerstattungsrecht das objektive Territorialitätsprinzip mit der Folge, dass eine Rückübertragung nur dann möglich war, wenn sich der entzogene Gegenstand im Geltungsbereich des Bundesrückerstattungsgesetzes befand. Dieses Prinzip galt für Immobilien wie für Mobilien gleichermaßen.[216]

Härten in der Gesetzgebung, die sich aus den strengen Antragsvoraussetzungen der innerstaatlichen Gesetze ergaben, glich die Bundesrepublik Deutschland durch außergesetzliche Regelungen aus. In diesem Kontext sind die „Abschlussgeste Wiedergutmachung“ sowie die Härteregelungen für Opfer pseudomedizinischer Versuche und nationalsozialistischer Gewaltherrschaft zu nennen.

---

[213] Darunter fallen Grundstücke und Rechte an Grundstücken, Hausrat, Bibliotheken, Kunstgegenstände, Sammlungen, Schmuck, Edelmetall und andere bewegliche Sachen, Wertpapiere, Bankguthaben, Versicherungsansprüche und andere Rechte.

[214] Als Nachfolgeorganisationen wurden von den Alliierten Mächten für die amerikanische Zone die Jewish Restitution Successor Organization (JRSO) mit Sitz in New York und für die britische Zone die Jewish Trust Corporation (JTC) mit Sitz in London errichtet. Für nicht-jüdische Verfolgte wurde die Allgemeine Treuhand-Organisation (ATO) installiert. Alle Organisationen waren auch für West-Berlin zuständig, vgl. § 11 Nr. 2 BRüG.
In der französischen Zone und im Saarland waren Gemeinschaftsfonds der Länder anspruchsberechtigt. Eine jüdische Nachfolgeorganisation, die Französische Abteilung der Jewish Trust Corporation mit Sitz in Paris wurde erst durch Anordnung der Französischen Hohen Kommission Nr. 177 vom 18.03.1952 eingesetzt, Abl. der Alliierten Hohen Kommission Nr. 79, S. 1618.

[215] Vgl. SCHMIDT, RzW 1978, S. 5 ff., 44 ff., S. 47.

[216] Von diesem strengen Prinzip wurden für Schadensersatzansprüche, die sich gegen das Deutsche Reich richteten, auch Ausnahmen zugelassen, dazu vgl. BRODESSER u.a., Wiedergutmachung und Kriegsfolgenliquidation, S. 76.

Obwohl die deutsche Bundesregierung im Jahre 1974 die Wiedergutmachungs- und Kriegsfolgengesetzgebung als abgeschlossen betrachtete, befürworteten alle drei damals im Deutschen Bundestag vertretenen Parteien[217] eine „Abschlussgeste Wiedergutmachung“ zum Ausgleich von Härten in der bisherigen Gesetzgebung.
Damit reagierte das Parlament auf die Tatsache, dass sich bei den Entschädigungsbehörden Entschädigungsanträge jüdischer Verfolgter häuften, die wegen der Nichterfüllung gesetzlicher Antragsfristen und Aufenthaltsvoraussetzungen[218] aussichtslos geblieben waren. Um für diesen Personenkreis eine Lösung ohne Änderung des BEG-Schlussgesetzes zu schaffen, stellte der deutsche Staat der jüdischen Claims Conference, den jüdischen Gemeinden in Deutschland sowie dem Zentralrat der Juden insgesamt 440 Millionen DM zur Verfügung.[219] Um auch Härtefälle von nichtjüdischen Verfolgten zu erfassen, sah die „Abschlussgeste Wiedergutmachung“ für diesen Personenkreis die Bereitstellung von zusätzlich 100 Millionen DM vor.
Auch unter den Opfern pseudo-medizinischer Versuche gab es Härtefälle, die nicht unberücksichtigt bleiben konnten. Das Bundesentschädigungsgesetz gewährte Opfern pseudo-medizinischer Menschenversuche zwar eine Entschädigung für erlittene Körper- und Gesundheitsschäden. Die Anträge vieler Versuchsopfer scheiterten jedoch an den gesetzlichen Wohn- und Stichtagsvoraussetzungen, den gesetzlichen Antragsfristen oder an der Tatsache, dass die Verfolgungsgründe des § 1 BEG nicht vorlagen. Für diesen Personenkreis wurde mit Beschluss vom 26. Juli 1951 eine Härteregelung geschaffen, nach der Opfern pseudo-medizinischer Versuche in besonderen Notfällen eine einmalige Fürsorgeleistung gewährt wurde. Diese gebietsmäßig zunächst auf die westlichen Staaten beschränkte Regelung wurde 1960 auch auf Opfer mit Wohnsitz in den Staaten des Ostblocks ausgedehnt, mit denen seinerzeit keine diplomatischen Beziehungen bestanden. Die Höhe der Beihilfe war abhängig von der Schwere des Eingriffs und seinen Auswirkungen und differierte zwischen 1 000 DM für folgenlos gebliebene Eingriffe und höchstens 25 000 DM für schwerste Schädigungen. Zur Vereinfachung und Beschleunigung der Verfahren der Antragsteller aus dem Ostblock schloss die Bundesrepublik Deutschland Globalabkommen mit Jugoslawien, der Tschechoslowakei, Polen und Ungarn ab.
Im Laufe der Nachkriegszeit stellte sich heraus, dass Art. VI BEG, der die Entschädigung von Nationalgeschädigten vorsah, inhaltlich unzureichend

[217] BT-Drs. 8/3511.
[218] Diese hatten meist ihre kommunistischen osteuropäischen Herkunftsländer zu spät verlassen, um in den USA oder in Israel noch antragsberechtigt zu sein.
[219] BT-Drs. 8/3982.

war. Denn Opfer nationalsozialistischer Gewaltherrschaft waren – ebenso wie jüdische NS-Opfer – verfolgungsbedingt über die gesamte Welt verstreut und hatten meist den Status von Flüchtlingen im Sinne der Genfer Konvention vom 28. Juli 1951. Um Härtefälle bei dieser Personengruppe auszugleichen, kooperierte die deutsche Regierung mit dem Hohen Flüchtlingskommissar der Vereinten Nationen. Aufgrund des Basisübereinkommens mit dem Hohen Flüchtlingskommissar vom 5.Oktober 1960[220] stellte die deutsche Bundesregierung 45 Millionen DM zur Verfügung. Diese Mittel sollten für Härtebeihilfen an Personen verwendet werden, die unter der nationalsozialistischen Gewaltherrschaft aus Gründen ihrer Nationalität unter Missachtung der Menschenrechte gesundheitlich geschädigt worden waren. Das Übereinkommen erfasste auch deren Hinterbliebene, sofern diese selbst am 1. Oktober 1953 Flüchtlinge im Sinne der Genfer Konvention waren.
Aufgrund weiterer Abkommen[221] stockte die Bundesregierung den Betrag um weitere 13 Millionen DM auf, so dass sich die Gesamtbeihilfe für Nationalgeschädigte auf 58 Millionen DM belief.

Neben diesen innerstaatlichen Ansätzen zur Entschädigung von Opfern der nationalsozialistischen Gewaltherrschaft im weitesten Sinne beschritt die Bundesrepublik Deutschland in der Nachkriegszeit auch wiederholt den Weg völkerrechtlicher Übereinkommen.

b) Völkerrechtliche Ansätze
Völkerrechtlich wurde die Wiedergutmachung im engeren Sinne vor allem durch Globalabkommen realisiert. Charakteristisch für Globalabkommen ist die Tatsache, dass Gelder auf zwischenstaatlicher Ebene fließen. Die Globalabkommen der Bundesrepublik Deutschland folgten somit alle demselben Grundprinzip: Die Bundesrepublik zahlte an den Heimatstaat der Opfer eine Pauschalsumme, die dieser nach eigenem Ermessen und in eigener Verantwortung verteilte.
Vorreiter für alle künftigen Globalabkommen war das zwischen dem Staat Israel und der Bundesrepublik Deutschland in Luxemburg geschlossene Israel–Abkommen aus dem Jahre 1952[222]. Mit diesem Abkommen verfolg-

---

[220] Bundesanzeiger 1961 Nr. 53 S. 3.
[221] Für Einzelheiten vgl. Bericht der Bundesregierung über Wiedergutmachung und Entschädigung für nationalsozialistisches Unrecht an den Deutschen Bundestag vom 31.10.1986, BT-Drs. 10/6287, S. 18, S. 51.
[222] Israel-Abkommen v. 10.09.1952, BGBl. 1953 II, 36 ff.; vgl. auch GIESSLER, Die Wiedergutmachung nationalsozialistischen Unrechts durch die Bundesrepublik Deutschland, Bd. IV, S. 50 ff. Dieses Abkommen war höchst umstritten. Schließlich setzte es Bundeskanzler Adenauer fast im Alleingang, jedenfalls gegen den Wider-

te die Bundesregierung das Ziel, in den Grenzen ihrer Leistungsfähigkeit den materiellen Schaden der nationalsozialistischen Verfolgungsmaßnahmen gegen das jüdische Volk wiedergutzumachen. Dazu zahlte die Bundesrepublik Deutschland dem Staat Israel in 14 Jahresraten bis zum Ende des Jahres 1965 einen Betrag von drei Milliarden DM in Form von Warenlieferungen und Dienstleistungen. Diese Leistungen wurden für die Aufnahme und Eingliederung jüdischer Flüchtlinge in den Staat Israel verwendet[223].

Daneben stellte die Bundesrepublik Deutschland der Claims Conference einen Sonderfonds in Höhe von 450 Millionen DM bereit.

Das Israel-Abkommen stellt sowohl hinsichtlich seines Regelungsbereichs als auch in Bezug auf seine Leistungsempfänger einen Sonderfall in der Geschichte dar. Während die eigentlichen Reparationsabkommen sich auf durch herkömmliche Kriegsmaßnahmen verübte Kriegsverbrechen gründeten, ging es bei dem Israel–Abkommen um nicht unmittelbar im Zusammenhang mit dem Kriegsgeschehen stehende Verbrechen gegen die Menschlichkeit für die gesamte Zeit der nationalsozialistischen Gewaltherrschaft. Hinsichtlich seines Regelungsbereichs ist das Israel-Abkommen somit als völkerrechtlicher Präzedenzfall im Bereich der Abhilfe des Flüchtlingselends zu werten: Der Staat, der für die Flucht, Vertreibung oder Aussiedlung der jüdischen Bevölkerung verantwortlich ist, leistet dem Aufnahmestaat finanzielle Unterstützung für deren Eingliederung.[224]

Die zweite Besonderheit des Israel-Abkommens ist die Tatsache, dass der israelische Staat als Leistungsempfänger zum Zeitpunkt, als das Unrecht begangen wurde, noch nicht existierte[225]. Damit verbunden ist die logische Konsequenz, dass gegenüber dem Staat Israel keine Reparationspflicht im völkerrechtlichen Sinne entstehen konnte.[226]

So wurde das Israel-Abkommen von deutscher Seite als ein Akt der Wiedergutmachung aus eigenem deutschen Entschluss, als eine moralische Geste gesehen[227]. Bundeskanzler Adenauer bezeichnete das Israel-Abkommen als eine zwingende moralische Verpflichtung des von der Bundesregierung vertretenen deutschen Volkes. Der Staatsvertrag mit Is-

---

stand der Mehrheit in seiner eigenen Koalition, durch.

[223] Vgl. BT-Drs. 14/360, S. 8.

[224] So auch EICHHORN, Reparationen als völkerrechtliche Deliktshaftung, S. 160.

[225] Der Staat Israel entstand erst am 14.05.1948, als Großbritannien das Mandat für Palästina niederlegte.

[226] Vgl. EICHHORN, Reparationen und völkerrechtliche Deliktshaftung, S. 34.

[227] Vgl. RUMPF, in: Die Wiedergutmachung nationalsozialistischen Unrechts durch die Bundesrepublik Deutschland, Bd. III, S. 316 f.

rael machte diese moralische Verpflichtung des deutschen Volkes zu einer Rechtspflicht.[228]
Daneben kam dem Abkommen aber auch eine nicht zu unterschätzende international-politische Bedeutung zu: Die Bundesregierung fürchtete den Einfluss jüdischer Kreise auf die amerikanische Regierung und den amerikanischen Kongress, zumal die Londoner Schuldenkonferenz in die Zeit des Israel-Abkommens fiel.

Neben dem Israel-Abkommen schloss die Bundesrepublik Deutschland am gleichen Tag in den so genannten „Haager Protokollen" ein Abkommen[229] mit der Claims Conference[230].[231] Darin wurde eine Globalzahlung zur Unterstützung, Eingliederung und Ansiedlung jüdischer Opfer der nationalsozialistischen Verfolgung in verschiedenen Ländern vereinbart.[232]

Diesen Globalleistungen zugunsten jüdischer Opfer folgten Pauschalvereinbarungen mit elf westeuropäischen Staaten.
Zwischen 1959 bis 1964 schloss die Bundesrepublik Deutschland mit elf westeuropäischen Staaten[233] Globalvereinbarungen in einem finanziellen

---

[228] ADENAUER, Erinnerungen 1953-1955, Stuttgart 1966, S. 158.
[229] Haager Protokoll Nummern 1 und 2, BGBl. 1952 II, S. 85.
[230] Die Hauptaufgabe der Conference on Jewish Material Claims against Germany, einer nicht-politischen jüdischen Organisation, lag darin, sich dafür einzusetzen, dass die deutsche Regierung Entschädigungsgesetze zugunsten all jener verabschiedete, die aufgrund ihrer Verfolgung im Dritten Reich Verluste erlitten hatten.
[231] Durch die Haager Protokolle wurde erstmals im Völkerrecht anerkannt, dass die Interessen von Individuen nicht nur von Staaten, sondern auch von Organisationen auf völkerrechtlicher Ebene vertreten werden können, vgl. FÉAUX DE LA CROIX, in: Wiedergutmachung, Bd. III, S. 194; EICHHORN, Reparationen und völkerrechtliche Deliktshaftung, S. 159.
[232] Kommuniqué aus Anlass der Unterzeichnung des Wiedergutmachungsabkommens, in: Die Auswärtige Politik der BRD, Nr. 43, S. 220.
[233] Dabei handelt es sich um folgende Verträge:
1. mit Luxemburg vom 11.07.1959 über 18 Millionen DM; BGBl. 1960 II, 2077.
2. mit Norwegen vom 07.08.1959 über 60 Millionen DM; BGBl. 1960 II, 1336.
3. mit Dänemark vom 24.08.1959 über 16 Millionen DM; BGBl. 1960 II, 1333.
4. mit Griechenland vom 18.03.1960 über 115 Millionen DM; BGBl. 1961 II, 1596.
5. mit den Niederlanden vom 08.04.1960 über 125 Millionen DM; BGBl. 1963 II, 629.
6. mit Frankreich vom 15.07.1960 über 400 Millionen DM; BGBl. 1961 II, 1029.
7. mit Belgien vom 28.09.1960 über 80 Millionen DM; BGBl. 1961 II, 1037.
8. mit Italien vom 02.06.1961 über 40 Millionen DM; BGBl. 1963 II, 791.
9. mit der Schweiz vom 29.06.1961 über 10 Millionen DM; BGBl. 1963 II, 155.
10. mit Großbritannien vom 09.06.1964 über 11 Millionen DM; BGBl. 1964 II, 1032.

Gesamtumfang von einer Milliarde DM. Die Pauschalsummen sollten der Entschädigung der jeweiligen Staatsangehörigen dienen, die durch nationalsozialistische Verfolgungsmaßnahmen Personenschäden (Schäden an Leben, Körper, Gesundheit oder Freiheit) erlitten hatten.[234] Diese Globalabkommen enthalten Schlussklauseln, wonach alle den Gegenstand dieses Vertrages bildenden Fragen im Verhältnis der Bundesrepublik Deutschland zu dem jeweiligen Vertragspartner abschließend geregelt sein sollten. Unbeschadet von dieser abschließenden Regelung blieben jedoch etwaige gesetzliche Ansprüche der einzelnen Staatsangehörigen bestehen.[235]

Vor Abschluss der Globalvereinbarungen tauchte im Rahmen der Verhandlungen die Frage auf, ob diese Abkommen möglicherweise eine Durchbrechung des Londoner Schuldenmoratoriums darstellten. Eine solche Durchbrechung käme dann in Betracht, wenn die Globalvereinbarungen Materien regeln würden, die materiell-rechtlich dem Komplex „Reparationen" zuzuordnen sind. Diese Frage ist problematisch, erschließt sich doch eine rechtliche Einordnung des Regelungsinhalts der Globalvereinbarungen nicht bereits auf den ersten Blick aus dem Wortlaut des Londoner Schuldenabkommens. Vielmehr kommt weder der Begriff „Reparationen" noch dessen Definition im Londoner Schuldenabkommen vor.
Gegen eine Zuordnung des Inhalts der Globalvereinbarungen zum Komplex „Reparationen" spricht aber auch Anlage VIII des Londoner Schuldenabkommens und insbesondere deren extensive Interpretation.[236] Anlage VIII[237] regelte nämlich, dass diejenigen Ansprüche unberührt blieben, die sich entweder aus Rechtsvorschriften der Bundesrepublik Deutschland oder aus Verträgen ergaben, die vor Unterzeichnung des Londoner Schuldenabkommens geschlossen worden waren. Unter diese Vorbehaltsklausel subsumierte die Bundesrepublik Deutschland zu Recht auch die nationalen

---

11. mit Schweden vom 03.08.1964 über 1 Millionen DM; BGBl. 1964 II, 1402.

234 BT-Drs. 10/6287, S.50.

235 Vgl. Heß, in: Barwig u.a., Entschädigung für NS-Zwangsarbeit, S. 65 ff., S. 88.

236 Hahn, in: Festschrift für Krause, S. 93 ff., S. 96 f.

237 Anlage VIII (Vereinbarte Auslegung des Artikels 5 Absatz 2 des Abkommens über deutsche Auslandsschulden):
Artikel 5 Absatz 2 des Abkommens über deutsche Auslandsschulden darf nicht so ausgelegt werden, als würden dadurch Rechte gemäß den in der Bundesrepublik Deutschland geltenden Rechtsvorschriften oder solche Rechte beeinträchtigt, die aus Abkommen hergeleitet werden können, welche vor der Unterzeichnung des Abkommens über deutsche Auslandsschulden zwischen der Bundesrepublik Deutschland und einer Partei dieses Abkommens unterzeichnet wurden.

Vorschriften zur Entschädigung von NS-Unrecht sowie das Israel-Abkommen.[238] Da aber die elf Westverträge in ihrem Sinn und Zweck mit dem Israel-Abkommen vergleichbar sind, liegt die Schlussfolgerung nahe, auch diese vom Regelungsbereich des Londoner Schuldenabkommens auszunehmen. Schließlich ging die Staatenpraxis[239] soweit, Anlage VIII als generelle Ausnahme zugunsten von Globalvereinbarungen zu interpretieren.[240] Daneben betonte die deutsche Bundesregierung immer wieder, dass es sich „bei der Wiedergutmachung an die NS-Verfolgten um eine moralische Pflicht des deutschen Volkes handelt, die mit Billigung der freien Welt am Schuldenabkommen nicht zu messen ist."[241] Die Bundesregierung sah sich aus ethischen und rechtspolitischen Gründen gezwungen, besonders grausame Unrechtsmaßnahmen gegen rassische, religiöse und weltanschauliche Gruppen vorzeitig zu berücksichtigen. Dies änderte jedoch nichts an ihrer Haltung bezüglich der Reparationen im klassischen Sinne, die nur insgesamt im Lichte etwaiger Vorleistungen und damit erst bei Friedensschluss geprüft werden sollten.[242]

Mit der österreichischen Regierung schloss die Bundesrepublik Deutschland 1961 im Rahmen des deutsch-österreichischen Finanz- und Ausgleichsvertrages[243] ein Wiedergutmachungsabkommen ab, auf dessen Grundlage die Bundesrepublik Deutschland als Beitrag zur österreichischen Wiedergutmachung einen Betrag von 101 Millionen DM leistete.

---

[238] Kritisch STUBY, in: Entschädigung für NS-Zwangsarbeit, Öffentliche Anhörung des Innenausschusses des Deutschen Bundestages (Zur Sache 6/90), S. 70. Nach Stuby müsse die Anlage VIII des LSA so verstanden werden, dass vom Anwendungsbereich des LSA nur die Entschädigungsregelungen unberührt bleiben, die im Zeitpunkt der Unterzeichnung des Londoner Schuldenabkommens bereits getroffen waren. Vom LSA ausgenommen seien mithin nur bestehende Regelungen und bestehende völkerrechtliche Abkommen sowie Ansprüche, die aus ihnen daraus erwachsen können. Das LSA treffe aber keine Aussage über zukünftige Ansprüche, vielmehr spreche es ausdrücklich nur von bestehenden Ansprüchen. Da alle Globalabkommen mit den westeuropäischen Staaten zeitlich nach dem LSA abgeschlossen worden waren, fielen sie damit nicht unter Anlage VIII des LSA.

[239] Vgl. BT-Drs. 10/6287, S. 48; kritisch zu dieser Staatenpraxis FÉAUX DE LA CROIX, in: Der Werdegang des Entschädigungsrechts, S. 281 ff.

[240] Vgl. HAHN, in: Festschrift für Krause, S 93 ff., S. 97; RUMPF, ZaöRV 33 (1973), S. 344 ff., 357 f.

[241] Vgl. HERBERT, Entschädigung für NS-Zwangsarbeit, Öffentliche Anhörung des Innenausschusses des Deutschen Bundestages (Zur Sache 6/90), S. 42.

[242] So auch HAHN, in: Festschrift für Krause, S. 93 ff., S. 99.

[243] Deutsch-österreichischer Finanz- und Ausgleichsvertrag v. 27.11.1961, BGBl. 1962 II, 1041 ff., 1044 zur Regelung von Schäden der Vertriebenen, Umsiedler und Verfolgten, ausführlich dazu SCHAEFER, AVR 1985, S. 102 ff.

Ein eigenes Kapitel bildeten die Abkommen zur Entschädigung von Opfern pseudo-medizinischer Menschenversuche[244], die in nationalsozialistischen Konzentrationslagern durchgeführt worden waren.
Mit den vier osteuropäischen Staaten Jugoslawien[245], der Tschechoslowakei[246], Ungarn[247] und Polen[248] wurden zwischen 1961 und 1972 Vereinbarungen über Zahlungen von Globalbeträgen zugunsten ihrer durch pseudomedizinische Versuche gesundheitsgeschädigter Staatsbürger getroffen[249]. Im Gegenzug befreiten diese Staaten die Bundesrepublik Deutschland von weiteren Forderungen. Auf ein Globalabkommen mit Rumänien verzichtete die Bundesregierung wegen der geringen Zahl der Antragsteller. Opfer, die nicht in den Geltungsbereich der Globalabkommen fielen und auch keine Leistungen nach dem Bundesentschädigungsgesetz erhalten haben, konnten und können immer noch eine einmalige Härtebeihilfe vom Bundesministerium der Finanzen erhalten. Daneben erhielt das ehemalige Jugoslawien (Protokoll vom 16. Oktober 1956[250]) Leistungen in einem finanziellen Gesamtumfang von insgesamt 300 Millionen DM. Dabei entfielen 240 Millionen DM auf einen Kredit als Wirtschaftsbeitrag mit einer Laufzeit von über 99 Jahre. Die restlichen 60 Millionen DM waren vorgesehen zur Abgeltung jugoslawischer Ansprüche aus der Kriegs- und Vorkriegszeit und für nicht realisierbare Restitutionen[251].

c) Zusammenfassung
Die dritte Phase deutscher Wiedergutmachungspolitik, die zeitlich zwischen 1955 und 1970 anzusiedeln ist, war vor allem von der Wiedergutmachung für typisch nationalsozialistisches Unrecht geprägt.[252] Diese Wiedergutmachung im engeren Sinne umfasste sowohl innerstaatliche Ansätze als auch völkerrechtliche Ansätze. Innerstaatlich wurde die Wiedergutma-

---

[244] Ausführlich: METZ, RzW 1963, S. 293.
[245] Globalabkommen mit Jugoslawien über die Entschädigung von Opfern pseudomedizinischer Versuche v. 24.04.1961.
[246] Globalabkommen mit der CSSR über die Entschädigung von Opfern pseudomedizinischer Versuche v. 30.10.1969.
[247] Globalabkommen mit Ungarn über die Entschädigung von Opfern pseudomedizinischer Versuche v. 22.01.1971.
[248] Globalabkommen mit Polen über die Entschädigung von Opfern pseudomedizinischer Versuche v. 16.11.1972.
[249] Aufgrund dieser Vereinbarungen erhielt Jugoslawien 8 Millionen DM, die CSSR 7,5 Millionen DM, Ungarn 6, 25 Millionen DM und Polen 100 Millionen DM, vgl. Deutschland-Archiv 1973, S. 138.
[250] Bundesanzeiger vom 15.01.1957 Nr. 9, S. 1 ff.
[251] Bundesanzeiger v. 15.01.1957, Nr. 9, S. 1 ff.
[252] Reparationen waren aufgrund des Londoner Schuldenmoratoriums vorerst zurückgestellt.

chung typisch nationalsozialistischen Unrechts durch nationale Gesetze wie das Bundesentschädigungs- und das Bundesrückerstattungsgesetz umgesetzt. Lücken und Härten in der Gesetzgebung füllte die deutsche Bundesregierung durch außergesetzliche Härteregelungen.
Auf völkerrechtlicher Ebene schloss die Bundesrepublik Deutschland sowohl mit Israel als auch mit zahlreichen west- und osteuropäischen Staaten Globalabkommen zur Entschädigung von Opfern des Nazi-Terrors. Charakteristisch für Globalabkommen ist die Tatsache, dass die Leistungen auf zwischenstaatlicher Ebene fließen und vom Empfängerstaat nach eigenem Ermessen und in eigener Verantwortung unter den Staatsangehörigen verteilt werden.
Entscheidend ist die Feststellung, dass die Globalabkommen keine Durchbrechung des Schuldenaufschubs des Londoner Schuldenabkommens darstellen. Denn sie sind inhaltlich unter Berücksichtigung ihres Sinn und Zwecks nicht dem Komplex „Reparationen" zuzuordnen, für den das Londoner Schuldenabkommen ein Moratorium normiert.

4. Vierte Phase: „Moralische Wiedergutmachung"

Die vierte Phase, die im Jahre 1970 begann, war geprägt von der moralischen Wiedergutmachung ohne Anerkennung einer Rechtspflicht. Mangels eines Friedensvertrages oder friedensvertraglicher Regelungen zwischen den Kriegsgegnern und Deutschland waren Reparationsleistungen auch in dieser Phase aufgrund des Londoner Schuldenmoratoriums ausgeschlossen.

a) Im Westen

Gegenüber den Staaten Westeuropas wurde diese moralische Wiedergutmachung ohne Anerkennung einer Rechtspflicht im Rahmen von Stiftungen umgesetzt. Exemplarisch dafür stehen die Stiftung „Deutsch-Französische Verständigung" sowie die luxemburgische Stiftung „Altenhilfe."
Aufgrund des Abkommens vom 31. März 1981 zwischen der Bundesrepublik Deutschland und Frankreich, das am 10. Juni 1984[253] in Kraft trat, beteiligte sich die Bundesrepublik Deutschland mit 250 Millionen DM an der Stiftung „Deutsch-Französische Verständigung"[254]. Mit dieser Stiftung sollen soziale Probleme französischer Zwangsrekrutierter gelöst werden, die zur deutschen Wehrmacht eingezogen worden waren.

---

[253] BGBl. 1981 II, 608.

[254] Im Gegenzug stimmte Frankreich mit der Rückgabe des Mundatwaldes einer Grenzkorrektur zu.

Da sich Luxemburg mit der aufgrund des Vertrages von 1959[255] gezahlten pauschalen Kriegsopferentschädigung nicht zufrieden geben wollte, wendete die Bundesrepublik Deutschland im Dezember 1987 der luxemburgischen Stiftung „Altenhilfe“ zwölf Millionen DM zu. Die Hauptaufgabe der Stiftung liegt in der Unterstützung ehemaliger Zwangsrekrutierter und deren Familien.

b) Im Osten

Auch die osteuropäischen Staaten sollten nach dem Willen der deutschen Bundesregierung von der moralischen Wiedergutmachung profitieren. Dabei stellte die Ost-Wiedergutmachung die Bundesrepublik Deutschland sowohl in rechtlicher wie auch in politischer Hinsicht vor Grundsatzprobleme. Diese hingen zum einen mit dem Verhalten der Ostblockstaaten in der Nachkriegszeit, zum anderen mit der Frage zusammen, in welchem Umfang die Bundesrepublik Deutschland Verpflichtungen des Deutschen Reiches übernehmen musste.

Sowohl die Sowjetunion[256] als auch Polen[257] hatten auf Kriegsschädenansprüche gegenüber Gesamtdeutschland ab dem 1. Januar 1954 ausdrücklich verzichtet.

Diesen Reparationsverzicht wiederholte der sowjetische Entwurf eines Friedensvertrages mit Deutschland vom 10. Januar 1959, in dessen Art. 41 die Reparationsfrage „als vollständig geregelt“ erklärt und ein Verzicht der ehemaligen Kriegsgegner „auf alle Ansprüche an Deutschland hinsichtlich der weiteren Zahlung von Reparationen“ ausgesprochen wurde. Die polnische Regierung bekräftigte im Verlauf der Verhandlungen zum Warschauer Vertrag vom Dezember 1970 ihren Reparationsverzicht, stellte sich jedoch auf den Standpunkt, dass individuelle Ansprüche polnischer Bürger auf Wiedergutmachung davon nicht erfasst seien.[258] Dabei stützte sie sich auf die Unterscheidung zwischen „Reparationen“ und „Wiedergutmachung von NS-Unrecht“ und behauptete, auf individuelle Entschädigungsansprüche ihrer Bürger nicht verzichtet zu haben.

Die Staaten Rumänien, Ungarn und Bulgarien, die während des Zweiten Weltkrieges mit Deutschland verbündet waren, hatten sich in den Pariser Friedensverträgen mit den Siegermächten im eigenen Namen und im Na-

---

[255] Vertrag mit Luxemburg v. 11.7.1959, BGBl 1960 II, 2077.

[256] Vgl. „Protokoll über den Erlass der deutschen Reparationszahlungen“ v. 22.08.1953, deutschsprachiger Text, abgedruckt in: EA 1953, S. 5974 f.; vgl. auch Dokumente zur Außenpolitik der Regierung der Deutschen Demokratischen Republik, S. 286 ff.

[257] Reparationsverzichtserklärung Polens v. 22.08.1953, deutschsprachiger Text abgedruckt in: MEISSNER (Hrsg.), EA 1953, S. 5981.

[258] Texte: EA 1953, S. 5974 ff.

men ihrer Staatsangehörigen aller Ansprüche gegen Deutschland und deutsche Staatsangehörige begeben.[259]
Der Verzicht wurde in allen Verträgen[260] folgendermaßen formuliert:

„Dieser Verzicht umfasst alle Schulden, alle zwischenstaatlichen Forderungen aus Abmachungen, die im Verlauf des Krieges vereinbart wurden, sowie alle Forderungen aus Verlusten oder Schäden, die während des Krieges entstanden sind."[261]

Ausgeschlossen von den Reparationsverzichten der Satelliten Deutschlands waren die Rückerstattung privaten Vermögens sowie die Wiedergutmachung für Verfolgte des Nationalsozialismus.[262]
Zusammenfassend ist zu betonen, dass diese Verzichte der Sowjetunion, Polens, Bulgariens, Ungarns und Rumäniens gegenüber Deutschland die Geltendmachung von Reparationsansprüchen rechtlich ausschloss. Durch diese umfassenden Reparationsverzichtserklärungen haben sich die genannten Ostblockstaaten ihrer Ansprüche gegenüber Gesamtdeutschland begeben.

Abgesehen von der rechtlichen Wirkung der Reparationsverzichte stellt sich das Problem, in welchem Umfang die Bundesrepublik Deutschland für die Reparationsschulden des Deutschen Reiches haftbar gemacht werden kann. Diese Frage ist insbesondere deshalb so virulent, als die kommunistischen Ostblockstaaten ihre Forderungen ausschließlich gegen die Bundesrepublik Deutschland richteten. Diese Haltung ist insofern widersprüchlich, als sie der Bundesrepublik Deutschland die Alleinvertretungsbefugnis Deutschlands und des deutschen Volkes absprachen, auf der anderen Seiten aber selbstverständlich von deren Alleinverantwortung ausgingen, sobald es um finanzielle Forderungen ging.
Deshalb sollen in folgendem Einschub die unterschiedlichen Positionen zur Frage der Vertretung Deutschlands und der Haftung für Kriegsschäden des Deutschen Reiches dargestellt werden.
In den Anfangsjahren der Bundesrepublik Deutschland ging die Bundesregierung von ihrer rechtlichen Identität mit dem Deutschen Reich aus und

---

259 Pariser Friedensverträge v. 10.02.1947 zwischen den Alliierten und Rumänien (UNTS 42, S. 34, Nr. 645), Ungarn (UNTS 41, S. 168, Nr. 644) und Bulgarien (UNTS 41, S. 50, Nr. 643).

260 Vgl. Friedensverträge Rumänien: Art. 28 IV, Bulgarien: Art. 26, Ungarn: Art. 30, Finnland: Art. 28.

261 Deutsche Übersetzung zit. nach: ZIEGER, RIW/AWD, Bd. 26 (1980), S. 16.

262 RUMPF, AVR Bd. 23 (1985), S. 74 ff., S. 88.

formulierte daraus einen Alleinvertretungsanspruch[263] für Deutschland. Der Fortbestand des Deutschen Reiches entsprach von Anfang an dem staatsrechtlichen Selbstverständnis der Bundesrepublik Deutschland und schlug sich an mehreren Stellen im Grundgesetz nieder.[264] Den Alleinvertretungsanspruch leitete die Bundesrepublik Deutschland aus dem Wiedervereinigungsgebot der Präambel des Grundgesetzes ab.
Auch das Bundesverfassungsgericht vertrat bereits seit seinem Konkordatsurteil[265] die Ansicht, dass zwischen der Bundesrepublik Deutschland und dem Deutschen Reich Identität bestehe. Im Laufe der Zeit setzte sich die Identitätstheorie auch im staatsrechtlichen Selbstverständnis der Bundesrepublik Deutschland durch und prägte deren Handeln. So übernahm die Bundesrepublik Deutschland aufgrund ihres behaupteten Alleinvertretungsanspruches im Londoner Schuldenabkommen die Verantwortung für die Schulden des Deutschen Reiches. Die Annahme eines Alleinvertretungsanspruchs der Bundesrepublik Deutschland untermauerte auch der Briefwechsel zwischen dem deutschen Bundeskanzler Adenauer und den Drei Hohen Kommissaren vom 6. März 1951, der in Anlage A dem Londoner Schuldenabkommen beigefügt ist. Darin bestätigt die Bundesrepublik Deutschland, „dass sie für die äußeren Vorkriegsschulden des Deutschen Reiches haftet".
Dabei bekannte sich die Bundesrepublik Deutschland zu den Schulden des Deutschen Reiches nicht etwa in Form einer Schuldübernahme, sondern in unmittelbarer Haftung.[266] Alleinvertretung und Alleinhaftung bestanden somit in der Deutschlandkonzeption des Londoner Schuldenabkommens noch ungetrennt nebeneinander.[267]
Auch in moralischer Hinsicht übernahm die Bundesrepublik Deutschland die Verantwortung für die Deliktsschulden des Deutschen Reiches. In diesem Verständnis schloss die Bundesregierung im Jahre 1952 das Israel-

---

[263] Die Bundesrepublik Deutschland bestritt, dass die DDR ein Staat sei. Sie bezeichnete das Gebiet der DDR auch nach deren Gründung als „Sowjetische Besatzungszone", „SBZ", „Ostzone", „Mittel- oder Ostdeutschland". Der Aufstand vom 17. 06. 1953 hätte bewiesen, dass der DDR ein Staatsvolk fehle, da die Bevölkerung den Staat DDR und seine Regierung ablehne. Außerdem besitze die DDR keine souveräne Staatsgewalt, da die Regierung der DDR ihre Macht und Autorität nicht vom Willen des Volkes ableite, sondern den auf dem Gebiet der DDR stationierten Sowjettruppen verdanke. Auf Grundlage der Hallstein-Doktrin sah die Bundesrepublik Deutschland in der Anerkennung der DDR durch einen dritten Staat einen unfreundlichen Akt und beendete die diplomatischen Beziehungen zu solchen Staaten oder nahm sie gar nicht erst auf.

[264] Vgl. Art. 16, 23, 116, 146 GG und Satz 3 der Präambel.

[265] Vgl. BVerfGE 36, S. 1 ff.

[266] Vgl. RUMPF, AVR Bd. 23 (1985), S. 74 ff., S. 89.

[267] Vgl. RUMPF, Vom Niemandsland zum deutschen Kernstaat, S. 127 ff.

Abkommen ab. Sie handelte als Repräsentant Gesamtdeutschlands, welches die israelische Regierung in ihrer Note vom 12. März 1951[268] als Anspruchsgegner des jüdischen Volkes bezeichnet hatte. Deshalb bezeichnete Adenauer das Israel-Abkommen in seinen Erinnerungen[269] als „zwingende moralische Verpflichtung des von der Bundesregierung vertretenen deutschen Volkes".

Auch die Westmächte unterstützten den Alleinvertretungsanspruch der Bundesrepublik Deutschland, allerdings mit der Einschränkung, dass die Bundesrepublik nicht berufen sei, durch ihre Gesetze Lebensvorgänge in der DDR zu regeln oder hinsichtlich des Gebietes der DDR sonstige Hoheitsakte zu setzen.[270] Die westlichen Alliierten bekannten sich – insbesondere in ihrer Haltung zu Berlin – unmissverständlich[271] zur Kontinuität Deutschlands[272]. Deshalb ergab sich völkerrechtlich der Nichtuntergang des Deutschen Reiches vor allem aus der Staatenpraxis der Siegermächte, denen es vor allem darum ging, sich das Deutsche Reich als Kriegsschuldner zu erhalten.[273]
Die Position der Sowjetunion zur Frage der Kontinuität des Deutschen Reiches und dem damit verbundenen Vertretungsanspruch wandelte sich im Laufe der Zeit. In der Anfangszeit ihrer Besatzung betonte sie die gemeinsame Verantwortung für den fortexistierenden Gesamtstaat.[274] In diesem Verständnis präsentierte sie die DDR als die „eigentliche Interessenswahrerin" des deutschen Staates.[275] Als Reaktion auf die Gründung der

---

[268] Text abgedruckt in: Documents relating to the Agreement between the Government of Israel and the Government of the Federal Republic of Germany, signed on 10th September 1952 at Luxemburg, Israel Ministry of Foreign Affairs 1953, S. 20 f., Document 5 im Wortlaut abgedruckt bei SHINNAR, Bericht eines Beauftragten, Die deutsch-israelischen Beziehungen 1951-1966, S. 203 ff.

[269] ADENAUER, Erinnerungen 1953-1955, S. 158.

[270] SEIDL-HOHENVELDERN, Völkerrecht, Rn. 712.

[271] Vgl. HACKER, Die deutschlandrechtliche und deutschlandpolitische Funktion der Vier-Mächte-Verantwortung, S. 87.

[272] Vgl. Schreiben der drei Hohen Kommissare an den Bundeskanzler v. 26.05.1952 in der Fassung v. 23.10.1954 über die Auslegung des Art. 2 des Deutschlandvertrages, Text: v. MÜNCH, Dokumente des geteilten Deutschlands, Bd. I, S. 234; Art. 2 des Deutschlandvertrages v. 23.10.1954, Text: v. MÜNCH, Dokumente des geteilten Deutschlands, Bd. I, S. 229; vgl. auch RAUSCHNING, Fortbestand, S. 31 ff.; HACKER, Rechtsstatus, S. 438.

[273] Vgl. BLUMENWITZ, Friedensvertrag, S. 77 ff.

[274] BLUMENWITZ, in: Seidl-Hohenveldern, Lexikon des Rechts – Völkerrecht, S. 52, S. 55.

[275] BLUMENWITZ, in: Seidl-Hohenveldern, Lexikon des Rechts – Völkerrecht, S. 52, S. 55.

Bundesrepublik Deutschland vertrat die DDR eine „Art Identitätstheorie“[276], die mit dem Versuch verbunden war, die eigene Personalhoheit auf westdeutsches Territorium auszudehnen.
Als ein Akt der Abgrenzung der DDR von der Bundesrepublik Deutschland, in der sich ebenfalls die Identitätstheorie durchgesetzt hatte, ist der Wandel im völkerrechtlichen Verständnis der Sowjetunion und der DDR zu verstehen. Während die Verfassung der DDR aus dem Jahre 1949[277] noch vom Fortbestand des Deutschen Reiches ausgeht, stand für die Rechtsprechung der DDR[278] zumindest seit dem Jahr 1951 der Untergang des Deutschen Reiches und die Bildung des neuen Völkerrechtssubjekts DDR außer Frage[279]. Das Oberste Gericht der DDR begründete diese Ansicht damit, dass „eine Identifizierung beider Staaten mit ihren diametral entgegengesetzten Fraktionen und Zielrichtungen eine unerträgliche Diffamierung der neuen antifaschistisch-demokratischen Staatsordnung bedeutete.“[280]
Auch in der Regierung der DDR[281] setzte sich Anfang der fünfziger Jahre des vergangenen Jahrhunderts die Ansicht durch, das Deutsche Reich sei durch Dismembration[282] – das heißt durch Zerfall in mehrere Teile – untergegangen. Auf dieser Grundlage hätten sich dann zwei voneinander völlig unabhängige neue Staaten gebildet (Zweistaatentheorie). Die Sowjetunion ging erst seit der Genfer Gipfelkonferenz vom Juli 1955[283] von der Entstehung zweier neuer deutscher Staaten[284] aus.[285]

---

276 BLUMENWITZ, in: Seidl-Hohenveldern, Völkerrecht, Lexikon des Rechts – Völkerrecht, S. 52, S. 55.

277 Text abgedruckt in: V. MÜNCH, Dokumente des geteilten Deutschlands, Bd. I, S. 301.

278 Vgl. HACKER, Rechtsstatus, S. 116 f.; OLG Schwerin, Neue Justiz (NJ) 1951, S. 468; Oberstes Gericht der DDR, NJ 1952, S. 222.

279 In der Verfassung der DDR von 1949 (Text: V. MÜNCH, Dokumente des geteilten Deutschland, Bd. I, S. 301) wurde hingegen noch von „Deutschland“ gesprochen und der Fortbestand zugrundegelegt, vgl. HACKER, Rechtsstatus, S. 105 ff.; ZIEGER, Völkerrechtliche Kontinuität, S. 32.

280 So das Oberste Gericht der DDR, NJ 1952, S. 222.

281 Ausführlich dazu: HACKER, Rechtsstatus, S. 133 ff.

282 Zum Begriff vgl. SEIDL-HOHENVELDERN, Völkerrecht, Rn. 1389.

283 Zuvor fehlen eindeutige Stellungnahmen der Sowjetunion zum Rechtsstatus; vgl. HACKER, Rechtsstatus, S. 420 ff.; ders., Die deutschlandrechtliche und deutschlandpolitische Funktion der Vier-Mächte-Verantwortung, S. 80 ff.

284 Vgl. HACKER, Rechtsstatus, S. 136.

285 Die Sowjetunion bestritt außerdem die Zugehörigkeit von West-Berlin zur Bundesrepublik Deutschland. Nach dieser Ansicht wären sogar drei deutsche Staaten entstanden.

Fraglich ist, welche Auswirkungen diese von der DDR und der Sowjetunion behauptete Diskontinuität auf die Haftung für die Schulden des Deutschen Reiches und für das von diesem begangene Völkerunrecht hat. Die Beantwortung dieser Frage richtet sich nach den im Einzelnen umstrittenen[286] Grundsätzen der Staatennachfolge. Im Bereich der Staatennachfolge existiert keine Universalsukzession[287], vielmehr liegt es weitgehend in der Entscheidung der nachfolgenden Völkerrechtssubjekte, die Rechte und Pflichten des untergegangenen Völkerrechtssubjekts ganz oder teilweise zu übernehmen.[288] Denn Ansprüche und Verpflichtungen, die auf zwischenstaatlicher Ebene aufgrund von Völkerrechtsverletzungen erwachsen, sind höchstpersönlicher Natur. Sie gehen somit nicht auf den Gebietsnachfolger über. Dies gilt selbst dann, wenn sich der Nachfolger das Gebiet vollständig einverleibt hat.[289]

Diese Grundsätze führten dazu, dass die DDR zwar einige vor 1949 entstandene Verpflichtungen anerkannte, jedoch jegliche nicht Dritte berührende Bindung aus ihrem Verhältnis zum Deutschen Reich ablehnte.[290]

In Verhandlungen mit anderen Staaten, die ihre Mitverantwortung für Kriegsschäden und NS-Unrecht zum Gegenstand hatte, legte die DDR-Regierung jedoch ihren Argumentationsschwerpunkt[291] auf das Potsdamer Protokoll. Insbesondere verwies sie auf die dort verankerte Aufteilung des deutschen Territoriums in einen östlichen und einen westlichen Reparationsbereich und die Behauptung, dass die SBZ-DDR ihre Reparationsverpflichtungen bereits erfüllt habe.[292]

Im Ergebnis stand die Ansicht der DDR-Regierung im Einklang mit der kommunistischen Völkerrechtstheorie[293], die ebenfalls den Übergang der Deliktsschulden des Vorgängers auf den Nachfolgestaat ablehnte.

Im Zuge der Verhandlungen zum Luxemburger Abkommen mit der Bundesrepublik Deutschland im Jahre 1952 hatten sich Israel und die Claims Conference an die Regierung der DDR mit der Forderung gewandt, ebenfalls Verantwortung für die in Israel und der ganzen Welt verstreut leben-

---

[286] BLUMENWITZ, Grundlagen, S. 93; VERDROSS/SIMMA, Universelles Völkerrecht, S. 485.

[287] Abzulehnen ist die so genannte Sukzessionstheorie, die von einer automatischen Universalsukzession ausgeht, vgl. TEYSSEN, Deutschlandtheorien, S. 202, da dem Völkerrecht eine Universalsukzession unbekannt ist, vgl. BLUMENWITZ, Grundlagen, S. 94; BERBER, Lehrbuch des Völkerrechts, Bd. I, S. 253.

[288] BLUMENWITZ, Staatennachfolge und die Einigung Deutschlands, Teil 1, S. 127.

[289] SEIDL-HOHENVELDERN, Völkerrecht, Rn. 1410.

[290] ZIEGER, Völkerrechtliche Kontinuitäten, S. 43 ff.

[291] Vgl. RUMPF, ZaöRV 33 (1973), S. 344 ff., S. 362.

[292] Nähere Erläuterungen in: REXIN, Deutschland Archiv, Jg. 6 (1973), S. 134 ff.

[293] Völkerrecht, Lehrbuch der Akademie der Wissenschaften der UdSSR, S. 120 f.

den jüdischen NS-Opfer zu übernehmen. Vor dem Hintergrund der proarabischen und anti-israelischen Politik der Sowjetunion lehnte die DDR jegliche Haftung ab.[294] Lange Zeit beharrte die SED auf der Meinung, die DDR sei eine völkerrechtliche Neuschöpfung aus dem Geist einer höheren Stufe der Geschichte und hafte daher nicht für die Verbrechen des Hitlerfaschismus. Vielmehr stellte die SED ihre eigene Existenz als die „eigentliche Wiedergutmachung" dar.[295]

Erst im Strudel ihres Untergangs wandelte sich die Haltung der DDR-Diktatur und sie fand sich bereit, auf jüdische Forderungen einzugehen. Sie trat an Israel und jüdische Organisationen mit Offerten heran, die mit der Suche nach Rettungsringen für die Eigenstaatlichkeit der DDR motiviert waren.[296] Im Zuge des Vereinigungsprozesses übernahm die Bundesrepublik Deutschland die Forderung der Claims Conference gegenüber der DDR.

Ab dem Jahr 1969 geriet die Annahme des Alleinvertretungsanspruches, den die Bundesrepublik Deutschland bis dahin eingenommen hatte, ins Wanken. Dieser Prozess begann mit der Regierungserklärung vom 28. Oktober 1969[297], die in einem Nebensatz von „zwei Staaten in Deutschland" sprach. Er setzte sich im „Vertrag über die Grundlagen der Beziehungen zwischen der Bundesrepublik Deutschland und der Deutschen Demokratischen Republik"[298] vom 21. Dezember 1972, dem so genannten Grundlagenvertrag, fort. Darin kamen die Vertragspartner darüber überein, „normale gutnachbarliche Beziehungen zueinander auf der Grundlage der Gleichberechtigung" zu entwickeln (Art. 1). Ferner verständigten sie sich darauf, dass keiner der beiden Staaten den anderen international vertreten oder in seinem Namen handeln könne (Art. 4). Außerdem solle die Hoheitsgewalt jedes der beiden Staaten auf sein Staatsgebiet beschränkt sein. Ferner „respektieren beide Staaten ihre Unabhängigkeit in ihren inneren und äußeren Angelegenheiten" (Art. 6). Daneben verpflichteten sie sich zur Unverletzlichkeit ihrer Grenzen.

---

[294] Während sich die Bundesrepublik Deutschland positive außenpolitische Effekte von der Wiedergutmachung erhoffte, versuchte die DDR bei den arabischen Staaten im nahen Osten „außenpolitisches Terrain mit der Nicht-Wiedergutmachung" zu erobern, vgl. GOSCHLER, Wiedergutmachung als Vergangenheitsbewältigung, S. 301.

[295] GOSCHLER, Wiedergutmachung als Vergangenheitsbewältigung, S. 302.

[296] Vgl. MOREAU u.a., Die Politik der letzten SED-Regierung und ihre Folgen, in: Materialien der Enquete-Kommission „Überwindung der Folgen der SED-Diktatur im Prozess der deutschen Einheit", Bd. VIII/3, S. 2008 ff., S. 2147 ff.

[297] Bulletin vom 29.10.1969 Nr. 132; Auszüge in: Die Auswärtige Politik der BRD, Dokument Nr. 41, S. 701.

[298] BGBl 1973 II, S. 421.

Trotz dieser Annäherung beharrte die Bundesrepublik Deutschland auch in der Folgezeit auf ihrer Subjektsidentität mit dem Deutschen Reich, während die DDR weiterhin das Deutsche Reich als untergegangen ansah.
Auf die Klage des Freistaats Bayern, der die Vereinbarkeit des Grundlagenvertrags mit dem Grundgesetz bezweifelte, legte das Bundesverfassungsgericht den Grundlagenvertrag verfassungskonform aus.
Im Zusammenhang mit dieser Klage äußerte sich das Bundesverfassungsgericht[299] auch zur Frage der rechtlichen Stellung der Bundesrepublik Deutschland. In seinem Urteil betonte das Gericht, dass das Deutsche Reich, wenn auch zum Teil unter anderen Bezeichnungen wie „Gesamtdeutschland" oder „Deutschland als Ganzes" immer noch fortbestehe, mangels institutionalisierter Organe gegenwärtig jedoch nicht handlungsfähig sei. Außerdem lehnte es die Qualifizierung der Bundesrepublik Deutschland als neuen Staat und als Rechtsnachfolger des Deutschen Reiches ab. Durch die Bundesrepublik Deutschland sei lediglich ein Teil Deutschlands neu organisiert worden, in Bezug auf ihre räumliche Ausdehnung sei sie mit dem Deutschen Reich teilidentisch. Von dieser Teilidentität schlossen die Richter jedoch nicht auf einen Alleinvertretungsanspruch der Bundesrepublik Deutschland. Vielmehr gingen sie vom fortbestehenden Willen des deutschen Staatsvolks in der DDR sowie in der Bundesrepublik Deutschland aus, sich in einem freien deutschen Staat zusammenzuschließen. Auf diesem gemeinsamen Willen beruhe letztendlich der Fortbestand des zwar nicht untergegangenen, derzeit jedoch nicht organisierten Gesamtdeutschland.
Als Resümee ist festzuhalten, dass die Auffassungen über das Schicksal des Deutschen Reiches nach dem Ende des Zweiten Weltkrieges stark differieren. Während zunächst sowohl die Bundesrepublik Deutschland als auch die DDR von der Kontinuität des Deutschen Reiches ausgingen, schwenkte die DDR nachträglich auf die Lehre vom Untergang des Deutschen Reiches um und vertrat die Ansicht, dass sich auf dieser Grundlage zwei neue Staaten gebildet hätten. Aus diesem unterschiedlichen Staatsverständnis resultieren divergierende Haltungen zur Haftung für die Schulden des Deutschen Reiches. Die Bundesrepublik Deutschland, die in den fünfziger Jahren für sich den Alleinvertretungsanspruch für Deutschland proklamierte, übernahm im Londoner Schuldenabkommen die Verantwortung für die Schulden des Deutschen Reiches. Die DDR hingegen erkannte auf Grundlage der von ihr vertretenen Diskontinuität nur gewisse vor 1949 entstandene Schulden des Deutschen Reiches an, lehnte aber jegliche nicht Dritte berührende Bindung aus ihrem Verhältnis zum Deutschen Reich ab.

[299] Urteil v. 31.7.1973, BVerfGE 36, S. 1.

Das Bundesverfassungsgericht trat den Schlussfolgerungen, die die Bundesrepublik Deutschland aus der Kontinuität des Deutschen Reiches zog, im Jahre 1973 entgegen. Zwar sahen auch die Richter die Bundesrepublik Deutschland in Bezug auf ihre räumliche Ausdehnung als teilidentisch mit dem Deutschen Reich an. Daraus ergebe sich jedoch keineswegs ein Alleinvertretungsanspruch für die Bundesrepublik Deutschland.
Folge dieser Ablehnung eines Alleinvertretungsanspruches ist zwar einerseits der damit verbundene Verlust von Rechten. Andererseits darf aber auch nicht verkannt werden, dass die Bundesrepublik Deutschland von den Pflichten verschont bleibt, die nach ihrem Verständnis aus dem Alleinvertretungsanspruch resultieren können, wie beispielsweise die alleinige Haftung für alle Schulden des Deutschen Reiches.
Außerdem ist daran zu erinnern, dass das Gebiet des ehemaligen Deutschen Reiches zu Reparationszwecken in eine Konkursmasse Ost und eine Konkursmasse West unterteilt wurde. Selbst wenn von einer Haftung der Bundesrepublik Deutschland für die Schulden des Deutschen Reiches ausgegangen wird, so beschränkte sich diese auf die Verpflichtungen, die auf die westlichen Besatzungszonen entfallen. Eine Haftung gegenüber den Schulden, die in die Konkursmasse Ost fallen, besteht hingegen nicht. Außerdem scheiterten Reparationsansprüche der meisten Ostblockstaaten an ihren ausdrücklichen Reparationsverzichten.
Dennoch führten moralischer und politischer Druck – auch aus deutschen Regierungskreisen – dazu, dass sich die Bundesrepublik Deutschland schließlich zu Leistungen an osteuropäische Staaten entschloss. Darin ist jedoch weder die Übernahme der Verantwortung für die Schulden des Deutschen Reiches noch die Anerkennung etwaiger Reparationsforderungen zu sehen. Vielmehr dokumentieren die Zahlungen die Bereitschaft der Bundesregierung, die Folgen der Untaten des vergangenen Regimes zu mildern.
Daneben erbrachte Deutschland in der Nachkriegszeit verdeckte Reparationsleistungen in schier unermesslichem Ausmaße. Vom Begriff „verdeckte Reparationen" umfasst sind Leistungen, die zwar nicht offiziell als Reparationen bezeichnet wurden, de facto aber den Reparationsbegriff ausfüllen. In diesem Zusammenhang sind die gewaltigen deutschen Gebietsverluste zu nennen.[300] Ein Drittel des deutschen Staatsgebietes wurde durch die Staaten Osteuropas annektiert. Diese immensen Gebietsverluste im Osten des ehemaligen Deutschen Reiches blieben bei der Bezifferung der Reparationen unberücksichtigt. Obwohl die deutsche Bundesregierung in den Ostverträgen den territorialen Kriegsgewinn ihrer östlichen Vertragspartner

[300] Zu den territorialen Folgen des Zweiten Weltkrieges für Deutschland vgl. BLUMENWITZ, AVR 23 (1985), S. 1 ff.

anerkannt hatte, erhielt sie dafür nie eine Abschlussquittung über die anderen, insbesondere die finanziellen Kriegsfolgen.[301]
Da deutsche Politiker eine Aufrechnung ablehnten, floss in die Reparationsverhandlungen der Umstand nicht mit ein, dass Polen einen gewaltigen Teil des früheren deutschen Staatsgebiets mitsamt Städten, Fabriken, Häfen und Kunstschätzen vereinnahmt und einige Jahre lang Millionen dort gebliebener Deutscher als billige Arbeitskräfte ausgebeutet hatte. Unberücksichtigt blieb auch die Tatsache, dass die Sowjetunion den nördlichen Teil Ostpreußens annektiert und sich die dort verbliebenen Deutschen als kostenlose Arbeitskräfte ins Innere ihres Imperiums geholt hatte.
Auch das Vermögen von 15 Millionen deutscher Heimatvertriebener, das sich die Staaten Osteuropas, insbesondere die Tschechoslowakei, einverleibt hatten, wurde in die Rechnung nicht eingestellt.
Als eine Form indirekter Wiedergutmachung ist das Abkommen über die Renten- und Unfallversicherung[302] zu verstehen, das die Bundesrepublik Deutschland am 9. Oktober 1975 mit Polen schloss. Darin vereinbarten die Vertragsparteien, dass sowohl Polen als auch Deutschland für die Rentenansprüche der im jeweiligen Staatsgebiet lebenden Personen aufzukommen habe und zwar unabhängig von deren Staatsbürgerschaft. Aufgrund der erwarteten stärkeren Belastung der polnischen Versicherungsträger zahlte die Bundesrepublik Deutschland beginnend mit dem Jahr 1976 in drei Jahresraten eine pauschale Abgeltung in Höhe von 1,3 Milliarden DM. Außerdem sagte die Bundesrepublik Deutschland im Jahr 1975 einen Jumbokredit in Höhe von einer Milliarde DM mit einem Zinssatz von 2,5 Prozent und fünf tilgungsfreien Jahren bei einer Laufzeit von zwanzig Jahren zu.[303]
Als indirekte Wiedergutmachung können auch die Kapitalhilfen der Bundesrepublik Deutschland gegenüber dem ehemaligen Jugoslawien bezeichnet werden. Mit Abkommen vom zehn. Dezember 1974 gewährte die Bundesrepublik Deutschland Jugoslawien einen Kredit in Höhe von 700 Millionen DM zu 2,5 Prozent Zinsen mit acht bis zehn tilgungsfreien Jahren über eine Laufzeit von dreißig Jahren. Diese Kapitalhilfe, die Bundeskanzler Brandt mit dem jugoslawischen Staatspräsidenten Tito auf der jugoslawischen Insel Brioni im Jahr 1973 vereinbart hatte, resultierte aus der so genannten Brioni-Formel. Diese stand als Schlagwort für die Übereinkunft der beiden Staatschefs, die fruchtbaren und vertrauensvollen Beziehungen zwischen den beiden Staaten zu intensivieren, indem auch noch offene Fragen aus der Vergangenheit im Interesse beider Länder gelöst würden.

---

[301] RUMPF, in: Die Wiedergutmachung nationalsozialistischen Unrechts durch die Bundesrepublik Deutschland, Bd. 3, S. 341.
[302] BGBl. 1976 II, 393.
[303] Dieser war zugunsten diverser polnischer Projekte weitgehend erlassen worden.

Die Umsetzung dieser Grundsätze sollte nach der Ansicht beider Regierungschefs durch eine langfristige Zusammenarbeit auf wirtschaftlichem und anderen Gebieten erreicht werden. [304]

c) Zusammenfassung

Die vierte Phase, die im Jahr 1970 begann und bis zum Abschluss des 2+4-Vertrages im Jahr 1990 andauerte, kann mit dem Schlagwort „moralische Wiedergutmachung ohne Anerkennung einer Rechtspflicht" überschrieben werden. Bezüglich der westeuropäischen Staaten erfolgte die moralische Wiedergutmachung vor allem in Form von Stiftungen.

Bezüglich der Ostblockstaaten wurde die Wiedergutmachung vor allem in Form von verdeckten Reparationsleistungen sowie Krediten und Wirtschaftshilfen als indirekte Wiedergutmachung realisiert.

5. Fünfte Phase: Der 2+4 -Vertrag als Grundlage einer Friedensordnung für Europa

Die fünfte Phase stand vollständig unter dem Eindruck des 2+4 -Vertrages und dessen Auswirkungen. Denn durch den 2+4-Vertrag als abschließende Regelung in Bezug auf Deutschland wurde die Teilung der beiden deutschen Staaten überwunden, die sich nach dem Zweiten Weltkrieg aus der sowjetischen Besatzungszone einerseits und den Besatzungszonen der Westalliierten andererseits herausgebildet hatte.

Der 2+4-Vertrag als Grundlage für eine Friedensordnung in Europa stellte einen Meilenstein auf dem Weg zu einem geeinten Europa dar.

a) Rechtliche Qualifizierung des 2+4-Vertrages

Mit der staatlichen Reorganisation Deutschlands und der Erlangung der vollen Souveränität durch den 2+4-Vertrag vom 12. September 1990 tauchte auch die Reparationsproblematik wieder auf. Es drängte sich die Frage auf, ob der 2+4-Vertrag als der Friedensvertrag oder die friedensvertragliche Regelung anzusehen ist, von dem sowohl das Londoner Schuldenabkommen[305] als auch der Überleitungsvertrag den Reparationsaufschub abhängig gemacht hatten.[306]

---

[304] BRODESSER u.a., Wiedergutmachung und Kriegsfolgenliquidation, S. 190.

[305] Art. 25 LSA normiert, dass im Falle einer Wiedervereinigung Deutschlands das ganze Londoner Schuldenabkommen zu überprüfen wäre.

[306] Der Sechste Teil des Überleitungsvertrags verweist nämlich hinsichtlich der in Art. 5 II LSA angesprochenen endgültigen Regelung der Reparationsfrage auf einen Friedensvertrag mit ganz Deutschland oder auf ein die Reparationsfrage betreffendes Abkommen.

Ein Friedensvertrag mit Deutschland[307] im klassischen Sinne ist der 2+4-Vertrag nicht. Denn ein Friedensvertrag beendet typischerweise den Kriegszustand und bildet die Grundlage für die Aufnahme friedlicher Beziehungen[308]. Diese beiden Kriterien erfüllte der 2+4-Vertrag nicht, da er weder eine kriegerische Auseinandersetzung in Europa beendete, noch die Aufnahme friedlicher Beziehungen einleitete.[309] Vielmehr gelang ihre Realisierung nach dem Ende des Zweiten Weltkrieges ohne einen förmlichen Friedensvertrag.[310]

Gegen eine Qualifizierung des 2+4-Vertrages als Friedensvertrag spricht auch die Tatsache, dass die Mehrzahl der Kriegsgegner Deutschlands während des Zweiten Weltkrieges nicht in den Vertrag einbezogen wurden. Am Vertragsschluss beteiligt waren neben der Bundesrepublik Deutschland und der DDR nämlich lediglich die vier Hauptsiegermächte. Die Beteiligung der übrigen ehemaligen Feindstaaten[311] wurde von der Bundesrepublik Deutschland vor allem aus politischen Erwägungen[312] mit Erfolg abgelehnt.

Obgleich der 2+4-Vertrag kein klassischer Friedensvertrag ist, setzte er einen Schlusspunkt unter alle rechtlichen Fragen aus Krieg und Besatzung, soweit sie im Vorfeld noch nicht endgültig geregelt waren. Dies ergibt sich aus der Präambel des 2+4-Vertrages, die in Klausel 12 von einer „abschließenden Regelung in bezug auf Deutschland“ spricht.

Soweit also in früheren Verträgen bestimmte Rechtsfolgen von dem Abschluss eines Friedensvertrages abhängig gemacht wurden, muss der 2+4-Vertrag als eine Regelung betrachtet werden, die materiell diesen Friedensvertragsvorbehalt ausfüllt[313]. Deshalb kann der 2+4-Vertrag, der zwar den Anforderungen an einen Friedensvertrag im streng völkerrechtlichen Sinne nicht standhält, jedenfalls im Hinblick auf seine Wirkung als „Ersatz-Friedensvertrag“[314] qualifiziert werden. Dieses Verständnis teilten die Parteien bei Abschluss des 2+4-Vertrages im Jahre 1990.

---

307 Vgl. BLUMENWITZ, NJW 1990, S. 3042; Gornig, ROW 1991, S.105.

308 BLUMENWITZ, Staatennachfolge und die Einigung Deutschlands, Teil 1, S. 61.

309 Obwohl der 2+4-Vertrag den Sieger-Aggressor- Konflikt nicht auflöste, trug er doch dazu bei, die Spaltung des europäischen Kontinents zu überwinden, die durch den Ost-West-Konflikt hervorgerufen worden war.

310 MOSLER/DOEHRING, Die Beendigung des Kriegszustandes mit Deutschland nach dem Zweiten Weltkrieg, S. 1.

311 Bis zu siebzig Staaten hatten sich mit Deutschland im Krieg befunden, vgl. RAUSCHNING, DVBl. 1990, S. 1275 ff., S. 1278.

312 Eine Einbeziehung aller Feindstaaten hätte den 2+4-Prozess und die damit verbundene Wiedervereinigung verzögert, wenn nicht sogar völlig in Frage gestellt.

313 RAUSCHNING, DVBl. 1990, S. 1275 ff., S. 1279.

314 So SCHRÖDER, in: SZ v. 13.09.1990, S. 4.

Die Parteien unterzeichneten den 2+4-Vertrag in der Kenntnis, dass er nicht als Friedensvertrag im klassischen Sinne gelten könne.
Im Zuge der Verhandlungen zum 2+4-Vertrag hatte die UdSSR deshalb einen klassischen Friedensvertrag vorgeschlagen, zu dem das Potsdamer Abkommen von 1945 Punkt für Punkt durchgegangen werden sollte. Außerdem sollte die Frage nach der Beteiligung der anderen Staaten aufgeworfen werden, die sich mit Deutschland im Kriegszustand befunden hatten.[315]
Dieser Vorschlag wurde jedoch verworfen, weil ein Friedensvertrag herkömmlicher Art schließlich übereinstimmend nicht mehr für erforderlich gehalten wurde.[316] Begründet wurde diese Ansicht damit, dass sich wesentliche Elemente eines Friedensvertrages bereits vorher durch zwischenstaatliche Akte erledigt hätten. Außerdem seien die noch verbliebenen Fragen, nämlich die Ablösung der Vier Mächte einerseits sowie die endgültige Festlegung der Ostgrenze andererseits ohnehin allein mit den Vier Mächten und Polen verbindlich zu regeln.[317] Ein Anknüpfen an die „Potsdamer Ordnung" wurde 45 Jahre nach Kriegsende für nicht mehr erforderlich erachtet.
Nachdem der 2+4-Vertrag als friedensvertragliche Regelung qualifiziert wurde, von der sowohl das Londoner Schuldenabkommen als auch der Überleitungsvertrag die Aufhebung des Reparationsaufschubs abhängig gemacht hatten, stellt sich die Frage, wie der 2+4-Vertrag diese offenen Probleme gelöst hat.
Trotz der enormen Erwartungshaltung ausländischer Opfer des Nationalsozialismus enthält der 2+4-Vertrag keinerlei vermögensrechtliche Regelungen. Die Vertragsparteien verzichteten somit auch darauf, die Reparationsproblematik neu aufzurollen.
Obgleich der 2+4-Vertrag als „abschließende Regelung in bezug auf Deutschland" der geeignete Ort für eine abschließende Regelung der Reparationsfrage gewesen wäre, zog es vor allem die deutsche Bundesregierung vor, diesen Regelungsbereich zu tabuisieren. Mit diesem Verhalten erreichte sie eine zügige Wiedervereinigung. Als Kehrseite dieser Tabuisierung keimten jedoch Diskrepanzen in der Auslegung der Reparationsthematik zwischen den verschiedenen Staaten auf. Die unbefriedigende Lösung der Reparationsfrage im 2+4-Vertrag trug sicherlich ihren Teil dazu bei, dass die Forderung nach einer Entschädigung für NS-Zwangsarbeiter in den vergangenen Jahren immer lauter wurde.

---

[315] Vgl. FAZ v. 15.05.1990, S. 7.
[316] „Nach den Verabredungen von Paris ist ein Friedensvertrag nicht mehr nötig", so der Standpunkt der Bundesregierung, vgl. FAZ v. 19.07.1990, S. 1 f.
[317] FAZ v. 15.05.1990, S. 7.

b) Die Ostwiedergutmachung

Um ein Wiederaufleben der Reparationsdebatte zu verhindern, transferierte Deutschland in den Jahren nach der Wiedervereinigung enorme Geldsummen als so genannte „moralische Wiedergutmachung“ ohne Anerkennung einer Rechtspflicht vor allem in die osteuropäischen Länder. Obgleich die Sowjetunion und Polen im Jahre 1953 gegenüber Gesamtdeutschland auf Reparationen verzichtet hatten und auch Ungarn, Rumänien und Bulgarien sich in den Pariser Friedensverträgen ihrer Ansprüche gegenüber Deutschland begeben hatten, fand sich Deutschland zu Wiedergutmachungsleistungen bereit und handelte damit nach dem Motto „Nur keine schlafenden Hunde wecken“.

Als Beitrag zur Überwindung des Ost-West-Konfliktes schloss Deutschland im Jahre 1991 mit Polen und den drei Nachfolgestaaten der Sowjetunion – Weißrussland, Russland und der Ukraine – Vereinbarungen über die Entschädigung von NS-Unrecht.

Auf Grundlage des Notenwechsels zwischen der Bundesrepublik Deutschland und Polen vom 16. Oktober 1991 wurde ein einmaliger Betrag von 500 Millionen DM an die polnische „Stiftung Deutsch-Polnische Aussöhnung“ überwiesen. Diese Geldmittel sollten die gegenwärtige wirtschaftliche Notlage von Personen lindern, die während des Zweiten Weltkriegs durch NS-Unrechtsmaßnahmen schwere Gesundheitsschäden erlitten hatten. Die polnischen Opfer erhielten von der Stiftung jeweils durchschnittlich etwa 500 DM.[318]

Daneben stattete die deutsche Bundesregierung die vier Stiftungen mit Sitz in Warschau, Moskau, Minsk und Kiew mit dem gemeinsamen Namen „Verständigung und Aussöhnung“ mit 1,5 Milliarden DM aus.[319]

Damit stellte die Bundesrepublik Deutschland sowohl Polen als auch der Ukraine, Russland und Weißrussland als Nachfolgestaaten der Sowjetunion auf der Grundlage von Globalabkommen insgesamt 1,5 Milliarden DM zur Verfügung.

Nachdem sich der deutsche Bundestag in den Jahren 1996 und 1997 eingehend mit der Ostwiedergutmachung befasst hatte, stellte er in Anlehnung an die Leistungen der Stiftung „Verständigung und Aussöhnung“ insgesamt 80 Millionen DM aus dem Bundeshaushalt der Jahre 1998 bis 2000 für humanitäre Hilfe bereit, die Opfern nationalsozialistischen Unrechts in besonderen Härtefällen zugute kommen sollte. Den baltischen Staaten Estland, Lettland und Litauen beispielsweise, die ihre Souveränität wiedererlangt hatten, stellte die Bundesrepublik Deutschland jeweils zwei Millio-

[318] So FAZ v. 22.07.1998, S. 5.
[319] So SZ v. 21.08.1998, S. 5.

nen DM als Geste der Entschädigung zu humanitären Zwecken zur Verfügung.
Auch Zukunftsfonds als Brücken zwischen Vergangenheit und Zukunft sind im Kontext der „moralischen Wiedergutmachung“ zu nennen. So wurden die tschechischen NS-Opfer in die Deutsch-Tschechische Erklärung vom 21. Januar 1997[320] einbezogen, die den Abschluss der seit 1995 währenden Verhandlungen zwischen Bonn und Prag bildeten. Zur Finanzierung gemeinsamer Projekte wurde ein Zukunftsfonds eingerichtet, an dem die Bundesrepublik Deutschland mit 140 Millionen DM den Hauptanteil leistete.[321] In der Deklaration und einem dazu gehörenden Briefwechsel verankerten die beiden Staaten den Wunsch, dass die Mittel „zu einem überwiegenden Teil für Projekte zugunsten von Opfern nationalsozialistischer Gewalt“ zu verwenden seien. Die Höhe der im Frühjahr 1998 ausgezahlten Pauschalbeträge an die 6 400 noch lebenden Naziopfer richtete sich nach der Dauer ihrer Inhaftierung in Konzentrationslagern und betrug zwischen umgerechnet 1 650 DM und 2 600 DM.[322] Entschädigungsansprüche von NS-Zwangsarbeiter blieben bei diesem Fonds jedoch unberücksichtigt. Die verbleibenden Geldmittel sollen für die Altenfürsorge, Jugendbegegnungen, Minderheitenförderung, grenzüberschreitende Projekte und für das ebenfalls in der Erklärung vorgesehene deutsch-tschechische Gesprächsforum verwendet werden.
Im Jahre 1998 einigte sich die Bundesregierung mit der Jewish Claims Conference über die Einrichtung eines Fonds in einem Gesamtumfang von 200 Millionen DM. Aus diesem sollten und sollen – verteilt über vier Jahre beginnend mit dem Jahr 1999 – etwa 18 000 notleidende jüdische Opfer des Nationalsozialismus aus Osteuropa unterstützt werden, die bisher noch keine Entschädigung erhalten haben.[323]
Nicht vergessen werden dürfen bedeutsame Nettotransferleistungen auf den Gebieten der Europäischen Gemeinschaften und des Nordatlantikpaktes, bei denen die Bundesrepublik Deutschland einer der Hauptträger ist. Diese Zahlungen zählen zu den verdeckten Wiedergutmachungszahlungen, da die Entschädigung nationalsozialistischen Unrechts zwar oft das Motiv, nicht aber das Ziel der Zahlungen war.

---

[320] BT-Drs. 13/6787-Dokumentenanhang I.2.
[321] Die Tschechische Republik beteiligte sich mit umgerechnet 25 Millionen DM am deutsch-tschechischen Zukunftsfonds.
[322] So FAZ v. 18.04.1998, S. 4.
[323] FAZ v. 8.09.1998, S.19.

c) Die Wiedergutmachung im Westen
Auch Opfern des Nationalsozialismus aus westlichen Staaten gewährte die Bundesrepublik Deutschland nach der Wiedervereinigung „moralische Wiedergutmachung" – wenn auch in weitaus geringerem Umfang als Opfern aus osteuropäischen Staaten. So schloss die deutsche Bundesregierung im Jahre 1992 mit den USA ein Abkommen zur Entschädigung amerikanischer Bürger, die auf dem Territorium der ehemaligen DDR Opfer des Faschismus oder Kommunismus geworden waren. Drei Jahre später, im Jahre 1995, folgte ein deutsch-amerikanisches Globalabkommen[324] zur Wiedergutmachung für NS-Opfer.[325]

d) Zusammenfassung
Die fünfte Phase stand unter dem Eindruck des 2+4-Vertrages, der die Grundlage für die Wiedervereinigung beider deutscher Staaten und die Erlangung der uneingeschränkten Souveränität der Bundesrepublik Deutschland legte. Der 2+4-Vertrag muss als die friedensvertragliche Regelung angesehen werden, von der sowohl das Londoner Schuldenabkommen als auch der Überleitungsvertrag das Wiederaufrollen der Reparationsfrage abhängig gemacht hatten. Die entsprechend hohen Erwartungen musste der 2+4-Vertrag jedoch in vermögensrechtlicher Hinsicht vollständig enttäuschen. Denn vermögensrechtliche Regelungen fehlten in ihm. Dennoch wäre der 2+4-Vertrag der geeignete Ort für eine abschließende Regelung der Reparationsfrage gewesen, insbesondere auch deshalb, weil das Vertragswerk die Gebiets- und Vermögensverluste Deutschlands durch die Annexionspolitik Polens und der Sowjetunion bestätigt.[326]
Um ein Aufflammen der Reparationsdebatte zu verhindern, pumpte Deutschland in den Jahren nach der Wiedervereinigung Geldmittel in Milliardenhöhe als so genannte „moralische Wiedergutmachung" ohne Anerkennung einer Rechtspflicht vor allem in die Staaten des ehemaligen Ostblocks. Die Gelder flossen an Stiftungen, Fonds und in Form von Nettotransferleistungen im Rahmen der Europäischen Gemeinschaften und des Nordatlantikpaktes an osteuropäische Staaten.
Daneben gewährte Deutschland auch westlichen Staaten „moralische Wiedergutmachung" – wenn auch in weitaus geringerem Umfang. Diese Leistungen erfolgten aufgrund von Globalabkommen.

[324] Das sog. „Prince Agreement" stellte Mittel für noch nicht entschädigte amerikanische Bürger bereit.
[325] Umfassende Übersichten über die Wiedergutmachungszahlungen der Bundesrepublik Deutschland, BT-Drs. 14/360, S. 7 ff; BT-Drs. 14/35, S. 18 ff.
[326] Es stellt sich nämlich die Frage, ob Deutschland nicht mit den Gebiets- und Vermögensverlusten des Deutschen Reiches und der deutschen Vertriebenen aufrechnen könnte, so auch RUMPF, AVR Bd. 23 (1985), S. 74 ff., S. 100.

6. Sechste Phase: Privatisierung einer „moralischen Schuld“

Die sechste und letzte Phase, die ihren Höhepunkt am Ende der neunziger Jahre des vergangenen Jahrhunderts erlebte, aber in ihren Ausläufern immer noch andauert, war von der „Privatisierung einer moralischen Schuld“ geprägt.

a) Amerikanische Sammelklagen von NS-Zwangsarbeitern

In den vergangenen Jahren war ein Trend zur Privatisierung zwischenstaatlicher Verantwortung zu beobachten.[327] Er begann mit einer ersten großen Klagewelle, mit der amerikanische Anwälte von Holocaust-Überlebenden Banken und Versicherungen mit Sammelklagen, so genannten class-actions, überzogen.[328]

In einer zweiten Klagewelle, die im unmittelbaren Anschluss daran über die deutsche Wirtschaft hereinbrach, richteten sich die Holocaust-Opfer gegen international agierende deutsche Unternehmen, die während der Nazi-Zeit Zwangsarbeiter beschäftigt hatten. Diese ehemaligen Sklavenarbeiter forderten in groß angelegten Sammelklagen Schadensersatz für vorenthaltenen Lohn, Gesundheitsbeschädigungen sowie Freiheitsentziehungen. Dabei beriefen sich die Opfervertreter darauf, dass die Firmen durch den Zwangsarbeitereinsatz zu Reichtum gekommen seien.[329] Betroffen waren große deutsche Namen[330] wie BMW, Volkswagen, Degussa, Daimler-Benz, Siemens, Krupp AG, Hoesch-Krupp, Diehl, Henkel, VW, Audi, WMF, Leica und MAN.[331]

---

327 BLUMENWITZ, in: Die Welt v. 23.03.2000, S.5.

328 So sollten die Deutsche Bank, die Dresdner Bank und hundert weitere deutsche Kreditinstitute 18 Milliarden Dollar zahlen, weil sie Konten von Holocaust-Opfern nicht ausbezahlt hätten, vgl. Der Spiegel v. 19.10.1998, S. 124 ff.

329 Dabei verkennen die Opferanwälte, dass heutige Unternehmen ihren „Reichtum“ in erster Linie der Aufbauleistung nach dem Krieg und nicht der Zwangsarbeit verdanken. Nach dem Zweiten Weltkrieg war nämlich ein Großteil der Fabriken zerstört, vieles von den Besatzungsmächten demontiert und im Osten enteignet worden. In vielen Fällen konnten die Firmen keinen eigenen Nutzen aus der Arbeitsleistung der Zwangsarbeiter ziehen, da ihr Vermögen als Kriegsfolgemaßnahme entschädigungslos enteignet wurde und gelegentlich auch der eigene Firmenname im Ausland erneut käuflich erworben werden musste. Außerdem gehören die in den USA attackierten Unternehmen nicht Familien, die im Krieg zu Geld gekommen sind, sondern Anlegern – oft aus dem Ausland – , gemeinnützigen Stiftungen oder Investmentfonds, die mit den Hypotheken deutscher Geschichte nichts zu tun haben, FAZ v. 19.11.1999, S. 13.

330 FAZ v. 1.09.1998, S. 1; siehe dazu auch FAZ v. 1.09.1998, S. 17.

331 Jüdische Holocaust-Überlebende überzogen im Jahre 1998 auch die Firma Degussa mit einer Sammelklage. Degussa wurde vorgeworfen, Gold eingeschmolzen zu haben, das die SS zuvor KZ-Opfern abgenommen hatte. Außerdem wurde eine Toch-

Selbst die Unternehmen, die in der Nachkriegszeit bereits Entschädigungszahlungen auf freiwilliger Basis ohne Anerkennung einer Rechtspflicht geleistet oder auf erste Klagen aus den USA umgehend mit freiwilligen Geldleistungen reagiert hatten, waren vor Sammelklagen in den USA, Boykottaufrufen,[332] negativer PR[333], Imagekampagnen und Lizenzentzug nicht gefeit.

So hatte der Daimler-Benz-Konzern, der bis 1945 mehrere tausend Zwangsarbeiter und KZ-Häftlinge beschäftigt hatte, bereits im Jahre 1988 20 Millionen DM als Wiedergutmachung an verschiedene Institutionen gezahlt, die das Geld an die ehemaligen Zwangsarbeiter weitergeleitet hatten.[334]

Auch der Nürnberger Rüstungskonzern Diehl hatte im Mai 1998 im Rahmen eines „Dialogs der Versöhnung" ohne Anerkennung einer Rechts-

---

terfirma von Degussa beschuldigt, das Gas produziert zu haben, mit dem in Auschwitz die Häftlinge ermordet worden waren. Der Opferanwalt forderte als Entschädigung das gesamte Vermögen des Konzerns, vgl. Der Spiegel v. 19.10.1998, S. 124 ff.; Die Welt v. 24.08.1998, S. 2.

332 Zu befürchten waren Boykottaufrufe nach dem Muster der Anti-Apartheitskampagnen früherer Jahre, Handelsblatt v. 16.11.1999, S. 8.

333 So startete B´nai B´rith International – die größte jüdische Mitgliederorganisation in den USA – im Oktober 1999 eine Kampagne, in der sie die Konzerne Daimler-Chrysler und Bayer mit Slogans wie „Mercedes Benz – Design, Leistung, Sklavenarbeit" und „Bayers schlimmster Kopfschmerz: Menschliche Experimente und Sklavenarbeit" öffentlich anprangerte, vgl. Handelsblatt v. 16.11.1999, S. 8 und SZ v. 20.11.1999, S. 6. Der deutsche Botschafter in Washington, Chrobog, befürchtete darüber hinaus, dass elektronische Medien – insbesondere das Fernsehen – in die Kampagne gegen die deutsche Wirtschaft eingeschaltet werden könnten. Er meinte, auch die Politik werde „auf den Zug aufspringen". Kein bedeutender amerikanischer Politiker würde sich dem öffentlichen Trend entgegenstemmen. Vielmehr würden sich amerikanische Politiker im Wahlkampf „durch Kritik an deutschen Firmen profilieren". Chrobog befürchtete, dass Boykott-Aufrufe gegen deutsche Produkte selbst durch die US-Regierung nicht mehr unter Kontrolle zu bringen sein würden. Die gesamte deutsche Wirtschaft könnte an den Pranger gestellt werden. Besonders bedroht von Boykott-Aktionen waren nach Ansicht des deutschen Botschafters deutsche Filialen von Automobil-, Chemie- und Elektrotechnikunternehmen. Zusätzliche staatliche Leistungen konnten „nach allgemeiner Auffassung in den USA Entschädigungszahlungen der Wirtschaft nicht ersetzen".
Die amerikanischen Medien seien derzeit „voll von Berichten über Milliardenübernahmen" deutscher Firmen. Umsätze und Gewinne der Konzerne würden breit geschildert. Immerhin liege der deutsche Export in die USA bei hundert Milliarden DM. Bei einer Zuspitzung der Lage könnte deutschen Konzernen in den USA die Genehmigung von Firmenübernahmen verweigert werden, so der deutsche Botschafter in Washington in einem streng vertraulichen Brief an das Auswärtige Amt vom 12.11. 1999 , SZ v. 20.11.1999, S. 6; vgl. auch SZ v. 20.11.1999, S. 1.

334 FAZ v. 1.09.1998, S. 17.

pflicht und ohne gerichtlichen Zwang einen Fonds in Höhe von drei Millionen DM zur Entschädigung ehemaliger Zwangsarbeiterinnen eingerichtet.[335] Die individuellen Einmal-Zahlungen variieren je nach Dauer der Zwangsarbeit zwischen 5 000 und 15 000 DM.[336]
Auch Siemens hatte sich bereits in den sechziger Jahren freiwillig aus humanitären und sozialen Gründen an einem Fonds zur Entschädigung von Zwangsarbeitern beteiligt und sieben Millionen DM zur Verfügung gestellt[337]. Krupp hatte bereits im Jahre 1959 eine Entschädigung in Höhe von zehn Millionen DM bezahlt.
Die Volkswagen AG hatte sich im Jahr 1997 entschlossen, einen Fonds über 20 Millionen DM aufzulegen, aus dem ohne bürokratischen Aufwand an mehr als 700 ehemalige Zwangsarbeiter Leistungen in Höhe von je 10 000 DM erfolgten.[338] Die Siemens AG hatte sich im Jahre 1998 angeschlossen.

Ungeachtet der Frage, ob gegenüber deutschen Unternehmen überhaupt ein rechtlicher Anspruch auf Entschädigung bestand, wuchs vor dem Hintergrund der Sammelklagen aus den USA[339] der moralische und politische Druck auf die deutsche Wirtschaft. Hinzu kam ein neuer Gesetzesentwurf von den beiden demokratischen Senatoren Robert Torricelli aus New Jersey und Charles Schumer aus New York aus dem Jahre 1999, der Klagen gegen deutsche Firmen, Banken und Versicherungen noch bis zum Jahr 2010 ermöglichen wollte.[340]
Eine zügige, unbürokratische Lösung war im Interesse weltweit agierender deutscher Unternehmen, die durch die Sammelklagen und Boykottaufrufe gegenüber deutschen Waren im Ausland irreparable Imageschäden in den Vereinigten Staaten befürchteten. Solche Sammelklagen sind für deutsche Firmen vor allem deshalb so gefährlich, weil unvorstellbar hohe Sum-

---

[335] Vgl. zum Beitrag der Nürnberger Firma Diehl, Nürnberger Abendzeitung v. 30.05.1998, S. 3.

[336] Die begünstigten Zwangsarbeiterinnen mussten sich im Gegenzug mit der Anrechnung der freiwilligen Leistungen einverstanden erklären, falls Diehl im Rahmen gesetzlicher Änderungen oder durch Entscheidungen staatlicher Organe zur Zahlung von Entschädigungsleistungen verpflichtet würde, vgl. Nürnberger Abendzeitung v. 30.05.1998, S. 3.

[337] So FR v. 14.08.1998, S. 7.

[338] Der Spiegel v. 9.08.1999, S. 34 ff.

[339] Ein Teil der Opferanwälte vertrat nicht nur amerikanische, sondern auch osteuropäische Interessen. Auch bei den Chefs deutscher Unternehmen fanden die Forderungen osteuropäischer Staaten zunehmend mehr Beachtung. Hintergrund dieses Verhaltens war der mögliche EU-Beitritt der osteuropäischen Staaten sowie deren Märkte und Investitionsgelegenheiten, vgl. FAZ v. 16.11.1999, S. 49.

[340] Vgl. Handelsblatt v. 16.11.1999, S. 8.

men[341] eingeklagt werden. Urteile zugunsten der Kläger können für deutsche Wirtschaftskonzerne insofern verheerende Auswirkungen haben, als die Gefahr besteht, dass die Kläger zur Vollstreckung ihrer Ansprüche auf Eigentum des beklagten deutschen Unternehmens in den USA zurückgreifen. Daneben haben Boykottdrohungen negative Auswirkungen auf den Kapitalmarkt. Aktienkurse von Unternehmen wie Daimler-Chrysler, die an amerikanischen Börsen gehandelt werden, reagieren sensibel auf schlechte Propaganda.[342]

Am Beispiel der Schweizer Banken hatte die deutsche Industrie die Macht solcher Sammelklagen mitverfolgen können. Auf Druck amerikanischer Sammelklagen verpflichteten sich die UBS und die Credit Suisse zur Ausstattung eines „Gerechtigkeitsfonds" für NS-Opfer mit einem Geldbetrag in Höhe von 1,25 Milliarden Dollar. Im Gegenzug verzichteten die Opferanwälte auf ihre Sammelklagen.[343]

Aber auch der Druck auf politische Entscheidungsträger wuchs stetig. So drohten US-Senatoren damit, den Beitritt der Osteuropäer zur Nato zu behindern, solange die legitimen Ansprüche von Holocaust-Opfern und deren Erben nicht berücksichtigt würden.[344] Auch die amerikanische Regierung war an einer vernünftigen Einigung interessiert, standen doch die in Jahrzehnten aufgebauten deutsch-amerikanischen Beziehungen auf dem Spiel. Außerdem fanden im Jahr 2000 in den USA Präsidentschaftswahlen statt, bei denen die Klägeranwälte eine wichtige Rolle als Wahlkampfhelfer der Demokratischen Partei spielten.

Vor dem Hintergrund dieser internationalen Verflechtungen suchte die deutsche Bundesregierung zusammen mit den Vertretern der Wirtschaft nach einer Lösung, die ihrem erklärten Ziel Rechnung trug: „Wir wollen am Ende des Jahrhunderts ein abschließendes materielles Zeichen setzen, aus Solidarität, Gerechtigkeit und Selbstachtung."[345] Der Tatsache, dass es nach dem Krieg auch deutsche Zwangsarbeiter[346] gab, wurde hingegen in

---

[341] Diese astronomischen Summen erklären sich, wenn man die Höhe der Entschädigungszahlungen kennt, die in amerikanischen Produkthaftungsprozessen erzielt werden. So wurde General Motors im Sommer 1998 verurteilt, fast 9,5 Milliarden DM zu zahlen, weil eines seiner Autos – es war fast zwanzig Jahre alt – bei einem Unfall in Flammen aufgegangen war. Ein Jahr später wurden Ford, General Motors und Daimler-Chrysler in erster Instanz zu annähernd 10 Milliarden DM Schadensersatz verurteilt, weil sie Autos mit fehlerhaften Sitzen produziert hatten, FAZ v. 16.11.1999, S. 49.

[342] Der Spiegel v. 9.08.1999, S. 34 ff.

[343] Vgl. Der Spiegel v. 19.10.1998, S. 124 ff.

[344] Der Spiegel v. 30.11.1998, S. 30 ff.

[345] Der Spiegel v. 30.11.1998, S. 30 ff.

[346] Die Deportation arbeitsfähiger Zivilisten fand am Ende des Krieges und in der ersten Nachkriegszeit eine Parallele auf sowjetischer Seite. Stalin begann schon im Laufe

der emotional geführten Diskussion um die Entschädigung ausländischer Zwangsarbeiter wenig Interesse entgegengebracht.[347]

b) Stiftungsgesetz und Regierungsabkommen

Auf diesen öffentlichen Druck reagierte die deutsche Bundesregierung mit dem Gesetz zur Errichtung einer Stiftung „Erinnerung, Verantwortung und Zukunft" (Stiftungsgesetz)[348] zur Entschädigung von NS-Zwangsarbeitern, das am 12. August 2000 in Kraft trat.

Flankiert wurde dieses Gesetz von einem deutsch-amerikanischen Regierungsabkommen[349], das die Frage der Rechtssicherheit deutscher Unternehmen vor weiteren Klagen im Ausland abschließend regelt[350].

Ob deutsche Unternehmen dadurch tatsächlich vor weiteren Klagen gefeit sind, bleibt weiterhin abzuwarten[351]. Mittlerweile wurde zwar der größte Teil der Klagen gegen deutsche Unternehmen von amerikanischen Gerichten abgewiesen oder im Laufe des Prozesses zurückgenommen, einige Klagen sind jedoch auch gegenwärtig noch bei amerikanischen Gerichten anhängig.[352]

c) Zusammenfassung

Die sechste und letzte Phase begann am Ende des letzten Jahrhunderts, ihre Auswirkungen sind jedoch bis zum heutigen Tag spürbar. Sie ist geprägt vom Trend zur Privatisierung einer „moralischen Schuld". Unter dem Druck gewaltiger Klagewellen gegen deutsche Unternehmen fanden sich deutsche Unternehmen sowie der deutsche Staat ungeachtet der Frage ihrer

---

des Jahres 1944 den Einsatz arbeitsfähiger deutscher Frauen und Männer zu planen, die aus von der Roten Armee eroberten Ländern Südost- und Mitteleuropas in die Sowjetunion gebracht werden sollten. Zum Umfang der Deportationen vgl. FAZ v. 14.07.1999, S. 16.

347 Dies bedauerte die DDR-Bürgerrechtlerin Freya Klier. Sie verwies auf die deutschen Frauen aus den ehemaligen deutschen Ostgebieten, die die Sowjets in die Arbeitslager jenseits des Ural verschleppten. Gleichzeitig warnte sie jedoch davor, das an Deutschen begangene Unrecht mit dem von Deutschen begangenen Unrecht aufrechnen zu wollen, vgl. Welt am Sonntag v. 21.11.1999, S.4.

348 Gesetz zur Errichtung einer Stiftung „Erinnerung, Verantwortung und Zukunft" v. 11.08.2000, BGBl. 2000 I, 1263 ff., vgl. dazu auch BT-Prot. 14. Wahlperiode, 114. Sitzung v. 6.07.2000, S. 10751; geändert durch 1. Gesetz zur Änderung des Stiftungsgesetzes v. 4.08.2001, BGBl. 2001 I, 2036 ff., erneut geändert durch das 2. Gesetz zur Änderung des Stiftungsgesetzes v. 6.06.2002, BGBl. 2002 I, 3347.

349 BGBl. 2000 II 1372 f., http://www.bundesregierung.de/dokumente/Artikel/ix_13801.htm.

350 FAZ v. 14.06.2000, S. 1, S. 16.

351 Kritisch: DOEHRING, in: FAZ v. 21.07.2000, S. 9.

352 Vgl. dazu BT-Drs. 15/1026 v. 19.05.2003, S. 2.

jeweiligen Verantwortung zur Entschädigung ehemaliger Zwangsarbeiter bereit. Rechtlich umgesetzt wurde diese Form der deutschen Wiedergutmachung im Rahmen eines Fonds „Erinnerung, Verantwortung und Zukunft", aus dem ehemalige Sklavenarbeiter entschädigt wurden. Dazu leisteten sowohl der deutsche Staat als auch die deutsche Wirtschaft einen Beitrag in Höhe von jeweils fünf Milliarden DM.

III. Konkretisierung des völkerrechtlichen Reparationsbegriffs

Bei dem Reparationsbegriff handelt es sich keineswegs um einen in der Staatengemeinschaft einheitlichen Begriff. Vielmehr herrscht keine Übereinstimmung über seinen Inhalt und seinen Umfang. Selbst die Siegermächte, die den Ausdruck nach dem Ende des Zweiten Weltkrieges verwendet hatten, waren sich über seinen Umfang und seine innere Motivierung uneinig.[353] Auch die Bemühungen der International Law Commission (ILC) in den vergangenen Jahren um eine Verrechtlichung und Vereinheitlichung der Staatenhaftung als Voraussetzung der Konkretisierung des Reparationsbegriffes scheiterten bislang am unterschiedlichen Verständnis der Staatenhaftung innerhalb der internationalen Gemeinschaft. Die Staatenpraxis zeigt jedoch, dass der Reparationsbegriff mehrere Elemente enthält. So umfasst er nicht nur das archaische „vae victis", sondern auch die Bestrafung des Besiegten sowie die Fortsetzung der militärischen Auseinandersetzungen mit ökonomischen Mitteln.

Als Folge eines verlorenen Krieges werden dem Besiegten – meist durch Vertrag[354]– Reparationsverpflichtungen auferlegt. Solche Pflichten entstanden auch für Deutschland nach der bedingungslosen Kapitulation. Diese bedurften jedoch unmittelbar nach dem Ende des Zweiten Weltkrieges hinsichtlich ihres Inhalts und Umfangs einer weitergehenden Konkretisierung, die auf mehreren Ebenen erfolgte.

1. Erste Konkretisierungsebene: Eigenmächtige Befriedigung der Siegermächte

Unmittelbar nach Zusammenbruch des Deutschen Reiches bedienten sich die Siegermächte durch Reparationsdiktat eigenmächtig. Danach teilten die Alliierten die zur Verfügung stehende Konkursmasse in eine Schuldenmasse Ost und eine Schuldenmasse West auf. Die Besonderheit dieser ersten Phase bestand darin, dass die Hauptsiegermächte die Konkretisierung des

---

[353] WOLFF, Zur Abgeltung der Reparationsschäden, S. 34.

[354] Alles, was sich die Siegerstaaten zur Befriedigung ihres vermeintlichen Reparationsanspruchs vor Vertragsabschluss aneignen, ist daher nur ein Vorgriff auf die künftigen, rechtlich erst noch zu schaffenden Ansprüche; vgl. SEIDL-HOHENVELDERN, Entschädigungspflicht der Bundesrepublik für reparationsentzogenes deutsches Auslandsvermögen, S. 56.

Reparationsbegriffs ohne Mitwirkung Deutschlands vornahmen. Die Besatzungsmächte trafen untereinander entsprechende Reparationsvereinbarungen. Seine rechtliche Grundlage fand diese einseitige Reparationsentnahme im Potsdamer Abkommen von 1945[355], im Pariser Reparationsabkommen von 1946[356], im Kontrollratsgesetz Nr. 5[357], sowie im AHK-Gesetz Nr. 63 von 1951[358].

2. Zweite Konkretisierungsebene: Reparationsrechtliche Regelungen zwischen den West-Alliierten und der Bundesrepublik Deutschland

Die zweite Konkretisierung erfolgte von Seiten der westlichen Besatzungsmächte durch reparationsrechtliche Regelungen mit der Bundesrepublik Deutschland am Anfang der fünfziger Jahre des vergangenen Jahrhunderts. Zu nennen sind hierbei insbesondere das Londoner Schuldenabkommen[359] mit dessen Moratoriumsbestimmungen sowie die reparationsrechtlichen Vorschriften im Überleitungsvertrag[360]. Von Seiten der Sowjetunion war die zweite Konkretisierungsebene durch deren demonstrativen Reparationsverzicht[361] geprägt, der auch Polen[362] mitverpflichtete.

3. Dritte Konkretisierungsebene: Fortgeltung besatzungsrechtlicher Vorschriften

Die dritte Konkretisierungsebene ist geprägt von der Fortgeltung besatzungsrechtlicher Vorschriften des Überleitungsvertrags und der Nachbefolgung des Londoner Schuldenabkommens im Rahmen der Wiedervereinigung.

a) Fortgeltung des Überleitungsvertrages

Mit Art. 7 des 2+4-Vertrages beendeten die Vier Mächte „ihre Rechte und Verantwortlichkeiten" in bezug auf Berlin und Deutschland als Ganzes (Art. 7 I 1).[363] Als Konsequenz verloren damit auch die damit zusammen-

---

355 Abl. des Kontrollrats in Deutschland, Ergänzungsblatt Nr. 1, S. 13 ff., abgedruckt in: v. MÜNCH, Dokumente des geteilten Deutschlands, Bd. I, S. 32 ff.

356 BÖHMER/DUDEN/JANSSEN, Deutsches Vermögen im Ausland, Bd. I, S. 10 ff.

357 Abl. des Kontrollrats Nr. 1 v. 29.10.1945, S. 3.

358 Abl. des AHK Nr. 63 v. 5.09.1951, S. 1107, abgedruckt in: BÖHMER/DUDEN/JANSSEN, Deutsches Vermögen im Ausland, Bd. I, S. 58.

359 BGBl. 1953 II, 331.

360 BGBl. 1955 II, 405 ff.

361 EA 1953, S. 5974 f.

362 EA 1953, S. 5981.

363 Schon vor Inkrafttreten des 2+4-Vertrages am 15.03.1991 waren diese Rechte durch die „Erklärung zur Aussetzung der Wirksamkeit der Vier-Mächte-Rechte und Verantwortlichkeiten" vom 1.10.1991 (BGBl. 1990 II, 1331) mit Wirkung zum Zeitpunkt der Vereinigung Deutschlands ausgesetzt worden.

hängenden vierseitigen Vereinbarungen, Beschlüsse und Praktiken ihre Wirksamkeit. So traten mit Wirksamkeit des 2+4-Vertrages die gesamten Siegermachtspositionen[364], insbesondere das Potsdamer Abkommen vom 2. August 1945[365] und das Viermächte-Abkommen vom 3. September 1971 (Abkommen über Berlin)[366] außer Kraft.[367]

Art. 7 I des 2+4-Vertrages bezieht sich nach seinem Wortlaut ausschließlich auf die Vereinbarungen der Vier Siegermächte mit Deutschland. Fraglich ist deshalb, ob durch Art. 7 I des 2+4-Vertrages auch Akte der drei westlichen Besatzungsmächte – wie beispielsweise der Überleitungsvertrag oder der Deutschlandvertrag – ihre Wirksamkeit verloren.
Art. 7 II des 2+4-Vertrages schreibt fest, dass das wiedervereinigte Deutschland „*demgemäß* die volle Souveränität über seine inneren und äußeren Angelegenheiten“[368] hat. Die Folge dieser Souveränität ist, dass

---

[364] Vgl. die Auflistung bei RAUSCHNING, DVBl. 1990, S. 393, S. 395 ff.

[365] Abl. des Kontrollrates in Deutschland, Ergänzungsblatt Nr. 1, S. 13 ff.

[366] Bull. v. 3.9.1971, Nr. 127, S. 1360 ff.

[367] Daneben traten mit Wirkung zum Zeitpunkt der Wiedervereinigung Deutschlands auch folgende Akte der Vier Mächte außer Kraft:
- das Protokoll über die Besatzungszonen in Deutschland und die Verwaltung von Groß-Berlin v. 12.09.1944 (vgl. UNTS II Nr. 532 f.).
- das Abkommen über Kontrolleinrichtungen in Deutschland v. 14.11.1944 (Department of State Publication 6199, S. 124 ff.).
- die Erklärung in Anbetracht der Niederlage Deutschlands v. 5.06.1945 (Abl. des Kontrollrates in Deutschland, Ergänzungsblatt Nr. 1, S. 7 ff.).
- die Vereinbarungen, Beschlüsse und Praktiken in bezug auf den Zugang nach Berlin.
- die Erklärung der Alliierten Kommandatur der Stadt Berlin v. 5.05.1955 über die Stellung West-Berlins nach dem Inkrafttreten der Pariser Verträge (sog. Kleines Besatzungsstatut) (Gesetz- und Verordnungsblatt für Berlin (West) 1955, S. 335 ff.)
- die Erklärung der Regierungen Frankreichs, Großbritanniens, der Sowjetunion und der Vereinigten Staaten von Amerika betreffend die Rechte und Verantwortlichkeiten der Vier Mächte in Deutschland v. 9.11.1972 (im Hinblick auf den UNO-Beitritt beider deutscher Staaten); Bull. v. 11.11.1972, Nr. 157, S. 1884.
- Vollständige Auflistung bei BLUMENWITZ, Das vereinigte Deutschland und die europäische Friedensordnung, S. 25 f; Denkschrift zum Vertrag, BT-Drs. 11/8024, S. 24; vgl. auch GORNIG, ROW 1991, S. 97 ff., S. 105.

[368] Diese Vorschrift ist der Souveränitätserklärung im Art. 1 II des Deutschlandvertrages nachgebildet, wonach „die Bundesrepublik demgemäß die volle Macht eines souveränen Staates über ihre inneren und äußeren Angelegenheiten haben wird“. Der Souveränitätserklärung des 2+4-Vertrages kommt jedoch lediglich deklaratorische Bedeutung zu. Denn die Souveränität eines Staates kann sich nicht aus Erklärungen anderer Staaten ableiten, sondern ergibt sich aus dem Faktum seiner effektiven Unabhängigkeit, so BLUMENWITZ, NJW 1990, S. 3041 ff., S. 3047.

durch den 2+4-Vertrag auch diejenigen Regelungen der drei westlichen Besatzungsmächte mit der Bundesrepublik Deutschland ihre Bedeutung verloren, die die deutsche Souveränität beeinträchtigten.[369] Zwar bewirkte die Wiedererlangung der vollen Souveränität nicht die automatische Nichtigkeit des Besatzungsrechts, dieses stand aber ab diesem Zeitpunkt zur freien Disposition des Gebietsstaates.[370] Erklärungen der deutschen Bundesregierung[371] zum 2+4-Vertrag sowie die Erklärungen des deutschen Außenministers bei der Unterzeichnung bzw. des Bundeskanzlers zur Unterzeichnung des Vertrages[372] enthielten keine Hinweise darauf, dass fortgeltendes Besatzungsrecht dieser Dispositionsfreiheit entzogen wäre. Somit entzog der 2+4-Vertrag jenen Bestimmungen der drei Westmächte die Geschäftsgrundlage, die die deutsche Souveränität beeinträchtigten.[373] Die logische Folge wäre die Außerkraftsetzung des Überleitungsvertrags trotz seiner Rechtsnatur als Dreimächterecht gewesen.
Während der Deutschlandvertrag[374] mit Inkrafttreten des 2+4-Vertrags seine Gültigkeit verlor, wurden zahlreiche Normen des Überleitungsvertrags durch den Notenwechsel vom 27./28. September 1990[375] zwischen der Bundesrepublik Deutschland und den Regierungen der drei Westalliierten fortgeschrieben.[376] Im reparationsrechtlichen Kontext sind davon insbesondere die Art. 3 I und III des Sechsten Teils des Überleitungsvertrags sowie Art. 1 des Neunten Teils des Überleitungsvertrags zu nennen. Diese Normen behalten auch über den 2+4-Vertrag hinaus Gültigkeit.[377]
Mit dem Notenwechsel einher ging auch die inhaltliche Änderung der fortgeschriebenen Normen. Sie gelten nicht mehr als „versteinertes Besat-

---

369 GORNIG, ROW 1991, S. 97 ff., S. 105.
370 So BLUMENWITZ, Staatennachfolge und die Einigung Deutschlands, S. 65; BERBER, Lehrbuch des Völkerrechts, Bd. II, S. 135.
371 Vgl. Bull. v. 21.9.1990, Nr. 113, S. 1185 ff.
372 Vgl. Bull. v. 14.9.1990, Nr. 109, S. 1157/ 1159.
373 So GORNIG, ROW 1991, S. 97 ff., S. 105.
374 Der Deutschlandvertrag als Dreimächterecht ist gemäß Ziff. 1 des Notenwechsel mit der Suspendierung der Rechte und Verantwortlichkeiten der Vier Mächte in bezug auf Berlin und Deutschland als Ganzes suspendiert worden und mit dem Inkrafttreten des 2+4-Vertrages außer Kraft getreten.
375 BGBl. 1990 II, 1386 ff.
376 Aufzählung unter Ziff. 3 der Note, vgl. BGBl. 1990 II, S. 1387 f.
377 Bestandskräftig bleiben daneben alle Rechte und Verpflichtungen und zwar ohne Rücksicht darauf, ob sie in Übereinstimmung mit anderen Rechtsvorschriften begründet oder festgestellt worden sind, die durch gesetzgeberische, gerichtliche oder Verwaltungsmaßnahmen der Besatzungsbehörden oder aufgrund solcher Maßnahmen begründet worden oder festgestellt worden sind (Erster Teil Art. 2 I ÜV).

zungsrecht", sondern als Rechtverordnung des Bundes, die nunmehr der alleinigen Disposition des Gesetzgebers unterliegen.[378]
Mit Art. 1 des Sechsten Teils des Überleitungsvertrags wurde die Vorschrift gestrichen, die bislang die Gültigkeit von Art. 3 des Sechsten Teils ÜV auf einen Zeitraum bis zum Abschluss eines Friedensvertrags begrenzte. Dies hatte zur Folge, dass aus dem temporären Einwendungsverzicht des Art. 3 I[379], III[380] des Sechsten Teils ÜV eine endgültige Regelung[381] wurde.[382]

Das Bundesverfassungsgericht vertrat in seiner Entscheidung vom 28. Januar 1998[383] die Ansicht, dass das Dreimächterecht auch nach dem 2+4-Vertrag dem Grundsatz nach fortbestand und nunmehr in ganz Deutschland[384] nachzubefolgen war. Das gelte unabhängig von der Aufhebung des Viermächterechts durch Art. 7 des 2+4-Vertrages und der dort verankerten „*vollen* Souveränität" für das vereinte Deutschland. Da sich Art. 7 des 2+4-

---

378 BLUMENWITZ, Staatennachfolge und die Einigung Deutschlands, S. 37.

379 Art. 3 I des Sechsten Teils ÜV normiert, dass die Bundesrepublik „*in Zukunft keine Einwendungen gegen Maßnahmen erheben wird, die gegen das deutsche Auslands- oder sonstige Vermögen durchgeführt worden sind oder werden sollen, das beschlagnahmt worden ist für Zwecke der Reparation oder Restitution oder aufgrund des Kriegszustandes oder aufgrund von Abkommen, die die Drei Mächte mit anderen alliierten Staaten oder ehemaligen Bundesgenossen geschlossen haben oder schließen werden*".

380 Art. 3 III des Sechsten Teils ÜV regelt, dass „Ansprüche und Klagen gegen Personen, die auf Grund der in Absatz (1) dieses Artikels bezeichneten Maßnahmen Eigentum erworben oder übertragen haben, sowie Ansprüche und Klagen gegen internationale Organisationen, ausländische Regierungen oder Personen, die auf Anweisung dieser Organisationen oder Regierungen gehandelt haben", nicht zugelassen werden.

381 In diesem endgültigen Einwendungsverzicht liegt möglicherweise ein Rechtsverstoß. Denn durch die zeitliche Ausdehnung des Einwendungsverzichts wurde in Grundrechtspositionen eingegriffen. Dieser Eingriff ist in vollem Umfang am Grundgesetz zu messen, vgl. WENK, Das konfiszierte deutsche Privatvermögen in Polen und der Tschechoslowakei, S. 106.

382 Daneben ist fraglich, ob die Abänderung der zeitlich begrenzten Regelung in eine zeitlich unbegrenzte Regelung nicht der Zustimmung der gesetzgebenden Körperschaft bedurft hätte, dazu BLUMENWITZ, in: Festschrift für Steinberger, S. 63, S. 78 f.

383 Vgl. IPRax 1998, S. 482 f.

384 Vgl. dazu Ziff. 4 (a) der Vereinbarung vom 27./28.09.1990: „*The Government of the Federal Republic of Germany declares that it shall take all adequete measures to ensure that the provisions of the Settlement Convention which remain in force shall not be circumvented in the territory of the present German Democratic Republic and in Berlin.*"

Vertrages ausschließlich auf Vereinbarungen der Vier Mächte bezöge, seien Art. 3 I und III des Sechsten Teils des Überleitungsvertrags als Dreimächtevereinbarungen nicht aufgehoben worden. Die „*demgemäße* Souveränität", die Art. 7 dem vereinigten Deutschland einräume, bezöge sich nur auf die Regelungen der Vier Mächte. Daraus folgerte das Bundesverfassungsgericht, dass die Bindung der Bundesrepublik Deutschland an völkerrechtliche Verträge mit den Drei Westmächten bestehen geblieben war.[385]
Mit dieser Entscheidung des Bundesverfassungsgerichts wird die Nachbefolgung alliierten Besatzungsrechts in ein völlig neues Licht gerückt. Nach Ansicht des Bundesverfassungsgerichts leitet sich das nachzubefolgende Dreimächterecht nicht aus dem Viermächterecht ab, sondern ist eine eigenständige völkerrechtliche Rechtsquelle.

Konsequenz dieser Auffassung ist, dass der Überleitungsvertrag trotz der Beendigung der Viermächterechte und der daraus folgenden Souveränität Deutschlands auch nach der Wiedervereinigung grundsätzlich noch bestandskräftig gewesen wäre. Erst der Briefwechsel vom 27./28. September 1990 hätte die Geltung des Überleitungsvertrages teilweise aufgehoben.[386]
Die Nachbefolgung eines Sonderbesatzungsrechts der drei Westmächte hätte im Jahre 1990 die vertraglich dokumentierte Souveränität Deutschlands erneut in Frage gestellt und den Grundkonsens zwischen Ost und West bei Deutschlands Reorganisation belastet.[387]
Problematisch erscheint auch die extensive Auslegung[388] des Art. 3 des Sechsten Teils ÜV durch deutsche Zivilgerichte[389], der das Bundesverfassungsgericht nicht widersprochen hat.
Art. 3 I Sechster Teil ÜV spricht ausdrücklich von „*deutschem* Auslandsvermögen", das für Zwecke der Reparation beschlagnahmt wurde. Trotzdem subsumieren die Gerichte darunter zuweilen auch Vermögen von

---

385 Bedenklich erscheint dabei, dass das Bundesverfassungsgericht damit die in Art. 7 II des 2+4-Vertrages eingeräumte *volle* Souveränität beschneidet und auf eine *demgemäße* Souveränität herunterschraubt.

386 Diese Ansicht des Bundesverfassungsgerichts lässt sich weder mit der Entstehungsgeschichte des Überleitungsvertrags noch mit der Grundkonzeption des 2+4-Verfahrens vereinbaren, vgl. BLUMENWITZ, in: Festschrift für Lerche 1993, S. 385 ff., S. 390.

387 Kritik an dieser Rechtsprechung bei BLUMENWITZ, in Festschrift für Steinberger, S. 63 ff., S. 78 f.

388 Die extensive Auslegung erfolgte entgegen den allgemeinen Grundsätzen des Völkerrechts.

389 Vgl. vor allem Urteil des OLG Köln v. 9. 07.1996 - 22 U 215/95; durch Beschluss vom 25.09.1997 nahm der BGH die Revision gegen das Urteil des OLG Köln nicht an, Az.: II ZR 213/96.

Staatsangehörigen neutraler Staaten.[390] Im Liechtensteinischen Bilderstreit erreicht das Gericht dieses groteske Ergebnis durch eine kollisionsrechtliche Erwägung: Der Überleitungsvertrag enthalte eine (versteckte) Verweisungsnorm[391] dahingehend, „dass die Frage, was deutsches Eigentum ist, nach der Feindvermögensgesetzgebung der einzelnen liquidierenden Staaten[392] zu beurteilen ist".[393]

Dieser Auffassung ist Art. 31 Wiener Vertragsrechtskonvention (WVK)[394] entgegenzuhalten, wonach Vertragsauslegungen nach Treu und Glauben „in Übereinstimmung mit der gewöhnlichen, seinen Bestimmungen in ihrem Zusammenhang zukommenden Bedeutung" erfolgen muss.[395] Außerdem ist sowohl nach der Wiener Vertragskonvention als auch nach dem Völkergewohnheitsrecht bei der Auslegung von Verträgen der Wille der Vertragspartner entscheidend. Es kann nicht dem Parteiwillen entsprechen, dass die Bestimmung „deutschen" Vermögens dem jeweilig konfiszierenden Staat selbst überlassen bleibt.[396]

Zudem führte im Fall Liechtenstein eine Gleichbehandlung von Staatsangehörigen neutraler und nichtkriegsführender Staaten mit deutschen Staatsangehörigen zu einer Diskriminierung.[397] Im Völkerrecht gilt der Grund-

---

[390] Liechtensteinisches Vermögen kann offenkundig nicht gemeint sein, da das Fürstentum Liechtenstein seit 1805 seine von jedermann zu respektierende souveräne Eigenstaatlichkeit besitzt und im Zweiten Weltkrieg seine Neutralität bewahren konnte, so BLUMENWITZ in: Festschrift Steinberger, S. 63 ff., S. 79.

[391] Vgl. BLUMENWITZ, in: Festschrift für Sturm, S. 1385 ff., S 1387.

[392] So schon BGH in BGHZ 8, S. 378; 25, S. 127; 25, S. 134; 32, S. 170.

[393] Dieser Interpretation wird zu Recht entgegengehalten, dass bei der Auslegung des Begriffes „deutsch" zunächst von der Rechtsvorstellung der betroffenen Vertragspartner auszugehen ist. Für die vier Vertragsstaaten war der Begriff „Deutschland in seinen Grenzen nach dem Stande vom 31. Dezember 1937" maßgeblich; vgl. BLUMENWITZ, in: Festschrift für Sturm, S. 1385 ff. S. 1392; so auch BLUMENWITZ, in: Flucht und Vertreibung, S. 196; EHLERS, JZ 1952, S. 465 ff., S. 467; SEIDL-HOHENVELDERN, NJW 1953, 1389 ff., S. 1390.

[394] BGBl. 1985 II, 926.

[395] Danach musste es sich nach dem eindeutigen Wortlaut um „deutsches" Vermögen handeln. Eine Gleichstellung von deutschem mit nichtdeutschem Auslandsvermögen ergibt sich weder aus dem Textzusammenhang noch nach Berücksichtigung der Ziele und Zwecke des Überleitungsvertrags, dazu vgl. DOEHRING, IPRax 1998, S. 465 ff.

[396] So zu Recht DOEHRING, IPRax 1998, S. 465 ff., S. 466.

[397] Durch diese Auslegung des Vertrages leugnete die deutsche Rechtsprechung die souveränen Rechte des Fürsten von Liechtenstein als Völkerrechtssubjekt. Außerdem missachtete sie seinen Status als Staatsangehöriger eines neutralen Staates während des Zweiten Weltkrieges, auf dessen Respektierung er auch in allen Reparations- und Kriegsfolgeregelungen Dritter nach Beendigung des Zweiten Weltkriegs Anspruch hatte, so WEBER, AVR Bd. 36 (1998), S. 188, S. 191 ff., S. 192.

satz, dass Verträge restriktiv zu interpretieren sind[398], wenn Zweifel an der Tragweite einer Bestimmung bestehen. Das bedeutet im vorliegenden Fall, dass die Bundesrepublik Deutschland nur soweit auf Einwendungen und Klagemöglichkeiten verzichtet hat, als dabei deutsches Vermögen betroffen ist. Der Souveränitätsverzicht geht nicht so weit, dass auch die Prüfung, ob deutsches Eigentum betroffen ist, ausgeschlossen ist.[399]
Nach Ansicht des Bundesverfassungsgerichts durfte der Zweck der Enteignung nicht von deutschen Gerichten überprüft werden; maßgeblich sei allein die Rechtsauffassung des enteignenden Staates. Weder die Verfassungs- noch die Völkerrechtskonformität der Verweisungsnorm noch die des im deutschen Inland anzuwendenden Benesch-Dekrets dürften geprüft werden.
Mit dieser Interpretation von Art. 3 des Sechsten Teil ÜV hat sich die höchstrichterliche Rechtsprechung ein Eigentor geschossen. Im Klartext bedeutet diese Rechtsprechung nämlich, dass der konfiszierende selbst Staat entscheiden kann, ob Gegenstände zum Zwecke der Reparation oder aus anderen Gründen enteignet worden sind. Damit wäre theoretisch für die Tschechoslowakei der Weg frei, die Konfiskationen sudetendeutschen Vermögens als Reparationen zu deklarieren und auf den fortgeschriebenen Einwendungsverzicht des Art. 3 III Sechster Teil des Überleitungsvertrages zu verweisen. Dies wäre aufgrund der Rechtsprechung des BGH möglich, obwohl die Konfiskationen eindeutig nicht zu Reparationszwecken[400], sondern als Strafmaßnahme[401] für illoyales Verhalten[402] und in Zusammenhang mit der geplanten Vertreibung der Deutschen[403] erfolgten.[404] Daneben wur-

---

398 BASTID, Les traités dans la vie internationale, S . 135 ; DOEHRING, IPRax 1998, S. 446.

399 So zu Recht DOEHRING, IPRax 1998, S. 466.

400 Das Benesch-Dekret war eine gezielte gegen die deutsche und gegen die ungarische Minderheit in der Tschechoslowakischen Republik gerichtete Repressalie. Dies kommt auch im Wortlaut des Dekretes klar zum Ausdruck, das „alle Personen deutscher und madjarischer Nationalität, ohne Rücksicht auf die Staatsangehörigkeit“ mit „Verrätern und Feinden der Republik, gleichgültig welcher Nationalität und Staatsangehörigkeit, die diese Feindschaft vor allem während der Krise und des Krieges in den Jahren 1938 bis 1945 bekundet haben“, gleichsetzt.

401 Der Strafcharakter der auf der Grundlage der Benesch-Dekrete vorgenommenen Enteignungen wurde auch nach der Überwindung der kommunistischen Herrschaft bestätigt; vgl. dazu die Grundsatzentscheidung des Verfassungsgerichts der Tschechischen Republik v. 8.03.1995 – Pl. VS 14/94, auszugsweise in BayVbl. 1996, S. 14 ff.; s. auch BLUMENWITZ, in: Festschrift für Sturm, S. 1385 ff., S. 1396.

402 So SEIDL-HOHENVELDERN, NJW 1953, S. 1390.

403 Vgl. RASCHHOFER, Die Vermögenskonfiskationen der Ostblockstaaten, S. 14 ff.

404 Gegen eine Konfiskation zu Reparationszwecken spricht auch die Tatsache, dass die Tschechoslowakei das entzogene sudetendeutsche Vermögen nicht dem alliierten

de vom 27./28.September 1990 auch Art. 1 des Neunten Teils ÜV[405] fortgeschrieben. geltend machen".

Aus dieser Fortschreibung von Besatzungsrecht folgt, dass die Bundesregierung Deutschland auf die Geltendmachung völkerrechtlicher Ersatzansprüche im Wege des diplomatischen Schutzes verzichtet[406], selbst wenn sie materiell-rechtlich bestehen[407]. Prozessual können die Ansprüche wegen der Rechtswegpräklusion des Art. 3 III Sechster Teil ÜV gerichtlich nicht geltend gemacht werden.

b) Fortgeltung des Londoner Schuldenabkommens

Auch das Londoner Schuldenabkommen ist Dreimächterecht. Bei konsequenter Weiterführung der Entscheidung des Bundesverfassungsgerichts wird neben dem Überleitungsvertrag auch das Londoner Schuldenabkommen als weitere Ausprägung des Dreimächterechts dem Regime des 2+4-Vertrages entzogen mit der Folge, dass es auch nach der Wiedervereinigung Gültigkeit beansprucht.[408]

c) Fazit

Die Untersuchungen haben gezeigt, dass eine Konkretisierung des Reparationsbegriff erforderlich ist, weil ein einheitliches Verständnis innerhalb der Völkerrechtsgemeinschaft nicht existiert. Insbesondere auf der dritten

---

Reparationskonto meldete, sondern zur eigenen Bereicherung einzog.

405 Dieser besagt, dass *„deutsche Staatsangehörige, die der Staatsgewalt der Bundesrepublik unterliegen, gegen Staaten, welche die Erklärung der Vereinten Nationen vom 1. Januar 1942 unterzeichnet haben oder ihr beigetreten sind oder mit Deutschland im Kriegszustand waren oder in Art. 5 des fünften Teils dieses Vertrages genannt sind sowie gegen deren Staatsangehörige keine Ansprüche irgendwelcher Art erheben wegen Maßnahmen, welche von den Regierungen dieser Staaten oder mit ihrer Ermächtigung in der Zeit zwischen dem 1. September 1939 und dem 5. Juni 1945 wegen des in Europa bestehenden Kriegszustandes getroffen worden sind; auch darf niemand derartige Ansprüche vor einem Gericht in der Bundesrepublik Deutschland geltend machen."*

406 WOLFF, Zur Abgeltung der Reparationsschäden, S. 104.

407 Die Bundesregierung wies von Anfang an darauf hin, dass der Verzicht auf Einwendungen keinesfalls mit einer Anerkennung der Maßnahmen verbunden sei, die gegen deutsche Vermögenswerte zu Reparationszwecken getroffen worden waren. Vielmehr macht der in Art. 3 I für die Zukunft ausgesprochene Verzicht auf Einwendungen deutlich, dass die früher erhobenen Einwendungen nach deutscher Auffassung rechtlich begründet waren, dass also der deutsche Rechtsstandpunkt materiell aufrechterhalten blieb, vgl. WOLFF, Zur Abgeltung der Reparationsschäden, S. 102.

408 Vgl. BLUMENWITZ, in: Festschrift für Steinberger, S. 63 ff., S. 79.

Konkretisierungsebene, die die Fortgeltung alliierten Dreimächterechtes zum Gegenstand hatte, ergaben sich sogar zwischen deutschen Gerichten und der deutschen Völkerrechtslehre große Diskrepanzen.

Zweiter Teil: Entschädigungsforderungen von NS-Zwangsarbeitern

Am 14. Juni 2000 titelte die Frankfurter Allgemeine Zeitung[409]: „Durchbruch bei Zwangsarbeiter-Verhandlungen"
Mit einer Grundsatzvereinbarung ging der 15 Monate andauernde Verhandlungsmarathon zur Entschädigung ehemaliger Zwangsarbeiter am 12. Juni 2000 zu Ende. Die Verhandlungen waren vor allem in der Schlussphase[410] im amerikanischen Finanzministerium in Washington von zäher Pendeldiplomatie geprägt[411], ging es doch um die brisante Frage der Rechtssicherheit für deutsche Unternehmen[412]. Die Unterhändler, der deutsche Regierungsbeauftragte Graf Lambsdorff, der stellvertretende US-Finanzminister Eizenstat sowie der Verhandlungschef der deutschen Wirtschaft Gentz sprachen nach Abschluss der Gespräche in Washington von einem „historischen Ereignis" und einem „großen Tag für die Opfer"[413]. Es war zweifelsohne ein historischer Tag für die Opfer, die Bundesrepublik Deutschland[414] und die deutsche Industrie sowie für die deutsch-amerikanischen Beziehungen[415]. Am Ende eines Jahrhunderts stellte sich Deutschland mit der Einigung zur Entschädigung der NS-Zwangsarbeiter unter den kritischen Augen der Weltöffentlichkeit seiner historischen Verantwortung. Die rechtliche Umsetzung[416] ließ nicht lange auf sich warten. Am 6. Juli 2000 verabschiedete der deutsche Bundestag mit großer Mehrheit, die sich durch alle Parteien zog, das Gesetz zur Errichtung einer Stif-

---

409 FAZ v. 14.06. 2000, S. 16.

410 Ein zufriedenstellendes Verhandlungsergebnis drohte bereits am 2.06.2000 in Berlin zu scheitern, da eine Einigung in der Frage der Rechtssicherheit nicht erzielt werden konnte, vgl. SZ v. 8.06.2000, S. 1.

411 Main-Echo v. 14.06.2000, S. 2.

412 Als Vertreter der deutschen Wirtschaft war Daimler-Chrysler-Vorstand Manfred Gentz an den Verhandlungen beteiligt.

413 FAZ v. 14.06.2000, S. 1.

414 Eizenstat unterstrich, dass neben den Opfern auch die deutschen Gesellschaften und die deutsch-amerikanischen Beziehungen als Gewinner aus dem langwierigen Verhandlungsprozess hervorgegangen seien.

415 Auch US-Präsident Bill Clinton begrüßte den Durchbruch: „Ich bin sehr erfreut, dass eine große Hürde überwunden ist." Ebenso reagierten in Deutschland die Politiker aller Parteien.

416 Die erste Lesung des von allen Fraktionen eingebrachten Gesetzesentwurfs zur Errichtung einer Stiftung „Erinnerung, Verantwortung und Zukunft" (BT-Drs. 14/3206) vom 13.04.2000 fand bereits am 14.04.2000 statt. Danach wurde der Entwurf stark modifiziert, kaum ein Wort, kaum ein Satzzeichen blieb unverändert. Knapp drei Monate später, am 6.07.2000, stand die zweite Lesung des Gesetzes auf der Tagesordnung.

tung „Erinnerung, Verantwortung und Zukunft“[417](Stiftungsgesetz). Am 14. Juli 2000 passierte es den Bundesrat. Das Stiftungsgesetz, das am 12. August 2000 in Kraft trat, bildet die rechtliche Grundlage für Entschädigungszahlungen an überlebende Zwangsarbeiter des Nazi-Terrors. Insgesamt wurden zehn Milliarden DM bereitgestellt, von denen fünf Milliarden DM von der deutschen Bundesregierung und die verbleibenden fünf Milliarden DM von der deutschen Wirtschaft beigesteuert wurden. Mit dem Stiftungsgesetz setzte die Bundesrepublik Deutschland einen zumindest finanziellen Schlussstrich unter die Zwangsarbeiterproblematik, eine sowohl in moralischer als auch in politisch und rechtlicher Hinsicht hochbrisante Thematik, die die gesamte Nachkriegszeit wie ein roter Faden durchzogen hatte.
Bereits in den fünfziger Jahren des vergangenen Jahrhunderts hatten ehemalige NS-Zwangsarbeiter vor Gerichten der Bundesrepublik Deutschland auf dem Klagewege Entschädigung für NS-Zwangsarbeit gefordert. In der weit überwiegenden Zahl der Fälle blieben die Bemühungen fruchtlos, einerseits entgangenen Lohn für geleistete Arbeit und andererseits Entschädigung für erlittene Gesundheitsschäden auf gerichtlichem Wege zu erlangen. Aus Sicht der ehemaligen Zwangsarbeiter drängt sich vor diesem Hintergrund die Frage auf, warum diese ihre Forderungen nach unzähligen verlorenen Prozessen nicht ad acta gelegt haben. Andererseits muss sich aber auch die deutsche Politik die Frage gefallen lassen, warum sie sich nicht schon früher um eine abschließende Lösung in der Zwangsarbeiterproblematik bemüht hat. Warum konnte erst im Jahr 2000 – 55 Jahre nach Ende des Zweiten Weltkriegs – eine endgültige Lösung gefunden werden?

Dieser Frage widmet sich der folgende Teil der vorliegenden Untersuchung. Er beleuchtet die rechtliche Behandlung von Forderungen ehemaliger Zwangsarbeiter nach dem Ende des Zweiten Weltkrieges. Warum wurden entsprechende Klagen von ausländischen NS-Zwangsarbeitern in der Nachkriegszeit als (derzeit) unbegründet abgewiesen? Inwiefern unterscheidet sich ihre Situation von der rechtlichen Lage, die deutsche Zwangsarbeiter vorfanden?
Einen wichtigen Teil der Untersuchung wird daneben die Darstellung der rechtlichen Situation nach Abschluss des 2+4-Vertrages einnehmen. Zwangsläufig wird die Frage auftauchen, inwiefern sich die Situation in rechtlicher Hinsicht durch den 2+4-Vertrag als Ersatzfriedensvertrag mit Deutschland wandelte und welche konkrete Auswirkungen diese Entwicklung auf die Zwangsarbeiterdebatte hatte.

---

[417] Plenar-Prot. 14/114.

Das Auflodern der Diskussionen um die Entschädigung ehemaliger Zwangsarbeiter liegt zum größten Teil in den unterschiedlichen Haltungen der einzelnen Staaten zur Behandlung der deutschen Wiedergutmachung begründet. Deshalb sollen auch die verschiedenen Positionen im folgenden Teil Platz finden.
Grundvoraussetzung für das Verständnis der unterschiedlichen Sichtweisen sind dabei die politischen und rechtlichen Hintergründe der verschiedenen Länder, sowie ihre internationalen Verzahnungen und Vernetzungen.
Um die Problematik umfassend beleuchten zu können, soll zunächst eine Definition des Zwangsarbeiterbegriffes erfolgen. Dabei soll aufgezeigt werden, wie viele Menschen zur Zwangsarbeit herangezogen wurden, um welche Personengruppen es sich handelte und wo und unter welchen Bedingungen sie eingesetzt waren.
Um einordnen zu können, auf welche Landsleute sich die Zwangsarbeit konzentrierte, soll ein Überblick über die Herkunft der Sklavenarbeiter gegeben werden. Danach soll untersucht werden, ob es sich bei den Entschädigungsforderungen ehemaliger Zwangsarbeiter um Reparationen handelte mit der Folge, dass sie ausschließlich auf zwischenstaatlicher Ebene geltend gemacht werden können.

A. Das Phänomen Zwangsarbeit[418] während des Dritten Reiches

I. Allgemeine Voraussetzungen

Der unter der Nazi-Diktatur forcierte „Ausländereinsatz“ stellt den größten Fall der massenhaften, erzwungenen Versendung von ausländischen Arbeitskräften in der Geschichte seit dem Ende der Sklaverei dar.[419] Wie viele Menschen unter dem Hitler-Regime Zwangsarbeit leisten mussten, ist nicht genau bekannt. Experten gehen von einer Zahl zwischen acht[420] und zwölf Millionen[421] aus. Obwohl der Begriff Zwangsarbeit als Schlagwort die Entschädigungsdebatte beherrscht hatte, erfolgte nur selten eine Begriffsdefinition. Das Phänomen „Zwangsarbeit“ zu definieren, fällt deshalb so

---

[418] Die Geschichte der Zwangsarbeit wurde von Historikern besonders in den letzten Jahren umfassend erforscht, vgl. HERBERT, in: Geschichtswerkstatt, Heft 19 (1989), S. 1 ff.; AUGUST, in: Archiv für Sozialgeschichte, Bd. 24 (1984), S. 305 ff. ; HOMZE, Foreign Labor in Nazi Germany, S. 1 ff.

[419] HERBERT, in: Barwig u.a., Entschädigung für NS-Zwangsarbeit, S. 17 ff., S. 19.

[420] HERBERT, in: Herbst/Goschler (Hrsg.): Die Bundesrepublik und die Opfer nationalsozialistischer Verfolgung, S. 273 ff., S. 302.

[421] Von dieser Zahl ging man bei den Nürnberger Prozessen aus, vgl. BEDÜRFTIG/ZENTNER (HRSG.): Das große Lexikon des Dritten Reiches, S. 192; zu den Zahlen vgl. auch KÜPPER, KJ 1998, Bd. 31, S. 246.

schwer, weil es ganz unterschiedliche Ausformungen und Arten der erzwungenen Heranziehung von Arbeitskräften gab. Unbestritten bildete die Ausbeutung von Arbeitskräften zur Unterstützung von Wirtschaft, Industrie und Landwirtschaft eine wesentliche Säule nationalsozialistischer Arbeitspolitik während des Zweiten Weltkrieges. Jedoch waren die Formen der Zwangsarbeit[422] hinsichtlich ihrer Art, ihres Umfangs und der Bedingungen, unter denen sie erfolgte, durchaus unterschiedlich. Der Sammelbegriff „Zwangsarbeit" darf deshalb keineswegs darüber hinwegtäuschen, dass sie während der Hitler-Diktatur in unterschiedlichen Formen auftrat.[423] Deshalb stellt sich die Frage, wo die Grenzlinie zwischen allgemeiner Arbeitspflicht zur Ankurbelung der deutschen Wirtschaft auf der einen Seite und Zwangsarbeit auf der anderen Seite zu ziehen ist. In der öffentlichen Diskussion fehlt nicht selten eine Differenzierung danach, welche Art von Zwangsarbeit eine Person verrichten musste und wie diese sich von einer anderen erzwungenen Tätigkeit unterschied.
Aufgrund dieser Diversität können als „kleinster gemeinsamer Nenner" lediglich die Voraussetzungen aufgelistet werden, die für die Bezeichnung einer Tätigkeit als Zwangsarbeit unabdingbar sind. Darüber hinaus können durchaus noch andere Kriterien erfüllt sein, die aber von Fall zu Fall differieren und keine klaren Abgrenzungsmerkmale darstellen.

II. Definition des Begriffes Zwangsarbeit

Kleinster gemeinsamer Nenner jeglicher Art von Zwangsarbeit ist die Tatsache, dass den Arbeitskräften sowohl Arbeitsstelle als auch Arbeitgeber aufoktroyiert wurde. Der Zwang ist das wesentliche Abgrenzungsmerkmal zu allen anderen Formen des Arbeitseinsatzes während des Dritten Rei-

---

[422] Von der Zwangsarbeit abzugrenzen sind das deutsche Landjahr für junge Frauen und deutsche Dienstverpflichtungen wie z.B. die Dienstverpflichtungen zur Errichtung des deutschen Westwalls aufgrund der Verordnung zur Sicherstellung des Kräftebedarfs für Aufgaben von besonderer staatspolitischer Bedeutung v. 22. 06. 1938, RGBl. 1938 I, 652 ff. oder zum Arbeitseinsatz in Rüstungs- und anderen Betrieben aufgrund der Verordnung v. 13.02.1939, RGBl. 1939 I, 206 ff.; vgl. auch die Verordnung über die Meldung von Männern und Frauen für Aufgaben der Reichsverteidigung v. 27.01.1943, RGBl. 1943 I, 67 f.; BÜLCK, Die Zwangsarbeit im Friedensvölkerrecht, S. 83 ff; v. GERSDORFF: Frauen im Kriegsdienst 1914 - 1945, S. 49 ff. Daneben gab es den Reichsarbeitsdienst, vgl. Reichsarbeitsdienstgesetz v. 26.06.1935, RGBl. 1935 I, 769 ff. sowie v. 9. 09.1939, RGBl. 1939 I, 1747. Zur Entwicklung der Dienstverpflichtungen zu Beginn des Dritten Reiches vgl. BENZ, Vierteljahreshefte für Zeitgeschichte, 16. Jg., S. 317 ff. Zu diesen Arbeitseinsätzen wurden deutsche Reichsbürger vorübergehend oder auf Dauer verpflichtet. Bei einer Gesamtwürdigung der Lebensumstände sind sie jedoch eher als Dienstverpflichtung denn als Zwangsarbeit anzusehen.

[423] Vgl. KÜPPER, KJ 1998, Bd. 31, S. 246.

ches. In sozialer Hinsicht waren die Arbeitsverhältnisse von miserablen gesetzlichen Bestimmungen geprägt, rechtliche Einspruchsmöglichkeiten dagegen blieben den Zwangsarbeitern vollständig verwehrt.[424]
Dennoch lassen sich in Bezug auf Status, Art und Weise der Rekrutierung, soziale Lage, Rechtsgrundlage der Beschäftigung, Dauer und Umstände der Arbeitsverhältnisse drei große Gruppen unterscheiden.[425]

III. Die unterschiedlichen Personengruppen

Nimmt man eine Grobeinteilung nach dem Status der einzelnen Zwangsarbeiter vor, so kann man Zivilarbeiter, Kriegsgefangene und KZ-Häftlinge unterscheiden. Daneben sind die europäischen Juden zu nennen, die eine Sonderstellung einnahmen.

1. Die Zivilarbeiter

Die Gruppe der Zivilarbeiter umfasst die etwa 5,7 Millionen[426] ausländischen Zivilarbeiter[427], die die nationalsozialistische Regierung zwischen 1939 und 1945 ins Deutsche Reich brachte.[428] Umgangssprachlich trägt diese Gruppe die Bezeichnung „Fremdarbeiter".[429] Im Rahmen des nationalsozialistischen „Ausländereinsatzes" – der Arbeitspflicht – kamen die Zivilarbeiter in der Regel auf massiven physischen oder psychischen Druck[430] durch die Besatzungsmacht ins Deutsche Reich. Eingesetzt wurden sie sowohl in Industrie und Landwirtschaft als auch in privaten Haushalten. Erst gegen Kriegsende beschäftigte sie das Nazi-Regime verstärkt und unter Haftbedingungen in Rüstungsbetrieben. Obgleich die Zivilarbeiter aus allen von Deutschland besetzten Gebieten kamen, stammte doch ihre überwiegende Mehrheit aus Polen[431] und Russland[432]. Als Staatsange-

---

[424] Vgl. HERBERT, in: Barwig u.a., Entschädigung für NS-Zwangsarbeit, S. 17.

[425] Ausführlich zum Begriff „Zwangsarbeiter", HERBERT: Fremdarbeiter. S. 1 ff.

[426] Stand: August 1944, Zahlenangaben nach HERBERT, Fremdarbeiter, S. 11.

[427] Der Begriff „Zivilarbeiter" umfasst alle ausländischen Arbeitskräfte unabhängig von ihrer Herkunft. Abzugrenzen sind die Zivilarbeiter von KZ-Häftlingen und Kriegsgefangenen, die eigene Gruppen darstellten.

[428] VO v. 30.06.1942, RGBl. 1942 I, 419.

[429] Die Bezeichnung „Fremdarbeiter" wurde bereits vor dem Ersten Weltkrieg benutzt und war auch noch in den fünfziger Jahren des vergangenen Jahrhunderts gebräuchlich. Erst in den sechziger Jahren des vergangenen Jahrhunderts wurde sie endgültig durch den Begriff „Gastarbeiter" abgelöst.

[430] Während die Fremdarbeiter in den ersten Kriegsjahren noch zum größten Teil angeworben wurden, wurden sie ab dem Jahr 1942 durchwegs zwangsrekrutiert und deportiert, vgl. SCHRÖDER, Jura 1994, S. 61 ff., S. 63.

[431] Im August 1944 waren 1,7 Millionen Polen im „Großdeutschen Reich" beschäftigt.

[432] Im August 1944 befanden sich 2,8 Millionen Russen im Arbeitseinsatz im Deutschen Reich.

hörige dieser beiden Länder standen sie am untersten Ende der rassistischen Nazi-Hierarchie und erfuhren demgemäß im Vergleich zu Arbeitskräften aus anderen Ländern, insbesondere den westeuropäischen Staaten, eine besonders schlechte Behandlung.[433]
Während zivile Arbeitskräfte aus allen anderen Ländern – mit Ausnahme der Sowjetunion – die gleichen Löhne erhielten wie deutsche Arbeiter mit vergleichbaren Aufgaben, mussten Polen[434] von ihren Löhnen eine besondere 15-prozentige Steuer, die so genannte „Polen-Abgabe"[435], zahlen.[436] Sowjetische Zivilarbeiter sollten offiziell einen 40-prozentigen Lohnabschlag erhalten, in der Praxis bekamen sie jedoch noch weniger oder überhaupt nichts.[437]

2. Die Kriegsgefangenen

Von den Zivilarbeitern unterschied sich statusrechtlich die Gruppe der 1,9 Millionen Kriegsgefangenen[438]. Ihre Situation war mit der der Zivilarbeiter im Wesentlichen vergleichbar. Unter den Kriegsgefangenen stellten Russen und Franzosen die größte Gruppe dar, während polnische Kriegsgefangene bald nach ihrer Gefangennahme zwangsweise in den Zivilarbeiterstatus überführt wurden.

3. Die KZ –Häftlinge

Einen deutlich schlechteren Status sowohl hinsichtlich ihrer Behandlung[439] als auch hinsichtlich ihres Arbeitsumfanges besaßen die KZ-Häftlinge[440], von denen ungefähr 750 000 das Kriegsende überlebten.[441]

---

433 Die Lebensbedingungen der Zivilarbeiter variierten danach, auf welcher Hierarchiestufe die einzelnen Ausländergruppen standen, HERBERT, Fremdarbeiter, S. 190 ff.
434 KÜPPERS, RABl. V 1941, S. 535.
435 Diese „Polen-Abgabe" diente – nach offizieller deutscher Begründung – zum Ausgleich dafür, dass Polen nicht wie Reichsdeutsche zum Wehrdienst eingezogen wurden.
436 HERBERT, in: Barwig u.a., Entschädigung für NS-Zwangsarbeit, S. 23.
437 HERBERT, in: Barwig u.a., Entschädigung für NS-Zwangsarbeit, S. 23.
438 Stand: August 1944, vgl. HERBERT, Fremdarbeiter, S. 11.
439 Dennoch variierten die Lebensbedingungen der KZ-Häftlinge von Betrieb zu Betrieb und von Lager zu Lager äußerst stark. In der Landwirtschaft fanden sie erheblich bessere Bedingungen vor als in der Industrie. Häftlinge, die bei Rüstungsbetrieben in der Produktion eingesetzt waren, hatten erheblich größere Überlebenschancen als diejenigen, die zu großen Bauvorhaben, insbesondere dem Ausbau unterirdischer Produktionsstätten herangezogen worden waren, HERBERT, in: Barwig u.a., Entschädigung für NS-Zwangsarbeit, S. 31.
440 Vgl. HERBERT, in ders. (Hrsg.) : Europa und der „Reichseinsatz", S. 384 ff.
441 Die KZ-Häftlinge waren vollkommen rechtlos. Besonders am Ende des Zweiten Weltkrieges wurden sie nach dem Motto „Vernichtung durch Arbeit" ausgebeutet.

In den ersten Kriegsjahren spielte der Einsatz von KZ-Häftlingen für die Kriegswirtschaft kaum eine Rolle. Zwar betrieb die SS eigene Wirtschaftsunternehmen, in denen sie nahezu alle Gefangenen zur Arbeit heranzog; diese Maßnahme hatte jedoch vor allem den Charakter von Strafe, Erziehung und Rache, stellte aber keinen entscheidenden wirtschaftlichen Faktor dar.[442]
Nach dem militärischen Rückschlag an der Ostfront im Jahre 1941 setzte die SS die KZ-Häftlinge zunehmend in der Rüstungsindustrie ein. Ihr Arbeitseinsatz wurde zu einem wichtigen ökonomischen Faktor. Nach einer entsprechenden Führerentscheidung verlieh die SS ab Herbst 1942 ihre Häftlinge an Industriebetriebe.[443] In den letzten Kriegsjahren meldeten zunehmend Privatunternehmen ihren Bedarf an Arbeitskräften bei der SS an und bekamen geeignete Häftlinge zugewiesen. Für einen Facharbeiter hatten die Betriebe sechs Reichsmark (RM) pro Tag an die SS zu zahlen, die „Leihgebühr" für Hilfsarbeiter und Frauen betrug vier RM pro Tag. Obwohl die Häftlinge teilweise in KZ-Außenlager verlegt wurden, die in der Nähe ihrer Arbeitsstelle errichtet worden waren, unterstanden sie auch während ihres Arbeitseinsatzes in unterschiedlichen Betrieben der Gewalt der SS.

4. Europäische Juden

Eine Sonderstellung nahmen die europäischen Juden ein, die nach der Zerstörung ihrer wirtschaftlichen Existenzgrundlage in ihren Herkunftsländern – vor allem aber nach ihrer Deportation – in Ghettos, Zwangsarbeitslagern oder Konzentrationslagern zur Zwangsarbeit herangezogen wurden.
Der systematische Zwangsarbeitseinsatz von europäischen Juden begann bereits im Jahre 1939. Alle arbeitsfähigen Juden wurden zum Arbeitsdienst einberufen. Während sie zu Kriegsbeginn vor allem für Straßenbauarbeiten eingesetzt waren, wurden sie im Laufe des Krieges zunehmend wichtiger für die Rüstungsindustrie. Auch nach der Deportation in Ghettos oder Konzentrationslager wurden sie von der SS an private Industrieunternehmen verliehen.
Die meisten KZ-Häftlinge, die bei Kriegsende von den Alliierten befreit wurden, waren Ausländer. Dabei war die Zahl der „Nichtjuden"[444] um ein Vielfaches höher als die jüdischer Häftlinge.

Grundlegend KAIENBURG, Vernichtung durch Arbeit, S. 1 ff.

442 Vgl. HERBERT, in: Barwig u.a., Entschädigung für NS-Zwangsarbeit, S. 25.

443 SIEGFRIED, Das Leben der Zwangsarbeiter im Volkswagenwerk 1939 - 1945, S. 41 ff.

444 Die nichtjüdischen ausländischen Häftlinge waren von den deutschen Besatzungsbehörden oder der Gestapo vor allem wegen Verstößen gegen Anordnungen der deutschen Organe oder wegen tatsächlichen oder vermeintlichen Widerstands verhaftet

Nach diesem kurzen Überblick über die Diversität des Phänomens „Zwangsarbeit“ und einer Begriffsdefinition stellt sich die Frage, ob die Entschädigungsforderungen ehemaliger Sklavenarbeiter rechtlich als Reparationen zu bewerten sind.

B. Qualifikation der Entschädigung als Reparationsleistung

Zunächst muss der Frage nachgegangen werden, ob die Entschädigung für geleistete Zwangsarbeit rechtlich als Reparation zu bewerten ist und damit einen zwischenstaatlichen Anspruch darstellt. Die Beantwortung dieser Frage hängt entscheidend von der Definition des Begriffes „Reparation“ ab.

I. Restriktives Reparationsverständnis

Nach einer vereinzelt gebliebenen Ansicht[445] ist der Reparationsbegriff restriktiv zu verstehen. Von ihm umfasst sein soll lediglich die Erstattung der Kriegskosten. Kriegsverbrechen und Verbrechen gegen die Menschlichkeit – wie beispielsweise die Verschleppung der Zivilbevölkerung zur Zwangsarbeit[446] – die über das übliche Kriegsgeschehen hinausreichten, seien nicht vom Begriff Reparation erfasst. Die deliktischen Ansprüche der Betroffenen, die aus diesen Verbrechen resultierten, seien Ansprüche zur Wiedergutmachung typisch nationalsozialistischen Unrechts.[447] Diese seien nicht identisch mit Reparationen, die als Kriegskosten nach Beendigung eines

---

und in Konzentrationslager gebracht worden. Eine im Laufe des Krieges stetig wachsende Gruppe von ausländischen KZ-Häftlingen bestand aus Fremdarbeitern und Kriegsgefangenen, die sich im Rahmen ihres Arbeitseinsatzes in der Privatindustrie irgendeines Vergehens schuldig gemacht hatten und deshalb in Konzentrationslager gebracht worden waren.

[445] DÜX, in: Entschädigung für NS-Zwangsarbeit, Öffentliche Anhörung des Innenausschusses des Deutschen Bundestages, (Zur Sache 6/90), S. 133 f. Mit dieser Ansicht vertritt Düx die konsequente Fortführung des Begriffes „Kriegsentschädigung“, der nach dem Ersten Weltkrieg dem umfassenderen Begriff „Reparation“ weichen musste.

[446] Die Verschleppung der Zivilbevölkerung zur Zwangsarbeit stellte nach Art. 6 b) und c) des Statuts für den Internationalen Militärgerichtshof v. 8.08.1945 sowohl ein Kriegsverbrechen als auch ein Verbrechen gegen die Menschlichkeit dar; vgl. INTERNATIONAL MILITARY TRIBUNAL, Bd. I, S. 11 f.

[447] Die Grundlage dieser Wiedergutmachungsansprüche für NS-Unrecht sieht Düx in den Feststellungen des Internationalen Militärtribunals (IMT) von Nürnberg. Dort sei die millionenfache Sklavenarbeit als Straftatbestand festgestellt worden. An diese strafrechtliche Verantwortlichkeit knüpft er die zivilrechtlichen Ersatzansprüche, die unter dem Begriff „Wiedergutmachung“ zusammengefasst seien.

Krieges vom Siegerstaat gefordert werden könnten. Während Reparationen Folgen eines Kriegsgeschehens seien, resultierten Wiedergutmachungsansprüche für nationalsozialistisches Unrecht aus einem begangenen Verbrechen[448].

II. Extensives Reparationsverständnis

Dieses restriktive Verständnis von Reparationen übersieht jedoch die entscheidende Wendung in der Begrifflichkeit nach dem Ende des Ersten Weltkrieges. Damals verdrängte der Terminus „Reparation“ den Begriff „Kriegsentschädigung“. Damit verbunden war auch eine Ausweitung der inhaltlichen Bedeutung. Denn der Reparationsbegriff umfasst neben der Erstattung von Kriegskosten auch einen Schadensersatzanspuch für völkerrechtswidrige Handlungen. Der Besiegte muss für den gesamten Schaden einstehen, den er durch seine Kriegshandlung verursacht hat. Neben den Ersatz des Vermögensschadens des verletzten Staates trat damit auch der Ausgleich für die Verletzung von Rechtsgütern der Staatsangehörigen dieses Staates. Damit fallen auch Schäden von Staatsangehörigen fremder Staaten unter den Reparationsbegriff.

Obgleich die Definitionen des völkerrechtlichen Reparationsbegriffs sehr unterschiedlich sind, lässt sich die Richtigkeit des extensiven Reparationsverständnisses vor allem durch die Staatenpraxis[449] sowie zahlreiche multilaterale Verträge belegen.

1. Der Versailler Vertrag[450]

So bestimmte bereits der Versailler Vertrag (VV) unter dem Abschnitt „Reparations“ (Art. 231, 232), dass von der umfassenden Schadensersatzpflicht, die Deutschland zu leisten habe, auch Individualforderungen erfasst seien. Der Versailler Vertrag forderte von Deutschland Ersatz für alle Schäden, die Zivilpersonen durch Grausamkeiten, Gewalttätigkeiten oder Misshandlungen von Deutschland zugefügt worden waren. Entschädigungspflichtig waren insbesondere solche Schäden, die diesen Personen an Leben oder Gesundheit infolge von Gefangensetzung, Verschickung, Internierung, Aussetzung auf See oder Zwangsarbeit[451] entstanden waren. Außerdem nennt Art. 232 VV ausdrücklich die Schäden, die Kriegsgefangenen durch irgendeine Art von schlechter Behandlung zugefügt worden

---

[448] So DÜX, Entschädigung für NS-Zwangsarbeit, Öffentliche Anhörung des Innenausschusses des Deutschen Bundestages, (Zur Sache 6/90), S. 134.

[449] DOLZER, Entschädigung für NS-Zwangsarbeit, Öffentliche Anhörung des Innenausschusses des Deutschen Bundestages, (Zur Sache 6/90), S. 57 f.

[450] RGBl. 1919, 687.

[451] Vgl. Anl. I Ziff. 2 und 4 zu Art. 232; hierzu auch HINZ, Das Kriegsgefangenenrecht, S. 49 ff., S. 113.

waren. Daneben werden von Art. 232 VV explizit die Schäden angesprochen, die zivilen Personen infolge der ihnen von Deutschland oder seinen Verbündeten auferlegten Verpflichtung erwachsen sind, ohne angemessene Vergütung zu arbeiten.“

2. Das Potsdamer Abkommen[452]

Auch das Potsdamer Abkommen stützt den extensiven Reparationsbegriff. So fordert das Abkommen von Deutschland, in größtmöglichem Ausmaß für die Verluste und Leiden einzustehen, die Deutschland den Vereinten Nationen verursacht hat. Darunter können durchaus auch Forderungen von Staatsangehörigen der Kriegsgegner Deutschlands verstanden werden, die Verluste und Leiden durch nationalsozialistische Verfolgungsmaßnahmen erlitten hatten.[453]

3. Das Pariser Reparationsabkommen[454]

Auch das Verständnis des Reparationsbegriffs im Pariser Reparationsabkommen spricht dafür, dass auch alle privaten Ansprüche umfasst sind. Nach Art. 2 des ersten Teils sollen nämlich die jeweiligen Reparationsanteile der Signatarmächte als Abgeltung aller ihrer Forderungen und der Forderungen ihrer Staatsangehörigen, die aus dem Kriege herrühren, gegen die deutsche Regierung und gegen deutsche Regierungsstellen angesehen werden. Dabei sei es unerheblich, ob es sich um öffentlich-rechtliche oder privatrechtliche Ansprüche handele.

Außerdem sah das Pariser Reparationsabkommen einen Fonds zur Unterstützung von Flüchtlingen[455] vor. Auch diese Tatsache beweist, dass Individualansprüche als Reparationen qualifiziert wurden.

4. Das Londoner Schuldenabkommen[456]

Auch das Londoner Schuldenabkommen geht wie selbstverständlich davon aus, dass der Reparationsbegriff Individualansprüche umfasst. In Art. 5 II spricht es nämlich neben den Forderungen von Staaten, die aus dem Zweiten Weltkrieg herrühren auch von Forderungen von Staatsangehörigen dieser Staaten gegen das Deutsche Reich.

---

452 Abl. des Kontrollrats in Deutschland, Ergänzungsblatt Nr. 1, S. 13 ff.; abgedruckt in: v. MÜNCH, Dokumente des geteilten Deutschlands, Bd. I, S. 32 ff.

453 So ZIEGER, RIW 1980, S. 17.

454 BÖHMER/DUDEN/JANSSEN, Deutsches Vermögen im Ausland, Bd. I, S. 10 ff.

455 Als Flüchtlinge galten diejenigen Bürger, die während der Nazi-Diktatur in deutsche Konzentrationslager gebracht worden waren und sich mit ihren Forderungen nicht an eine Regierung wenden konnten, die an der Reparationsmasse partizipierte.

456 BGBl. 1953 II, 331.

Den Verhandlungsführern der Westmächte war bei der Ausarbeitung des Londoner Schuldenabkommens durchaus bewusst, dass Reparationen auch individuelle Forderungen der Staatsangehörigen der Signatarstaaten einschlössen. So wandte sich die niederländische Delegation genau aus diesem Grund gegen die Bestimmungen des Art. 5 II LSA. Die Vertreter der niederländischen Regierung hätten eine Vereinbarung mit Deutschland hinsichtlich der Lohnforderungen ehemaliger niederländischer KZ-Häftlinge vorgezogen. Mit der Zurückstellung der individuellen Ansprüche der eigenen Staatsangehörigen im Rahmen des Londoner Schuldenmoratoriums zeigten sie sich zunächst nicht einverstanden.[457] Diese niederländischen Bedenken zeigen, dass alle Beteiligten das Londoner Schuldenabkommen in dem Verständnis abschlossen, dass die Moratoriumsbestimmungen auch die Abwehr von Ansprüchen ehemaliger KZ-Häftlinge und ziviler Zwangsarbeiter verfolgten.[458]
Dabei sollten nicht lediglich die Ansprüche aufgeschoben werden, die aus der Verfolgung resultierten, sondern auch alle Lohnnachforderungen ehemaliger Zwangsarbeiter.

5. Anknüpfung an die strafrechtliche Verantwortlichkeit?

Denkbar erschiene auch die Ansicht, dass die strafrechtliche Verantwortlichkeit, die der Internationale Militärgerichtshof von Nürnberg (IMT) nach Ende des Zweiten Weltkrieges den Kriegsverbrechern attestierte, zwingend eine Reparationspflicht auslöse.
Einer solchen Schlussfolgerung muss jedoch vehement widersprochen werden. Zwar verurteilte das Statut des Internationalen Militärgerichtshof die Sklavenarbeit als Verbrechen gegen die Menschlichkeit[459] und schuf damit einen verbindlichen völkerrechtlichen Rechtssatz.[460] Denn das in den Nürnberger Prozessen angewandte Recht wurde in den wesentlichen Punkten am 12. Dezember 1950 von der Generalversammlung der Vereinten Nationen angenommen und ist damit geltendes Völkerrecht.[461] Jedoch bezieht sich Art. 6 c) des Statuts für den Internationalen Gerichtshof aus-

---

457 Vgl. informelle Besprechung über die Regierungsanfrage zu dem Entwurf des Abkommens über deutsche Auslandsschulden, 1. Sitzung v. 29.01.1953, Anl. 3 zu BT-Drs. 1/4478.

458 So auch HERBERT, Wiedergutmachung in der Bundesrepublik Deutschland, S. 280; ders., in: Entschädigung für NS-Zwangsarbeit, Öffentliche Anhörung des Innenausschusses des Deutschen Bundestages, (Zur Sache 6/90), S. 121 f.

459 Art. 6 c) des Statuts des Internationalen Militärgerichtshofs von Nürnberg, vgl. INTERNATIONAL MILITARY TRIBUNAL, Bd. I, S. 12.

460 Vgl. GUGGENHEIM, Lehrbuch des Völkerrechts, Bd. I, S. 101, S. 539.

461 Vgl. MAJER, Entschädigung für NS-Zwangsarbeit, Öffentliche Anhörung des Innenausschusses des Deutschen Bundestages, (Zur Sache 6/90), S. 160.

schließlich auf die individuelle Verantwortlichkeit. Die Staatshaftung hingegen bleibt davon nach Art. 7 des Statuts für den Internationalen Gerichtshof ausdrücklich unberührt.[462] Denn während die Haftung des Individuums dessen Bestrafung nach sich zieht, führt die Haftung des Staates zur Reparation.

Außerdem enthält das Urteil des Internationalen Militärgerichtshofs[463] nur strafrechtliche Bewertungen der abgeurteilten Verbrechen. Somit eignen sich weder das Statut als auch die Urteile des Nürnberger Internationalen Militärgerichtshofes als Grundlage reparationsrechtlicher Überlegungen.[464]

All diese Regelungen zeigen, dass es sich bei den Entschädigungsforderungen ehemaliger NS-Zwangsarbeiter um Reparationen handelt. Der Reparationsbegriff wird somit zu Recht extensiv verstanden.

Fraglich ist, ob Zwangsarbeit daneben auch innerstaatliche Wiedergutmachungsansprüche wegen typisch nationalen Unrechts auslöst.

Vereinzelt[465] wird die Ansicht vertreten, dass die strafrechtliche Verantwortlichkeit der Kriegsverbrecher des Zweiten Weltkrieges zwingend eine zivilrechtliche Haftung im Sinne einer Wiedergutmachung für typisch nationalsozialistisches Unrecht nach sich ziehe. Dieser Auffassung stehen im Wesentlichen dieselben Gründe wie hinsichtlich der reparationsrechtlichen Regelungen entgegen.

Denn während die Haftung des Individuums dessen Bestrafung nach sich zieht, führt die die Haftung des Staates zur Reparation. Außerdem qualifiziert das Urteil des Internationalen Militärgerichtshofs[466] die abgeurteilten Verbrechen keineswegs als spezifisches NS-Unrecht. Vielmehr kennt es diesen Begriff überhaupt nicht.[467] Zwar verletzte die Heranziehung der Zivilbevölkerung eines besetzten Gebietes zur Zwangsarbeit Art. 52 HLKO. Diesen Befund bestätigte auch das Statut des Internationalen Militärgerichtshofs in Nürnberg und dessen Rechtsprechung. Aus dieser Verletzung folgte jedoch keineswegs ein Individualanspruch der Geschädigten, viel mehr blieb es das Vorrecht des jeweiligen Heimat- oder Schutzstaates, diese Forderungen auf zwischenstaatlicher Ebene geltend zu machen.[468]

---

[462] Hierzu vgl. auch WOETZEL, The Nuremberg trials in International Law, S. 239 ff., S. 243.

[463] INTERNATIONAL MILITARY TRIBUNAL, Bd. I, S. 189 ff.

[464] So HAHN, in: Festschrift für Krause, S. 93 ff., S. 100. Umfassend dazu: JESCHEK, Nuremberg Trials, EPIL IV (1982), S. 50 ff.

[465] DÜX, in: Entschädigung für NS-Zwangsarbeit, Öffentliche Anhörung des Innenausschusses des Deutschen Bundestages, (Zur Sache 6/90), S. 133 f.

[466] INTERNATIONAL MILITARY TRIBUNAL, Bd. I, S. 189 ff.

[467] So richtigerweise MAJER, Entschädigung für NS-Zwangsarbeit, Öffentliche Anhörung des Innenausschusses des Deutschen Bundestages, (Zur Sache 6/90), S. 176.

[468] So zu Recht HAHN, NJW 2000, S. 3521 ff.

Somit ist festzustellen, dass die strafrechtliche Verantwortlichkeit nicht zwangsläufig auch eine zivilrechtliche Haftung im Sinne einer Wiedergutmachung für typisch nationalsozialistisches Unrecht auslöst.
Das Bundesentschädigungsgesetz als innerstaatliche Umsetzung der Wiedergutmachung wegen spezifisch nationalsozialistischen Unrechts klammert die Entschädigung wegen Zwangsarbeit mit Ausnahme der damit verbundenen Schäden wegen einer Freiheitsbeschränkung oder -entziehung ausdrücklich aus. Zwangsarbeit stellt nämlich in der Regel keinen Verfolgungstatbestand nach § 1 BEG dar. Vielmehr galt Zwangsarbeit als Verfolgung aus nationalen Gründen. Da die innerstaatliche Gesetzgebung, die für die Wiedergutmachung typisch nationalsozialistischen Unrechts verantwortlich ist, die Zwangsarbeit gerade nicht berücksichtigte, ist diese somit auch nicht vom Komplex „Wiedergutmachung typisch nationalsozialistischen Unrechts“ umfasst.
Abschließend ist festzustellen, dass Entschädigungsansprüche ehemaliger NS-Zwangsarbeiter vom weit reichenden Reparationsbegriff umfasst sind. Als Reparationen sind sie zwischenstaatliche Ansprüche. Die Geltendmachung von Forderungen der Geschädigten blieb nach der während des Zweiten Weltkriegs geltenden Rechtslage deren Heimatstaaten vorbehalten.[469] Die Verpflichtung zur Zwangsarbeit im Zweiten Weltkrieg löste nach dem damals geltenden verbindlichen Völkerrecht unter keinem Gesichtspunkt Individualansprüche auf Wiedergutmachung aus.[470]
Außerdem hat die Untersuchung gezeigt, dass die Zwangsarbeit in der Regel nicht die Voraussetzungen der innerstaatlichen Gesetze zur Wiedergutmachung typisch nationalsozialistischen Unrechts erfüllt. Individualansprüche nach deutschem Recht stehen den ehemaligen Zwangsarbeitern somit nicht zur Seite.

Nachdem die rechtliche Einordnung der Entschädigungsforderungen ehemaliger Zwangsarbeiter erfolgt ist, stellt sich nunmehr die Frage nach der rechtlichen und politischen Situation dieser großen und heterogenen Personengruppe nach dem Ende des Zweiten Weltkrieges.
Bei der rechtlichen Bewertung von Entschädigungsforderungen sind zwei Zeitabschnitte zu unterscheiden: Zum einen die direkte Nachkriegszeit bis hin zur Wiedervereinigung und zum anderen die Epoche nach der Wieder-

---

[469] HAHN, in: Festschrift für Krause, S. 93 ff; DERS., NJW 2000, S. 3118 ff., S. 3119. Hahn macht zu Recht darauf aufmerksam, dass jeder spätere vertragliche Ansatz des völkerrechtlichen Menschenrechtsschutzes sowie des humanitären Völkerrechts für die juristische Beurteilung des Geschehens im Zweiten Weltkrieg außer Belang bleiben musste.
[470] HAHN, NJW 2000, S. 3118 ff., S. 3119.

vereinigung bis zur heutigen Zeit. Der 2+4-Vertrag, der die Grundlage für die deutsche Wiedervereinigung bildete, ist dabei als Zäsur anzusehen.
Die folgende Darstellung soll einen repräsentativen Überblick über die Forderungen der ehemaligen Zwangsarbeiter geben, der wegen der Komplexität der Materie keine Vollständigkeit für sich beansprucht. Untersucht wird, gegen welche Unternehmen sich die Klagen richteten und inwieweit der deutsche Staat verklagt wurde.
Kurz sollen jeweils die gegenläufigen Positionen von Klägern und Beklagten skizziert und ein Einblick in die Argumentationslinie deutscher Gerichte gegeben werden. Dabei sollen auch die politischen und moralischen Faktoren nicht aus dem Auge gelassen werden.

C. Rechtliche und politische Situation ehemaliger Zwangsarbeiter vor der Wiedervereinigung

Ehemalige NS-Zwangsarbeiter wandten sich bereits in den fünfziger Jahren des vergangenen Jahrhunderts an deutsche Unternehmen und forderten von ihnen eine Entschädigung für die geleistete Zwangsarbeit.

I. Die Prozesse gegen IG-Farben[471]

Eine Vorreiterrolle spielte dabei die Klage des ehemaligen KZ-Häftlings Norbert Wollheim, der von 1943 bis zum Kriegsende als Zwangsarbeiter im Bunawerk der IG-Farbenindustrie AG Monowitz eingesetzt war.
In der Verhandlung vor dem Landgericht Frankfurt[472] forderte Wollheim von der IG Farben AG in Liquidation (i.L.) 10 000 DM Schadensersatz und Schmerzensgeld. Dabei machte Wollheim Ansprüche aus unerlaubter Handlung nach §§ 823 ff. und 847 BGB, hilfsweise aus ungerechtfertigter Bereicherung nach §§ 812 ff. BGB geltend.
Gestützt war die Forderung auf sein Vorbringen, dass seine Behandlung sowie die der anderen Juden schlecht, ja menschenunwürdig[473] und die Ernährung völlig unzureichend[474] gewesen sei. In seiner Klageschrift verwies er dazu auf „Misshandlungen durch Leute der Beklagten“, „Mängel der

[471] Grundlegend zur Geschichte und der rechtlichen Behandlung von Zwangsarbeitern bei IG Farben, Ferencz, Lohn des Grauens, S. 59 ff.; Benz, Schriftenreihe der Vierteljahreshefte für Zeitgeschichte, Sondernummer 1989, S. 303 ff.
[472] Der Prozess fand vor dem Landgericht Frankfurt statt, weil das Hauptwerk der IG Farben in dessen Gerichtsbezirk lag.
[473] Vgl. Urteil des LG Frankfurt v. 10. 6.1953, Az.: 2/3 O 406 / 51, S. 3.
[474] Vgl. Urteil des LG Frankfurt, S. 4.

Unterbringung, der Bekleidung, der Arzneimittelversorgung, das Fehlen von Arbeitsschutzmitteln (sowie) die Versagung einer ersten Hilfe"[475].
Die IG Farben i. L. verteidigte sich im Prozess damit, dass sie vom Deutschen Reich zur Beschäftigung von Zwangsarbeitern gezwungen worden sei. Die Verantwortung habe bei der SS, der NSDAP, mithin beim Deutschen Reich[476] gelegen und sei auf die Bundesrepublik Deutschland als dessen Rechtsnachfolgerin übergegangen. Auch eine moralische Verpflichtung zur Entschädigung der Zwangsarbeiter wies die IG Farben vehement zurück:[477]
Die Argumente der IG Farben i.L. überzeugten das Landgericht Frankfurt jedoch nicht. Vielmehr sahen es die Richter als erwiesen an, dass es gegenüber Wollheim zu einer schuldhaften[478] Körper- bzw. Gesundheitsverletzung gekommen sei. Deshalb sprach das Frankfurter Landgericht dem ehemaligen KZ-Häftling Wollheim die geforderte Entschädigungssumme[479] zu.

---

[475] Vgl. Urteil des LG Frankfurt, S. 5.

[476] So lautete das Verteidigungsvorbringen der IG Farben: „Soweit seine (des Klägers) Vorwürfe im übrigen berechtigt sind, treffen sie nicht sie (die IG Farben), sondern allein die SS, die Partei, den Staat oder auch die Subunternehmer", vgl. Urteil des LG Frankfurt, S. 6.

[477] Die IG Farben benannte Zeugen, die bestätigten, dass es den Häftlingen in den Buna-Werken wesentlich besser ergangen sei als im KZ. Die Zwangsarbeiter hätten eine zusätzliche Suppe pro Tag erhalten. Außerdem wären sie wahrscheinlich ermordet worden, hätte die IG Farben sie nicht beschäftigt.
So heißt es in der Replik der IG Farben i. L. auf die Klageschrift:
„Wären der Kläger und die jüdischen Häftlinge in Monowitz nicht von ihr (der Beklagten) beschäftigt worden, wären sie dem Vernichtungsprogramm der Partei viel eher zum Opfer gefallen. Insofern hat der Kläger es der Beklagten zu verdanken, dass er noch lebe.", Urteil des LG Frankfurt, S. 6 f.

[478] Besonders die Frage der Schuld bedurfte einer eingehenden Erörterung. Dazu äußerten sich die Richter folgendermaßen: „Die fundamentalen Prinzipien von Gleichheit, Gerechtigkeit und Menschlichkeit müssen allen zivilisierten Menschen bekannt gewesen sein, und die IG Farben kann sich ihrer Verantwortung ebenso wenig entziehen wie ein Individuum.... Sie *müssen* von den „Selektionen" gewusst haben, denn es war ihre menschliche Pflicht, die Arbeits- und Lebensbedingungen ihrer Beschäftigten zu kennen. Ihre angebliche völlige Unkenntnis bestätigt lediglich ihr mangelndes Interesse am Leben der jüdischen Gefangenen, für die sie zu sorgen verpflichtet waren, zumindest während der Zeit, in der sie in ihrer Obhut waren. Sie waren verpflichtet, zu tun, was sie konnten, um Leben und Gesundheit des Klägers zu schützen, und auch die SS konnte sie von dieser Pflicht nicht befreien – der nachzukommen sie unterlassen haben. Für diese Unterlassung, die zumindest fahrlässig war, ist das Unternehmen verantwortlich."

[479] Die Richter des Frankfurter Landgerichts sahen die §§ 823, 847 BGB als verwirklicht an. Einen vertraglichen Lohnersatzanspruch lehnte das Gericht schon deshalb ab, weil ein möglicherweise bestehender faktischer Arbeitsvertrag zwischen der IG

Dieses Urteil des Landgerichts Frankfurt war für die deutsche Wirtschaft insofern gefährlich, als es eine unüberschaubare Flut von Schadensersatzklagen sowohl gegen die IG Farben i. L. als auch gegen andere große deutsche Konzerne befürchten ließ. Eine konsequente Fortentwicklung dieser Rechtsprechung hätte das Wiedererstarken der deutschen Wirtschaft zumindest für einen bestimmten Zeitraum stark hemmen können. Die IG Farben i. L. legte Rechtsmittel ein, das Urteil des Frankfurter Landgerichts wurde somit nie rechtskräftig. Schließlich kam es mit dem IG Farben-Abkommen zu einer außergerichtlichen Einigung.

Auch Leon Straucher forderte mit seiner Klage für sich und 2 295[480] ehemalige polnische Zwangsarbeiter jeweils 10 000 DM, insgesamt also eine Summe von 22 950 DM, für vorenthaltenen Lohn.
Das Bestehen dieser Ansprüche begründete er damit, dass Forderungen nach vorenthaltenem Lohn im Geltungsbereich des Bürgerlichen Gesetzbuches nicht willkürlich zurückgewiesen werden könnten, wie dies durch die Entschädigungsgesetze denen gegenüber geschehen sei, die aus „rassischen oder politischen“ Gründen verfolgt worden seien.[481] Der Prozess, der vor dem Frankfurter Landgericht am 31. Juli 1958 begann, endete mit der Entscheidung, dass alle Anträge zu spät eingereicht worden seien[482]. Gegen diese Entscheidung legten die Kläger Berufung ein. In der Berufungsverhandlung verteidigten die Beklagtenanwälte die IG Farben damit, dass nicht diese, sondern allenfalls das Deutsche Reich und damit die Bundesrepublik Deutschland als dessen Rechtsnachfolger zur Verantwortung gezogen werden könnte. Denn die Reichsregierung habe der Firmenleitung der IG Farben trotz ihres harten Widerstands befohlen, in Auschwitz eine Fabrik zu bauen.
Daneben beriefen sich die Anwälte der IG Farben auf das Londoner Schuldenmoratorium, das Ansprüche gegen die Bundesrepublik Deutschland bis zu einem Friedensvertrag oder einem den Friedensvertrag ersetzenden Vertrag mit Deutschland zurückstellte. Daneben argumentierten sie, dass alle

---

Farben und den Zwangsarbeitern wegen § 138 BGB von vornherein nichtig war. Eventuell bestehende Ansprüche aus §§ 812 ff. und 826 BGB blieben ungeprüft, da der Anspruch aus §§ 823, 847 BGB in vollem Umfange die Forderung des Klägers erfüllte.

480 Die Zahl der Kläger verringerte sich bis zum Prozessbeginn um mehrere Hunderte, da ihr Rechtsanwalt es versäumt hatte, entsprechende Anwaltsvollmachten vorzulegen.

481 Vgl. FERENCZ, Lohn des Grauens, S. 84.

482 Entscheidung des Landgerichts Frankfurt v. 9.7.1959, Az.: 2/30190/58.

polnischen Forderungen durch das Potsdamer Reparationsabkommen erfüllt worden seien.[483]
Das Oberlandesgericht in Frankfurt[484] wies als Berufungsgericht die Klagen als derzeit unbegründet ab. Das Berufungsgericht qualifizierte die IG Farben als ein Instrument des Deutschen Reiches mit der Folge, dass sich eventuelle Ansprüche nur gegen die Bundesrepublik Deutschland als dessen Rechtsnachfolger hätten richten können. Forderungen gegen die Bundesrepublik Deutschland stellte das Londoner Schuldenabkommen jedoch vorerst zurück. Gegen dieses oberlandesgerichtliche Urteil legten die Kläger Revision zum BGH ein. Auch der BGH[485] folgte in seiner Entscheidung der vorgebrachten Rechtsansicht der IG Farben, wonach die NS-Zwangsarbeiterentschädigung als Teil der Reparationsfrage im Sinne des Londoner Schuldenabkommens zu behandeln sei. Auch die Richter des BGH gingen in der Urteilsbegründung davon aus, dass die IG Farben „eine im Auftrag des Reichs handelnde Stelle" gewesen sei und trotz der Verfolgung eigenwirtschaftlicher Ziele durch das Unternehmen ausschließlich „das Reich verkörpert durch die SS" für die Zwangsarbeiter verantwortlich gewesen sei.[486]
Dieser Klagefeldzug ehemaliger Zwangsarbeiter, der in den fünfziger Jahren begonnen hatte, setzte sich in der Folgezeit gegenüber anderen namhaften deutschen Unternehmen fort.

II. Die Prozesse gegen AEG und Telefunken

Als die Öffentlichkeit erfuhr, dass die beiden großen deutschen Elektrounternehmen, AEG und Telefunken, während der Nazi-Diktatur in unterschiedlichen Produktionszweigen KZ-Häftlinge als Zwangsarbeiter beschäftigt hatten, schlug der Zentralrat der Juden in Deutschland Ende der fünfziger Jahre der Firma AEG ein Entschädigungsabkommen vor. AEG lehnte den Vorschlag des jüdischen Zentralrats ab, wonach AEG 10 000 Dollar zur Entschädigung ehemaliger Zwangsarbeiter bereitstellen sollte. Die daraufhin eingereichte Klage ehemaliger Zwangsarbeiter gegen AEG vor dem Arbeitsgericht Frankfurt blieb erfolglos. Die Klage wurde wegen Unzuständigkeit des angerufenen Gerichts abgewiesen.

---

483 Zur Verteidigungslinie vgl. FERENCZ, Lohn des Grauens, S. 6.
484 Entscheidung des Oberlandesgerichts Frankfurt v. 4.01.1961.
485 Urteil v. 26.02.1963, Az..: VI ZR 94/61, MDR 1963, S. 492.
486 Deshalb setzte sich der BGH nur oberflächlich mit der Frage auseinander, in welchem rechtlichen Verhältnis die IG Farben zu den Zwangsarbeitern gestanden hatte. Die Rechtsbeziehung zwischen dem Kläger und den IG Farben stellte der BGH als „rechtlich nicht geordnet" dar, sprach allerdings privatrechtlichen Entschädigungsforderungen nicht von vornherein die Berechtigung ab, vgl. WINKLER, Stiften gehen, S. 207.

Mit der Klage Ellfers u.a. gegen Telefunken strengten ehemalige Zwangsarbeiter einen Musterprozess zur Entschädigung ehemaliger Zwangsarbeiter gegen den namhaften deutschen Elektrokonzern Telefunken an, der im Jahr 1941 von der AEG geschluckt worden war. Das Landgericht Berlin wies die Klagen wegen Verfahrensfehlern ab[487]. Auch die Berufung vor dem Kammergericht Berlin war erfolglos[488].
Die Richter wiesen die Klage als derzeit unbegründet ab und bedienten sich derselben Argumentationskette wie zuvor das höchste bundesdeutsche Zivilgericht im Prozess gegen die IG Farben.
Telefunken sei eine Behörde des Deutschen Reiches gewesen, die Ansprüche aus Zwangsarbeit seien Reparationsforderungen und deshalb wegen des Londoner Schuldenmoratoriums bis zum Abschluss eines Friedensvertrags oder friedensvertraglicher Regelungen mit Deutschland zurückzustellen. Das Berliner Kammergericht schloss sich damit der Argumentation der deutschen Industrie an. Danach seien die KZ-Häftlinge zur Arbeit in der Rüstungsproduktion abberufen und von der SS in deutschen Betrieben eingesetzt worden. Die Unternehmen ihrerseits hätten keinerlei Entscheidungsbefugnis oder Mitspracherechte gehabt.

III. Der Prozess gegen Rheinmetall Berlin AG

Zwei jüdische Zwangsarbeiterinnen, die vom Konzentrationslager Buchenwald an die Firma Rheinmetall verliehen worden waren und dort Munition für die deutsche Rüstungsindustrie hatten herstellen müssen, verklagten die Berliner Firma Rheinmetall AG. Während ihre Forderungen vom Berliner Kammergericht wegen Verjährung abgewiesen wurden, verwarf der BGH[489] als Revisionsinstanz die Klagen unter Hinweis auf das Londoner Schuldenabkommen als derzeit unbegründet.

IV. Außergerichtliche Einigungen

1. Das IG Farben-Abkommen als außergerichtliche Einigung

Wegen der unsicheren Erfolgsaussichten der Klage des Zwangsarbeiters Wollheim in der nächsten Instanz bemühte sich die Claims Conference als Vertreterin der jüdischen Zwangsarbeiter ab dem Jahr 1954 um eine außergerichtliche Einigung mit der IG Farben[490]. Ein solcher Vergleich scheiter-

[487] Urteil des Berliner Landgerichts v. 25.3.1958, Az.: 6 O 329/57. Es fehlte eine Auflistung der Schäden, die jeder einzelne Kläger behauptete.
[488] Entscheidung des Berliner Kammergerichts im Fall Ellfers gegen Telefunken v. 23.02.1959, Az.: 4 U 1057/58.
[489] Urteil des BGH v. 17.03.1964, BGH WM 1964, S. 595 f.
[490] Ausführliche Darstellung bei FERENCZ, Lohn des Grauens, S. 69 f.

te zunächst an den zwischen den Parteien differierenden Vorstellungen über die Höhe der Entschädigungsleistungen. Die Claims Conference forderte für die geschätzten 6 000 Überlebenden 66 Millionen DM Entschädigung, die IG Farben bot hingegen nur 20 Millionen DM an. Nach zähen Verhandlungen zeichnete sich erst im Januar 1957 eine Lösung ab. Im so genannten IG Farben-Abkommen[491] vom 6. Februar 1957 einigten sich die Parteien auf einen Betrag von 30 Millionen DM zur Entschädigung ehemaliger Zwangsarbeiter.[492] Dieser Vergleich[493] gewährte jedoch lediglich einem eng begrenzten Personenkreis Wiedergutmachung. Entschädigungsleistungen erhielten nur KZ-Häftlinge, die für die IG Farben Sklavenarbeit[494] hatten verrichten müssen. Zwangsarbeiter aus den Arbeitslagern des IG Farben-Konzerns waren ausgenommen. Auf Druck der Claims Conference hatten sich die Parteien darauf verständigt, dass die Leistungen unabhängig vom Wohn- und Aufenthaltsort der Opfer gewährt werden sollten. Diese Regelung widersprach dem bisherigen westdeutschen Entschädigungskonzept, wonach grundsätzlich Zahlungen an Angehörige solcher Staaten ausgeschlossen waren, mit denen Deutschland keine diplomatischen Beziehungen pflegte.
Im Gegenzug mussten die ehemaligen Zwangsarbeiter ihre Ansprüche gegen die IG Farben bis spätestens zum 31. Dezember 1957 geltend machen, da sie nach diesem Stichtag verfielen. Um diese Bedingung rechtlich zu verankern, verabschiedete der deutsche Bundestag ein spezielles und von den Alliierten gebilligtes Gesetz[495].
Inklusive der nichtjüdischen Überlebenden erhielten 6 500 ehemalige Zwangsarbeiter eine Entschädigung nach diesem Abkommen.

2. Das AEG-Abkommen

Als die Öffentlichkeit erfuhr, dass die beiden großen deutschen Elektrounternehmen, AEG und Telefunken, während der Nazi-Diktatur in unterschiedlichen Produktionszweigen KZ-Häftlinge als Zwangsarbeiter be-

[491] Höchst umstritten blieb dabei die Frage, ob es überhaupt eine rechtliche und/oder moralische Grundlage für ein solches Abkommen gab. Ausführlich zu dieser strittigen Problematik, FERENCZ, Lohn des Grauens, S. 78.

[492] Von diesen finanziellen Leistungen waren drei Millionen DM für nichtjüdische Zwangsarbeiter vorgesehen.

[493] Die IG Farben betonte dabei immer die moralischen Implikationen und den günstigen Eindruck, den das Abkommen im Ausland erzeugt habe, FERENCZ, Lohn des Grauens, S. 77 f.

[494] Zwangsarbeiter, die bis zu sechs Monate Sklavenarbeit in den Buna-Werken hatten leisten müssen, erhielten 2 500 DM. Sklavenarbeiter, die mehr als sechs Monate beschäftigt worden waren, erhielten 5 000 DM.

[495] BGBl. 1957 I, 569.

schäftigt hatten, schlug der Zentralrat der Juden in Deutschland Ende der fünfziger Jahre der Firma AEG ein Entschädigungsabkommen vor. AEG lehnte den Vorschlag ab, der vorsah, dass AEG 10 000 Dollar zur Entschädigung ehemaliger Zwangsarbeiter bereitstellen sollte. Obgleich die daraufhin eingereichte Klage ehemaliger Zwangsarbeiter gegen AEG vor dem Arbeitsgericht Frankfurt erfolglos blieb, gelang es den Klägern nach Einschaltung der Claims Conference und vor dem Hintergrund des IG Farben-Abkommens, mit der Firma AEG eine außergerichtliche Lösung der Entschädigungsfrage herbeizuführen. Die Firma AEG stimmte im Jahre 1960 einer außergerichtlichen Lösung der Zwangsarbeiterproblematik zu und zahlte – ohne Anerkennung einer Rechtspflicht und ohne Präjudizwirkung für andere deutsche Firmen – vier Millionen DM. Diese Mittel wurden zur Linderung der Schäden verwendet, die jüdische Sklavenarbeiter während ihres Arbeitseinsatzes bei AEG und Telefunken erlitten hatten. Aus dem AEG-Fonds konnte den 2 223 Opfern jeweils eine einmalige Entschädigung zwischen 375 und 500 Dollar gezahlt werden.
Im Gegenzug garantierte die Claims Conference Rechtssicherheit. Sie sicherte zu, dass das Unternehmen und seine Vertreter allen weiteren Verpflichtungen gegenüber jüdischen Opfern und deren Erben enthoben sei. Alle noch anhängigen Verfahren gegen AEG und Telefunken wurden eingestellt. Außerdem verpflichtete sich die Claims Conference auf Wunsch von AEG zur völligen Geheimhaltung dieses Abkommens. Millionen DM zur Entschädigung ehemaliger Zwangsarbeiter.[496]

In den sechziger Jahren wurde die Rüstungsindustrie, die vor allem in der Endphase des Krieges viele Zwangsarbeiter beschäftigt hatte, Zielscheibe der Entschädigungsforderungen ehemaliger Zwangsarbeiter.

3. Das Abkommen mit Rheinmetall

Auch in diesen Rechtsstreit hatte sich die Claims Conference eingeschaltet, um im Vorfeld des letztinstanzlichen Urteils eine außergerichtliche Einigung herbeizuführen. Die Bemühungen um einen Vergleich scheiterten an der mangelnden Zahlungsbereitschaft der Firma Rheinmetall, die durch das Urteil des BGH bestärkt wurde.
Erst unter dem Eindruck einer öffentlichen Kampagne[497] gegen Rheinmetall in den USA stellte die deutsche Rüstungsfirma der Claims Conference einen Betrag in Höhe von 2,5 Millionen DM zur Entschädigung ehemaliger

[496] Von diesen finanziellen Leistungen waren drei Millionen DM für nichtjüdische Zwangsarbeiter vorgesehen.
[497] Vgl. dazu BARWIG u.a., Entschädigung für NS-Zwangsarbeit, S. 44.

NS-Zwangsarbeiter zur Verfügung. Davon erhielten insgesamt 1 507 Überlebende jeweils 1 700 DM.

4. Das Krupp-Abkommen

Nach zähen und langwierigen Verhandlungen einigte sich der Krupp-Konzern mit der Claims Conference als Interessensvertreterin der jüdischen Zwangsarbeiter auf ein Abkommen zur Entschädigung ehemaliger Sklavenarbeiter. Vorausgegangen war eine Klage eines polnischen KZ-Häftlings vor dem Landgericht Essen[498], der in der Krupp-Munitionsfabrik bei Markstädt zur Sklavenarbeit gezwungen worden war.[499] Nachdem sich die Claims Conference eingeschaltet und um eine außergerichtliche Lösung bemüht hatte, nahm er seine Klage schließlich zurück.[500]

Im Abkommen betonte der Krupp-Konzern, dass er ohne Anerkennung einer Rechtspflicht und ohne Präjudiz Geld zur Verfügung stelle, um die Leiden zu lindern, die jüdischen KZ-Insassen als Folge der nationalsozialistischen Politik zugefügt worden waren, während sie in Krupp-Betrieben und ihren Unterabteilungen beschäftigt waren.

Der Krupp-Konzern stellte insgesamt zehn Millionen DM zugunsten der jüdischen Opfer bereit, die gegenüber der Claims Conference ihre Zwangsarbeit bei Krupp glaubhaft nachweisen konnten.

Als Gegenleistung garantierte die Claims Conference Rechtssicherheit. Der Krupp-Konzern sowie seine Zweigbetriebe und Personen, die im Auftrag von Krupp handelten, sollten zu keinen weiteren Entschädigungsleistungen mehr aufgefordert werden, soweit sie aus Zwangsarbeitsansprüchen jüdischer KZ-Insassen oder ihrer Erben resultierten.[501] Aus dem Krupp-Fonds erhielt jeder Antragsteller[502] 3 300 DM.

5. Das Abkommen mit Siemens

Auch die Firma Siemens als weltweit zweitgrößter Elektrokonzern hatte Häftlinge aus den Konzentrationslagern Oranienburg, Buchenwald, Auschwitz, Flossenbürg und Sachsenhausen in ihren Betriebsstätten be-

---

[498] Az.: 6 O 24/54.

[499] Seine ursprünglich auf 40 000 DM bezifferte Klage reduzierte er zunächst aus Kostengründen auf 2 000 DM.

[500] Ausführlich zur Klage gegen den Krupp-Konzern, FERENCZ, Lohn des Grauens, S. 107 ff.

[501] FERENCZ, Lohn des Grauens, S. 118 f.

[502] Dabei gingen mehr als vier Millionen DM an Überlebende aus Israel, drei Millionen DM an Überlebende mit Wohnsitz in den USA und fast eine halbe Million an Antragsteller aus Westdeutschland und Kanada, vgl. FERENCZ, Lohn des Grauens, S. 135.

schäftigt.[503] Auf Druck[504] der jüdischen Claims Conference[505] erklärte sich Siemens schließlich ebenfalls bereit, Entschädigungsleistungen in einem Umfang von sieben Millionen DM zu zahlen. Wie Krupp unterstrich auch der Siemens-Konzern, dass seine Zahlungen ohne Anerkennung einer rechtlichen[506] oder moralischen[507] Verpflichtung erfolgten. Im Abkommen vom 24. Mai 1962 erklärte Siemens, die Zahlung erfolgte zur Linderung des Leides, das jüdische KZ-Insassen als Resultat der nationalsozialistischen Verhaftung erdulden mussten, während sie bei Siemens oder seinen Tochterunternehmen arbeiteten.
Im Gegenzug sicherte die Claims Conference zu, alle zukünftigen Forderungen jüdischer Zwangsarbeiter oder ihrer Erben gegen einen der Siemens-Betriebe abzuwenden. Schließlich erhielt jeder der anerkannten jüdischen Antragsteller eine Entschädigungszahlung in Höhe von 3 300 DM.

6. Das Flick-Abkommen

Auch mit dem Flick-Konzern – der Dynamit Nobel AG – verhandelte die Claims Conference über ein außergerichtliches Entschädigungsabkommen. Anfang der sechziger Jahre des vergangenen Jahrhunderts entwarf sie einen Vertrag, demzufolge sich die Dynamit Nobel AG verpflichteten sollte, 5 000 DM an jeden der bei ihr während der Nazi-Diktatur beschäftigten ehemaligen Zwangsarbeiter zu zahlen. Insgesamt sollte der Flick-Konzern zwischen fünf und acht Millionen DM für die Entschädigung ehemaliger Zwangsarbeiter bereitstellen.[508] Nachdem die Vertragsunterzeichnung gescheitert und Flick im Jahre 1985 seine Aktien an die deutsche Bank verkauft hatte, erklärte sich dieser unter dem enormen Druck der deutschen

---

503 FERENCZ, Lohn des Grauens, S. 153 f. Den Einsatz von Häftlingen aus den Konzentrationslagern Buchenwald und Oranienburg in den Werkstätten von Siemens hatte Hermann von Siemens bereits im Jahre 1946 eingeräumt.

504 Die Claims Conference hatte Beweise dafür gesammelt, dass 3 900 KZ-Häftlinge in den beiden Hauptwerken von Siemens beschäftigt waren und setzte das Elektrounternehmen damit massiv unter Druck.

505 Klagen gegen Siemens waren hingegen nicht erhoben worden.

506 Die Firma Siemens stand nämlich auf dem Standpunkt, dass sie gezwungen worden sei, KZ-Insassen zu beschäftigen. Damit hätten Ansprüche nicht gegen sie, sondern allenfalls gegen die Bundesrepublik Deutschland als Nachfolgerin des Deutschen Reiches geltend gemacht werden können. Siemens betonte, dass das Unternehmen die Beschäftigung von KZ-Insassen nicht hatte verhindern können. Trotzdem hätte es alles in seiner Macht Stehende getan, um das Leid der Sklavenarbeiter zu lindern.

507 Siemens unterstrich, dass die Zahlung zwar auf „moralischen Überlegungen", nicht aber auf „moralischen Verpflichtungen" beruhe.

508 Zu den Verhandlungen, vgl. FERENCZ, Lohn des Grauens, S. 201.

Öffentlichkeit am 8. Januar 1986 bereit, fünf Millionen DM an die Claims Conference zur Entschädigung ehemaliger Zwangsarbeiter zu zahlen.[509]

7. Zusammenfassung

Zusammenfassend ist festzustellen, dass die Durchsetzung von Forderungen ehemaliger Zwangsarbeiter auf rein rechtlichem Wege vor der Wiedervereinigung zur Erfolglosigkeit verdammt war. Trotz dieser für die deutsche Wirtschaft positiven rechtlichen Situation erbrachten namhafte deutsche Firmen, die während der Nazi-Herrschaft Zwangsarbeiter beschäftigt hatten, Entschädigungsleistungen. Sechs bedeutende deutsche Unternehmen beteiligten sich zwischen 1958 und 1966 mit einem Gesamtbetrag von 51,5 Millionen DM an der Entschädigung ehemals jüdischer Häftlinge.[510] Die Zahlungen erfolgten ohne eine von deutschen Gerichten festgestellte Rechtspflicht.

Den größten Teil dieser Leistungen erhielt die Claims Conference als Interessenvertreterin aller nicht in Israel lebenden Juden.

Politischer sowie moralischer Druck auf die deutsche Industrie, vor allem durch die Claims Conference, spielte bei den Verhandlungen vor Abschluss dieser Entschädigungsabkommen eine entscheidende Rolle. Betrachtet man diese Übereinkünfte zur Entschädigung von NS-Zwangsarbeit, so stößt man jeweils auf ein Gemisch von zähen Verhandlungen und spektakulären Aktionen zur Beeinflussung der Öffentlichkeit.[511]

V. Rechtliche Bewertung der Zwangsarbeiter-Rechtsprechung

Um die rechtliche Situation der Zwangsarbeiter nach dem Zweiten Weltkrieg zu verstehen, müssen die Forderungen im Lichte bestimmter Nachkriegsregelungen zwischen der Bundesrepublik Deutschland und den westlichen Alliierten betrachtet werden. Vor dem Hintergrund wesentlicher reparations-

---

[509] Vgl. BARWIG u.a., Entschädigung für NS-Zwangsarbeit, S. 46.

[510] Lediglich die IG Farben sah drei Millionen DM für nichtjüdische Zwangsarbeiter vor, FERENCZ, Lohn des Grauens, S. 76, S. 80; vgl. auch Zeitschrift für Unternehmensgeschichte: Beiheft, 1994.

[511] Bereits ab dem Ende der fünfziger Jahre des vergangenen Jahrhunderts gab es immer wieder Vorstöße jüdischer Vereinigungen, mit dem Bundesverband der Deutschen Industrie (BDI) ein umfassendes Abkommen zu vereinbaren. Dabei sollten die Unternehmen, die Zwangsarbeiter beschäftigt hatten, dem BDI Geldmittel zur Verfügung stellen. Diese Entschädigungen sollten dann unter den Zwangsarbeitern aufgeteilt werden. Die Unternehmen lehnten ein solches Pauschalabkommen mit der Begründung ab, dass die Umstände in jedem Fall so verschieden gewesen seien, dass sich eine pauschale Behandlung verbiete; vgl. FERENCZ, Lohn des Grauens, S. 225.

rechtlicher Bestimmungen wird die rechtliche Situation ausländischer Zwangsarbeiter einerseits und die Lage deutscher Zwangsarbeiter andererseits beleuchtet.

1. Ansprüche ausländischer Zwangsarbeiter

Dreh- und Angelpunkt für die rechtliche Bewertung der Forderungen ausländischer Zwangsarbeiter durch deutsche Gerichte war das Londoner Schuldenmoratorium. Nach Art. 5 II LSA sollte die Prüfung „der aus dem zweiten Weltkrieg herrührenden Forderungen" der ehemaligen Kriegsgegner und von Deutschland besetzter Staaten sowie ihrer Staatsangehörigen „bis zur endgültigen Regelung der Reparationsfrage zurückgestellt werden". Daneben wurden die Forderungen neutraler und am Krieg unbeteiligter Staaten und ihrer Staatsangehörigen, die „während des zweiten Weltkriegs entstanden", prinzipiell zurückgestellt, bis sie im Zusammenhang mit der Regelung der Forderungen der ehemaligen Kriegsgegner geprüft werden können (Art. 5 III LSA).

Durch das Londoner Schuldenmoratorium wurde die Reparationsfrage bis zu einer endgültigen Regelung mit Deutschland aufgeschoben, die in einem Friedensvertrag oder einer friedensvertraglichen Regelung zu sehen ist.

Ausländische Zwangsarbeiter waren also mit folgender Situation konfrontiert: Im Laufe der Nachkriegszeit bildete sich eine Rechtsprechung heraus, wonach Entschädigungsforderungen für vorenthaltenen Lohn und/oder die gesundheitlichen Folgen der Zwangsarbeit nicht gegen deutsche Unternehmen gerichtet werden dürften. Vielmehr käme ausschließlich die Bundesrepublik Deutschland als Beklagte in Betracht. Denn die Beschäftigung von Zwangsarbeitern – so die Argumentation der Gerichte – erfolgte auf Anordnung staatlicher Stellen. Die Unternehmen hätten als Instrument des Deutschen Reiches gehandelt, dessen Rechtsnachfolge die Bundesrepublik Deutschland angetreten hätte. Forderungen gegen den deutschen Staat wiederum fielen unter das Londoner Schuldenmoratorium mit der Folge, dass diese bis zur Unterzeichnung von Friedensverträgen oder friedensvertraglichen Regelungen zwischen Deutschland und den betroffenen Staaten zurückzustellen wären. Die höchstrichterliche Rechtsprechung[512] verallgemeinerte das Londoner Schuldenmoratorium und wendete es nicht nur gegenüber Staatsangehörigen solcher Staaten an, die das Vertragswerk unterzeichnet hatten, sondern auch gegenüber Personen, deren Heimatstaat kein Vertragspartner des Londoner Schuldenmoratoriums gewesen ist.[513]

---

[512] Zuletzt BGH, NJW 1973, S. 1549 ff.

[513] Da das Londoner Schuldenmoratorium lediglich die Konkursmasse West betraf, schieden diejenigen Staaten als Vertragspartner des Londoner Schuldenabkommens aus, die sich aus der Konkursmasse Ost zu befriedigen hatten.

Mit dem Verweis auf das Londoner Schuldenmoratorium wiesen deutsche Gerichte alle individuellen Klagen ausländischer Zwangsarbeiter sowohl gegen die Bundesrepublik als auch gegen die ehemaligen Arbeitgeber ab.[514] Grundlage dieser Rechtsprechung war die richterliche Bewertung der Entschädigungsansprüche von NS-Zwangsarbeitern als Reparationen, die als zwischenstaatliche Ansprüche ohnehin nur im Verhältnis der Staaten untereinander und nicht von Individuen gegenüber ausländischen Unternehmen geltend gemacht werden können.
Ausländische NS-Zwangsarbeiter scheiterten unabhängig von ihrer Staatsangehörigkeit am Londoner Schuldenmoratorium.[515] Ihre Entschädigungsklagen wurden mit Hinweis auf das Londoner Schuldenmoratorium als derzeit unbegründet abgewiesen.
Diese gefestigte Rechtsprechung führte dazu, dass ehemalige Zwangsarbeiter ab den siebziger Jahren des vergangenen Jahrhunderts vollkommen davon absahen, den aussichtslosen Klageweg vor deutsche Gerichte zu beschreiten. Auch die Entschließung des Europäischen Parlaments[516] aus dem Jahre 1986, die für eine Entschädigung ehemaliger Zwangsarbeiter in der deutschen Wirtschaft plädierte, änderte nichts an dieser Rechtspraxis.

2. Ansprüche deutscher Zwangsarbeiter

Das rechtliche Schicksal von Entschädigungsklagen deutscher Zwangsarbeiter war hingegen nicht so eindeutig. Denn deutsche Gerichte konnten sich gegenüber Zwangsarbeitern mit deutscher Staatsangehörigkeit nicht auf das Londoner Schuldenmoratorium berufen, da dieses ausschließlich für Ansprüche fremder Staaten galt. Deshalb wird im Folgenden die rechtliche Behandlung deutscher Zwangsarbeiter aufgezeigt, die sich zahlenmäßig gegenüber den ausländischen Sklavenarbeitern in der Minderheit befanden.
Exemplarisch für die rechtliche Beurteilung von Klagen deutscher Zwangsarbeiter steht die Prozessgeschichte des Rechtsanwalts Edmund Bartl gegen die Firma Heinkel.[517] Bartl war während des Krieges als Häft-

[514] Vgl. BGH, RzW 1961, S. 184 f.; RzW 1963, S. 525 ff.; s.auch BERGMANN, RzW 1979, S. 41 ff.; PAWLITA, „Wiedergutmachung" als Rechtsfrage?, S. 33 ff., S. 386 ff.; SCHIRILLA, Wiedergutmachung für Nationalgeschädigte, S. 77 ff.; HERBERT, in: Sondernummer der Schriftenreihe der Vierteljahreshefte für Zeitgeschichte, S. 273 ff.

[515] Vgl. dazu HAHN, in: Festschrift für Krause, S. 93 ff., S. 94 f.

[516] Entschließung des Europäischen Parlaments v. 16.01.1986, Dok. Nr. B 2 – 1478/85, Abl. d. EG Nr. C 36/130 v. 17.02.1986.

[517] Die Firma Heinkel war ein privates Luftfahrtunternehmen, das KZ-Häftlinge aus dem Ghetto von Krakau/Plaszow und den Lagern Sachsenhausen, Oranienburg, Ravensbrück und Mauthausen beschäftigte.

ling des Konzentrationslagers Sachsenhausen als Zwangsarbeiter an die Firma Heinkel verliehen worden, die im nahe gelegenen Oranienburg eine große Flugzeugfabrik betrieben hatte. Als Schadensersatz forderte er eine Summe von 10 000 DM, zum einen als Entschädigung für seinen über 24 Monate vorenthaltenen Lohn, zum anderen wegen der miserablen Arbeitsbedingungen, wodurch ihm großer körperlicher und seelischer Schaden zugefügt worden war.

Das Landgericht Augsburg[518] entschied, dass sich die Firma Heinkel unrechtmäßig bereichert hätte, da sie der SS nur die unzureichende Summe von 132 Reichsmark pro Monat für Bartls Dienste gezahlt hatte. Der Kläger habe deshalb einen Anspruch auf Kompensation.

Mit allen weitergehenden Ansprüchen drang Bartl jedoch nicht durch, da sie zu spät gestellt worden seien. Beide Parteien legten daraufhin beim Oberlandesgericht Stuttgart Berufung ein.

Das Oberlandesgericht Stuttgart als Berufungsgericht sprach dem Kläger weiter gehende Ansprüche zu[519]. Bartl hätte neben seinem Anspruch aus ungerechtfertigter Bereicherung auch einen Anspruch auf Zahlung seines einbehaltenen Lohns. Außerdem könnte er Schadensersatz wegen der Schäden fordern, die ihm aufgrund der Nachlässigkeit des Unternehmens entstanden wären. Das Unternehmen wäre für die voraussehbaren Wirkungen, die seine Vertreter verursacht hätten, rechtlich verantwortlich. Die Richter waren der Ansicht, dass die Firma Heinkel verpflichtet gewesen wäre, das Leiden der Arbeiter zu verringern und unnötige Erschwernisse abzuwenden.[520]

Bartl hätte sich ausgiebig darum bemüht, die Firma nach dem Krieg ausfindig zu machen und wäre zielstrebig ohne Verzögerungen vorgegangen. Die Richter sahen deshalb seine Klage als nicht verjährt an.

Diese Entscheidung des Oberlandesgerichts Stuttgart erregte große öffentliche Aufmerksamkeit[521] und ließ eine Prozesswelle gegen deutsche Unter-

---

[518] Entscheidung des Landgerichts Augsburg im Fall Bartl gegen Heinkel v. 31.7.1962, Az.: 12 O 334/59.

[519] Entscheidung des Oberlandesgerichts Stuttgart im Fall Bartl gegen Heinkel v. 11.3.1964, Az.: 1 U 16/1963.

[520] „... Diese selbstverständliche Menschenpflicht gegenüber den in ihre Obhut gegebenen Häftlingen ist nicht nur eine moralische, sondern auch eine rechtliche Pflicht. Nach beiden Richtungen, der Gewährung von Erleichterungen und der Verhinderung von Erschwerungen, hat die Geschäftsleitung der Beklagten nahezu nichts getan...", so die Entscheidung des Oberlandesgerichts Stuttgart v. 19.05.1965, S. 30; Az.: 10 U 8/1965, 12 S 334/59. Dies war die zweite Entscheidung des Gerichts, nachdem der Fall aus technischen Gründen wieder zurückverwiesen worden war.

[521] Vgl. Der Spiegel v. 13.05.1964, S. 59 ff. Dieser Artikel zählte viele wichtige Firmen auf, die in der NS-Zeit Sklavenarbeiter beschäftigt hatten.

nehmen erwarten, die während der Nazi-Zeit Zwangsarbeiter beschäftigt hatten.
Daraufhin legten die Heinkelwerke[522] Revision beim BGH ein. Das oberste deutsche Zivilgericht verwarf die Klage von Edmund Bartl[523] mit der Begründung, die klägerischen Ansprüche wären bereits verjährt. Bartl, der als Deutscher seine Rechte hätte kennen müssen, hätte es versäumt, diese innerhalb des normalen Zeitraums geltend zu machen.[524] Außerdem verwies der Bundesgerichtshof auf das rechtliche Schicksal ausländischer Zwangsarbeiter, deren mögliche Ansprüche bis zu einem Friedensvertrag oder einer friedensvertraglichen Regelung aufgeschoben waren. Solange kein Sklavenarbeiter ein Recht auf eine Zahlung hätte, sollte völlige Gleichheit herrschen. Bartl, der vor dem finanziellen Ruin stand, wurden die Gerichts- und Anwaltskosten für beide Parteien auferlegt.[525]
Ähnlich wie Bartl erging es der überwiegenden Mehrheit deutscher Kläger, deren Forderungen mit Rücksicht auf politische Faktoren letztendlich abgewiesen wurden. Dabei scheiterten die Klagen ehemaliger deutscher Zwangsarbeiter meist an der Verjährung. Dies war die logische Konsequenz aus der Entscheidung des BGH zum Fall Bartl, die sämtliche Lohnansprüche ehemaliger KZ-Häftlinge, die zur Zwangsarbeit herangezogen worden waren – unabhängig von der konkreten Einordnung des jeweiligen Rechtsstatus – der zweijährigen Verjährungsfrist nach § 196 I Nr. 9 BGB unterwarf.[526]
Lediglich in einem einzigen Fall gelang es einem deutschen Zwangsarbeiter, seine Entschädigungsansprüche gegenüber einem deutschen Unternehmen letztinstanzlich erfolgreich durchzusetzen.

---

522 Dabei wurde die Firma Heinkel durch das Bundesfinanzministerium beratend unterstützt. Deshalb befürchteten Bartls Anwälte, das Finanzministerium könnte unter dem Druck des Bundesverbandes der deutschen Industrie das Gericht in unzulässiger Weise beeinflussen.

523 Entscheidung des BGH im Fall Bartl gegen Heinkel v. 22. 06. 1967, Az.: VII ZR 181/65; DB 1967, S. 1418; vgl. auch FERENCZ, in: American Journal of Comparative Law, 15 (1966 - 1967), S. 561 ff.

524 Nach Ansicht des BGH griff die zweijährige Verjährungsfrist des damals geltenden § 196 I Nr. 9 BGB ein.

525 FERENCZ, Lohn des Grauens, S. 220.

526 Nach Ansicht der Richter des BGH umfasst die kurze Frist alle Vergütungsansprüche, die aus einer tatsächlichen Leistung hergeleitet werden. Das Vorliegen einer Vertragsgrundlage sei nicht erforderlich. Es komme nicht darauf an, ob sich die Forderung aus einem faktischen Arbeitsverhältnis, aus Geschäftsführung ohne Auftrag, ungerechtfertigter Bereicherung oder enteignungsgleichem Eingriff herleite. Jede andere Auslegung, die auf die Sonderumstände des Falls abstelle, würde zu weitgehender Rechtsunsicherheit führen, die im Wirtschaftsleben kaum erträglich wäre.

In dem Prozess von Adolf Diamant gegen die Firma Büssing vor dem Landgericht Braunschweig[527] wurde ihm ein Anspruch auf vorenthaltenen Lohn zuerkannt[528].
Dennoch war der Prozessgewinn für Diamant am Ende lediglich ein Pyrrhussieg. Dies lag an der Berechnung der Anspruchshöhe durch das Gericht. Nach dessen Berechnungen hatte Diamant 1 778 Stunden gearbeitet. Den kriegsbedingten Lohn legte das Gericht auf eine Reichsmark pro Stunde fest; der sich daraus ergebende Betrag von 1 778 Reichsmark war nach dem Gesetz über die Währungsreform von 1948 im Verhältnis 10:1 umzurechnen. Adolf Diamant hatte damit zwar seinen Prozess gewonnen, erhielt jedoch lediglich 177, 80 DM.

Diese Beispiele zeigen, dass in der Bundesrepublik Deutschland in der Nachkriegszeit bis hin zur Wiedervereinigung ein politisches und rechtliches Klima herrschte, das Entschädigungsklagen ehemaliger NS-Zwangsarbeiter zur Erfolglosigkeit verdammte. Hinsichtlich Forderungen ausländischer Zwangsarbeiter stützten sich die Gerichte auf das Londoner Schuldenmoratorium. Bei der rechtlichen Behandlung von Klagen deutscher Zwangsarbeiter spielte das Londoner Schuldenmoratorium eine lediglich untergeordnete Rolle, im Vordergrund standen Abweisungsgründe prozessrechtlicher Natur.
Unabhängig von der Staatsangehörigkeit der Anspruchssteller steht jedoch fest, dass Kompensation für die geleistete Zwangsarbeit auf rein juristischem Wege kaum zu erlangen war.

Nachdem die Haltung deutscher Gerichte in der Entschädigungsproblematik ausführlich beleuchtet wurde, stellt sich nunmehr die Frage, welche Position die Bundesrepublik Deutschland vor der Wiedervereinigung gegenüber Entschädigungsforderungen vertrat.

---

527 Entscheidung des Landgerichts Braunschweig im Fall Diamant gegen Büssing v. 20.6.1965, Az.: 13 C 566/64.

528 Dabei sah es das Gericht nicht als entlastend an, dass die Firma Büssing die SS für die Dienstleistungen bezahlt hatte. Denn niemand sei berechtigt, die Arbeitskraft eines Menschen zu kaufen, der seiner Freiheit beraubt ist. Der Vertrag zwischen Büssing und der SS sei demnach nichtig gewesen. Darüber hinaus könne das deutsche Wiedergutmachungsgesetz dem Beklagten nicht seine Haftpflicht abnehmen, da das Gesetz keine Kompensation für Dienste des Klägers gegenüber dem Beklagten vorsehe. Ein traditionelles Prinzip der deutschen Rechtsprechung – die Geschäftsführung ohne Auftrag – besage, dass jeder, der wissentlich eines anderen Arbeitskraft annimmt und daraus einen Vorteil zieht, dafür zu zahlen habe. Ansprüche, die daraus erwachsen, hätten eine Verjährungsfrist von 30 Jahren, vgl. FERENCZ, Lohn des Grauens, S. 215.

VI. Der politische Standpunkt der Bundesregierung in der Entschädigungsfrage

Eine wichtige Säule der Verteidigungslinie der Bundesregierung war die Qualifikation sämtlicher Entschädigungsforderungen aus Zwangsarbeit als Reparationen und der daran anknüpfende Verweis auf das Londoner Schuldenmoratorium.[529] Als konsequente Folge aus der Einordnung der Entschädigungsansprüche ehemaliger Zwangsarbeiter als Reparationen vertrat die Bundesregierung den Standpunkt, dass diese ausschließlich auf zwischenstaatlicher Ebene geltend gemacht werden könnten.

Den Forderungen osteuropäischer Staaten, die sich auf die Verfolgung der Zivilbevölkerung durch die Deutschen während des Krieges stützten, hielt die Bundesregierung die Unrechtshandlungen gegenüber der deutschen Bevölkerung bei der Vertreibung aus den ehemals deutschen Ostgebieten entgegen. Es sei „politisch wohl kaum zu verantworten, Wiedergutmachungsansprüche für Angehörige solcher Staaten anzuerkennen, die selbst durch Ausraubung und Vertreibung das Völkerrecht schwer verletzt hätten“, lautete die offizielle Meinung[530] der deutschen Regierung unter Kanzler Adenauer. Auch Bundeskanzler Brandt hielt polnischen Forderungen die West-Erweiterung Polens und die Übernahme des Eigentums deutscher Flüchtlinge entgegen.[531]

D. Die Situation nach der Wiedervereinigung

Nach der Wiedervereinigung beider deutscher Staaten und der Erlangung der vollen Souveränität Deutschlands veränderte sich die politische Situation schlagartig. Der 2+4-Vertrag vom 12. September 1990 zwischen den Besatzungsmächten und den beiden deutschen Staaten stellte eine abschließende Regelung in bezug auf Deutschland dar.

Im folgenden Abschnitt soll deshalb untersucht werden, inwiefern sich der 2+4-Vertrag auf die Forderungen ehemaliger NS-Zwangsarbeiter auswirkte und inwiefern er deren rechtliche Situation veränderte.

---

[529] Zwar räumte Art. 5 IV LSA Spezialverträgen den Vorrang ein, soweit es um Forderungen von Staatsbürgern besetzter und mit Deutschland verbündeter Staaten ging. Da die deutsche Bundesregierung jedoch auf spezielle Entschädigungsverträge verzichtet hatte, blieb es für die Wiedergutmachungsansprüche bei dem Schuldenaufschub des Art. 5 II LSA.

[530] So der Vertreter des Bundesfinanzministeriums, Prof. Scheuner, bei einer interministeriellen Besprechung zu diesem Komplex am 2.06.1950.

[531] FAZ v. 19.11.1999, S. 13.

I. Abschließende Regelung der Reparationsfrage im 2+4-Vertrag?

Ehemalige Zwangsarbeiter richteten ihre Hoffnungen im Vorfeld der Wiedervereinigung auf den 2+4-Vertrag. Hatten sie reparationsrechtliche Regelungen erwartet, so stellte der 2+4-Vertrag eine herbe Enttäuschung dar. Entgegen ursprünglicher sowjetischer Vorstellungen und Forderungen fehlten vermögensrechtliche Regelungen im 2+4-Vertrag vollständig[532], obwohl er der geeignete Ort für eine abschließende Regelung der Reparationsfrage gewesen wäre. Denn im 2+4-Vertrag war der „Ersatzfriedensvertrag" zu sehen, von dem entscheidende Nachkriegsgesetze, allen voran das Londoner Schuldenabkommen, die Weiterentwicklung der Reparationsfrage abhängig gemacht hatten.

Deshalb drängt sich die Frage auf, warum sich die Reparationsthematik nicht im 2+4-Vertrag niedergeschlagen hat. Beleuchtet man die Situation der Bundesrepublik Deutschland im Vorfeld der Wiedervereinigung, so stößt man auf Aspekte, die es aus politischer Sicht ratsam erscheinen ließen, die vielschichtige Reparationsfrage außen vor zu lassen.

Für die deutsche Bundesregierung unter Kanzler Kohl hatte eine zügige Wiedervereinigung beider deutscher Staaten oberste Priorität. Verhandlungen über vermögensrechtliche Regelungen, insbesondere über die schwierige und facettenreiche Reparationsproblematik, hätten den 2+4-Prozess zumindest in die Länge gezogen, wenn nicht sogar wegen unterschiedlicher Positionen zwischen den Besatzungsmächten scheitern lassen.

Ein weiterer politischer Aspekt, der gegen eine Verankerung der Reparationsproblematik im 2+4-Vertrag sprach, war die personale Zusammensetzung bei den Verhandlungen im 2+4-Prozess. Neben der Bundesrepublik Deutschland und der Deutschen Demokratischen Republik waren lediglich die vier Hauptsiegermächte USA, Großbritannien, Frankreich und die Sowjetunion beteiligt. Hätten vermögensrechtliche Regelungen getroffen werden sollen, so hätten alle Kriegsgegner Deutschlands zu Verhandlungen an einen Tisch geholt werden müssen. Dieses Vorgehen hätte zur Konsequenz gehabt, dass der Wiedervereinigungsprozess erheblich verlängert und kompliziert worden wäre.

Vor allem diese beiden Aspekte waren dafür verantwortlich, dass vermögensrechtliche Regelungen im 2+4-Vertrag völlig fehlten. Dass dieses Vorgehen nicht nur Vorteile haben, sondern den Boden für neue Reparationsforderungen bereiten könnte, blendete die deutsche Bundesregierung in der Euphorie der Wiedervereinigung aus. Die Reparationsforderungen der jüngsten Vergangenheit beweisen jedoch, dass eine klare und unmissverständliche Regelung im Rahmen des 2+4-Vertrages notwendig gewesen wäre. „Die abschließende Regelung in Bezug auf Deutschland" hätte sich

[532] Dazu RAUSCHNING, DVBl. 1990, S. 1275 ff., S. 1276 f.

für einen unzweideutigen Verzicht der Kriegsgegner Deutschlands auf weitere Leistungen gegenüber dem nunmehr souveränen deutschen Staat angeboten, insbesondere auch deshalb, weil der 2+4-Vertrag die ungeheuren Gebiets- und Vermögensverluste Deutschlands durch die Annexionspolitik Polens und der Sowjetunion letztlich bestätigte.[533]
Nach Darstellung der politischen Hintergründe und Erwägungen, die die Position der Bundesrepublik Deutschland im Wiedervereinigungsprozess geprägt hatten, ist nunmehr die Haltung der „gesamtdeutschen" Regierung zur Entschädigungsfrage zu untersuchen.

II. Deutscher Standpunkt zur Reparationsproblematik

Die Haltung der deutschen Bundesregierung in der Reparationsfrage war von der Tatsache geprägt, dass die Bundesrepublik Deutschland nach dem Zweiten Weltkrieg finanzielle Leistungen zur moralischen Wiedergutmachung[534] ohne Anerkennung einer Rechtspflicht in Milliardenhöhe erbracht hatte. In umfangreichen Wiedergutmachungsabkommen sowohl gegenüber den westeuropäischen Staaten, den USA und Israel als auch gegenüber den Staaten Osteuropas hatte sich die Bundesrepublik Deutschland zur Zahlung von insgesamt 140 Milliarden DM verpflichtet. Allein diese moralischen Wiedergutmachungsleistungen stellten ein Vielfaches der von Stalin nach dem Zweiten Weltkrieg aufgemachten Forderungen dar. Bei der Bewertung der Haltung der Bundesrepublik Deutschland darf außerdem nicht unberücksichtigt bleiben, dass sich die Besatzungsmächte im Vorfeld des Abschlusses reparationsrechtlicher Regelungen[535] einseitig und in weit reichendem Umfang aus ihren jeweiligen Konkursmassen befriedigt hatten.
Die deutsche Regierung stand nach der Wiedervereinigung auf dem Standpunkt, dass die Reparationsfrage fünfzig Jahre nach Ende des Zweiten Weltkriegs obsolet geworden sei. Das Thema habe nach Jahrzehnten friedvoller, vertrauensvoller und fruchtbarer Zusammenarbeit mit der internationalen Staatengemeinschaft und nach umfangreichen Transaktionen seine Berechtigung verloren, neue Kriegsfolgenregelungen könnten nicht verlangt werden.[536]

---

[533] So BLUMENWITZ, Die Welt v. 23.03.2000, S. 6.

[534] Diese Leistungen wurden nicht als Reparationen bezeichnet, um das Londoner Schuldenmoratorium nicht zu durchbrechen.

[535] In Bezug auf die westlichen Besatzungsmächte ist in diesem Kontext vor allem das Londoner Schuldenmoratorium zu nennen, in Bezug auf die Sowjetunion der demonstrative Reparationsverzicht, der auch Polen einbezog.

[536] Antwort der Bundesregierung auf die Anfrage der Fraktion der PDS zur Entschädigung von Zwangsarbeiterinnen und Zwangsarbeitern für erlittenes Unrecht durch Verbrechen von Betrieben der deutschen Wirtschaft im NS-Regime, BT-Drs. 14/1786, S. 9.

In diesem Verständnis schloss sie den „Vertrag über die abschließende Regelung in Bezug auf Deutschland", den 2+4-Vertrag, ab. Diese Position in der Reparationsfrage strahlte konsequenterweise auch auf die Problematik der Entschädigung von NS-Zwangsarbeitern aus. Da die deutsche Regierung Entschädigungsansprüche von Zwangsarbeitern rechtlich als Reparationen qualifizierte, war für sie mit der Nichtregelung vermögensrechtlicher Fragen im 2+4-Vertrag auch die Entschädigungsdebatte beendet.

III. Reaktion der USA und der europäischen Staatengemeinschaft
Die deutsche Position zur Reparationsproblematik war den USA durchaus bekannt. Trotzdem widersprachen die Vertreter der amerikanischen Regierung dieser Haltung nicht. Auch bestanden sie nicht auf Reparationsleistungen im Kontext der Wiedervereinigung. Dieses Verhalten legte den Schluss nahe, dass die USA das deutsche Verständnis der Reparationsfrage akzeptierte. Wären die USA nämlich im Jahre 1990 der Auffassung gewesen, dass die Reparationsleistungen der Bundesrepublik unzulänglich waren, so hätte es nahe gelegen, weiter gehende Forderungen im Vorfeld der internationalen Vereinbarungen zur Wiedervereinigung zu stellen.
Auch die anderen europäischen Staaten standen dem 2+4-Vertrag durchaus wohlwollend gegenüber. So rügte kein europäischer Staat den Vertrag, weil er das Reparationselement unberücksichtigt ließ. Vielmehr wurde das Ergebnis der Verhandlungen ausdrücklich begrüßt.[537] Alle europäischen Staaten nahmen bei einer Zusammenkunft im Rahmen der KSZE in Paris die Regelung in einem gemeinsamen Kommuniqué zustimmend zur Kenntnis und stellten damit eine Verbindlichkeit für sich her[538]. Im Lichte allgemeiner Akzeptanz des 2+4-Vertrages ist auch der deutsch-polnische Nachbarschaftsvertrag[539] vom 17. Juni 1991 zu sehen, in dem ebenfalls vermögensrechtliche Regelungen fehlen.

---

[537] So würdigten die Vereinten Nationen die von der Bundesrepublik geleisteten Kriegsentschädigungen als *„the most comprehensive and systematic precedent of reparation by a government to groups of victims for redress of wrongs suffered"*, United Nations Economic and Social Council E/CN, 4 Sub. 2/1993/8 v. 2.06.1993.

[538] Der Text der Charter of Paris der KSZE v. 21.11.1990 ist wiedergegeben bei: BLOED, The Human Dimension of the Helsinki Process, S. 273; BLUMENWITZ, This is Germany, Germany´s legal status after unification, S. 14.

[539] Vgl. Briefwechsel zum deutsch-polnischen Nachbarschaftsvertrag, in: STERN, Dokumente zur deutschen Einheit III, S. 225.

IV. Eigene rechtliche Stellungnahme

Problematisch ist, ob möglicherweise bestehende Ansprüche ehemaliger ausländischer[540] NS-Zwangsarbeiter verjährt sind. Grundsätzlich ist vom Eintritt der Verjährung auszugehen, selbst wenn man die längste Verjährungsfrist von 30 Jahren[541] zu Grunde legt. Zu bedenken ist jedoch, dass Klagen ausländischer Sklavenarbeiter seit Inkrafttreten des Londoner Schuldenabkommens aussichtslos waren. Deshalb liegt es nahe, eine Hemmung der Verjährung gemäß § 202 BGB a.F. anzunehmen.[542] Die Hemmung der Verjährung beruht auf dem Grundgedanken, dass die Zeit, während der der Gläubiger den Anspruch wegen rechtlicher oder tatsächlicher Hindernisse vorübergehend nicht geltend machen konnte, bei sachgerechter Interessensabwägung nicht in die Verjährungsfrist einbezogen werden darf.[543]

Umstritten ist jedoch der rechtliche Anknüpfungspunkt für das Hindernis. Teilweise wurden die rechtlich relevanten Hindernisse im Londoner Schuldenmoratorium[544] von 1953 sowie in Art. 5 IV LSA gesehen. Nach dieser Ansicht wäre mit Wegfall des Londoner Schuldenmoratoriums, das heißt mit einer endgültigen friedensvertraglichen Regelung der Reparationsfrage, auch die Hemmung aufgehoben worden.

Strittig ist, ob der 2+4-Vertrag zur Aufhebung des Londoner Schuldenmoratoriums führte. Das Landgericht Bonn[545] bejahte[546] diese Frage und vertrat die Ansicht, dass hinsichtlich der Verjährung gem. § 202 Abs. 1 BGB a.F. eine Hemmung eingetreten wäre. Diese hätte in analoger Anwendung von § 1 Abs. 2 des Gesetzes über die Verjährung von deutschen Auslandsschulden und ähnlichen Schulden[547] frühestens 19 Monate nach Inkrafttreten des 2+4-Vertrages, mithin am 15. September 1992 geendet. Unter

[540] Hinsichtlich Forderungen deutscher Zwangsarbeiter handelte es sich zum einen nicht um Reparationen, zum anderen unterlagen sämtliche Lohnansprüche ehemaliger KZ-Häftlinge, die Zwangsarbeit leisten mussten, der zweijährigen Verjährung nach § 196 I Nr. 9 BGB a.F., vgl. BGHZ 48, S. 125 ff., S. 127.

[541] Vgl. dazu SCHRÖDER, Jura 1994, S. 61 ff., S. 118, S. 126; OLG München v. 3.07.1991 – 20 U 5269/90.

[542] Vgl. RUGE, Die Lohnersatzansprüche ehemaliger Zwangsarbeiter gegen deutsche Industrieunternehmen, S. 166.

[543] PALANDT/HEINRICHS, 59. Auflage, § 202 Rn. 2.

[544] Nach STAUDINGER/PETERS, 13. Bearb., § 202 Rn. 20 stellt ein Moratorium ein rechtliches Hindernis dar.

[545] Urteil des LG Bonn v. 5.11.1999 Az.: 1 O 134/92, abgedruckt in: Barwig u.a., Entschädigung für NS-Zwangsarbeit?, S. 248 ff.

[546] Bejahend auch LG Bremen v. 2.06.1998, Az.: 1 O 2889/90, S. 9 ff., abgedruckt in: Barwig u.a., Entschädigung für NS-Zwangsarbeit?, S. 248 ff., S. 261 ff.

[547] BGBl. 1956 I, 1915.

Zugrundelegung der Regelverjährung von 30 Jahren gemäß § 195 BGB a.F. wären damit Lohnforderungen ausländischer Zwangsarbeiter noch nicht verjährt.[548]

Überzeugender erscheinen jedoch die Erwägungen von Heß[549]. Dieser vertritt die Ansicht, dass der Regelungsrahmen des Art. 5 II und IV des Londoner Schuldenabkommens nicht mit Abschluss des 2+4-Vertrages (sozusagen stillschweigend) weggefallen ist. Denn die Beendigung eines völkerrechtlichen Vertrages erfolge durch die im Vertrag vorgesehenen Aufhebungsmechanismen (vgl. Art. 25 LSA) oder durch entsprechende Aufhebungsvereinbarungen der Parteien. Eine einseitige Vertragsbeendigung hingegen ließe das Völkerrecht (aus gutem Grund) nicht zu.

Das Londoner Schuldenabkommen wurde weder durch die Mechanismen nach Art. 25 LSA aufgehoben, noch erfolgte eine entsprechende Aufhebungsvereinbarung.[550] Eine Aufhebungsvereinbarung im Rahmen des 2+4-Vertrages war schon deshalb nicht möglich, weil bei Abschluss des Vertrages nur sechs Staaten und nicht alle in das Londoner Schuldenabkommen einbezogenen Parteien beteiligt waren.

Außerdem war zum Zeitpunkt des Abschlusses des 2+4-Vertrages die Haftung deutscher Unternehmen für die Zwangsarbeit de facto bereits von umfangreichen Wiedergutmachungsregelungen überlagert worden. Insoweit ist Heß[551] zuzustimmen, der die individuelle Haftung der Unternehmen durch die Wiedergutmachung nach dem Bundesentschädigungsgesetz und den Globalabkommen als verdrängt ansieht. Zu Recht verwies Heß darauf, dass die Kriegsfolgenbewältigung in Deutschland durch staatliche Ausgleichszahlungen erfolgt sei und die Kriegsfolgen durch die Sonder- und Sozialgesetzgebung ohne unmittelbaren Zugriff auf einzelne Schädiger kollektiviert worden sei.[552]

Teilweise wird der rechtliche Anknüpfungspunkt für eine Hemmung der Verjährung im Grundsatz der Exklusivität des Völkerrechts gesehen, der

---

[548] Hinsichtlich deliktischer Ansprüche bleibt es bei der dreijährigen Verjährungsfrist nach § 852 BGB.

[549] HEß, in: Die Aktiengesellschaft 1999, S. 145 ff, S. 151. A.A. OBERHAMER/REINISCH, in: IPrax 2001, S. 211 ff., S. 214.

[550] A.A. OBERHAMMER/REINISCH, in: IPrax 2001, S. 211 ff., S. 214. Sie argumentieren, dass die Klagesperre des Art. 5 II LSA nicht wegfalle, weil das LSA oder auch nur dessen Art. 5 II nicht mehr Geltung besitzen, sondern – ganz im Gegenteil – weil dessen Bedingung erfüllt ist.

[551] HEß, in: Die Aktiengesellschaft 1999, S. 145 ff, S. 151.

[552] HEß, in: Die Aktiengesellschaft, S. 145 ff., S. 151 m.w.N., mit Verweis darauf, dass die Bundesrepublik Deutschland aus diesem Grund darauf verzichtet hatte, die nach § 8 Abs. 2 S. 2 BEG auf sie übergegangenen Rückgriffsansprüche gegen private Firmen zu realisieren.

der deutschen Rechtsprechung bis zur Entscheidung durch das Bundesverfassungsgericht vom 13. Mai 1996[553] zugrunde gelegen habe.[554] Da bis zu dieser Entscheidung Individualansprüche ehemaliger Zwangsarbeiter wegen des Grundsatzes der Exklusivität des Völkerrechts nicht zugelassen worden seien, sei die Geltendmachung der Einrede der Verjährung grob unbillig und als unzulässige Rechtsausübung zu qualifizieren.[555] Unter Zugrundelegung einer 30-jährigen Verjährungsfrist für Lohnansprüche[556] wären somit die Forderungen ehemaliger Zwangsarbeiter nach dieser Ansicht nicht als verjährt anzusehen.

Weiterhin stellt sich die Frage, ob den Reparationsforderungen der jüngsten Vergangenheit nicht die Verwirkung entgegenstehen könnte, die im Völkerrecht als Estoppel-Prinzip bezeichnet wird.
Das Völkerrecht enthält als eine Rechtsregel das so genannte Estoppel-Prinzip[557], das in seinen Grundzügen dem römischen „bona fides-Grundsatz"[558] entspricht. Ein Anspruch ist dann verwirkt, wenn der Anspruchsgegner aufgrund vorangegangenen Verhaltens des Anspruchsinhabers darauf vertrauen durfte, dass er nicht mehr mit Forderungen konfrontiert würde. Das Estoppel-Prinzip gründet sich auf die Vorstellungen von Treu und Glauben im Rechtsverkehr.[559] Wer sich in Widerspruch zu seinem bisherigen Verhalten (venire contra factum proprium) setzt, kann auf diese Weise seine Ansprüche verwirken.

---

553 Entscheidung des BVerfG v. 13.05.1996, NJW 1996, S. 2717.

554 So FRAUENDORF, in: Barwig u.a., Entschädigung für NS-Zwangsarbeit, S. 135 ff., S. 156; vgl. auch PAWLITA, Verfolgungsbedingte Zwangsarbeit im Nationalsozialismus, S. 426 ff., S. 434.

555 So FRAUENDORF, ZRP 1999, S. 1 ff., S. 5. Dabei verkennt Frauendorf wohl, dass es sich bei der Entscheidung des Bundesverfassungsgerichts lediglich um eine Klarstellung handelte. Das Verfassungsgericht negierte keineswegs die Einordnung der Entschädigungsansprüche als Reparationen und damit zwischenstaatlicher Ansprüche. Es stellte lediglich klar, dass es der nationalen Gesetzgebung unbenommen ist, neben zwischenstaatlichen reparationsrechtlichen Regelungen auch nationale Entschädigungsgesetze zu schaffen, die den Opfern Individualansprüche gewähren.

556 Für deliktische Ansprüche gilt die dreijährige Verjährungsfrist von § 852 I BGB a.F.

557 Zum Estoppel-Prinzip vgl. MENZEL, in: Strupp/Schlochauer, Wörterbuch des Völkerrechts, Bd. I, S. 441 f.

558 Der römische Rechtsterminus „bona fides" leitet sich modernen Wortforschungen zufolge aus der indogermanischen Bezeichnung für Binden und Flechten ab. Fides bedeutet Worthalten und stellte die materielle Grundlage aller Rechtsbeziehungen zwischen Bürgern und Nichtbürgern sowie zwischenstaatlicher Beziehungen dar. Vgl. zum Terminus „bona fides" VERDROSS, in: Strupp/Schlochauer, Wörterbuch des Völkerrechts. Bd. I, S. 223.

559 MENZEL, in: Strupp/Schlochauer, Wörterbuch des Völkerrechts, Bd. I, S. 441.

Auf internationaler Ebene sind in diesem Kontext die Fälle zu nennen, in denen ein Staat durch sein tatsächliches Verhalten eine bestimmte Rechtsansicht zum Ausdruck bringt („estoppel by conduct"). Danach ist es ihm verwehrt, zum Schaden einer anderen Partei einen gegensätzlichen Standpunkt einzunehmen. Charakteristisch für einen Verstoß gegen das Estoppel-Prinzip ist dabei der Vertrauensbruch.[560] Der Estoppel-Einwand kann allerdings nur dann erhoben werden, wenn die Willenserklärung oder das konkludente Verhalten eine klare und unmissverständliche „representation of fact" darstellt.[561]

Der Grundsatz der Verwirkung lässt sich auf sämtliche Reparationsforderungen, also auch auf die Entschädigungsansprüche ehemaliger ausländischer NS-Zwangsarbeiterübertragen.

Die völkerrechtlichen Anspruchsinhaber hätten spätestens im Rahmen der Verhandlungen vor Abschluss des 2+4-Vertrages ihre Forderungen geltend machen oder zumindest zum Ausdruck bringen müssen, dass der 2+4-Vertrag als „abschließende Regelung in bezug auf Deutschland" zukünftigen Reparationsansprüchen nicht entgegen stehe. Auf diesen Einwand verzichtete die internationale Staatengemeinschaft jedoch und protestierte auch nicht, als mit dem 2+4-Vertrag eine „abschließende" Regelung mit Deutschland getroffen wurde.[562] Vielmehr wurde der Abschluss des 2+4-Vertrags von der Völkergemeinschaft ausdrücklich begrüßt. Aus diesem Verhalten konnte und durfte die Bundesrepublik Deutschland die Schlussfolgerung ziehen, dass sich auch für die internationale Staatengemeinschaft die deutsche Reparationsfrage erledigt habe. Zu Recht schloss die Bundesrepublik Deutschland den 2+4-Vertrag im Vertrauen darauf ab, dass Reparationsverpflichtungen nicht mehr bestünden. Denn die Geltendmachung von Reparationen hatte die Staatengemeinschaft durch ihr Verhalten im Rahmen des 2+4-Vertrages verwirkt.

Das Verhalten der Bundesrepublik Deutschland und der internationalen Staatengemeinschaft gibt daneben noch zu einem weiteren unterstützenden Argument Anlass, das von der Rechtsprechung[563], der Wissenschaft[564] und der Politik[565] ins Feld geführt wurde: Weder im Zusammenhang mit der Wiedervereinigung noch im 2+4-Vertrag war es zu einer endgültigen Re-

---

560 MENZEL, in: Strupp/Schlochauer, Wörterbuch des Völkerrechts, Bd. I, S. 441.

561 MENZEL, in: Strupp/Schlochauer, Wörterbuch des Völkerrechts, Bd. I, S. 441.

562 Vgl. DOEHRING, FAZ v. 15.03.2000, S. 11.

563 Vgl. statt aller: Urteil des Landgerichts Bonn v. 5.11.1997, Az.: 1 O 134/92, abgedruckt in: BARWIG u.a., Entschädigung für NS-Zwangsarbeit, S. 248 ff.

564 HAHN, NJW 2000, S. 3521 ff., S. 3526; DOLZER, NJW 2000, S. 2480 ff., S. 2481.

565 MdB BOSBACH (CDU) in der Plenardebatte des Bundestages v. 6.07.2000, BT-Plenarprot. 14/114, S. 10755 (D).

gelung der Reparationsfrage gekommen. Deshalb blieb die Funktion des Londoner Schuldenabkommens unberührt, Reparationszahlungen im Zusammenhang mit dem Zweiten Weltkrieg und deren Geltendmachung zurückzustellen.
Folge des 2+4-Vertrages war nicht nur die Tatsache, dass die deutsche Regierung die Reparationsfrage zu Recht als erledigt ansehen durfte. Im Rahmen des 2+4-Vertrages (Art. 1) erfolgte auch die endgültige Fixierung der deutschen Ostgrenze, wodurch Deutschland unwiderruflich seine ehemaligen Provinzen Schlesien, Pommern und Ostpreußen abtrat. Diese Abtretung konnte nur als Reparation verstanden werden, da eine Annexion durch die Siegermächte völkerrechtswidrig gewesen wäre.
Der Wert dieser drei ehemals deutschen Provinzen ist in einer Geldsumme kaum auszudrücken. Hinzu kommen noch die ungeheuren Verluste der deutschen Bevölkerung durch die Enteignung ihres unbeweglichen und beweglichen Privateigentums.
Auch die Zwangsarbeit deutscher Kriegsgefangener nach dem Ende des Zweiten Weltkrieges kann nur als Reparation gewertet werden, denn nach geltendem Völkerrecht hätten die Kriegsgefangenen mit Beendigung des aktiven Kriegszustandes entlassen werden müssen. Dabei war das Schicksal deutscher Kriegsgefangener mit dem ausländischer Zwangsarbeiter im Deutschen Reich durchaus vergleichbar.
Addiert man diese Reparationen, so ergibt sich ein ungeheurer, kaum beziffferbarer Leistungsumfang, aus dem auch die Entschädigungsansprüche ehemaliger NS-Zwangsarbeiter hätten erfüllt werden können. Dass die Sklavenarbeiter des Deutschen Reiches nicht von diesen immensen deutschen Reparationssummen profitierten, lag nicht in deutscher Verantwortung.[566] Denn die Reparationsleistungen flossen auf zwischenstaatlicher Ebene, ihre Verteilung unter den geschädigten Privatpersonen lag in der Hand des jeweilig begünstigten Staates. Ob und wie dieser die Leistungen verteilte, entzog sich der deutschen Kontrolle.

V. Die deutsche Rechtsprechung

Im folgenden Abschnitt wird exemplarisch an einer Klage, die Entschädigungsanträge von 22 ehemaligen Zwangsarbeitern umfasst, aufgezeigt, wie sich der 2+4-Vertrag und die veränderte politische Lage in Deutschland auf die Rechtsprechungspraxis deutscher Gerichte auswirkten. Ausführlich beleuchtet wird die Frage, ob die Vorschriften des Bundesentschädigungsgesetzes abschließenden Charakter haben und in welchem Verhältnis An-

---

[566] Vgl. dazu DOEHRING, FAZ v. 15.03.2000, S. 11.

sprüche nach dem Bundesentschädigungsgesetz zu völkerrechtlichen Ansprüchen stehen.

Nach der Wiedervereinigung forderten 22 jüdische Kläger, die auf Anordnung der SS bei der Firma Weichsel Metall Union AG Zwangsarbeit hatten verrichten müssen, von der Bundesrepublik Deutschland Entschädigung für vorenthaltenen Lohn. Jeder Kläger machte Entschädigungsforderungen in einer Höhe zwischen 8 700 und 22 000 DM geltend. In rechtlicher Hinsicht stützten sie ihre Ansprüche auf §§ 812, 823, 831, 683 BGB sowie auf das Bestehen eines faktischen Arbeitsverhältnisses. Das Landgericht Bonn[567] sprach einer einzigen Klägerin[568] eine Entschädigung in Höhe von 15 000 DM zu. Die übrigen Klagen wurden als unbegründet abgewiesen.[569]
Die Kläger, die mit Ausnahme einer einzigen ehemaligen Zwangsarbeiterin bereits Entschädigungsleistungen nach dem Bundesentschädigungsgesetz erhalten hatten, forderten zusätzlich die Vergütung ihrer zwangsweise erbrachten Arbeit.
Dabei beriefen sie sich im Wesentlichen auf folgende wiedergutmachungsrechtlich relevante Argumente[570]:

In ihrer Klage bestritten sie, dass das Bundesentschädigungsgesetz eine abschließende Regelung für sämtliche Formen der nationalsozialistischen Verfolgung darstelle. Zur Unterstützung dieser Behauptung verwiesen sie auf § 43 III BEG, der lediglich für einen Teilbereich der Zwangsarbeit, nämlich die immateriellen Beeinträchtigungen in Form von Freiheitsentziehung, einen Entschädigungsanspruch gewähre. Einen Ausgleich für vorenthaltenen Lohn sieht er hingegen nicht vor.
Auch Art. 5 II LSA stünde – ihrer Meinung nach – ihren Lohnansprüchen nicht entgegen. Das Londoner Schuldenabkommen regele nämlich aus-

---

[567] Urteil v. 5.11.1997, Az.: 1 O 134/92, abgedruckt in: BARWIG u.a., Entschädigung für NS- Zwangsarbeit, S. 248 ff.

[568] Es handelte sich um eine Klägerin, die im Jahre 1968 ihre polnische Staatsangehörigkeit gegen die israelische Staatsangehörigkeit eingetauscht hatte.

[569] In einer Parallelentscheidung wies das Landgericht Bremen die Entschädigungsklagen zweier jüdischer Zwangsarbeiterinnen ab, weil diese bereits Leistungen nach dem Bundesentschädigungsgesetz erhalten hatten. Erfolgreich war hingegen der Antrag einer rumänischen Klägerin, die bisher keine Leistungen nach dem Bundesentschädigungsgesetz empfangen hatte. Ihr sprach das Gericht einen Amtshaftungsanspruch gerichtet auf Vergütung der geleisteten Arbeit gemäß § 839 BGB i.V.m. Art. 131 WRV in Höhe von 10 000 DM und darüber hinaus einen Anspruch auf Schmerzensgeld gemäß §§ 823, 847 BGB in Höhe von 5 000 DM zu; vgl. Urteil des Landgerichts Bremen v. 2.06.1998, Az.: 1 O 2889/90.

[570] Vgl. BARWIG, u.a., Entschädigung für NS-Zwangsarbeit, S. 248 ff.

schließlich die Stundung von Reparationen. Die Entschädigung für NS-Zwangsarbeit hingegen sei nicht von den Reparationen umfasst, sondern falle unter den Komplex „Wiedergutmachung im engeren Sinne“. Diese Form der Wiedergutmachung sei jedoch vom Regelungsbereich des Londoner Schuldenmoratoriums ausgenommen.
Außerdem qualifizierten die Klägeranwälte den 2+4-Vertrag, durch den die Bundesrepublik Deutschland ihre volle Souveränität wiedererlangt hat, als endgültigen Friedensvertrag mit der Folge, dass sich die Moratoriumsbestimmungen des Londoner Schuldenabkommens erledigt hätten. Daneben sei eine Berufung der Beklagten auf die Bestimmungen des Londoner Schuldenabkommens wegen der zwischenzeitlich erfolgten wirtschaftlichen Konsolidierung der Bundesrepublik Deutschland verfassungswidrig.

Die Bundesrepublik Deutschland als Beklagte lehnte einen Anspruch der ehemaligen NS-Zwangsarbeiter auf Lohnzahlung ab. Dabei führte sie ihrerseits folgende Argumente ins Feld[571]:
Sie vertrat den Standpunkt, dass es sich beim Bundesentschädigungsgesetz um eine abschließende und endgültige Regelung der Entschädigungsansprüche handele. Zur Unterstützung dieser Ansicht führte sie § 8 BEG[572] an, der weiter gehende Ansprüche als diejenigen, die im Bundesentschädigungsgesetz erfasst sind, ausschließe. Aus dem Wortlaut des § 8 BEG schlussfolgerte die Beklagte, dass den Klägern neben den bereits geleisteten Zahlungen keine weiter gehenden Entschädigungs- und Schadensersatzansprüche mehr zustünden.
In diesem Zusammenhang verwies sie auf ihre umfangreichen Zahlungen an die Claims Conference, die bei jüdischen Verfolgten, die im westlichen Ausland leben, als Einrichtung für deutsche Wiedergutmachung in Erscheinung tritt. In diesem Zusammenhang unterstrich die Beklagte, dass die Entschädigungen, die die Claims Conference verteile, ausschließlich

571 Vgl. BARWIG, u.a., Entschädigung für NS-Zwangsarbeit, S. 254.
572 § 8 BEG:
„Ansprüche gegen das Deutsche Reich, die Bundesrepublik Deutschland und die (1.) deutschen Länder können unbeschadet des in § 5 genannten und der durch § 228 II aufrechterhaltenen Vorschriften nur nach diesem Gesetz geltend gemacht werden, wenn sie darauf beruhen, dass durch Maßnahmen, die aus den Verfolgungsgründen des § 1 getroffen worden sind, Schaden entstanden ist.
(2.) Ansprüche gegen andere Körperschaften, Anstalten oder Stiftungen des öffentlichen Rechts oder gegen Personen des privaten Rechts werden durch dieses Gesetz nicht berührt. Sie gehen, soweit nach diesem Gesetz Entschädigung geleistet ist, auf das leistende Land über. Der Übergang kann nicht zum Nachteil des Berechtigten geltend gemacht werden.“

von der Bundesrepublik Deutschland finanziert seien. Außerdem seien die Leistungen der Claims Conference von den Stichtagsvoraussetzungen des Bundesentschädigungsgesetzes unabhängig. Einzige Voraussetzung dafür sei gewesen, dass die Antragsteller ihren Wohnsitz oder dauernden Aufenthalt außerhalb des „Ostblocks" hätten. Deshalb bedeutete es – nach Ansicht der Beklagten – keine unbillige Härte für die Kläger, dass kein gesonderter Anspruch auf Vergütung für geleistete Zwangsarbeit bestehe.

Die Bundesrepublik Deutschland vertrat im Prozess vor dem Landgericht Bonn den Standpunkt, dass das Londoner Schuldenmoratorium auch nach Abschluss des 2+4-Vertrages fortbestehe und der Erfüllung der klägerischen Ansprüche entgegenstehe.
Außerdem handelte es sich nach Ansicht der Bundesrepublik Deutschland bei den von den ehemaligen Zwangsarbeitern verfolgten Ansprüchen um Reparationsforderungen, die nach allgemeinen völkerrechtlichen Regeln nicht individuell, sondern lediglich auf zwischenstaatlicher Ebene geltend gemacht werden könnten.
Hilfsweise berief sich die Beklagte auf die Einrede der Verjährung.

Das Landgericht Bonn sprach der einzigen Klägerin, die noch keine Zahlungen nach dem Bundesentschädigungsgesetz erhalten hatte, einen Anspruch auf Vergütung für geleistete Zwangsarbeit zu. Dabei stützten sich die Richter auf den Gesichtspunkt der Amtshaftung nach § 839 BGB i.V.m. Art. 34 GG[573] wegen einer durch das Deutsche Reich[574] begangenen unerlaubten Handlung im Sinne des Deliktsrechts gemäß § 823 I BGB[575].

---

573 Daneben sah das Gericht dem Grunde nach auch einen Anspruch auf Wertersatz nach §§ 852 III BGB i.V.m. § 812 BGB bzw. dem Gesichtspunkt des öffentlichrechtlichen Erstattungsanspruch als gegeben an. Diese Ansprüche waren jedoch nach Ansicht des Gerichts der Höhe nach geringer als der Amtshaftungsanspruch, so dass es einer vertieften Erörterung nicht bedurfte; vgl. BARWIG, u.a., Entschädigung für NS-Zwangsarbeit, S. 279 f.

574 Nach Einschätzung des Gerichts hatte die Haftung beim Deutschen Reich gelegen, da die SS gegenüber den KZ-Häftlingen als Teil der kriegsführenden Staatsmacht aufgetreten war. Aufgrund ihrer Identität mit dem Deutschen Reich sei nunmehr – nach der Wiedervereinigung – die Bundesrepublik Deutschland für diese vormaligen Reichsschulden verantwortlich.

575 In der Zwangsverpflichtung zur Arbeit sahen die Richter sowohl eine Verletzung des durch § 823 BGB geschützten Persönlichkeitsrechts als auch eine Beschränkung des Rechts auf Freiheit.

In seinen Entscheidungsgründen widersprach das Landgericht Bonn unter Verweis auf das obiter dictum des Bundesverfassungsgerichts von 1996 dem Standpunkt der Bundesrepublik Deutschland, wonach Entschädigungsansprüche für geleistete Zwangsarbeit als Reparationen nur von Staat zu Staat geltend gemacht werden könnten.[576]

Auch das Londoner Schuldenmoratorium stehe einem Vergütungsanspruch für geleistete Zwangsarbeit nicht mehr entgegen. Der Endzeitpunkt des Moratoriums, nämlich die „endgültige Regelung der Reparationsfrage" sei durch Abschluss des 2+4-Vertrages vom 12. September 1990 zwischen der USA, Frankreich, Großbritannien und der UdSSR einerseits und den beiden deutschen Staaten andererseits im Zusammenhang mit dem deutsch-polnischen Grenzvertrag vom 14. November 1990 mittlerweile eingetreten.[577]

Auch die Auffassung der Bundesrepublik Deutschland, wonach weiter gehende Entschädigungen dann ausgeschlossen sein sollten, wenn bereits Geldmittel der Claims Conference an die jeweiligen Opfer geflossen waren, fand keine Zustimmung beim Bonner Landgericht.

Nach Ansicht des Gerichts verfolgten die Leistungen der Claims Conference an die Klägerin nicht den Zweck, Entschädigung für Zwangsarbeit zu gewähren. Aus den Richtlinien zur Vergabe von Mitteln an jüdische Verfolgte[578] und der Vereinbarung zwischen der Bundesregierung und der Claims Conference[579] ergebe sich, dass diese Leistungen ausschließlich

[576] Vgl. BARWIG, u.a., Entschädigung für NS-Zwangsarbeit, S. 260: „Dem Anspruch (...) auf Entschädigung für geleistete Zwangsarbeit steht auch kein völkerrechtlicher Grundsatz entgegen, wonach Ansprüche aus Kriegshandlungen nur von Staat zu Staat geltend gemacht werden können, weil der Krieg ein zwischenstaatliches Verhältnis ist."

[577] Vgl. BARWIG, u.a., Entschädigung für NS-Zwangsarbeit, S. 260 ff. Die Argumentation des Gerichts ist irreführend: Einerseits gehen die Richter davon aus, dass der 2+4-Vertrag eine endgültige und abschließende Regelung der Reparationsfrage darstellt. Diese Qualifikation besagt jedoch im Umkehrschluss, dass Reparationszahlungen von Deutschland künftig nicht mehr verlangt werden können. Trotzdem spricht das Gericht der Klägerin einen Vergütungsanspruch wegen der von ihr geleisteten Zwangsarbeit zu. Diese Argumentation ist nur dann schlüssig, wenn das Gericht von einer Differenzierung zwischen „Reparationen" und „Wiedergutmachung im engeren Sinne" ausgeht und die Lohnforderung aus Zwangsarbeit als eine Wiedergutmachungsleistung im engeren Sinne ansieht. Ausdrücklich erfolgte eine solche Differenzierung im Urteil jedoch nicht.

[578] Richtlinien der Bundesregierung für die Vergabe von Mitteln an jüdische Verfolgte zur Abgeltung von Härten in Einzelfällen im Rahmen der Wiedergutmachung v. 3.10.1980.

[579] Diese Vereinbarung wurde am 20.10.1997 geschlossen.

zum Ausgleich von erlittenen Gesundheitsschäden gezahlt wurden. Deshalb könne nicht – jedenfalls nicht ohne eine entsprechende gesetzliche Regelung – davon ausgegangen werden, dass damit schlechthin alle übrigen etwaigen Ansprüche wegen nationalsozialistischer Gewaltmaßnahmen abgegolten seien. Die klägerischen Ansprüche wären nur dann erloschen, wenn die Claims Conference für alle im Bundesentschädigungsgesetz geregelten Tatbestände ebenfalls Wiedergutmachungsleistungen bereitgehalten hätte. Dies sei jedoch nicht der Fall gewesen. Vielmehr hätten Zahlungen der Claims Conference nur zum Ausgleich von Gesundheitsschäden in besonderen Härtefällen erfolgen dürften. Daraus folgerte das Gericht, dass Zahlungen der Claims Conference an die Klägerin im Fall der Lohnforderung nicht schuldbefreiend zu Gunsten der Bundesrepublik Deutschland wirken könnten.[580]
Auch Entschädigungsabkommen deutscher Unternehmen mit der Claims Conference wirkten für die Bundesrepublik Deutschland nach Ansicht des Bonner Landgerichts nicht schuldbefreiend. Denn nach allgemeinen Grundsätzen des Schadensrechts wirkten freiwillige Leistungen Dritter nur dann schuldbefreiend, wenn sie auch den Schädiger entlasten sollen. Davon sei in der vorliegenden Konstellation nicht auszugehen. Hinzu kam, dass die Firma Weichsel-Metall-Union KG freiwillige Zahlungen nicht erbracht hatte.[581]
Nach Ansicht des Landgerichts Bonn konnte auch § 8 I BEG nicht alle Ansprüche zum Erlöschen bringen. Es widerspreche dem Sinn und Zweck des Bundesentschädigungsgesetzes, dass ehemaligen Opfern der Nazi-Diktatur allein wegen ihrer Staatsangehörigkeit jegliche Entschädigung versagt bliebe und auch in Zukunft vorenthalten würde. Ursprünglich sei das Bundesentschädigungsgesetz nämlich geschaffen worden, um Opfern die Geltendmachung von Entschädigungsansprüchen zu erleichtern.[582]
Das Gericht sah den Vergütungsanspruch als noch nicht verjährt an. Zwar gelte für unerlaubte Handlungen gem. § 852 I BGB die dreijährige Verjäh-

[580] BARWIG u.a., Entschädigung für NS-Zwangsarbeit, S. 270.
[581] BARWIG u.a., Entschädigung für NS-Zwangsarbeit, S. 269.
[582] BARWIG u.a., Entschädigung für NS-Zwangsarbeit, S. 270 f. Mit dieser Interpretation setzt sich das Gericht in klaren Widerspruch zur Gesetzesbegründung, wonach das Bundesentschädigungsgesetz eine abschließende und ausschließliche Regelung darstellen soll, vgl. BT-Drs. 2/1963, Nr. 2382, S. 4. Außerdem steht diese Rechtsprechung nicht im Einklang mit der in der Völkerrechtslehre überwiegend vertretenen Ansicht, dass § 8 I BEG schlechthin alle Ansprüche zum Erlöschen bringe, soweit sie ihren Ursprung in nationalsozialistischen Verfolgungsmaßnahmen haben, unabhängig davon, ob sie bürgerlich-rechtlicher oder öffentlich-rechtlicher Natur sind.

rungsfrist. Die Verjährung sei jedoch, solange die Sperre des Londoner Schuldenabkommens bestand, gemäß § 202 I BGB gehemmt gewesen. Diese Hemmung habe in analoger Anwendung von § 1 II des Gesetzes über die Verjährung von deutschen Auslandsschulden und ähnlichen Schulden[583] frühestens 18 Monate nach Inkrafttreten des 2+4-Vertrages am 15. März 1991, mithin am 15. September 1992, geendet.[584]

Die Anträge der übrigen Kläger ohne deutsche Staatsangehörigkeit wies das Bonner Landgericht als unbegründet ab[585]. Dabei verwies das Gericht darauf, dass die Kläger bereits Leistungen nach dem Bundesentschädigungsgesetz erhalten hätten. Aus rechtlichen Gesichtspunkten seien damit weiter gehende Ansprüche ausgeschlossen, unabhängig davon, ob sie auf § 839 BGB i.V.m. Art. 34 GG oder auf die Grundsätze des öffentlich-rechtlichen Erstattungsanspruchs gestützt seien.
Zwar erfasse der Gesetzeswortlaut des § 43 I BEG die Zwangsarbeit lediglich in Form einer Freiheitsentziehung. Dennoch vertraten die Richter die Ansicht, dass § 43 III BEG – unter Berücksichtigung der Entstehungsgeschichte des Gesetzes – auch etwaige Vergütungsansprüche erfassen solle. Lohnansprüche seien von § 43 III BEG erfasst, weil das Bundesentschädigungsgesetz eine abschließende und ausschließliche Regelung darstelle.[586]
Auch die Lohnforderung einer deutschen Klägerin, die bereits Leistungen nach dem Bundesentschädigungsgesetz erhalten hatte, wies das Gericht als unbegründet ab. Dabei stützte sich das Gericht auf die Verjährung der Ansprüche. Für den Schadensersatzanspruch aus § 839 BGB i.V.m. Art. 34 GG gelte nämlich die dreijährige Verjährungsfrist nach § 852 I BGB. Für den öffentlich-rechtlichen Erstattungsanspruch sowie den Anspruch aus § 852 III i.V.m. § 812 BGB[587] greife die 30-jährige Verjährungsfrist nach § 195 BGB. Diese Fristen seien nunmehr längst verstrichen. Zur Begründung verwies das Landgericht Bonn darauf, dass für die deutsche Klägerin der in Art. 5 II LSA angeordnete Klagestopp nicht gelte. Damit sei sie an der Geltendmachung ihrer Ansprüche – anders als die ausländischen Kläger – nicht gehindert, die Verjährung mithin nicht nach § 202 BGB gehemmt gewesen. Die Klage war somit nach Ansicht der Richter als unbegründet abzuweisen.

---

583 BGBl. 1956 I, 1915.
584 BARWIG u.a., Entschädigung für NS-Zwangsarbeit, S. 274 f.
585 BARWIG u.a., Entschädigung für NS-Zwangsarbeit, S. 281 f.
586 Ausführlich zur Begründung, BARWIG u.a., Entschädigung für NS-Zwangsarbeit, S. 284 f.
587 Vgl. PALANDT- THOMAS, BGB, § 852 Rn. 21.

Das Landgericht Bonn hatte zuvor das Verfahren ausgesetzt, um das Bundesverfassungsgericht nach Art. 100 II GG anzurufen. Das Landgericht Bonn fragte, ob es eine allgemeine Regel des Völkerrechts gebe, nach der Ansprüche auf Entschädigung wegen Zwangsarbeit nicht individuell, sondern ausschließlich auf zwischenstaatlicher Ebene durchsetzbar seien.

Im Kern ging es um die Problematik, ob der „Grundsatz der Exklusivität des völkerrechtlichen Ausgleichs“ auch auf Entschädigungsforderungen ehemaliger Zwangsarbeiter anzuwenden ist. Denn diese waren vom Landgericht Bonn nicht als Reparationen, sondern als mit der Kriegsführung in engem Zusammenhang stehende Forderungen bewertet worden.[588]
Für eine solche Erstreckung des „Grundsatzes der Exklusivität des völkerrechtlichen Ausgleichs“ auf alle aus dem Krieg herrührenden Forderungen spricht nach Ansicht des Bonner Landgerichts die Vielzahl der potenziellen Forderungsinhaber, die begrenzte Leistungsfähigkeit des besiegten Staates, sowie das Interesse des Siegers, die erhaltene Wiedergutmachung möglicherweise nach anderen politischen Kriterien einzufordern und zu verwenden, als es den Ansprüchen seiner Staatsangehörigen entspreche.
Obgleich das Bundesverfassungsgericht die Vorlage als unzulässig[589] erachtete, äußerte es sich dennoch in einem obiter dictum zur Frage der „Exklusivität des völkerrechtlichen Ausgleichs“.[590]

Das Bundesverfassungsgericht verwies zur Beurteilung der Frage zunächst auf den völkerrechtlichen Grundsatz des diplomatischen Schutzes. Würden völkerrechtliche Delikte gegenüber fremden Staatsangehörigen begangen, so stünden Ansprüche nicht dem Betroffenen, sondern ausschließlich dessen Heimatstaat zu. Dieser Schutzstaat des Individuums wiederum mache im Wege des diplomatischen Schutzes sein eigenes Recht darauf geltend, dass das Völkerrecht in der Person seines Staatsangehörigen beachtet wird.[591]

588 Vgl. BARWIG u.a., Entschädigung für NS-Zwangsarbeit, S. 231.

589 Das Bundesverfassungsgericht hielt die Vorlage für unzulässig. Denn Gegenstand eines Normenverifikationsverfahrens seien nur die allgemeinen Regeln des Völkerrechts im Sinne von Art. 25 GG, also universell geltendes Völkerrecht sowie allgemeine Rechtsgrundsätze. Alle übrigen völkerrechtlichen Regeln, insbesondere das Völkervertragsrecht, hätten die Fachgerichte selbst anzuwenden und auszulegen; vgl. Barwig u.a., Entschädigung für NS-Zwangsarbeit, S. 240.

590 Beschluss des BVerfG v. 13.05.1996, Az.: 2 BvL 33/93; BVerfGE 94, S. 315 ff..; BVerfG, NJW 1996, S. 2717; abgedruckt in: BARWIG u.a., Entschädigung für NS-Zwangsarbeit, S. 222 ff.

591 Vgl. BARWIG, u.a., Entschädigung für NS-Zwangsarbeit, S. 241 mit Verweis auf Mavrommatis Palestine Concessions Fall, StIGH, Série A, No. 2, S. 12; Reparation

Dieses Prinzip der ausschließlichen Staatenberechtigung galt – nach Ansicht des Bundesverfassungsgerichts – auch in den Jahren 1943 bis 1945 für die Verletzung von Menschenrechten. Die Folge war, dass der Einzelne grundsätzlich weder die Feststellung des Unrechts noch einen Unrechtsausgleich verlangen konnte. Ob der Heimatstaat den diplomatischen Schutz ausüben würde, lag in dessen Hand. Der Einzelne jedenfalls hatte weder nach Völkerrecht noch in der Regel nach innerstaatlichem Recht einen subjektiven, durchsetzbaren Anspruch darauf. Dieser Grundsatz der ausschließlichen Staatenberechtigung sei erst in jüngerer Zeit aufgeweicht worden. Erst neuere völkerrechtliche Entwicklungen gewährten einen erweiterten Schutz für Menschenrechte und billigten dem Einzelnen ein eigenes Recht zu.
Das Bundesverfassungsgericht unterstrich jedoch, dass dieses Grundprinzip keinesfalls Ansprüche ausschließt, die das nationale Recht des Verletzerstaates dem verletzten Individuum außerhalb völkerrechtlicher Verpflichtungen gewährt. Trotz des völkerrechtlichen Grundsatzes der ausschließlichen Staatenberechtigung besteht nach Ansicht des Bundesverfassungsgerichts nämlich die Möglichkeit für den Verletzerstaat, den Betroffenen nach nationalem Recht Entschädigungsansprüche zu geben.[592] Das gelte insbesondere dann, wenn in der staatlichen Verletzungshandlung sowohl ein Bruch des Völkerrechts als auch des nationalen Rechts liege.
Dabei betonte das Bundesverfassungsgericht, dass Ansprüche, die das nationale Recht des Verletzerstaates dem Einzelnen gebe, gleichberechtigt neben völkerrechtlichen Ansprüchen des Staates für seinen verletzten Staatsangehörigen stehen. Diese Anspruchsparallelität gelte auch für etwaige Entschädigungsansprüche wegen geleisteter Zwangsarbeit im Zusammenhang mit dem Zweiten Weltkrieg. So sei die Geltendmachung nationaler Ansprüche des verletzten Staates durch betroffene Individuen keineswegs durch völkerrechtliche Grundsätze ausgeschlossen. Deshalb werde in ständiger Rechtspraxis nicht in Frage gestellt, dass das deutsche Bundesentschädigungsgesetz individuelle Ansprüche gewährt, die das verletzte Individuum aus eigenem Recht durchsetzen kann. Ansprüche aus dem Bundesentschädigungsgesetz würden durch völkerrechtliche Ansprüche

---

for Injuries Fall, ICJ Rep. 1949, S. 184; Nottebohm Fall, ICJ Rep., 1955, S. 24; Barcelona Traction Fall, ICJ Rep. 1970, S. 44.

592 Dies beweise bereits der Grundsatz, dass der Heimatstaat diplomatischen Schutz erst nach Erschöpfung des innerstaatlichen Rechtsweges des Verletzerstaates durch das betroffene Individuum ausüben darf, vgl. Mavrommatis Palestine Concessions Fall, StIGH, Série A, No. 2, S. 12; Interhandel-Fall, ICJ Rep. 1959, S. 27. Damit werde die Möglichkeit eines eigenen Anspruchs des betroffenen Individuums auch nach nationalem Recht vorausgesetzt, vgl. BARWIG u.a., Entschädigung für NS-Zwangsarbeit, S. 242.

nicht berührt. Dies gelte selbst dann, wenn sowohl das nationale Recht als auch das Völkerrecht an Kriegshandlungen anknüpfende Ansprüche gewährten.
Nach Ansicht des Bundesverfassungsgerichts gibt es keine Regel des Völkergewohnheitsrechts, wonach Entschädigungen im Zusammenhang mit Kriegsfolgen ausschließlich im Rahmen völkerrechtlicher Verträge, insbesondere von Friedensverträgen, getroffen werden könnten oder bereits bestehende Verträge über solche Entschädigungen abschließend wären.[593] Eine solche Staatenpraxis würde eine dauernde und einheitliche Übung unter weit gestreuter und repräsentativer Beteiligung voraussetzen. Dass eine solche nicht bestehe, zeigten die Friedensverträge, in denen die Staaten auf gegenseitige Reparationsansprüche verzichtet hatten. Diese Verzichtserklärungen beträfen regelmäßig nur zwischenstaatliche Ansprüche, nicht jedoch Ansprüche der Staatsangehörigen selbst.[594]

Sowohl die Kläger, die nach dem Urteil des Landgerichts Bonn entschädigungslos geblieben waren, als auch die Bundesrepublik Deutschland als Beklagte gingen in Berufung[595]. Auf die Berufung der Bundesrepublik Deutschland wies das Oberlandesgericht Köln alle Klagen ab. Die Berufungen der erstinstanzlich unterlegenen Kläger wurden zurückgewiesen. Die Richter entschieden, dass den Opfern nationalsozialistischer Verfolgung aufgrund der bestehenden Gesetze kein Schadensersatz- oder Entschädigungsanspruch für die von ihnen geleistete Zwangsarbeit gegen die Bundesrepublik Deutschland zustünde.
Das Berufungsgericht sah zwar – wie das Gericht erster Instanz – einen Amtshaftungsanspruch dem Grunde nach als gegeben an.[596] Seine Geltendmachung wie auch die eines öffentlich-rechtlichen Entschädigungsanspruches seien jedoch nach § 8 I BEG[597] ausgeschlossen.[598]

---

[593] BARWIG, u.a., Entschädigung für NS-Zwangsarbeit, S. 244.
[594] BARWIG, u.a., Entschädigung für NS-Zwangsarbeit, S. 244.
[595] Urteil des OLG Köln v. 3.12.1998, Az.: 7 U 222/97. Dieses Urteil wurde rechtskräftig, nachdem die Kläger ihre Revision zum Bundesgerichtshof zurückgenommen hatten.
[596] Nähere Ausführungen, vgl. S. 14 des Urteils
[597] § 8 BEG bestimmt:
(1) Ansprüche gegen das Deutsche Reich, die Bundesrepublik Deutschland und die deutschen Länder können unbeschadet der in § 5 genannten und der durch § 228 Abs. 2 aufrechterhaltenen Vorschriften nur nach diesem Gesetz geltend gemacht werden, wenn sie darauf beruhen, dass durch Maßnahmen, die aus den Verfolgungsgründen des § 1 getroffen worden sind, Schaden entstanden ist.
[598] Bereits der Wortlaut des Gesetzes weise darauf hin, dass Ansprüche wegen nationalsozialistischer Verfolgungsmaßnahmen abschließend und ausschließlich nach dem Bundesentschädigungsgesetz befriedigt werden sollten. Auch die Regelungsabsich-

Die Richter vertraten den Standpunkt, dass § 43 BEG über eine Entschädigung wegen Entziehung und Beschränkung der Freiheit hinaus keinen entschädigungsrechtlichen Anspruch auf das Arbeitsentgelt gewähre.
Das Oberlandesgericht bezog sich in seiner Begründung auf die Intention des Bundesentschädigungsgesetzes. Sinn und Zweck dieses Gesetzes war es nämlich, die Befriedigung nationalsozialistischen Unrechts einem eigenen Regelwerk zu unterwerfen. Ein Nebeneinander von Entschädigungsrecht und allgemeinem Haftungsrecht hätte dem gesetzgeberischen Willen, leistungsfähig zu bleiben, widersprochen.
Daraus schlussfolgerten die Kölner Richter, dass das Bundesentschädigungsgesetz alle anderen möglichen Anspruchsgrundlagen verdränge. Dies gelte selbst dann, wenn ganze Schadenstatbestände oder Personenkreise vom Bundesentschädigungsgesetz nicht erfasst seien. Denn eine Abgrenzung der wiedergutmachungsrechtlichen Vorschriften sei sinnlos, wenn sie auf dem Weg über Ansprüche nach allgemeinem Haftungsrecht umgangen werden könnte.
Auch eine Ungleichbehandlung der Klägerin, die wegen der Stichtagsvoraussetzungen des Bundesentschädigungsgesetz keine Entschädigung erhalten und deshalb vor dem Landgericht Bonn erfolgreich war, lehnte das Berufungsgericht ab. Die Klägerin erfüllte die allgemeinen Anspruchsvoraussetzungen des Bundesentschädigungsgesetzes nicht, weil sie ihre polnische Staatsbürgerschaft erst im Jahre 1968 zugunsten einer israelischen abgegeben hatte. Diese Schlechterstellung war jedoch durch sachliche Gründe gerechtfertigt. Eine unmittelbare Wiedergutmachungspflicht erkannte der Gesetzgeber nämlich nur gegenüber den eigenen Staatsangehörigen und solchen Verfolgten an, die eigenen Staatsangehörigen gleich zu achten waren. Dies waren Opfer, die in der Bundesrepublik Deutschland lebten oder im ehemaligen Reichsgebiet gelebt hatten. Dagegen bestand keine Veranlassung zur Entschädigung Verfolgter ausländischer Staaten. Denn diese konnten sich wegen ihrer Schäden an ihren eigenen Staat wenden. Diesem war es seinerseits unbenommen, den deutschen Staat im Wege der völkerrechtlichen Reparation auf Regress in Anspruch zu nehmen.

---

ten, Zwecke und Normvorstellungen des (historischen) Gesetzgebers verdeutlichten, dass er die Ansprüche der Opfer nationalsozialistischer Verfolgung aus dem Haftungsverband des Delikts- und Entschädigungsrechts insgesamt herauslesen und als Teilgebiet nationalsozialistischen Unrechts gesondert regeln wollte. Diese Beschränkung hatte ihren Grund in dem militärischen und politischen Zusammenbruch des Deutschen Reiches. Eine vollständige Schadloshaltung der Verfolgten, selbst wenn sie sich nur auf die durch nationalsozialistische Gewaltmaßnahmen verursachten Schäden beschränkt hätte, hätte die finanziellen Möglichkeiten der Bundesrepublik Deutschland weit überstiegen; ausführlich zur Argumentation vgl. S. 16 f. des Urteils.

Als Fazit kann festgestellt werden, dass sich die Erfolgsaussichten von Klagen ehemaliger Zwangsarbeiter nach Abschluss des 2+4-Vertrages und der damit verbundenen veränderten politischen Situation in Deutschland nicht wesentlich verbessert hatten. Dies lag vor allem an der abschließenden Wirkung des Bundesentschädigungsgesetzes. Sinn und Zweck des Bundesentschädigungsgesetzes war es nämlich, Ansprüche wegen nationalsozialistischen Verfolgungsmaßnahmen ausschließlich und abschließend zu regeln. Derartige Forderungen sollten nach dem Willen des historischen Gesetzgebers, dem sich die deutsche Rechtsprechung letztlich auch nicht verschloss, aus dem sonstigen nationalen Deliktsrecht herausgelesen und als Teilgebiet nationalsozialistischen Unrechts gesondert geregelt werden. Ein Nebeneinander von Entschädigungsrecht und allgemeinem Haftungsrecht hätte der gesetzgeberischen Intention widersprochen, die die Leistungsfähigkeit der Bundesrepublik Deutschland im Blick hatte. Das Bundesentschädigungsgesetz jedoch sieht keine Entschädigungsansprüche wegen geleisteter Zwangsarbeit vor, mit Ausnahme der Konstellation, dass es im Rahmen der Zwangsarbeit zu einer Freiheitsentziehung oder -beschränkung gekommen ist (§ 43 BEG). § 43 BEG kann entgegen seinem klaren Wortlaut nicht insoweit ausgedehnt werden, dass er auch Lohnansprüche wegen geleisteter Zwangsarbeit gewährt. Das Bundesentschädigungsgesetz schließt somit alle anderen Ansprüche aus, selbst wenn ganze Schadenstatbestände oder Personenkreise von ihm nicht erfasst sind.
Eine Ungleichbehandlung gegenüber Opfern, die wegen ihrer Staatsangehörigkeit vom Geltungsbereich ausgenommen sind, liegt nicht vor. Denn diese haben die Möglichkeit, mit ihren Forderungen an ihren Schutzstaat heranzutreten, der diese im Wege des diplomatischen Schutzes auf zwischenstaatlicher Ebene durchsetzen kann.
Das Bundesverfassungsgericht betonte in seinem obiter dictum, dass es jedem Verletzerstaat unbenommen sei, auf innerstaatlicher Ebene Entschädigungsregelungen zu schaffen, die an Kriegshandlungen anknüpfen und die vom Individuum durchsetzbar sind. Diese Ansprüche bestünden neben völkerrechtlichen Reparationsansprüchen, die ausschließlich auf zwischenstaatlicher Ebene geltend gemacht werden können.

VI. Würdigung der deutschen Rechtsprechung

Im folgenden Teil wird die Aussage des obiter dictums des Bundesverfassungsgerichts[599] herausgearbeitet und rechtlich gewürdigt.
Im Kern geht es um die Frage, ob ein und derselbe Sachverhalt sowohl völkerrechtliche zwischenstaatliche Reparationsansprüche als auch indivi-

[599] 2 BvL 33/93, S. 21 f..

duelle Ansprüche des Geschädigten nach dem innerstaatlichem Recht des Schädigerstaates auslösen kann.
Féaux de la Croix[600] vertritt den Grundsatz der Exklusivität des Völkerrechts.[601] Danach schließe die völkerrechtliche Betrachtung eine durchaus denkbare gleichzeitige zivilrechtliche Betrachtung aus. Denn nur der Grundsatz der Exklusivität sei ein Schutz gegen das rechtliche Chaos, das sich zwangsläufig ergibt, wenn der jeweilige Feindstaat und/oder die einzelnen Geschädigten auch auf zivilrechtlicher Ebene gegen den Schädigerstaat und/oder das schädigende Individuum selbst vorgehen könnten. Für diese Ansicht sprechen die Vielzahl potenzieller Forderungsinhaber und die begrenzte Leistungsfähigkeit des besiegten Staates. Außerdem liegt es im Interesse des Siegerstaates, die Wiedergutmachung möglicherweise nach anderen politischen Kriterien einzufordern und zu verwenden, als es den Ansprüchen seiner Staatsangehörigen entspreche.[602]
Zu Recht tritt das Bundesverfassungsgericht in seinem obiter dictum[603] einer Verallgemeinerung des Grundsatzes der völkerrechtlichen Exklusivität entgegen. Denn das Völkerrecht und das innerstaatliche Recht stehen als völlig unabhängige Rechtsgebiete nebeneinander. Während das Völkerrecht den allgemeinen Rahmen für Wiedergutmachungsleistungen festlegt, setzt das innerstaatliche Recht diese Grundsätze um und konkretisiert sie. Dabei bleibt es dem nationalen Gesetzgeber unbenommen, über den völkerrechtlich vorgegebenen Rahmen hinaus innerstaatlich Mehrleistungen zu gewähren.
Diesem Verständnis steht auch die Einordnung der Entschädigung für Zwangsarbeit als Reparation nicht entgegen. Zwar sind Reparationen zwischenstaatliche Ansprüche, die ausschließlich von Staat zu Staat geltend gemacht werden können. Dieser Grundsatz betrifft jedoch nur völkerrechtliche Ansprüche.[604] Dem nationalen Recht bleibt es hingegen unbenommen, weitere Ansprüche zu schaffen, die inhaltlich ebenfalls an das Kriegsgeschehen anknüpfen.
Das Bundesverfassungsgericht hatte mit seinem obiter dictum, das zwar keine rechtliche Verbindlichkeit entfaltete, aber politisch äußerst virulent wurde, in ein Wespennest gestochen. Diese Entscheidung des Obersten

---

600 FEAUX DE LA CROIX, NJW 1960, S. 2268 ff., S. 2269.
601 In der völkerrechtlichen Literatur existiert eine Strömung, die sich für eine Absorption der zivilrechtlichen Haftung durch völkerrechtliche Reparationsansprüche ausspricht, vgl. BRODESSER u.a., Wiedergutmachung und Kriegsfolgenliquidation, S. 186 f.; DOEHRING, in: AVR 38 (2000), S. 116 f., STEIN, ZaöRV 60 (2000), S. 532 f., RANDELZHOFER/DÖRR, Entschädigung für Zwangsarbeit, S. 23 ff.
602 Argumentation, vgl. BARWIG u.a., Entschädigung für NS-Zwangsarbeit, S.231.
603 2 BvL 33/93, S. 21 f.
604 2 BvL 33/93, S. 22.

deutschen Verfassungsgerichts wurde nämlich von ehemaligen Zwangsarbeitern und deren Anwälten als Bestätigung der Begründetheit ihrer Ansprüche angesehen. Der Weg schien frei zu sein, Entschädigungsansprüche nunmehr auch gerichtlich erfolgreich gegenüber deutschen Unternehmen einklagen zu können. Folge dieses Verständnisses war eine Klagewelle ehemaliger NS-Zwangsarbeiter, die sich vor allem gegen deutsche Unternehmen richtete.

Das obiter dictum des Bundesverfassungsgerichts ist deshalb so gefährlich, weil es eine völkerrechtliche Banalität im Gewand eines revolutionären Sinneswandels deutscher Gerichte zugunsten der Zwangsarbeiter daherkommen lässt. Das Bundesverfassungsgericht hat sich nämlich nicht – wie es in der Öffentlichkeit zu Unrecht verstanden wurde – zur Begründetheit von Forderungen ehemaliger Zwangsarbeiter geäußert.[605] Es hat lediglich darauf hingewiesen, dass der nationale Gesetzgeber des Schädigerstaates frei ist – unabhängig von den völkerrechtlichen Reparationsverpflichtungen – eigenständige innerstaatliche Anspruchsgrundlagen zur Entschädigung von Kriegsopfern zu schaffen.

Das ist zweifellos richtig, denn dem innerstaatlichen Recht bleibt es unbenommen, völkerrechtliche Verbindlichkeiten zu konkretisieren und auch Mehrleistungen zu gewähren. Das Bundesverfassungsgericht hat sich jedoch nicht dazu geäußert, ob und wenn ja welche Anspruchsgrundlagen im nationalen Recht bestehen.

Als Wiedergutmachungsgesetze kennt das nationale deutsche Recht lediglich das Bundesentschädigungsgesetz und das Allgemeine Kriegsfolgengesetz. Diese haben für Zwangsarbeit als solche – das heißt ohne verfolgungsbedingte Inhaftierung – keinen besonderen Entschädigungstatbestand begründet. Damit ist völkerrechtswidrige Zwangsarbeit, sofern nicht hierfür innerstaatliche Anspruchsgrundlagen ausdrücklich geschaffen wurden oder werden, ausschließlich im Rahmen von Reparationsvereinbarungen zu regeln.

Zu einer anderen Auffassung könnte man lediglich dann gelangen, wenn man allgemeine zivilrechtliche Anspruchsgrundlagen anwenden würde.

Problematisch ist, ob allgemeine zivilrechtliche Anspruchsgrundlagen wie beispielsweise §§ 823 oder 812 BGB als nationale Anspruchsgrundlagen bei der Entschädigung ehemaliger Zwangsarbeiter greifen könnten. Im Folgenden wird deshalb untersucht, ob allgemeine zivilrechtliche Ansprüche nach ihrer Grundkonzeption als geeignete Anspruchsgrundlagen im Rahmen des Ausgleichs kriegsbedingter Schäden von Individuen herange-

---

[605] Darauf wies die Bundesregierung zu Recht hin, vgl. Antwort der Bundesregierung, BT-Drs. 14/1786, S. 2.

zogen werden können. Ob dies der Fall ist, ist durch Auslegung zu ermitteln.
Das bürgerliche Gesetzbuch trat am 1. Januar 1900 in Kraft, also noch vor den beiden Weltkriegen. Deshalb konnten dessen Väter bei der Schaffung deliktsrechtlicher und bereicherungsrechtlicher Normen die vorliegende Sonderkonstellation, nämlich den Ausgleichsanspruch von Individuen für kriegsbedingte Schäden, wohl kaum vor Augen gehabt haben.
Außerdem ist zu berücksichtigen, dass der einzelne Mensch im klassischen Völkerrecht des 19. und beginnenden 20. Jahrhunderts überhaupt nicht auf völkerrechtlicher Ebene auftauchte. Er konnte nicht Träger von Rechten und Pflichten sein; die Völkerrechtssubjektivität wurde ihm abgesprochen. Völkerrechtssubjektivität kam einzig und allein dem Staat zu. Der Einzelne war durch seinen Staat „mediatisiert". Die Völkerrechtslehre verweigerte dem Individuum nicht nur die Position eines Völkerrechtssubjekts, sondern betrachtete es sogar als reines Objekt der Völkerrechtsnormen[606], seine Position war nicht mehr als ein bloßer Reflex jenes Staatenrechts[607].
Vor diesem Hintergrund mussten die Begründer des Bürgerlichen Gesetzbuches davon ausgehen, dass Individualansprüche im Rahmen von Kriegsereignissen als völkerrechtliche Tatbestände nicht von Individuen, sondern nur von den entsprechenden Heimat- oder Schutzstaaten geltend gemacht werden konnten.
Die Vorschriften über unerlaubte Handlungen bezwecken den Schutz des Einzelnen vor widerrechtlichen Eingriffen in seinen Rechtskreis.[608]
Ziel der Bereicherungsansprüche ist es, allgemein dort einen gerechten und billigen Ausgleich durch Herausgabe des Erlangten bzw. Wertersatz zu schaffen, wo das Recht zunächst einen rechtswirksamen Vermögenserwerb herbeigeführt hat, obwohl dieser mit den Anforderungen materieller Gerechtigkeit nicht übereinstimmt.[609]
Die Anwendung allgemeiner deliktsrechtlicher und bereicherungsrechtlicher Vorschriften auf Entschädigungsfälle würde jedoch die spezielle Wiedergutmachungsgesetzgebung unterlaufen, die durch Art. 5 des Sechsten Teils des Überleitungsvertrages angeordnet und vor allem durch das Bundesentschädigungsgesetz umgesetzt worden war. Denn diese spezielle Gesetzgebung zur Wiedergutmachung typisch nationalsozialistischen Unrechts wurde gerade zur Entschädigung von Kriegsopfern geschaffen. Dabei hatte der deutsche Gesetzgeber aber gerade darauf verzichtet, mögliche Ansprüche von Zwangsarbeitern in seinen Regelungsbereich aufzunehmen.

606 Vgl. KIMMINICH, Einführung in das Völkerrecht, S. 198 f.
607 Vgl. IPSEN, Völkerrecht, § 2 Rn. 21.
608 Vgl. PALANDT, Einf. v § 823 Rn. 1.
609 Vgl. PALANDT, Einf. v § 812 Rn. 2.

Diese bewusste Entscheidung würde konterkariert, wenn allgemeine, nicht für diesen Zweck geschaffene, zivilrechtliche Vorschriften als Anspruchsgrundlagen herangezogen werden könnten.[610]

Die Auslegung allgemeiner zivilrechtlicher Normen führte zu dem Ergebnis, dass diese Vorschriften sowohl nach ihrer Grundkonzeption als auch nach ihrem Sinn und Zweck nicht darauf ausgelegt sind, die Grundlage für individuelle Ausgleichsansprüche wegen kriegsbedingter Schäden darzustellen. Auch würde eine Anwendung allgemeiner zivilrechtlicher Vorschriften im Kontext mit der Zwangsarbeiterentschädigung den Sinn und Zweck des Bundesentschädigungsgesetzes unterlaufen. Denn dieses Gesetz wurde gerade zur individuellen Entschädigung von Kriegsopfern geschaffen. Entschädigungsansprüche für ehemalige Zwangsarbeiter gewährt das Bundesentschädigungsgesetz nur insofern, als Kompensation für Freiheitsentziehungen und -beschränkungen begehrt werden. Für sonstige Schäden, die mit der Zwangsarbeit in Zusammenhang stehen, gewährt das Bundesentschädigungsgesetz keine Anspruchsgrundlagen. Dies lässt den zwingenden Schluss zu, dass der deutsche Gesetzgeber die Entschädigung ehemaliger Zwangsarbeiter auf nationaler Ebene außen vor lassen wollte. Damit ist der Ausgleich für Zwangsarbeit, sofern nicht hierfür innerstaatliche Anspruchsgrundlagen ausdrücklich geschaffen werden, ausschließlich im Rahmen von zwischenstaatlichen Reparationsvereinbarungen zu regeln. Kriegsgefangene und ausländische Zwangsarbeiter, die nicht Verfolgte im Sinne des Bundesentschädigungsgesetzes waren, konnten Forderungen nur gegenüber ihrem eigenen Heimat- oder Schutzstaat geltend machen. Dieser hätte zur Befriedigung der Zwangsarbeiter auf sein Reparationskontingent zurückgreifen müssen.

Ein Zurückgreifen auf allgemeine zivilrechtliche oder öffentlich-rechtliche Normen sowie die Schaffung neuer Gesetze zur Entschädigung ehemaliger Zwangsarbeiter, die deutsche Unternehmen belasten, wirft auch verfassungsrechtliche Probleme auf.

Es stellt sich insbesondere die Frage, ob der Gesetzgeber Normen jeglicher Art erlassen kann oder ob er nicht vielmehr Beschränkungen zum Schutz deutscher Unternehmen beachten muss.

---

[610] Nicht außer Acht gelassen werden darf zudem, dass Kriegshandlungen zumeist von Kombattanten als staatlichen Funktionsträgern vorgenommen wurden mit der Folge, dass deliktsrechtliche Ansprüche von der Staatshaftung verdrängt wurden, so HEß, in: Entschädigung nach bewaffneten Konflikten, S. 107 ff., S. 112. In Deutschland gilt § 839 BGB, Art. 34 GG i.V.m. Art. 131 WRV, wonach Ansprüche auf den Staat übergeleitet werden. Ein Direktanspruch gegen den handelnden Soldaten bzw. Befehlshaber kommt nur bei Exzesstaten in Betracht, vgl. HEß, in: Entschädigung nach bewaffneten Konflikten, S. 107 ff., S. 112.

Ob Unternehmen den Eigentumsschutz des Art. 14 GG in Form des Schutzes des Rechts am eingerichteten und ausgeübten Gewerbebetrieb genießen, ist umstritten.
Nachdem sich die Rechtsprechung des Bundesverfassungsgerichts zu dieser Frage im Laufe der Zeit gewandelt hat[611], lässt das Bundesverfassungsgericht die Einbeziehung der Unternehmen in den Schutzbereich des Art 14 GG inzwischen offen[612]. Jedoch äußert es deutliche Zweifel daran, ob der Gewerbebetrieb überhaupt in den Schutzbereich des Art. 14 GG fällt[613].
Zu Recht befürworten sowohl die herrschende Lehre als auch die Rechtsprechung des Bundesgerichtshofs[614], des Bundesverwaltungsgerichts[615] und des Bundessozialgerichts[616] den Eigentumsschutz von Unternehmen. Ein Unternehmen ist nämlich in seiner Gesamtheit deutlich mehr wert als die Summe aller Gegenstände des Unternehmensvermögens, die isoliert den Schutz von Art. 14 GG genießen. Denn diese Gegenstände sind mit Arbeitnehmern und Unternehmensleitern, gegebenenfalls auch mit Finanzvermögen, für eine spezifische unternehmerische Aufgabe zu einer Einheit verbunden.[617] Mit dem Eigentumsschutz des Unternehmens sollen Gewinnerwartungen kapitalisiert und faktische Gegebenheiten sowie Erwerbsaussichten als Eigentum im verfassungsrechtlichen Sinne behandelt werden.[618] Außerdem ist der Betrieb durch Leistung entstanden, der Unternehmer si-

611 Zunächst hatte das Bundesverfassungsgericht die Auffassung vertreten, der Gewerbetrieb könne als Sach- und Rechtsgesamtheit dem reinen Sacheigentum gleichgestellt werden, vgl. BVerfGE 1, S. 264, S. 277 f. Später entschied es, dass nur ein Eingriff in die Substanz der Sach- und Rechtsgemeinschaft den Gewerbebetrieb nach Art. 14 GG verletzen könne, vgl. BVerfGE 13, S. 225, S. 229f. Definitiv vom Eigentumsbegriff ausgeschlossen hat das Bundesverfassungsgericht bestehende Geschäftsverbindungen, einen erworbenen Kundenstamm und die Marktstellung eines Unternehmens als bloße Chance und tatsächliche Gegebenheiten. Aus der Verfassungsgewährleistung folge weder ein übergreifender Schutz ökonomisch sinnvoller und rentabler Eigentumsnutzung noch ein Schutz des Betriebsvermögens, vgl. BVerfGE 77, S. 84 ff., S. 118.

611 Vgl. BVerfGE 51, S. 193 ff., S. 221 f.

612 BVerfGE 66, S. 116, S. 145; 68, S. 193, S. 222 f.

613 Vgl. BVerfGE 51, S. 193, S. 221 f.; 74, S. 129, S. 148.

614 Vgl. BGH NJW 1989, S. 1923.

615 BVerwGE 6, S. 247, S. 266; BVerwGE 30, S. 235, S. 239; BVerwGE 36, S. 248, S. 251; BVerwGE 62, S. 224, S. 226; BVerwGE 66, S. 307, S. 309 sowie BVerwGE 81, S. 49, S. 54.

616 BSGE 5, S. 40, S. 42.

617 Vgl. ENGEL, AöR 118 (1993), S. 170 ff., S. 234.

618 Vgl. ENGEL, AöR 118 (1993), S. 170 ff., S. 191, S. 204 f.

chert mit dem Betrieb seine Existenz, so dass die Konstitutivelemente des Eigentums vorliegen.[619]
Schadensersatzansprüche ehemaliger Zwangsarbeiter gegen deutsche Unternehmen in nicht absehbarer und unüberschaubarer Höhe können einen Eingriff in das Recht des eingerichteten und ausgeübten Gewerbebetriebs darstellen. Ein Eingriff liegt darin, dass die Firmen durch Entschädigungsforderungen gehindert würden, ihre Sach- und Personalmittel in der für richtig befundenen Weise auf ihre unternehmerische Aufgabe auszurichten. Außerdem ist folgender Gesichtspunkt zu beachten: Die Entschädigung von NS-Zwangsarbeitern ist als Reparationsverpflichtung eine zwischenstaatliche Verantwortung und trifft damit die Bundesrepublik Deutschland als Rechtsnachfolgerin des Deutschen Reiches und nicht etwa deutsche Unternehmen. Eine (teilweise) Abwälzung dieser Schuld ist als eine Indienstnahme Privater zur Erfüllung öffentlicher Aufgaben anzusehen. Diese stellt nicht nur einen Eingriff in die Berufausübungsfreiheit nach Art. 12 GG dar.[620] Wenn der Staat die Unternehmen dabei zur Aufopferung einzelner Gegenstände des Betriebsvermögens zwingt, liegt unter diesem Gesichtspunkt außerdem ein Eingriff in Art. 14 GG vor.[621]
Die Regelung von Inhalt und Schranken des Eigentums erfolgt durch Gesetze[622] gemäß Art. 14 I 2 GG. Bei einem Eigentumseingriff ist der Staat an den Verhältnismäßigkeitsgrundsatz gebunden[623]. Dabei muss die Zweck-Mittel-Relation beachtet werden. In diese Prüfung können auch Gleichheitsverstöße einfließen.[624] Für das Schutzniveau im Einzelfall kann eine Fülle von Gesichtspunkten erheblich sein. Berücksichtigt werden können etwa die Fragen, welche Interessen der Staat mit dem Eingriff verfolgt, wie sehr diese ohne den Eingriff gefährdet wären, ob der Unternehmer Mitverantwortung für den Zustand trägt, ob Dritte an der einen oder anderen Lösung interessiert sind und wie dieses Interesse zu gewichten ist oder ob schonendere Lösungen zu vertretbaren Kosten verfügbar sind.[625] Bei der Anwendung allgemeiner zivilrechtlicher oder öffentlich-rechtlicher Normen zur Entschädigung von NS-Zwangsarbeitern kann diesen Abwägungskriterien kaum Rechnung getragen werden. Deshalb ergibt sich aus dem Schutzsystem der Grundrechte, insbesondere aus dem Schutz des ein-

[619] Vgl. BADURA, in: Festschrift zum 125jährigen Bestehen der juristischen Gesellschaft zu Berlin, S. 1 ff.
[620] ENGEL, AöR 118 (1993). S. 170 ff., S. 224.
[621] Ausführliche Begründung bei Engel, AöR 118 (1993), S. 170 ff., S. 224 f.
[622] Dabei sind Gesetze im materiellen Sinne gemeint, vgl. JARASS/PIEROTH, Art. 14, Rn. 29 m.w.N.
[623] BVerfGE 58, S. 137, S 147 f.
[624] Vgl. statt aller: BVerGE 58, S. 137, S. 148.
[625] Vgl. ENGEL, AöR 118 (1993), S. 170 ff., S. 233.

gerichteten und ausgeübten Gewerbebetriebs, dass bei der Rechtsanwendung nicht auf beliebige allgemeine zivilrechtliche oder öffentlichrechtliche Normen zurückgegriffen werden darf. Einer verfassungsrechtlichen Prüfung standhalten können nur Normen, die unter Beachtung des Verhältnismäßigkeitsgrundsatzes neu geschaffen werden.

Die Untersuchungen haben gezeigt, dass nach innerstaatlichem deutschen Recht keinerlei Anspruchsgrundlagen zur Entschädigung von Zwangsarbeitern sowohl gegenüber dem deutschen Staat als auch gegenüber der deutschen Wirtschaft eingreifen.[626] Der einzige Weg für die deutsche Bundesregierung, die Zwangsarbeiter dennoch zu entschädigen und damit den „new sense-value" der amerikanischen Gruppenklagen zu entschärfen, lag in einer Fondslösung. Diese basiert jedoch nach juristischer Bewertung nicht auf rechtlichen Verpflichtungen, sondern lediglich auf moralischen Erwägungen. Diese Stiftung hätte jedoch allein vom Staat finanziert werden müssen. In der Mitverpflichtung der deutschen Wirtschaft, die keinerlei rechtliche Verpflichtung zur Entschädigung von NS-Zwangsarbeitern trägt, liegt eine unheilvolle Vermischung von Recht und Moral. In dieser Miteinbeziehung deutscher Unternehmen in die Fondslösung liegt eine Systemwidrigkeit, die treffend mit dem Schlagwort „to pay with other people´s money" umschrieben werden kann.

Die exemplarisch untersuchten Urteile zur Entschädigung ehemaliger Zwangsarbeiter nach der Wiedervereinigung sahen Ansprüche ehemaliger Zwangsarbeiter aufgrund allgemeinen deutschen Zivilrechts dem Grunde nach als gegeben an. Letztlich scheiterten die Klagen jedoch daran, dass diese Ansprüche von Vorschriften verdrängt wurden, die der deutsche Gesetzgeber speziell für die deutsche Wiedergutmachung konzipiert hatte.
Wie oben bereits festgestellt, erfolgte diese Verdrängung allgemeiner zivilrechtlicher Anspruchsgrundlagen zu Recht, da diese nach ihrem Sinn und Zweck nicht für den Ausgleich kriegsbedingter Individualschäden geschaffen waren.
Unabhängig davon stellt sich jedoch die Frage, inwiefern sich Feinde[627] überhaupt auf das deutsche Zivil- und Prozessrecht berufen dürfen und Schutz von deutschen Gerichten erhalten können.

---

[626] So auch HAHN, NJW 2000, S. 3521 ff.

[627] Nach der kontinentaleuropäischen Rechtspraxis knüpfte der Feindstatus an die Staatsangehörigkeit an. Die angelsächsische Rechtspraxis hingegen wandte das Domizilprinzip an. Nach diesem Domizilprinzip wurde jede Person als „feindlich" betrachtet, die im Zeitpunkt des Kriegsausbruches ihren Wohnsitz im Sinne einer auf Dauer berechneten Niederlassung im feindlichen Staatsgebiet hatte. Feind war daneben auch, wer seinen Wohnsitz im Zeitpunkt des Kriegsausbruches im vom

Denn die Zwangsarbeit fand im Rahmen eines Wirtschaftskrieges[628] statt, da sie der Schwächung der Wirtschaftskraft der Kriegsgegner, vor allem aber der Stärkung der eigenen Wirtschaft diente. In dieser Frage divergieren die kontinentaleuropäische und die anglo-amerikanische Rechtspraxis. Auf dem europäischen Kontinent, vor allem in Deutschland, Österreich-Ungarn, Italien und den Niederlanden, bestanden keinerlei Einschränkungen auf dem Gebiet des Privat- und Prozessrechts.[629]

Dem deutschen Völkerrecht liegt die Anschauung gewisser ausländischer Rechte fern, dass der Krieg unter möglichst großer wirtschaftlicher Schädigung der Angehörigen feindlicher Staaten zu führen ist und dass diese daher im weiten Umfange der Wohltaten des gemeinen bürgerlichen Rechts zu berauben sind. Vielmehr gilt der Grundsatz, dass der Krieg nur gegen den feindlichen Staat als solchen und gegen dessen bewaffnete Macht geführt wird und dass die Angehörigen der feindlichen Staaten in Bezug auf das bürgerliche Recht den Inländern in demselben Maße gleichgestellt sind, wie dies vor dem Kriege der Fall war, mithin, soweit nicht gesetzliche Ausnahmen bestehen, in allen Beziehungen.[630] Nach der kontinentaleuropäischen Konzeption waren Feinde somit nicht von dem innerstaatlichen Zivilrecht ausgeschlossen und konnten vor innerstaatlichen Gerichten sowohl klagen als auch verklagt werden.

Der anglo-amerikanischen Rechtspraxis haften bis heute Teile der alten barbarischen Regel an, wonach feindliche Untertanen außerhalb des Rechts standen. Sie hält nämlich prinzipiell[631] daran fest, dass Feinde vor innerstaatlichen Gerichten nicht klagen (wohl aber verklagt werden) können. Damit ist eine faktische Rechtlosstellung verbunden.

Die kontinentale Gesetzgebung und Rechtsprechung beantworteten diese anglo-amerikanische Rechtspraxis mit einer Repressalie. Dies hatte zur

---

Feind besetzten eigenen – verbündeten oder neutralen – Staatsgebiet besaß oder dort nach Kriegsausbruch begründete, bis zu dem Zeitpunkt, da sie diesen Wohnsitz endgültig, ohne „animus revertendi" aufgab. Zu dem Feindstatus vgl. BERBER, Lehrbuch des Völkerrechts, Bd. II, S. 200.

628 Vgl. zum Begriff des Wirtschaftskrieges, Berber, Lehrbuch des Völkerrechts, Bd. II, S. 197.

629 Vgl. BERBER, Lehrbuch des Völkerrechts, Bd. II, S. 203.

630 RGZ 85, S. 376. Dieser Rechtsgedanke war auch dem Art. 23 h HLKO immanent, der „die Aufhebung oder zeitweilige Außerkraftsetzung der Rechte und Forderungen von Angehörigen der Gegenpartei oder die Ausschließung ihrer Klagbarkeit" untersagte.

631 Die wenigen Ausnahmen wie Prisenverfahren, im Inland domilizierte feindliche Staatsangehörige und das Wiederaufleben eines vor dem Krieg erworbenen Klagerechts haben nur untergeordnete Bedeutung.

Folge, dass praktisch eine weitgehend universelle Rechtlosigkeit eintrat.[632] Schon aus diesem Grund hätte eine Klage vor deutschen Gerichten kaum Aussicht auf Erfolg.[633]

Daneben ist ein weiterer Aspekt zu berücksichtigen, der in der Rechtsprechung zur Entschädigungsproblematik – soweit ersichtlich – bisher unbeachtet blieb. Erst der Bundesgerichtshof machte auf ihn im Zusammenhang mit den griechischen Entschädigungsforderungen im Fall Distomo aufmerksam.

Nach dem allgemeinen Kriegsverständnis im Zeitpunkt in den Jahren zwischen 1939 und 1945 wurde der Krieg als völkerrechtlicher Ausnahmezustand angesehen, der seinem Wesen nach auf Gewaltanwendung ausgerichtet war und der die im Frieden geltende Rechtsordnung weitgehend suspendierte. Die Haftung für den Beginn eines Krieges sowie die Folgen der damit zwangsläufig verbundenen kollektiven Gewaltanwendung sollten ausschließlich auf der Ebene der kriegsführenden Staaten geregelt werden. Das galt ebenso für die Verantwortlichkeit für individuelle Kriegsverbrechen der Personen, die zu den bewaffneten Mächten gehörten. Dementsprechend haftet nach allgemeinem Völkerrecht der illegale Kriegseröffner für alle Schäden, die dem verletzten Staat aus der illegalen Kriegseröffnung erwachsen waren.

Zur damaligen Zeit lag die Vorstellung fern, ein kriegsführender Staat könne sich durch Delikte seiner bewaffneten Macht während des Kriegs im Ausland (auch) gegenüber den Opfern unmittelbar schadensersatzpflichtig machen.

Im Zusammenhang mit der Entschädigung ehemaliger Zwangsarbeiter kam es zu kontroversen Diskussionen über die Frage, ob das Londoner Schuldenabkommen auch für solche Staaten völkerrechtlich verbindlich ist, die – wie beispielsweise Polen – dem Vertragswerk nicht beigetreten waren.

Die deutsche Bundesregierung vertrat die Auffassung, dass das Londoner Schuldenabkommen auch für Drittstaaten maßgeblich sei, die dem Abkommen erst später oder gar nicht beigetreten waren. Dabei orientierte sie sich an der Rechtsprechung des Bundesgerichtshofs.[634] Das Londoner Schuldenabkommen sei vom deutschen Bundestag durch Gesetz[635] gebilligt

[632] Dennoch besteht auf diesem Gebiet ein Dissens, der es verbietet, nunmehr die angelsächsische Praxis als gültige Völkerrechtsregel zu betrachten, obwohl sich ihre Vertreter auf der Siegerseite befanden, vgl. Berber, Lehrbuch des Völkerrechts, Bd. II, S. 204.

[633] Eine Abweisung einer Klage aus diesem Grunde wurde von deutschen Gerichten jedoch – soweit ersichtlich – nicht durchgeführt.

[634] NJW 1955, S. 631 ff; wiederholte Bekräftigung dieser Auffassung in NJW 1973, S. 1549 ff.; BGHZ 16, S. 207 ff.; BGHZ 19, S. 258 ff.

[635] Gesetz v. 24.08.1953, BGBl 1953 II, 331.

worden und damit innerstaatliches Recht geworden. Deshalb seien seine Vorschriften bei allen Streitigkeiten über zivilrechtliche Ansprüche zu beachten, soweit sie nach Inhalt und Zweck unmittelbar privatrechtliche Wirkung entfalten. Der Bundesgerichtshof hatte mit dieser Rechtsprechung vor allem den Schutz der deutschen Wirtschaft, insbesondere deren Wettbewerbsfähigkeit, im Blick. Hindernisse auf dem Weg zu normalen internationalen Wirtschaftsbeziehungen sollten beseitigt werden.[636] Eine gegenläufige Auffassung wirke präjudizierend gegenüber weiteren insbesondere osteuropäischen Forderungen.
Das Bundesverwaltungsgericht[637] versteht das in Art. 5 II LSA verankerte Schuldenmoratorium in dem Sinne, dass die Bundesrepublik Deutschland wegen Art. 8 LSA[638] ihren Vertragspartnern gegenüber verpflichtet sei, auch Entschädigungsforderungen von Nichtsignatarstaaten abzuweisen.[639] Mit diesem Inhalt sei das Londoner Schuldenabkommen gemäß Art. 59 II GG durch das Zustimmungsgesetz innerstaatliches Recht geworden, das *inter omnes* gelte. Daraus folge, dass die Bundesrepublik Deutschland ihre Verpflichtungen aus dem Londoner Schuldenabkommen verletze, wenn sie sich vor dem Friedensvertrag zu einer Leistung gegenüber Nichtsignatarstaaten verpflichtete.
Rumpf[640] verweist ebenfalls auf Art. 8 LSA, der eine unterschiedliche Behandlung verschiedener Staaten vor allem hinsichtlich der Leistungsmodalitäten verbietet. Dieses Verbot gilt nach Ansicht von Rumpf sowohl für die Bundesrepublik Deutschland als auch für deren Gläubigerstaaten. In einem Erst-Recht-Schluss folgert er daraus, dass auch keine Staaten bevorzugt werden dürfen, die dem Abkommen nicht beigetreten sind. Logische Folge ist, dass Nichtsignatarstaaten wie Polen von dessen reparations-

---

636 Vgl. BGH, NJW 1973, S. 1549 ff., S. 1551 m.N.
637 BVerwGE 35, S. 262 ff.
638 Art. 8 LSA (Verbot unterschiedlicher Behandlung):
Die Bundesrepublik Deutschland wird bei der Erfüllung von Regelungsbedingungen gemäß diesem Abkommen und seinen Anlagen oder auch sonst eine Schlechterstellung oder Bevorzugung weder mit Bezug auf die verschiedenen Schuldarten noch auf die Währung, in denen die Schulden zu bezahlen sind, noch in anderer Beziehung zulassen; die Gläubigerstaaten werden dies von der Bundesrepublik Deutschland auch nicht verlangen. Eine unterschiedliche Behandlung der verschiedenen Schuldarten als Folge der Regelung gemäß den Bestimmungen dieses Abkommens und seiner Anlagen gilt nicht als Schlechterstellung oder Bevorzugung.
639 Art. 8 LSA, der eine Besser- bzw. Schlechterstellung hauptsächlich hinsichtlich der Leistungsmodalitäten ausschließt, bezieht sich jedoch ausschließlich auf die Unterzeichnerstaaten des Londoner Schuldenabkommens. Dies lässt das Bundesverwaltungsgericht bei seiner Argumentation außer Acht.
640 RUMPF, ZaöRV 33 (1973), S. 344 ff., S. 364.

relevanten Regelungen, insbesondere dem Schuldenmoratorium, betroffen sind.
In der völkerrechtlichen Literatur findet sich auch eine Strömung, die das Londoner Schuldenabkommen für Nichtsignatarstaaten als nicht verbindlich ansieht.[641] Begründet wurde diese Ansicht damit, dass völkerrechtliche Verträge ausschließlich zwischen den Parteien (inter partes) wirken. Für Dritte entfalten sie keinerlei Relevanz.[642] Wie im Zivilrecht könnten auch im Völkerrecht Verträge für unbeteiligte Dritte nicht verbindlich werden.[643] Eine Ausnahme bestehe lediglich dann, wenn die Parteien ausdrücklich Leistungen zugunsten Dritter vereinbaren. Vereinbarungen zu Lasten Dritter seien hingegen unzulässig.[644]
Von Staaten, die dem Londoner Schuldenabkommen nicht beigetreten sind, wird das Abkommen gern als *res inter alios acta* bezeichnet. Dies hat zur Folge, dass sich die Bundesrepublik Deutschland gegenüber Nichtsignatarstaaten nicht darauf berufen kann.[645] Da Polen dem Londoner Schuldenabkommen nicht beigetreten ist, ist der Reparationsaufschub Polen gegenüber nicht wirksam.[646]
Dieser Argumentation muss jedoch entgegengehalten werden, dass das Gebot des Schuldenaufschubs im allgemeinen Völkerrecht verwurzelt ist und vielfach in – oft weltweit verbindlichen Friedensverträgen – bestätigt wurde. Schon daraus ergibt sich, dass der Inhalt des Londoner Schuldenmoratoriums auch gegen Nichtsignatare wirkt. Denn er ist Niederschlag einer ohnehin gegen alle Staaten und sonstigen Völkerrechtssubjekte wirkenden beschränkenden Norm bildet.[647] Selbst wenn also Art. 5 II LSA eine Belastung Dritter – insbesondere Polens – bedeuten sollte, so fände ein etwaiger Nachteil seine Rechtfertigung im allgemeinen Völkerrecht.[648]
Die völkerrechtliche Statthaftigkeit des Verbotes unterschiedlicher Behandlung verschiedener Gläubigersignatare eines völkerrechtlichen Ab-

---

641 DÜX, Öffentliche Anhörung des Innenausschusses des Deutschen Bundestages (Zur Sache 6/90), S. 135 f.
642 MAJER, Öffentliche Anhörung des Innenausschusses des Deutschen Bundestages (Zur Sache 6/90), S. 176.
643 Teilweise wird in diesem Zusammenhang auf Art. 34 der Wiener Vertragskonvention verwiesen. Dort ist normiert, dass völkerrechtliche Verträge für einen dritten Staat weder Pflichten noch Rechte schaffen; DOLZER, Öffentliche Anhörung des Innenausschusses des Deuschen Bundestages (Zur Sache 6/90), S. 214.
644 Vgl. MAJER, Öffentliche Anhörung des Innenausschusses des Deutschen Bundestages (Zur Sache 6/90), S. 177.
645 Vgl. RUMPF, ZaöRV 33 (1973), S. 344 ff., S. 364.
646 Vgl. MAJER, Öffentliche Anhörung des Innenausschusses des Deutschen Bundestages (Zur Sache 6/90), S. 177.
647 So die Argumentation von HAHN, in: Festschrift für Krause, S. 93 ff., S. 99.
648 BALLREICH, EPIL VII (1984), S. 276 ff.

kommens durch den Schuldnerstaat – also des Art. 8 LSA – lässt sich anhand der Young-Anleihe-Entscheidung des Schiedsgerichtshofes[649] für das Londoner Schuldenabkommen vom 16. Mai 1980 belegen. Hahn[650] bezweifelt, ob der Wortlaut des Art. 8 LSA zu einer weitergehenden Erkundigung nach völkerrechtlicher Zulässigkeit des Verbotes unterschiedlicher Behandlung der Nichtsignatare durch den Schuldnerstaat im Vergleich zu den Unterzeichnern Anlass gibt. Zu dieser Frage äußere sich nämlich Art. 10 LSA[651], in dem sich die Bundesrepublik Deutschland bis zum Ausschluss von Zahlungen an Nichtsignatare bis zur Erfüllung des Londoner Schuldenabkommens verpflichtet.

Im Potsdamer Abkommen von 1945[652] teilten die vier Hauptsiegermächte die noch in Deutschland vorhandenen Vermögenswerte in eine Konkursmasse Ost und eine Konkursmasse West auf. Während die westlichen Staaten zum Ausgleich ihrer Schäden auf die Konkursmasse West zurückgriffen, sollten die Sowjetunion und Polen ihre gesamten Ansprüche aus der Konkursmasse Ost befriedigen. Dabei sollte die Schuldenmasse Ost auch zur Kompensation kriegsbedingter Schäden herangezogen werden, die den Staatsangehörigen dieser beiden Länder entstanden waren. Mit dem „Protokoll über den Erlass der deutschen Reparationszahlungen"[653] verzichteten die Sowjetunion und Polen gegenüber ganz Deutschland ab dem 1. Januar 1954 auf weitere Reparationsentnahmen, die logischerweise nur aus der eigenen Konkursmasse hätten erfolgen können. Die polnische Regierung bestätigte den Reparationsverzicht im Rahmen der Verhandlungen zum deutsch-polnischen Vertrag vom 7. Dezember 1970.[654] Die Verzichtserklärungen der Sowjetunion und Polens konnte sich nur auf die Schuldenmasse Ost beziehen. Forderungen ehemaliger polnische Zwangsarbeiter gegen

---

[649] Entscheidung und Gutachten, HAHN/BRAUN, Die Wertsicherung der Young-Anleihe, S. 1 ff., S. 42 ff.

[650] Festschrift für Krause, S. 93 ff., S. 101.

[651] Art. 10 LSA (Beschränkung und Ausschließung von Zahlungen):
Die Bundesrepublik Deutschland wird bis zur Erledigung aller Verpflichtungen aus diesem Abkommen und seinen Anlagen sicherstellen, dass keine Zahlungen auf solche Verbindlichkeiten geleistet werden, die zwar im übrigen den Bedingungen des Art. 4 Absatz 1 und 2 genügen, jedoch gegenüber einer anderen Regierung als der eines Gläubigerstaates oder gegenüber einer Person bestehen, die weder in einem Gläubigerstaat ansässig ist noch dessen Staatsangehörigkeit besitzt, und die in nichtdeutscher Währung zahlbar sind oder waren. Dies gilt nicht für Schulden aus marktfähigen Papieren, die in einem Gläubigerstaat zahlbar sind.

[652] Abl. des Kontrollrats in Deutschland, Ergänzungsblatt Nr. 1, S. 13 ff., abgedruckt in: v. MÜNCH, Dokumente des geteilten Deutschlands, Bd. I, S. 32 ff.

[653] EA 1953, S. 5974 f.

[654] Bulletin der Bundesregierung v. 8.12.1970, Nr. 171/S. 1818.

Deutschland und deutsche Unternehmen entbehrten wegen des Leistungsverzichts der polnischen Regierung aus dem Jahre 1954 und dessen Bestätigung gegenüber der Bundesrepublik Deutschland beim Abschluss des deutsch-polnischen Vertrags[655] jeglicher Rechtsgrundlage.[656] Denn die ursprünglich bei einzelnen Staatsangehörigen entstandenen Schadensersatzansprüche ließen sich nicht getrennt und gesondert vom Reparationsverzicht behandeln.[657]

Das Londoner Schuldenmoratorium hingegen regelte die weitere Handhabung der Reparationsforderungen der westlichen Staaten. Das Londoner Schuldenabkommen betraf logischerweise ausschließlich die westlichen Staaten und die Konkursmasse West.

Die strikte Trennung der Konkursmassen führte dazu, dass die Regierung der DDR in der Nachkriegszeit Kriegsschäden- und Wiedergutmachungsforderungen westlicher Staaten unter Berufung auf das Potsdamer Abkommen ablehnte.[658] Denn das Gebiet der DDR und die darauf belegenen Vermögenswerte gehörten zur Schuldenmasse Ost, auf die die westlichen Alliierten keine Zugriffsrechte zur Befriedigung ihrer Reparationsansprüche hatten. Diese eindeutige Ablehnung resultiert auch aus der rechtlichen Bewertung des Potsdamer Abkommens in der russischen und deutschen kommunistischen Völkerrechtslehre. Diese sprach dem Bericht über die Drei-Mächte-Konferenz von Berlin den Rang eines Grundgesetzes für das demokratische Deutschland zu. Das hatte zur Folge, dass auch die Aufteilung in eine Konkursmasse West und Ost für deutsche Staatsorgane und Bürger als unmittelbar rechtsverbindlich angesehen wurde.

Nach Ansicht der Bundesregierung[659] und der Völkerrechtslehre[660] in der Bundesrepublik Deutschland handelte es sich bei dem Potsdamer Abkommen um eine Absprache der „großen Drei" zur Koordinierung ihrer Deutschlandpolitik in der ersten Phase der Besatzung. In ihren Augen stellte das Potsdamer Abkommen für deutsche Staatsorgane und Bürger eine *res inter alios acta* dar. Dessen Vereinbarungen konnten nach Ansicht der Bundesregierung und der bundesdeutschen Lehre seinerzeit nur in Gestalt

---

[655] Bulletin der Bundesregierung v. 8.12.1970, Nr. 171/S. 1818.

[656] So zu Recht DOLZER, in: FAZ v. 27.11.1989, S. 16.

[657] So zu Recht HAHN, Völkerrechtliche Praxis der Bundesrepublik Deutschland im Jahr 1987, ZaöRV 49 (1989), S. 520 ff., S. 626 f.

[658] Vgl. RUMPF, ZaöRV 33 (1973), S. 344 ff., S. 365.

[659] Die Bundesregierung vertritt diese Ansicht seit dem KPD-Prozess (BVerfGE 5, S. 134); vgl. auch: Die Auswärtige Politik der BRD, Dokument Nr. 113, S. 393 (Note von 1959 an die UdSSR).

[660] V. DER HEYDTE, Potsdamer Abkommen von 1945, in: Strupp/Schlochauer, Wörterbuch des Völkerrechts, Bd. II, S. 786 ff.; FAUST, Das Potsdamer Abkommen und seine völkerrechtliche Bedeutung, S. 55 ff., 275 ff.

von Besatzungsnormen für das besetzte Gebiet Verbindlichkeit erlangen. Solche besatzungsrechtlichen Vorschriften sind zur Aufteilung der in Deutschland vorhandenen Vermögenswerte in die Schuldenmassen Ost und West nicht ergangen. Damit wurde die Einteilung des besetzten Deutschland in Reparationsbereiche durch das Potsdamer Abkommen für die Bundesrepublik Deutschland völkerrechtlich nicht verbindlich. Trotzdem ist die Potsdamer Einteilung historisch relevant. Denn sie gab der Bundesrepublik Deutschland während der Dauer der Zweistaatlichkeit in Deutschland ein zusätzliches Argument gegen die Entschädigungsforderungen seitens Polens und der UdSSR.[661]

E. Die Zwangsarbeiterklagen gegen deutsche Unternehmen und den deutschen Staat in den USA

In den USA fanden ehemalige Zwangsarbeiter nicht nur eine ihnen äußerst wohl gesonnene Öffentlichkeit[662], sondern auch ein günstiges politisches, rechtliches[663] und wirtschaftliches Klima zur Durchsetzung ihrer Entschädigungsansprüche gegen deutsche Unternehmen, die während des NS-Regimes Zwangsarbeiter beschäftigt hatten. In den USA ansässige Firmen sahen sich verstärkt Boykottaufrufen und damit einher gehenden Imageverlusten ausgesetzt.[664] Klagen vor amerikanischen Gerichten wendeten sich gegen bedeutende Namen der deutschen Industrie sowie der hiesigen Kreditwirtschaft und des Versicherungswesens. Daneben richteten sie sich aber auch gegen mittelständische Unternehmen, die in verstärktem Maße vom Export in die USA abhängig sind.[665] Für die deutsche Wirtschaft war und ist somit Rechtssicherheit von höchster Bedeutung. Denn Schadensersatzprozesse vor Geschworenengerichten mit ihren „runaway juries" führen oft zu für deutsche Maßstäbe unvorstellbar hohen Entschädigungsver-

---

661 Vgl. RUMPF, ZaöRV 33 (1973), S. 344 ff., S. 366.

662 Denn die politische Kultur in der USA ist stark individualistisch geprägt. Die Öffentlichkeit steht prinzipiell auf Seiten des Einzelnen und seines Schicksals. Dies gilt umso mehr, wenn auf der anderen Seite anonyme Bürokratien von „Big Government", „Big Labor" oder „Big Business" stehen, so DREYER, in: SZ v. 15.05.2001, S. 11.

663 So ließen amerikanische Gerichte Klagen von ehemaligen Zwangsarbeitern zu und gestatteten umfangreiche Beweiserhebungen, vgl. HAHN, NJW 2000, S. 3521 ff., S. 3522.

664 Vgl. die Darstellung der Princz-Litigation bei HEIDENBERGER, ZVglRWiss. 97 (1998), S. 443 ff.

665 So BOSBACH, BT-Plenarprotokoll 14/114, S. 10755 und GRAF LAMBSDORFF, BT-Plenarprotokoll 14/114, S. 10753 f.

pflichtungen und sind deshalb bei der Industrie gefürchtet. Aus diesem Grund machte die deutsche Industrie die Zusicherung von Rechtsfrieden, das bedeutet die Niederschlagung aller anhängigen Einzel- und Sammelklagen sowie den ausdrücklichen Ausschluss weiterer Entschädigungsklagen, vor amerikanischen Gerichten zur Bedingung ihres Beitrags zum Stiftungsfonds zur Entschädigung ehemaliger Zwangsarbeiter.
Im Vorfeld stellte sich für die deutsche Wirtschaft und den deutschen Staat die Frage, welche Modelle es zur Gewährleistung von Rechtsfrieden gibt, wie zuverlässig sie im Einzelfall sind und inwiefern sie juristisch und praktisch realisierbar sind. Im folgenden Abschnitt werden einige Lösungsmöglichkeiten vorgestellt und auf ihre Praktikabilität und Realisierbarkeit hin überprüft.

I. Gründe für die Wahl des Gerichtsstandorts USA

Nicht nur die Boykottaufrufe gegen deutsche Produkte in den USA begünstigten eine Klageerhebung in den Vereinigten Staaten, sondern auch das amerikanische Prozessrecht: Weit ausgreifende Zuständigkeiten, eine unternehmerisch denkende, aggressive Anwaltschaft, ein Prozesskostensystem, das ohne Risiko die Klageerhebung ermöglicht, sowie die Aussicht auf Zuerkennung hoher Schadensersatzsummen durch eine Jury luden zur Rechtsverfolgung (forum shopping) ein.[666] Im Justizkonflikt ist die USA gegenüber Deutschland aus Klägersicht weitaus attraktiver. Dieser Standortvorteil resultiert aus einigen typisch anglo-amerikanischen Rechtsinstituten, die die Kläger stark begünstigen. In diesem Kontext ist vor allem die Gruppenklage, die so genannte class-action zu nennen, die dem deutschen Prozessrecht völlig unbekannt ist.

1. Die class-action

Eine Besonderheit des amerikanischen Prozessrechts, die sich ehemalige Zwangsarbeiter zunutze machten, ist das Rechtsinstitut der class-action[667]. Sie ist ein Rechtsbehelf zur Durchsetzung kollektiver Interessen zur Bewältigung von Massenschäden („mass torts"). Dabei klagen einzelne Opfer[668] als Repräsentanten (sog. named plaintiffs) für die gesamte Gruppe, die durch ein Schadensereignis betroffen ist. Eine vorherige Absprache mit den übrigen Geschädigten ist nicht erforderlich. Partei des Prozesses wer-

---

[666] HEß, Die Aktiengesellschaft 1999, S. 145 ff.

[667] R. 23 Fed. R. Civ. Proc.; vgl. HEß, JZ 1998, S. 1021 ff., S.1022; MARCUS/SHERMAN, Complex-Litigation, S. 2 ff; GREINER, Die Class Action im amerikanischen Recht und deutscher Ordre Public, S. 32 ff; GOTTWALD, ZZP 91 (1978), S. 7 ff; KOCH, Kollektiver Rechtsschutz im Zivilprozess, S. 13 ff.; EICHHOLTZ, Die US-amerikanische Class-Action und ihre deutsche Funktionsäquivalente, S. 30 ff.

[668] Die Kläger handeln als so genannte „private attorney general".

den nur die named plaintiffs, das Urteil[669] oder der Vergleich entfalten jedoch Wirkungen für und gegen die gesamte Klägergruppe. Die Erhebung einer Gruppenklage ist an bestimmte Voraussetzungen geknüpft, insbesondere müssen die nichtrepräsentierenden Kläger über das Verfahren informiert werden (notice)[670] und sie müssen die Möglichkeit bekommen, durch eine Mitteilung an das Gericht die Bindung des Urteils oder des Vergleichs für ihre Person auszuschließen (opt out).
Daneben müssen die eingeklagten Ansprüche für eine bestimmte Gruppe[671] typisch sein (typicality). Dies ist dann der Fall, wenn die gemeinsamen Tatsachen- oder Rechtsfragen die individuell zu entscheidenden Tatsachen- und Rechtsfragen überwiegen. Die Gemeinsamkeit aller Zwangsarbeiterklagen liegt in der Frage, ob deutsche Unternehmen für Sklavenarbeit völkerrechtlich haften müssen.

2. Contigency fee

Das Institut der class-action ist sowohl für die Kläger als auch für deren Anwälte wirtschaftlich attraktiv: Denn die Anwälte vertreten mit vollem unternehmerischen Risiko die Interessen ihrer Mandantschaft. Für die Vorfinanzierung der Verfahren werden die Anwälte am Klageerfolg prozentual beteiligt (contigency fee).[672] Dabei winken den Anwälten lukrative Honorare in Millionenhöhe.[673] Als Erfolgshonorar für die Anwälte wird ein bestimmter prozentualer Teil der Klagesumme[674] angesetzt. Im Falle eines Vergleichs beziffert der Richter die Höhe der contingency fee. Ziel der Anwälte ist meist kein Urteil, sondern der Abschluss eines für die Kläger lukrativen Vergleichs. Bei einem Vergleich kassieren die Anwälte bis zu einem Drittel der Vergleichssumme.[675] Auch für die Richter liegt das pri-

[669] Vgl. GREINER, Class Action, S. 113 ff.

[670] Kostenaufwändig und schwierig stellt sich die Benachrichtigung ausländischer Zwangsarbeiter dar. Deshalb ließen die Gerichte eine Benachrichtigung durch Fernsehen, Rundfunk und Zeitungen zu, vgl. dazu MARCUS/SHERMAN, Complex Litigation, S. 414 ff; GREINER, Class Action, S. 103 ff. In den Holocaust-Fällen erfolgte zusätzlich eine Bekanntmachung über das Internet.

[671] Dies ist problematisch, da die Formen der Zwangsarbeit sehr unterschiedlich waren. Fraglich ist deshalb bereits, ob von einer „class" gesprochen werden kann.

[672] Umgekehrt bedeutet dies aber auch, dass die Anwälte im Falle des Unterliegens keine Gebühren abrechnen können. Auf der anderen Seite machten der hohe Streitwert und der damit verbundene potenzielle Gewinn eine Rechtsverfolgung für die Anwälte durchaus attraktiv.

[673] Amerikanische Stimmen sprechen insoweit von einer „cottage industry for the legal profession", so HEß, NJW 1999, S. 2485 m.w. N.

[674] Das Erfolgshonorar beträgt 25-50 % der zugesprochenen Klagesumme, vgl. HEß, NJW, S. 2485.

[675] SZ v. 16.06.2001, S. 5.

märe Ziel[676] im Abschluss eines Vergleiches. Die insgesamt 51 Rechtsvertreter der NS-Zwangsarbeiter erhielten ein Honorar von über 120 Mio. DM.[677] Der Münchner Anwalt Michael Witti, der gemeinsam mit einem US-Kollegen insgesamt 42 000 ehemalige Zwangsarbeiter vertreten hatte, kassierte ein Honorar in Höhe von 8,4 Millionen DM.[678]

II. Zuständigkeit amerikanischer Gerichte

Selbst wenn die Voraussetzungen einer class action vorliegen, erscheint es durchaus fraglich, ob amerikanische Gerichte für die Beurteilung von Delikten deutscher Unternehmen gegenüber ehemaligen Zwangsarbeitern aus ganz Europa auf dem Gebiet des Deutschen Reiches überhaupt zuständig sind. Auch in diesem Punkt ist das amerikanische Prozessrecht äußerst klägerfreundlich ausgestaltet.[679] Der Streitgegenstand muss keinen räumlichen Bezug zum Ort des Gerichtssitzes haben. Im Fall der Zwangsarbeiterklagen bedeutet dies, dass das Delikt nicht in den USA begangen worden sein muss. Für die Zuständigkeit eines amerikanischen Gerichts ist es schon ausreichend, wenn das beklagte Unternehmen seine Geschäftstätigkeit im Bezirk des angerufenen Gerichts ausübt. Verlangt werden systematische

---

[676] Die Richter im amerikanischen Zivilprozess handeln nach dem so genannte „managerial judging". Damit wird der Grundsatz umschrieben, wonach die Richter – teilweise unter massivem Druck auf die Parteien und ihre Vertreter – in jedem Stadium eines Prozesses einen Vergleich anstreben, vgl. dazu MARCUS/SHERMAN, Complex-Litigation, S. 640 ff.

[677] Damit erhielten die Klägeranwälte zwischen einem und zwei Prozent der Stiftungssumme. Ein Großteil des Betrages floss an amerikanische Opferanwälte. Der Beauftragte der amerikanischen Regierung für die Entschädigung von NS-Opfern, Stuart Eizenstat, bezeichnete die umstrittenen Millionen-Honorare für die amerikanischen Opferanwälte als gerechtfertigt. Sie seien „bescheiden und fair". Normalerweise erhielten Anwälte in den USA ein Drittel der Entschädigungen, die sie erstritten hatten; vgl. SZ v. 16.06.2001, S. 5.

[678] Bild München v. 22.06.2001, S. 3. Teilweise wird eine Abrechnung deutscher Rechtsanwälte auf Basis eines Erfolgshonorars für unzulässig gehalten. Denn eine inländische Rechtsberatertätigkeit, die auf Erfolgshonorarbasis abgerechnet wird, sei nach deutschem Recht (Art. 34 EGBGB, § 49 b II BRAO) unzulässig. Dies gelte selbst dann, wenn sie zur Unterstützung eines ausländischen Verfahrens erfolge. Ein ausländisches Urteil, das einem deutschen Rechtsanwalt für seine Mitwirkung am ausländischen Verfahren ein Erfolgshonorar zuerkennt, dürfe nicht anerkannt werden (§ 328 I Nr. 4 ZPO). Inländische Beklagte, die in einer derartigen Konstellation im Ausland Millionenbeträge für Anwaltskosten aufwenden müssten, könnten diese von den Anwälten im Inland nach § 812 I sowie nach § 826 BGB zurückfordern; so HEß, NJW 1999, S. 2485 ff., S. 2486. Vgl. dazu auch die Richtlinie über die Entscheidungen über Honorarforderungen von deutschen Rechtsanwälten nach § 9 XII StiftungsG, BGBl. 2000 I, 1263.

[679] Vgl. dazu LEJEUNE, RIW 1998, S. 8 ff.

und kontinuierliche Geschäftskontakte[680] zum betreffenden amerikanischen Bundesstaat.
Neben dieser „personal jurisdiction“ muss auch die sachliche Zuständigkeit, die so genannte „subject matter jurisdiction“ gegeben sein. Amerikanische Gerichte sind dann sachlich zuständig, wenn zumindest eine Partei die amerikanische Staatsangehörigkeit[681] besitzt.[682] Dies ist der Grund dafür, dass deutsche Unternehmen meist von „named plaintiffs“ mit amerikanischer Staatsangehörigkeit verklagt wurden.
Daneben ist die sachliche Zuständigkeit amerikanischer Bundesgerichte auch dann eröffnet, wenn die Rechtsstreitigkeiten unter Bundesrecht entstanden sind („arising under Federal Law“)[683]. Als streitgegenständliches Bundesrecht kommen Verletzungen von völkerrechtlichen Verträgen bzw. von Völkergewohnheitsrecht in Betracht.[684]
Materiell-rechtlich sind nach amerikanischem Kollisionsrecht die in Streit stehenden Entschädigungsforderungen ehemaliger Zwangsarbeiter nach deutschem Deliktsrecht als dem sachnächsten Recht[685] zu beurteilen.
Selbst wenn grundsätzlich die Zuständigkeit amerikanischer Gerichte vorliegt, können diese sie unter bestimmten Voraussetzungen versagen.

1. Prozesshindernisse der Political Question und Non Justiciability

Bei Klagen gegen nicht-staatliche Akteure (sog. non-state actors) vor amerikanischen Gerichten stellen die „political question“ und die „non justiciability“ mögliche Prozesshindernisse dar.[686] Ist der Klagegegenstand eng mit

---

[680] Als nicht ausreichender Kontakt gilt die Gründung einer rechtlich selbständigen hundertprozentigen Tochtergesellschaft im jeweiligen US-Bundesstaat sowie deren Geschäftstätigkeit für die Konzernmutter im Gerichtsstaat. So wies das zuständige US-Bundesgericht die Klage eines ehemaligen Zwangsarbeiters gegen verschiedene deutsche Unternehmen ab, die nur Tochterfirmen bzw. Internetadressen in Iowa unterhielten. Nach Ansicht des Gerichts stellte dies noch keinen hinreichenden Kontakt zu Iowa dar. Zur nicht ganz einheitlichen Rechtsprechung, LEJEUNE, RIW 1998, S. 8 ff., S. 14 ff.

[681] Offen ist dabei, ob es zur Begründung der sachlichen Zuständigkeit ausreicht, wenn nur die „named plaintiffs“ die amerikanische Staatsangehörigkeit besitzen und die übrigen Mitglieder der „class“ Ausländer sind.

[682] 28 U.S.C. § 1332.

[683] 28 U.S.C. § 1331.

[684] Zu den Problemen, die sich aus der fehlenden unmittelbaren Anwendbarkeit der völkerrechtlichen Normen ergeben, auf die sich die Zwangsarbeiter stützen, vgl. HEß, Die Aktiengesellschaft 1999, S. 145 ff., S. 148.

[685] HAY, Einführung in das US-amerikanische Recht, S. 168 f. m.w.N.

[686] Unter Berufung auf diese Prozesshindernisse kam es zu Klageabweisungen in den NS-Zwangsarbeiterverfahren: Iwanova v. Ford Motor Company and Ford Werke A.G., United States District Court, 13 September 1999, Civ. Action No. 98-959

außenpolitischen Angelegenheiten (political question) verknüpft, so können amerikanische Gerichte von einer Entscheidung absehen. Dieselbe Möglichkeit haben sie, wenn rechtliche Maßstäbe für eine Entscheidung nicht klar erkennbar sind (non justiciability).[687] Beide Rechtsinstitute gründen auf dem Prinzip der Gewaltenteilung und sichern die außenpolitische Prärogative der Regierung.[688] In außenpolitischen Fragen sollen die Richter Zurückhaltung üben, sog. judicial self restraint.[689]

2. Forum Non Conveniens

Auch bei der Forum Non Conveniens-Doktrin steht es im Ermessen des jeweiligen amerikanischen Richters, seine an sich gegebene Zuständigkeit zu versagen. Während es bei der Political Question und der Non Justiciability vorrangig um außenpolitische Erwägungen geht, bezweckt die Forum Non Conveniens-Doktrin die Auflösung von Zuständigkeitskonkurrenzen zwischen mehreren an sich zuständigen.[690] Das amerikanische Gericht kann seine an sich gegebene Zuständigkeit versagen, wenn der Rechtsstreit vor einem orts- und sachnäheren Gericht entschieden werden könnte. In einem solchen Fall ist er berechtigt, das Verfahren an ein ausländisches Gericht überzuleiten. Eine solche Unzuständigkeitserklärung ist jedoch nur möglich, wenn das sachnähere Gericht einen gleichwertigen, rechtsstaatlichen Rechtsschutz wie ein amerikanisches Gericht gewährt[691] und eine Einzelfallabwägung[692] von Partei- und Gerichtsinteressen[693] die bessere Eignung eines ausländischen Gerichts konstatiert.

(JAG) (New Jersey District); Burger-Fisher v. Degussa et al., 65 F. Supp. 2 d, S. 248 ff., S. 272 ff. Umfassend dazu: REINISCH, in: IPRax 2000, S. 32 ff.; vgl. auch OBERHAMMER/REINISCH, in: IPRax 2001, S. 211ff., S. 213.

687 Leitentscheidung zur Political Question-Doktrin: *Baker v. Carr* 369 U.S. 186, 217 (1962).

688 So HEß, in: Entschädigung nach bewaffneten Konflikten, S. 107 ff., S. 128.

689 HEß, in: Entschädigung nach bewaffneten Konflikten, S. 107 ff., S. 128.

690 HEß, in: Entschädigung nach bewaffneten Konflikten, S. 107 ff., S. 128 f.

691 Dies ist für Deutschland der Fall, vgl. Baumgart v. Fairchild Aircraft Corp., 981 F. 2 d 824, 835 (5th Cir. 1993).

692 Die Entscheidung ist wegen des richterlichen Ermessens nur beschränkt nachprüfbar, dazu DORSEL, Forum non Conveniens, S. 118 ff.

693 Eine Zusammenstellung der Abwägungskriterien gibt DORSEL, Forum non Conveniens, S. 48 ff. Parteibezogene Abwägungskriterien („private factors“) sind die Nationalität und der Wohnsitz der Parteien, der Handlungsort, die Verfügbarkeit von Beweismitteln und die Frage, ob die Klage den Beklagten an einem bestimmten Gerichtsort unnötig belastet, Gulf Oil Corp. v. Gilbert 330 U.S. 501 (1947). Gerichtsinteressen („public factors“) sind das Interesse des angerufenen Gerichts an der Entscheidung des Rechtsstreits, die Belastung der Jury mit der Durchführung des Ver-

Unter Verweis auf das Rechtsinstitut des „forum non conveniens“ könnte ein amerikanisches Gericht Klagen ehemaliger NS-Zwangsarbeiter mit der Begründung abweisen, ein deutsches Gericht sei das sachnähere. Bei den streitgegenständlichen Entschädigungsklagen sind gewichtige Gründe für eine solche Klageabweisung zugunsten der deutschen Jurisprudenz anzuführen. Die Verfügbarkeit von Beweismitteln, insbesondere von Zeugen, das anzuwendende deutsche Recht sowie die Möglichkeit, die Bundesrepublik mitzuverklagen, sprechen für eine größere Sachnähe deutscher Gerichte[694]. Die amerikanische Staatsangehörigkeit der „named plaintiffs“ spricht jedoch als entscheidendes Kriterium gegen eine Klageabweisung durch amerikanische Gerichte.[695]

3. Die Act of State Doctrine

Eine weitere Möglichkeit amerikanischer Gerichte, Klagen ehemaliger Zwangsarbeiter abzuweisen, bietet die so genannte Act of State-Doctrine[696]. Diese entspringt dem Grundsatz der Gewaltenteilung und untersagt amerikanischen Gerichten Eingriffe in die Außenpolitik der amerikanischen Regierung.[697] Unter Zugrundelegung der Act of State Doctrine erkennen amerikanische Gerichte ausländische Hoheitsakte ohne inhaltliche Nachprüfung an („rule of judicial abstention“[698]), wenn diese sich innerhalb der Grenzen des Territorialitätsprinzips befinden. Nach herrschen-

---

fahrens, sowie die Frage, ob ausländisches Recht anzuwenden ist, HEẞ, in: Entschädigung nach bewaffneten Konflikten, S. 107 ff., S. 129 Fn. 157.

694 HEẞ, Die Aktiengesellschaft 1999, S. 145 ff., S. 153. Jedoch hat die Klageabweisung wegen Forum non Conveniens auch Nachteile: Regelmäßig erfolgt die Klageabweisung unter bestimmten Bedingungen des Gerichts, so dass der Rechtsstreit in der Schwebe bleibt. Folge dieses Schwebezustandes, der sich über mehrere Jahre erstrecken kann, sind lang andauernde, teure Zuständigkeitsstreitigkeiten, HEẞ, in: Entschädigung nach bewaffneten Konflikten, S. 107 ff., S. 129.

695 Nach Heß erscheint eine Klageabweisung aus Gründen des „forum non conveniens“ zu Lasten amerikanischer Kläger grundsätzlich ausgeschlossen. Im Fall der Klagen ehemaliger NS-Zwangsarbeiter bestehe jedoch die Besonderheit, dass deren „named plaintiffs“ zum Zeitpunkt der Begehung der völkerrechtlichen Delikte noch keine amerikanischen Staatsangehörigen waren, vgl. HEẞ, Die Aktiengesellschaft 1999, S. 145 ff., S. 153.

696 Restatement Third of Foreign Relations § 443 (1987). Dazu s. auch HEẞ, Staatenimmunität bei Distanzdelikten, S. 51 f.; Umfassend zur Act of State Doctrine, EBKE, IPRax 1991, S. 148 ff; vgl. auch DORMANN BESSENICH, Der ausländische Staat als Kläger, S. 89 ff.

697 In diesem Sinne Banco Nacional de Cuba v. Sabbatino, 376 U.S. 398, 423 (1964): *"The act of state doctrine does ... have ‚constitutional' underpinnings. It arises out of the basic relationships between branches of government in a system of separation of powers".*

698 Dazu EBKE, IPRax 1991, S. 148 ff., S. 152 f.

der Rechtsprechung in den USA führt eine Verletzung der Act of State Doctrine nicht zur Abweisung einer Klage wegen Unzuständigkeit des Gerichts, sondern wegen fehlender Schlüssigkeit der Klage.[699]
So hatten sich einige beklagte Unternehmen[700] in den Holocaust-Verfahren auf die Act of State Doctrine berufen. Sie argumentierten, dass es bei den Verfahren vor amerikanischen Gerichten zu einer juristischen Nachprüfung der deutschen Wiedergutmachungsgesetzgebung kommen müsste. Ob dieser Einwand im Falle der Entschädigungsklagen ehemaliger Zwangsarbeiter hätte durchdringen können, ist äußerst fraglich: Denn § 8 II 2 BEG schließt eine Inanspruchnahme Privater unabhängig von den Wiedergutmachungsleistungen gerade nicht aus.[701]

4. Die Staatenimmunität

a) Das völkerrechtliche Prinzip der Staatenimmunität[702]
Da Kriegshandlungen in den meisten Fällen einem Staat zuzurechnen sind, stellt die Staatenimmunität[703] – das Privileg der Exemption von fremder Gerichtsbarkeit – das größte Hindernis für Individualklagen dar. Während sich die Staaten in gegenseitiger Anerkennung ihrer Souveränität[704], ihrer Unabhängigkeit[705] und ihrer Würde[706] bis zum Ersten Weltkrieg absolute

---

[699] So HEIDENBERGER, ZVglRWiss 97 (1998), S. 440 ff., S. 441, S. 450 mit Verweisen auf Sidermann de Blake v. Republic of Argentina, 965 F. 2d 699, 707 (9th Cir. 1992), cert. denied,, 113 S.Ct. 1812 (1993); Alberti v. Empresa Nicaraguense De La Carne, 705 F. 2 d 250, 253 (7th Cir. 1983).

[700] Motion to Dismiss der Deutschen Bank im Holocaust-Verfahren vor dem U.S. District Court im Southern District of New York v. 20.11.1998, S. 39 ff.

[701] Die amerikanischen Gerichte hätten sich jedoch mit der Vorfrage konfrontiert sehen können, ob ein Forderungsübergang nach § 8 II 2 BEG Wirksamkeit entfaltet, auch wenn die Kläger bereits Zahlungen nach dem Wiedergutmachungsrecht erhalten hatten. Denn der in § 8 II 2 BEG normierte Forderungsübergang führt dazu, dass den Klägern die Sachlegitimation fehlt. Damit könnten sie nicht als „named plaintiffs" einer Gruppe auftreten, vgl. Lewis v. Casey, 518 U.S. 343, 358 (1996).

[702] Zur geschichtlichen Entwicklung der Staatenimmunität, ALBERT, Völkerrechtliche Immunität ausländischer Staaten gegen Gerichtszwang, S. 12 ff.

[703] LANGKEIT, Staatenimmunität und Schiedsgerichtsbarkeit, S. 30.

[704] Aus der souveränen Gleichheit der Staaten resultiert die Maxime, dass kein Staat über einen anderen Staat zu Gericht sitzen darf. Vgl. BERBER, Lehrbuch des Völkerrechts, Bd. I, S. 220. Schon im Mittelalter war das römisch-kanonische Rechtssprichwort „par in parem non habet imperium" ein Dogma, das das gegenseitige Verhältnis der Landesfürsten prägte.

[705] Ein Staat würde in seiner Unabhängigkeit beeinträchtigt, wenn er der Gerichtsgewalt eines anderen Staates unterworfen wäre, vgl. IPSEN, Völkerrecht, Rn. 16; VERDROSS, Universelles Völkerrecht, S. 230.

[706] Müsste sich ein Staat vor den Gerichten eines fremden Staates für seine Handlungen verantworten, so beeinträchtigte dies seine Würde, vgl. LANGKEIT, Staatenimmunität

Immunität gewährten[707], sollte danach nach dem restriktiven Immunitätsverständnis[708] nur noch für hoheitliches Verhalten (acta iure imperii) Immunität gewährt werden.[709] Im Fall nicht-hoheitlichen Staatshandeln (sog. acta iure gestionis) sollte fortan Immunitätsschutz versagt werden.[710] Die Immunität fremder Staaten im gerichtlichen Erkenntnisverfahren ist weithin anerkannt und wird entsprechend der restriktiven Immunitätstheorie im gerichtlichen Erkenntnisverfahren nur bezüglich staatlicher Hoheitsakte gewährt.[711] Uneinheitlich ist hingegen die Staatenpraxis im Vollstreckungsverfahren, das heißt hinsichtlich der Frage, ob ein Staat in das Vermögen eines ausländischen Staates vollstrecken darf (Vollstreckungsimmunität oder Exekutionsimmunität[712]). Dies ist insofern bedeutend, als Zwangsmaßnahmen gegen fremde Staaten deren Souveränität und Würde weitaus stärker beeinträchtigen als eine bloße Verurteilung[713]. Weitgehende Einigkeit[714] herrscht lediglich bezüglich der Gewährung von Vollstreckungsimmunität hinsichtlich hoheitlich genutzter Gegenstände eines ausländischen Staates[715], wie zum Beispiel Kriegsschiffen[716] oder Objekten, die für konsularische oder diplomatische Zwecke[717] gebraucht werden.[718] Ein solcher Vollstreckungsschutz sei völkerrechtlich geboten.[719]

---

und Schiedsgerichtsbarkeit, S. 30 m.w.N; GMÜR, Schweizer Jahrbuch für internationales Recht, S. 70.

707 Vgl. The Schooner Exchange v. McFadden, 11 U.S. (7 Cranch) 116, 132.

708 Mittlerweile ist der restriktive Immunitätsbegriff weltweit anerkannt, vgl. BVerfGE 16, S. 27 ff., S. 61 m.w.N.; DAHM, Völkerrecht S. 232; SUCHARTIKUL, RdC 149 (1976 I), S. 87 ff., S. 126. Zur Entwicklung der Staatenimmunität im amerikanischen Recht, vgl. v. SCHÖNFELD, Die Staatenimmunität im amerikanischen und englischen Recht, S. 20 ff.

709 LÜKE, Die Immunität staatlicher Funktionsträger, S. 145 ff.

710 Dieser Wandel hatte seinen Ursprung in der Ausweitung des internationalen Handelsverkehrs. Während die Staaten im 19. Jahrhundert auf der Ebene der Überordnung, d.h. regelnd, verfügend und befehlend auftraten, betätigten sie sich nach dem Ersten Weltkrieg verstärkt auf nicht-hoheitlicher Ebene vergleichbar einem Privatmann; vgl. IPSEN, Völkerrecht, § 26 Rn. 17; GEIGER, NJW 1987, S. 1124 ff; SCHAUMANN/HABSCHEID, Die Immunität ausländischer Staaten, S. 22.

711 Vgl. IPSEN, Völkerrecht, § 26 Rn. 17; BUCHER, IPRax 1982, S. 161 ff., S. 162.

712 Zur Terminologie SUCHARTIKUL, RdC 149 (1976, I), S. 87 ff., S. 123; vgl. auch GMÜR, Schweizer Jahrbuch für internationales Recht, S. 124 ff.

713 Denn ein Urteil ohne Vollstreckungsmöglichkeit stellt lediglich eine „Rechtsansicht" dar; vgl. LANGKEIT, Staatenimmunität und Schiedsgerichtsbarkeit, S. 34.

714 Vgl. IPSEN, Völkerrecht, § 26 Rn. 26; DAHM, Völkerrecht, S. 240; BVerfGE 46, S. 342 ff., S. 388; HERNDL, in: Festschrift für Verdross, S. 421 ff., S. 433.

715 Vgl. AG Bonn, Beschluss vom 29.09.1987, NJW 1988, S. 1393; IPSEN, Völkerrecht, § 26 Rn. 26 ff.

716 Beispiel bei DAHM, Völkerrecht, S. 240.

717 Vgl. Botschafts-Konto-Fall, BVerfGE 46, 342: Darin erklärte das BVerfG die

Wie weit die Vollstreckungsimmunität hinsichtlich aller übrigen beweglichen und unbeweglichen Güter geht, wird in den verschiedenen Ländern unterschiedlich beurteilt.[720]
Langkeit[721] filterte aus der vielfältigen Staatenpraxis folgende Haupttendenzen heraus: Nach seiner Erkenntnis orientierten sich manche Staaten – wie Großbritannien – bei der Behandlung der Vollstreckungsimmunität an der Jurisdiktionsimmunität. Dies führt dazu, dass sie eine Zwangsvollstreckung in das gesamte wirtschaftlich genutzte Vermögen eines Staates für zulässig halten.[722] Andere Staaten – wie Frankreich – schränken die Vollstreckungsmöglichkeiten insofern ein, als sie lediglich eine Vollstreckung in solche Gegenstände zulassen, die für die wirtschaftliche Tätigkeit gebraucht werden, auf die sich der durchzusetzende Anspruch stützt.[723] Die USA hingegen fordern neben der wirtschaftlichen Nutzung des Vollstreckungsobjekts den Verzicht des ausländischen Staates auf seine Vollstreckungsimmunität.[724]
Das deutsche Bundesverfassungsgericht[725] stellt in dieser Frage auf den Zweck des Vollstreckungsobjekts ab. Dient es im Zeitpunkt des Beginns der Vollstreckungsmaßnahme hoheitlichen Zwecken eines fremden Staa-

---

Zwangsvollstreckung in das in der Bundesrepublik Deutschland belegene Botschaftskonto der Republik der Philippinen für unzulässig.

718 Vgl. LANGKEIT, Staatenimmunität und Schiedsgerichtsbarkeit, S. 36; Bouchez, N.Y.I.L. 10 (1979), S. 3 ff., S. 25.

719 DAHM, a.a.O., S. 239; BVerfGE 4, S. 342, S. 392 ff.; 64, S. 1, S. 40; dagegen BUCHER, IPRax 1982, S. 161 ff., S. 163, der darauf verweist, dass es keine völkerrechtliche Pflicht zur Durchbrechung der Immunität im Vollstreckungsverfahren gebe.

720 Denn Vollstreckungsschutz hinsichtlich nicht-hoheitlicher Gegenstände ist durch das Völkerrecht weder zwingend vorgeschrieben noch ausgeschlossen. Deshalb muss das jeweilige nationale Recht entscheiden, ob Vollstreckungsschutz gewährt werden soll oder nicht, so LANGKEIT, Staatenimmunität und Schiedsgerichtsbarkeit, S. 42; SCHAUMANN/HABSCHEID, Die Immunität ausländischer Staaten, S. 134 ff.; BVerfGE 46, S. 342 ff., S. 392.

721 LANGKEIT, Staatenimmunität und Schiedsgerichtsbarkeit, S. 35.

722 So Großbritannien aufgrund des § 13 IV der United Kingdom State Immunity Act 1978 (UK SIA), vgl. ILM 11 (1978), S. 1123 ff., vgl. hierzu DELAUME, AJIL 1979, S. 185 ff.

723 So Frankreich, vgl. statt aller Société Eurodif c/ République Islamique d'Iran, Cour de Cassation, E. v. 14. 03. 1984, J.C.P. 1984, II, No. 20205.

724 Vgl. § 1610 a I des Foreign Sovereign Immunities Act von 1976 (FSIA), abgedruckt in: ILM 1976, S. 1388. Vor Inkrafttreten der FSIA am 19.01.1977 gewährte die USA nur für hoheitliche Tätigkeiten Jurisdiktionsimmunität. Der Vollstreckungsschutz hingegen galt absolut, vgl. LANGKEIT, Staatenimmunität und Schiedsgerichtsbarkeit, S. 34, Rn. 31.

725 BVerfGE 46, S. 342, S. 354, S. 392.

tes, so ist eine Vollstreckung ohne die Zustimmung des anderen Staates unzulässig.[726]

b) Durchbrechungen des Grundsatzes der Immunität

aa) Der Immunitätsverzicht

Da die Staatenimmunität zum Schutze eines fremden Staates besteht, ist dieser als alleiniger Rechtsinhaber durchaus befugt, auf sie zu verzichten und sich der Gewalt eines fremden Staates zu unterstellen.[727] Ein solcher Verzicht führt zum Ausschluss jeglicher Immunität auch im völkerrechtlich garantierten Mindestbereich[728] und stellt eine Durchbrechung des Immunitätsgrundsatzes dar.[729] Mittlerweile besteht Einigkeit darüber, dass ein Staat auf seine Immunität sowohl im Erkenntnis- als auch im Vollstreckungsverfahren verzichten kann.[730]

Unstreitig kann ein solcher Verzicht durch eine ausdrückliche Erklärung – etwa in einem völkerrechtlichen oder privatrechtlichen Vertrag oder durch eine entsprechende Mitteilung bei Gericht – erfolgen.[731]

Auch die Möglichkeit, konkludent auf die Jurisdiktionsimmunität zu verzichten, ist allgemein anerkannt.[732] Jedoch sind für die rechtliche Qualifikation eines Verhaltens als stillschweigenden Verzicht strenge Maßstäbe anzulegen. Welche Bedingungen im Einzelnen erfüllt sein müssen, ist umstritten.

---

[726] Unabhängig davon verweist das BVerfG auf die Möglichkeit, einen Immunitätsverzicht ausdrücklich zu vereinbaren. Dieser ist dann unwiderruflich, vgl. BVerfGE 46, S. 342, S. 401 f.

[727] Vgl. IPSEN, Völkerrecht, § 26 Rn. 25, LANGKEIT, Staatenimmunität und Schiedsgerichtsbarkeit, S. 42.

[728] So LANGKEIT, Staatenimmunität und Schiedsgerichtsbarkeit, S. 42.

[729] Vgl. SINCLAIR, RdC 167 (1980, II), S. 113 ff., S. 200.

[730] So schon RGZ 62, S. 165 ff., S. 167; 102, S. 304 ff., S. 306; SEIDL-HOHENVELDERN, in: Festschrift für Beitzke, S. 1081 ff. S. 1100; GMÜR, Schweizer Jahrbuch für internationales Recht, S. 112 f. Dabei muss der Staat die Handlung bezeichnen, aufgrund derer er sich der Hoheitsgewalt eines fremden Staates unterwirft, vgl. LANGKEIT, Staatenimmunität und Schiedsgerichtsbarkeit, S. 43. Außerdem muss er die Erklärung in voller Kenntnis ihrer Reichweite abgeben, vgl. IPSEN, Völkerrecht, § 26 Rn. 25.

[731] IPSEN, Völkerrecht, § 26 Rn. 25; LANGKEIT, Staatenimmunität und Schiedsgerichtsbarkeit, S. 44 m.w.N.

[732] IPSEN, Völkerrecht, § 26 Rn. 25.

So wertete das Gericht erster Instanz im Fall Princz[733] die Verletzung zwingender völkerrechtlicher Normen („ius cogens“) durch einen fremden Staat als einen implizierten Immunitätsverzicht. Denn ein fremder Staat, der die fundamentalen Grundlagen der zivilisierten Welt verletzte, verzichtete auf sein Recht, als souverän behandelt zu werden[734]. Dieser Ansicht widersprach das Gericht zweiter Instanz. Zwar könne ein Verzicht auf Staatenimmunität nach amerikanischem Recht durchaus auch implizit erfolgen[735], die Qualifizierung eines Verstoßes gegen zwingende völkerrechtliche Normen als Verzicht auf die Staatenimmunität sei jedoch zu weitgehend. Ein stillschweigender Verzicht könnte nach amerikanischem Recht nur angenommen werden, wenn sich der fremde Staat dieser Folge auch bewusst war.[736] Das Deutsche Reich bzw. die Bundesrepublik Deutschland als dessen Rechtsnachfolgerin hätten jedoch niemals zum Ausdruck gebracht, auf die Staatenimmunität verzichten zu wollen.
Bei der Beurteilung der Frage, wann ein konkludenter Verzicht auf die Vollstreckungsimmunität vorliegt, ist zwischen der Vollstreckung in hoheitlich und nicht-hoheitlich genutzte Güter zu differenzieren. Nach allgemeiner Ansicht ist ein stillschweigender Verzicht auf die Vollstreckungsimmunität bezüglich nicht-hoheitlich genutzter Güter ohne weitere Einschränkungen[737] möglich.
Ob ein Staat stillschweigend auf seinen Vollstreckungsschutz hinsichtlich hoheitlich genutzter Gegenstände verzichten kann, ist umstritten. Teilweise wird die Möglichkeit eines solchen konkludenten Verzichts bejaht.[738] Die

---

733 Fall Princz v. Federal Republic of Germany, 26 F. 3d 1166 (D.C.Cir. 1994), cert. denied, 115 S. Ct. 923 (1995). Hugo Princz verklagte die Bundesrepublik Deutschland im Jahre 1992 vor amerikanischen Gerichten auf 17 Millionen Dollar Schadensersatz wegen Zwangsarbeit für die IG-Farben und Messerschmidt als Häftling der Konzentrationslager Auschwitz und Dachau.

734 So die Argumentation der Anti-Defamation League und anderer jüdischer Organisationen, die als „amici curiae“ das Vorbringen von Princz unterstützten, vgl. Washington College of Law, S. 17 ff.

735 So wertete der amerikanische Gesetzgeber in seinen Beratungen zum FSIA z.B. Schiedsgerichtsvereinbarungen sowie Vereinbarungen über das anzuwendende Recht und rügeloses Einlassen auf die Klage als impliziten Immunitätsverzicht, so HEIDENBERGER, ZVglRWiss 97 (1998), S. 441 ff., S. 447.

736 Urteilsbegründung des Court of Appeals, S. 13, 26 F. 3d 1166. Dieses Urteil wurde vom Supreme Court (Hugo Princz v. Federal Republic of Germany, cert. denied 115 S. Ct. 923 (1995)) bestätigt, so dass es rechtskräftig wurde.

737 Jedoch wird teilweise z.B. von der französischen Rechtsprechung ein unzweideutiger Verzicht gefordert, der sich speziell auf eine bestimmte Zwangsvollstreckung bezieht, LANGKEIT, Staatenimmunität und Schiedsgerichtsbarkeit, S. 44.

738 Vgl. DAHM, Völkerrecht, S. 248; SCHAUMANN/HABSCHEID, Die Immunität ausländischer Staaten, S. 155.

überwiegende Mehrheit der Völkerrechtsgemeinschaft lehnt die Möglichkeit eines solchen stillschweigenden Verzichts jedoch ab.[739] Diese Haltung manifestiert sich im Entwurf der International Law Commission (ILC). Im Kapitel über die Staatenimmunität (Draft Articles on Jurisdictional Immunities of States and Their Property[740]) ist geregelt, dass ein ausdrücklicher Verzicht erfolgen müsse und dieser lediglich in folgenden Fällen möglich sei:

Art. 18 (State immunity from measures of constraint):

„1. No measures of constraint, such as attachment, arrest and execution, against property of a State may be taken in connection with a proceeding before a court of another State unless and except to the extent that:
(a) the State has expressly consented to the taking of such measures as indicated;
(i) by international agreement;
(ii) by an arbitration agreement or in a written contract; or
(iii) by a declaration before the court or by a written communication after a dispute between the parties has arisen;
(b) the State has allocated or earmarked property for the satisfaction of the claim which is the object of that proceeding; (…)"

Der Entwurf der International Law Commission betont ausdrücklich, dass aus einem Verzicht auf die Jurisdiktionsimmunität nicht zwingend auch ein Verzicht auf die Vollstreckungsimmunität resultiere (vgl. Art. 18 (2) des ILC-Entwurfes[741]). Solle der Verzicht auf Immunität im Erkenntnisverfahren auf die Vollstreckungsimmunität ausstrahlen, so bedürfe es eines deutlich zum Ausdruck gebrachten Verzichtwillens.[742]
Auch durch gesetzliche Regelungen kann der Grundsatz der Staatenimmunität durchbrochen werden. In diesem Kontext ist zunächst das vom Europarat am 16. Mai 1972 beschlossene Europäische Übereinkommen über Staatenimmunität[743] zu nennen, das in der Bundesrepublik Deutschland seit

---

739 Vgl. LANGKEIT, Staatenimmunität und Schiedsgerichtsbarkeit, S. 45 m.w.N.
740 Vgl. Yearbook of the International Law Commission, 1991, vol. II (2), http://www.un.org/law/ilc/texts/jimm.htm.
741 Art. 18 (State immunity from measures of constraint):
„2. Consent to the exercise of jurisdiction (…) shall not imply consent to the taking of measures of constraint (…), for which separate consent shall be necessary."
742 Vgl. LANGKEIT, Staatenimmunität und Schiedsgerichtsbarkeit, S. 45.
743 BGBl. 1990 II, 35 ff.

dem 16. Oktober 1990 in Kraft ist.[744] Es enthält die gesetzliche Verankerung von Ausnahmen des Grundsatzes der Staatenimmunität.

Neben grundsätzlichen Bestimmungen in Art. 1-3 regelt das Europäische Übereinkommen in Art. 11, unter welchen Voraussetzungen die Staatenimmunität im Hinblick auf deliktisches Verhalten eingeschränkt wird. So kann sich ein Vertragsstaat vor einem Gericht eines anderen Vertragsstaates nicht auf seine Staatenimmunität berufen, wenn das Verfahren den Ersatz eines Personen- oder Sachschadens betrifft, das schädigende Ereignis im Gerichtsstaat eintrat und der Schädiger sich bei Eintritt des Ereignisses in diesem Staat aufhielt. Bezüglich seiner zivilrechtlichen Haftung kann sich somit ein Vertragsstaat nicht auf seine Immunität berufen für die Wiedergutmachung eines Schadens, der durch unerlaubte Handlungen zu Lasten von Personen und Vermögen verursacht wurde. Dabei ist unerheblich, ob es sich um hoheitliches oder nicht-hoheitliches Verhalten des Vertragsstaates handelte.

Daneben finden sich vor allem im anglo-amerikanischen Rechtsraum nationale Gesetze, die Ausnahmen vom Grundsatz der Staatenimmunität normieren.

Die USA beschränkten die Staatenimmunität durch den „United States Foreign Sovereign Immunities Act“ (FSIA) vom 21. Oktober 1976.

Der FSIA sieht Ausnahmen vom in § 1604[745] FSIA normierten Grundsatz der Staatenimmunität für hoheitliche Handlungen vor. Gemäß § 1605 FSIA kann ein souveräner Staat durch eine ausdrückliche Erklärung („waiver“) auf seine Souveränität verzichten, außerdem kann konkludentes Handeln als Immunitätsverzicht ausgelegt werden („implied waiver“). Ähnlich wie das Europäische Übereinkommen über Staatenimmunität verankerte auch der FSIA in bestimmten Konstellationen einen Immunitätsausschluss im Hinblick auf unerlaubte Handlungen fremder Staaten.[746]

---

[744] Außer der Bundesrepublik Deutschland traten dem Übereinkommen noch folgende sieben Staaten bei: Großbritannien, Österreich, Belgien, Zypern, Luxemburg, die Niederlande und Schweden.

[745] So heißt es in § 1604 FSIA (ILM 15 (1976), S. 1388): *„... a foreign state shall be immune from the jurisdiction of the courts of the United States and of the States...“.*

[746] So heißt es in § 1605 (a) (5) FSIA:

„A foreign state shall not be immune from the jurisdiction of courts of the United States or of the States in any case- (...) in which money damages are sought against a foreign state for personal injury or death, or damage or loss of property, occurring in the United States and caused by the tortious act or omission of that foreign state or of any official or employee of that foreign state while acting within the scope of his office or employment (...).“

Die amerikanischen Gerichte legten § 1605 (a) (5) teleologisch dahingehend aus, dass von dieser Vorschrift nur Inlandsdelikte erfasst sein sollten. Dies sind solche Delikte, bei denen sowohl Handlungs- als auch Erfolgsort in den USA liegen. Die

Ähnliche Immunitätsdurchbrechungen finden sich auch im State Immunity Act von Großbritannien (SIA) von 1978, dem Sovereign Immunity Act von Kanada von 1982, dem Foreign Sovereign Immunities Act von Australien von 1985[747].

Auch der Entwurf der International Law Commission zur Staatenimmunität sieht für bestimmte unerlaubte Handlungen einen Immunitätsausschluss vor.[748] Jedoch handelte es sich lediglich um einen Entwurf der International Law Commission. Dieser wurde mangels Konsenses innerhalb der Mitgliedsstaaten weder angenommen noch beschlossen, eine diplomatische Konferenz zur Verhandlung einer Kodifikation wurde nicht einberufen.[749]

Angesichts der starken Entwicklung des völkerrechtlichen Schutzes der Menschenrechte nach dem Zweiten Weltkrieg wurde in den vergangenen Jahren die Möglichkeit von Immunitätsdurchbrechungen bei schweren Menschenrechtsverletzungen diskutiert.

cc) Verstöße gegen Menschenrechte

Fundamentale Menschenrechte wie das Folterverbot, das Verbot unmenschlicher Behandlung, die Verbote der Sklaverei, der rassischen Diskriminierung und des Genozids beanspruchen völkergewohnheitsrechtliche Geltung und erfahren als völkerrechtliche ius cogens-Normen, d.h. Vorschriften mit zwingendem Charakter, besondere Beachtung.[750] Daneben gelten die fundamentalen Menschenrechte erga omnes, d.h. alle Staaten sind der Staatengemeinschaft gegenüber zu ihrer Einhaltung verpflichtet.[751]

Immunitätsausnahme des § 1605 (a) (5) FSIA findet auf hoheitliche sowie nichthoheitliche Tätigkeiten gleichermaßen Anwendung, so dass eine Unterscheidung zwischen acta iure gestionis und acta iure imperii entfällt.

[747] Art. 5 des United Kingdom State Immunity Act von 1978, ILM 17 (1978), S. 1123 ff. Art. 6 des Sovereign Immunity Act von Kanada von 1982, ILM 21 (1982), S. 798 ff. Art. 13 des Foreign Sovereign Immunities Act von Australien von 1985, ILM 25 (1986), S. 715 ff.

[748] Art. 12 (Personal injuries and damage to property): *"Unless otherwise agreed between the States concerned, a State cannot invoke immunity from jurisdiction before a court of another State which is otherwise competent in a proceeding which relates to pecuniary compensation for death or injury to the person, or damage to or loss of tangible property, caused by an act of omission which ist alleged to be attributable to the state, if the act or omission occurred in whole or in part in the territory of that other State and if the author of the act or omission was present in that territory at the time of the act or omission."*

[749] Vgl. UN Press Releases GA/L/3123 vom 28. Oktober 1999. Ausführlich zum Gang der Verhandlungen HOKEMA, Immunität von Staatsoberhäuptern, S. 30.

[750] Vgl. KOKOTT, in RESS/STEIN, Der diplomatische Schutz im Völker- und Europarecht (1996), S. 45, S. 47.

[751] Vgl. KOKOTT, a.a.O., S. 48.

Wegen der großen Bedeutung des Menschenrechtsschutzes gibt es in der neueren Völkerrechtslehre Strömungen, die für eine Durchbrechung des Grundsatzes der Staatenimmunität bei Verstößen gegen zwingende Normen des Völkerrechts plädieren.[752]
Auch in der Rechtsprechung ist dieser Ansatz zu finden. So hat das Gericht erster Instanz im Fall Princz[753] den Verstoß gegen zwingendes Völkerrecht durch das Dritte Reich als impliziten Immunitätsverzicht („waiver exception") gewertet. Diese Sichtweise konnte sich jedoch nicht durchsetzen. Sowohl der Court of Appeal for the District of Columbia als auch der Supreme Court verneinten einen impliziten Verzicht auf die Staatenimmunität.
Ähnliche Bestrebungen zeigten sich auch hinsichtlich der strafrechtlichen Immunität.[754] So waren die Richter in der ersten Pinochet-Entscheidung[755] der Ansicht, dass der völkerrechtliche Menschenrechtsschutz so stark in die nationale Rechtsprechung eingeflossen sei, dass Menschenrechtsverletzungen per se zur Versagung strafrechtlicher Immunität vor nationalen Gerichten eines fremden Staates führen könnten. Die zweite Pinochet-Entscheidung[756] versagte dem ehemaligen Staatschef zwar ebenfalls die Immunität, schwächte jedoch die Argumentation der ersten Entscheidung ab. Die Mehrheit der Richter berief sich zur Begründung des Immunitätsausschlusses nur noch auf die von Chile, Spanien und Großbritannien ratifizierte UN-Folterkonvention.[757]
Auch in zivilrechtlichen Verfahren konnte sich die Bestrebung, die Staatenimmunität bei schwersten Menschenrechtsverletzungen aufzuweichen,

---

[752] Vgl. BOTHE, ZaöRV 31 (1971), S. 246 ff., S. 254; DAHM, FS für Nikisch (1958), S. 153; LAUTERPACHT, British Yearbook of International Law 28 (1951), S. 220 ff., S. 230, S. 236; BRÖHMER, State Immunity and the Violation of Human Rights (1997), S. 208; KOKOTT, Festschrift für Bernhardt (1995), S. 135, 148 f; HESS, Staatenimmunität bei Menschenrechtsverletzungen, S. 269, S. 275.

[753] Hugo Princz verklagte die Bundesrepublik Deutschland 1992 vor US- amerikanischen Gerichten auf 17 Mio. Dollar Schadensersatz wegen Zwangsarbeit für die IG-Farben und Messerschmidt als Häftling der Konzentrationslager Dachau und Ausschwitz, vgl. Princz v. Federal Republic of Germany, 26 F. 3 d 1166 (D.C.Cir. 1994).

[754] Umfassend dazu KARL, Völkerrechtliche Immunität im Bereich der Strafverfolgung schwerster Menschenrechtsverletzungen, S. 71 ff.

[755] House of Lords, Ex parte Pinochet (25.111.1998), The Weekly Law Reports 1998, S. 1456.

[756] House of Lords, Ex parte Pinochet (24.03.1999), The Weekly Law Reports 1999, S. 827.

[757] Lediglich die Minderheit der Lordschaft war der Ansicht, dass der Grundsatz der Immunität per se bei allen völkerrechtlichen Verbrechen durchbrochen werden müsse.

nicht durchsetzen. Dies zeigt der Fall Adsani gegen Vereinigtes Königreich[758]. Im Kern ging es bei dieser Entscheidung um die Frage, ob eine zivilrechtliche Klage eines Folteropfers gegen einen Staat von den Gerichten eines anderen Staates unter Berufung auf die Grundsätze der Staatenimmunität abgewiesen werden könne. Die Mehrheit der Richter sprach sich für die Gewährung von Staatenimmunität trotz Verstoßes gegen das Folterverbot aus. Dabei stützten sie sich auf die aktuelle Völkerrechtspraxis. In der Mehrzahl der nationalen Gerichtsentscheidungen sei die Immunität fremder Staaten auch bei schwersten Völkerrechtsverletzungen aufrechterhalten worden. In den Fällen, in denen die Immunität verweigert wurde, beriefen sich die Gerichte auf spezialgesetzliche nationale Regelungen wie den amerikanischen Foreign Sovereign Immunities Act (FSIA), der für bestimmte Fälle Ausnahmen vom Immunitätsgrundsatz normiert. Die Tatsache, dass es Staaten überhaupt für nötig befänden, die Berufung auf die Immunität auszuschließen, lasse im Umkehrschluss erkennen, dass ein Ausschluss sich nicht bereits aus dem allgemeinen Völkerrecht ergebe, argumentierten die Richter.

---

[758] Application No 35763/97; European Human Rights Reports 34 (2002), S. 273. Diesem Urteil lag folgender Sachverhalt zugrunde, zit. nach Tams, AVR 40, S. 33, S. 332:
Al-Adsani hatte im zweiten Golfkrieg als Angehöriger der kuwaitischen Luftwaffe gegen die irakische Besatzungsarmee gekämpft. Auf ungeklärte Weise gelangte er in den Besitz von Videokassetten, die sexuelle Aufnahmen von Sheikh Jaber al-Sabah al-Saud al Sabah, eines Verwandten des kuwaitischen Emirs enthielten. Diese Videokassetten wurden verbreitet, angeblich auch durch Al-Adsani. Deshalb kam es zu verschiedenen Racheakten seitens des Sheiks. Al-Adsanis Angaben zufolge wurde er von Handlangern des Sheiks entführt und brutal misshandelt. Im gesamten Verfahrensverlauf bestand Einigkeit darüber, dass diese Handlungen als Folter zu qualifizieren waren. Im Mai 1991 floh Al-Adsani nach London. Dort erhielt er mehrfach Drohanrufe – angeblich von Vertretern der kuwaitischen Botschaft –, die ihn aufforderten, seinen Fall unter keinen Umständen bekannt zu machen. Trotzdem erhob er im August 1992 vor dem englischen High Court Klage auf Schadensersatz gegen die kuwaitische Regierung. Sowohl der High Court als auch der Court of Appeal als Berufungsinstanz wiesen die Klage ab. Da das House of Lords keine weitere Revision mehr zuließ, wandte sich Al-Adsani an den Europäischen Gerichtshof für Menschenrechte.

Dritter Teil: Lösung der Zwangsarbeiter-, Reparations- und Wiedergutmachungsfragen

A. Lösung der Zwangsarbeiterfrage

I. Das Gesetz zur Errichtung einer Stiftung „Erinnerung, Verantwortung und Zukunft"[759]

Das Stiftungsgesetz, das am 12. August 2000 in Kraft trat, bildete den Abschluss jahrzehntelanger politischer Debatten über die Entschädigung ehemaliger NS-Zwangsarbeiter. Bereits Mitte der achtziger Jahre des vergangenen Jahrhunderts hatten die Grünen die Diskussion angestoßen, im Jahr 1989 folgten ein Gesetzesentwurf sowie zwei Anträge, worin die Entschädigung ehemaliger Zwangsarbeiter durch eine Bundesstiftung unter Beteiligung der deutschen Wirtschaft vorgeschlagen wurde.[760] Im selben Jahr machte sich auch die SPD mit einem entsprechenden Antrag[761] für die Entschädigung ehemaliger Zwangsarbeiter stark.

Nachdem die Fraktion von Bündnis 90/ Die Grünen im Herbst 1997 im Deutschen Bundestag wiederum erfolglos die Errichtung einer Bundesstiftung „Entschädigung für NS-Zwangsarbeit"[762] beantragt hatte, rückte die Realisierung dieses Anliegens mit dem Koalitionsvertrag[763] zwischen der SPD und dem Bündnis 90/ Die Grünen in greifbare Nähe. Denn im Koalitionsvertrag vom 20. Oktober 1998 verständigten sich die neuen Regierungspartner darauf, eine Bundesstiftung „Entschädigung für Unrecht" für die „vergessenen Opfer" unter Beteiligung der deutschen Wirtschaft zu errichten.[764] Nach langen Debatten zwischen der deutschen Bundesregierung und den Vertretern der deutschen Industrie einigten sich die Parteien dar

---

[759] Gesetz zur Errichtung einer Stiftung „Erinnerung, Verantwortung und Zukunft" v. 2.08.2000, in Kraft getreten am 12.08.2000, BGBl. 2000 I, 1263 in der Fassung des Änderungsgesetzes v. 4.08.2001, in Kraft getreten am 11.08.2001 (BGBl. 2001 I, 2036).

[760] BT-Drs. 11/4704.

[761] BT-Drs. 11/5176.

[762] Die Bundesstiftung sollte etwa einer Million noch lebender Zwangsarbeiter einen Ausgleich für entgangenen Lohn und einen Pauschalbetrag für diejenigen Bedingungen der Zwangsarbeit zahlen, die nach deutschem Recht nicht entschädigungsfähig waren (z.B. Schläge, schlechte Behandlung und Unterernährung), vgl. FAZ v. 15.05.2001, S. 16; SAATHOFF, in: Barwig u.a (Hrsg.), Entschädigung für NS-Zwangsarbeit, S. 49 ff., S. 57.

[763] Bereits während des Bundestagswahlkampfes hatte SPD-Kanzlerkandidat Schröder die Idee der Entschädigungsstiftung aufgegriffen. Jedoch hatte er damals noch die Meinung vertreten, der Bund müsse sich nicht an dem von der Wirtschaft gespeisten Fonds beteiligen, FAZ v. 15.05.2001, S. 16.

[764] FAZ v. 11.02.1999, S. 3.

auf, dass Stifter sowohl die in der Stiftungsinitiative der deutschen Wirtschaft zusammengeschlossenen Unternehmen als auch der Bund sein sollten (§ 3 I StiftungsG). Es herrschte Einigkeit darüber, dass die Stiftung von den Opfern akzeptiert und eine weit reichende Beteiligung der Unternehmen gewährleisten werde, wie sie sich durch Gerichtsverfahren nicht erzielen ließen.[765]

1. Stiftungsziel

Die Stiftung „Erinnerung, Verantwortung und Zukunft" hatte es sich zum Ziel gesetzt, eine Brücke zwischen Vergangenheit und Zukunft zu schlagen und zu diesem Zweck die beiden Pfeiler „Erinnerung" und „Zukunft" miteinander zu verbinden. In materieller Hinsicht wichtigste Säule stellt die Wiedergutmachung von Zwangsarbeit dar. Mit ihr ergänzte die Bundesrepublik Deutschland ihre bisherigen Wiedergutmachungsregelungen und setzte ein abschließendes finanzielles Zeichen ihrer moralischen Verantwortung für die schwarzen Stunden deutscher Geschichte. Im Gegenzug sollten die Spender vor Schadensersatzklagen und internationalen Boykottdrohungen bewahrt und somit das Ansehen der deutschen Wirtschaft insgesamt gefördert werden.[766] Nach § 2 I StiftungsG ist Zweck der Stiftung, Finanzmittel zur Gewährung von Leistungen an ehemalige Zwangsarbeiter und andere Opfer des nationalsozialistischen Unrechts bereitzustellen.
Eine weitere Säule bilden Projekte zur Völkerverständigung, der Warnung vor totalitären Systemen und der internationalen Zusammenarbeit zur Sicherung von Frieden und Menschenrechten (vgl. § 2 II StiftungsG).
Damit setzt die Stiftung ein Zeichen der dauerhaften politischen und moralischen Verantwortung von Staat, Gesellschaft und Wirtschaft.[767]
Die Stiftung wurde mit insgesamt zehn Milliarden DM ausgestattet, wobei der Zusammenschluss der Unternehmen der Stiftungsinitiative[768] der deutschen Wirtschaft fünf Milliarden DM beisteuerte. Darin enthalten sind Leistungen, die deutsche Versicherungsunternehmen der International Commission on Holocaust Era Insurance Claims zur Verfügung gestellt haben oder noch stellen werden (§ 3 II Nr. 1). Dem Umstand, dass große deutsche Unternehmen bereits vor Erlass des Stiftungsgesetzes Entschädigungen an ehemalige Zwangsarbeiter geleistet haben, wird insoweit Rech-

---

[765] Vgl. Präambel des deutsch-amerikanischen Regierungsabkommens.
[766] GRAF LAMBSDORFF in: Welt am Sonntag v. 3.09.2000, S. 58 f.
[767] Vgl. BT-Drs. 14/3758 und http://www.zukunftsfonds.de/presse/pm2002_06.de.html.
[768] Dabei galt folgender Maßstab für die Spenden der Unternehmen: Bei Industrieunternehmen ein Promille vom Umsatz, bei Banken 0,1 Promille vom Bilanzvolumen und bei Versicherungen je nach Größe zwischen 1,0 und 1,9 Promille der Versicherungssumme bzw. des Bruttoprämienaufkommens, vgl. Wirtschaftswoche v. 8.06.2000, S. 24 ff.

nung getragen, als alle früheren Leistungen wegen Zwangsarbeit angerechnet werden. Bisherige Entschädigungszahlungen nach deutschen Gesetzen wie dem Bundesentschädigungsgesetz bleiben jedoch unberücksichtigt.

2. Leistungsträger

Neben der deutschen Wirtschaft beteiligte sich der deutsche Staat ebenfalls mit fünf Milliarden DM. Der Beitrag des Bundes umfasst die Beiträge von Unternehmen, soweit der Bund deren Alleineigentümer ist oder mehrheitlich an diesen beteiligt ist (§ 3 II Nr. 2). Die Auszahlung der Gelder erfolgt über Partnerorganisationen[769] im jeweiligen Land.

3. Leistungskategorien und -berechtigte

Das Stiftungsgesetz unterscheidet drei verschiedene Leistungskategorien. Dabei trägt es der Einsicht Rechnung, dass nicht sämtliche Schäden ausgleichsfähig sind, weil sich nationalsozialistisches Unrecht auf nahezu jeden Lebensbereich erstreckte.[770]

Leistungsberechtigt waren[771] neben ehemaligen Zwangsarbeitern auch Opfer mit sonstigen Personenschäden, die durch NS-Unrechtsmaßnahmen entstanden waren, insbesondere Opfer medizinischer Versuche und Insassen früherer Zwangsarbeiterkinderheime sowie Personen, die verfolgungsbedingte oder sonstige Vermögensschäden erlitten hatten.

---

769 Partnerorganisationen wurden neben der Claims Conference auch Stiftungen in den osteuropäischen Ländern wie z.B. die Stiftung „Deutsch-Polnisch Aussöhnung“ in Warschau, die Weißrussische Stiftung in Minsk, die Russische Stiftung „Verständigung und Aussöhnung“ in Moskau, die Ukrainische Nationale Stiftung „Verständigung und Aussöhnung“ in Kiew sowie der Deutsch-Tschechische Zukunftsfonds in Prag. Zur Verminderung des Verwaltungsaufwands wurde zum größten Teil auf schon erprobte Einrichtungen zurückgegriffen, vgl. BT-Drs. 14/3206 und BT-Drs. 14/3758, S. 25. Ihre Benennung war durch die so genannten Allokationsbeschlüsse v. 23.03.2000 (BT-Drs. 14/3758, S. 24 f.) vorgegeben, in denen die Teilnehmer an den Vorverhandlungen die Aufteilung der Plafonds auf die jeweiligen Partnerorganisationen fixiert hatten. Als zusätzliche Verteilungsstelle konnte die International Organization on Migration (IOM) gewonnen werden. Sie ist zuständig fü die Verteilung der Stiftungsgelder an nicht-jüdische Opfer außerhalb Israels, der USA und den übrigen westlichen Staaten, vgl. HAHN, NJW 2000, S. 3521 ff., S. 3524.

770 BT-Drs. 14/3206, S. 15.

771 Die Frist für alle Ansprüche nach dem Stiftungsgesetz begann mit Inkrafttreten des Gesetzes am 12.08.2000 und endete am 31.12.2001. Obwohl diese Frist vom Gesetzgeber als Ausschlussfrist konzipiert war, konnte in besonderen Ausnahmefällen auch eine Antragstellung im Jahr 2002 als fristwahrend angesehen werden.

a) Entschädigung für Zwangsarbeit von KZ-Häftlingen

Für Personen, die in einem Konzentrationslager, einer anderen Haftstätte außerhalb des Gebietes der heutigen Republik Österreich oder einem Ghetto unter konzentrationslagerähnlichen Bedingungen inhaftiert waren und zur Arbeit gezwungen wurden, sah das Stiftungsgesetz eine einmalige Entschädigung in Höhe von bis zu 15 000 DM vor (§ 11 I Nr. 1)[772].

Personen, die aus ihrem Heimatstaat in das Gebiet des Deutschen Reiches in den Grenzen von 1937 oder in ein vom Deutschen Reich besetztes Gebiet deportiert wurden, zu einem Arbeitseinsatz in einem gewerblichen Unternehmen oder im öffentlichen Bereich gezwungen und unter anderen Bedingungen als den in Nummer 1 genannten inhaftiert oder haftähnlichen Bedingungen oder vergleichbar besonders schlechten Lebensbedingungen unterworfen waren, hatten einen Entschädigungsanspruch in Höhe von bis zu 5 000 DM[773].

Von dieser Regelung ausgenommen waren Opfer, die wegen der überwiegend im Gebiet der Republik Österreich erbrachten Zwangsarbeit Leistungen aus dem österreichischen Versöhnungsfonds hatten erhalten können (§ 11 Nr. 2).

b) Entschädigung für sonstige Personenschäden

Für sonstige Personenschäden sah das Stiftungsgesetz eine Entschädigungsleistung in Höhe von bis zu 15 000 DM vor. Dabei wurden Opfer medizinischer Versuche und Todesfälle oder schwere Gesundheitsschäden eines in einem Zwangsarbeiterkinderheim untergebrachten Kindes (§ 11 I S. 5) mit einer Entschädigung in Höhe von bis zu 15 000 DM vorrangig berücksichtigt. Für sonstige schwerste Gesundheitsschäden waren Leistungen bis zu 5 000 DM, für schwere Gesundheitsschäden bis zu 2 000 DM möglich.

c) Entschädigung für Vermögensschäden

Auch für Personen, die im Zuge rassischer Verfolgung unter wesentlicher, direkter und schadensursächlicher Beteiligung deutscher Unternehmen Vermögensschäden im Sinne der Wiedergutmachungsgesetze erlitten hatten und dafür keine Leistungen erhalten konnten, sah das Stiftungsgesetz Ansprüche vor (§11 Nr. 3). Die genauen Voraussetzungen für die Lei-

[772] Für so genannte „andere Haftstätten“ konnte die jeweilige Partnerorganisation in Absprache mit dem Kuratorium auch niedrigere Höchstbeträge vorsehen.

[773] Auch hier konnte die jeweilige Partnerorganisation in Absprache mit dem Kuratorium niedrigere Höchstbeträge vorsehen.

stungsberechtigung und die Höhe der Leistung wurden durch eine Kommission einzelfallabhängig festgesetzt.
Hervorzuheben ist, dass Kriegsgefangenschaft keine Leistungsberechtigung auslöst (§ 11 III). Leistungen der Stiftung sind von der Erbschafts- und Schenkungssteuer befreit (§ 11 IV).

d) Sonderrechtsnachfolge
Grundsätzlich waren die Entschädigungen höchstpersönliche Leistungen (vgl. § 11 I S. 1 Nr. 1, 2, S. 2, 5) und in diesem Sinne zu beantragen (§ 13 I S. 1). Jedoch sah das Stiftungsgesetz eine Sonderrechtsnachfolge vor. Für alle nach dem 15. Februar 1999[774] verstorbenen Betroffenen konnten in abgestufter Reihenfolge der überlebende Ehegatte, die Kinder, die Enkelkinder, die Geschwister oder die testamentarischen Erben den Anspruch geltend machen. Dabei erfolgte der Übergang der Leistungsberechtigung unabhängig vom nationalen Erbrecht. Ehepartner und Kinder waren zu gleichen Teilen leistungsberechtigt. Hatte der ursprünglich Berechtigte weder Ehegatten noch Kinder hinterlassen, so konnte die Entschädigung zu gleichen Teilen auch von Enkeln oder, falls auch diese nicht mehr lebten, von Geschwistern beantragt werden (§ 13 I S. 2). War keine dieser Personen vorhanden, so waren die testamentarischen Erben antragsberechtigt. (§ 13 I S. 3).[775]
Das Leistungsrecht konnte weder abgetreten noch gepfändet werden (§ 13 I S. 5). Juristische Personen waren grundsätzlich nicht antragsberechtigt (§ 13 II S. 1). Ausnahmen bildeten religiöse Gemeinden oder Organisationen, die unter wesentlicher, direkter und schadensursächlicher Beteiligung deutscher Unternehmen in ihrem Vermögen geschädigt worden waren (§ 13 II S. 2). Die Leistungsberechtigung muss der Antragsteller durch Unterlagen nachzuweisen (§ 11 II).[776]

---

[774] Als Stichtag galt der 15.02.1999, weil ab diesem Zeitpunkt feststand, dass es eine gesetzliche Stiftungslösung zur Entschädigung ehemaliger Zwangsarbeiter geben würde. Da der Hauptzweck der Stiftung darin liegt, noch lebenden Opfern von Zwangsarbeit und ähnlichem nationalsozialistischen Unrecht Leistungen zugute kommen zu lassen, war eine Begrenzung der Leistungen an Verwandte der verstorbenen Zwangsarbeiter erforderlich.

[775] Eine entsprechende Leistungsberechtigung musste innerhalb von sechs Monaten nach dem Tod des Opfers bei der entsprechenden Partnerorganisation angemeldet werden. Wurde diese Frist versäumt, so erlosch die Leistungsberechtigung. Die verwandtschaftliche Stellung zum Opfer oder die Stellung als testamentarischer Erbe musste durch Urkunden nachgewiesen werden, vgl. http://www.stiftung–evz.de/fragen/index.html.

[776] War dem Antragsteller ein solcher Nachweis nicht möglich, so musste er sein Verfolgungsschicksal anderweitig glaubhaft machen. Zu berücksichtigen waren dabei alle Arten von Indizien, mit denen dargelegt werden konnte, dass die durch den An-

Mitte Juni 2001 – fast ein Jahr nach Inkrafttreten des Entschädigungsgesetzes – erhielten die ersten ehemaligen Zwangsarbeiter Entschädigungsleistungen. Erste Überweisungen gingen an die polnischen[777] und tschechischen Partnerorganisationen sowie die Jewish Claims Conference (JCC).[778] Ende des Jahres 2002 stellte sich heraus, dass die Zahl der Antragsberechtigten bei etwa 1,8 bis 1,9 Millionen[779] statt der bisher angenommenen 1,5 Millionen liegt. Diese deutlich gestiegene Zahl erklärt sich daraus, dass die Partnerorganisationen in Osteuropa auch Personengruppen Zahlungen zugestanden hatten, die zunächst nicht vorgesehen waren.[780]

4. Stiftungsfonds

Eine weitere Säule, die der Friedenssicherung gewidmet ist, wird durch den Fonds „Erinnerung und Zukunft“ innerhalb der Stiftung geprägt. Nach § 2 II StiftungsG besteht seine dauerhafte Aufgabe darin, Projekte zu fördern, die der Völkerverständigung, den Interessen von Überlebenden des nationalsozialistischen Regimes, dem Jugendaustausch, der sozialen Gerechtigkeit, der Erinnerung an die Bedrohung durch totalitäre Systeme und Gewaltherrschaft und der internationalen Zusammenarbeit auf humanitärem Gebiet dienen. Im Gedenken an und zu Ehren derjenigen Opfer nationalsozialistischen Unrechts, die nicht überlebt haben, soll er auch Projekte im

---

tragsteller vorgetragene Darstellung mit überwiegender Wahrscheinlichkeit richtig war. In diesem Sinne konnten Bestätigungen von Gedenkstätten, Fotos, private Briefe aus der damaligen Zeit oder privat eingeholte Gutachten als Nachweis gelten. Auch schriftliche Ausführungen des Antragstellers oder Dritter (Zeugen) konnten zur Glaubhaftmachung dienen. Die vorgelegten Indizien wurden von der zuständigen Partnerorganisation auf ihre Glaubwürdigkeit hin eingeschätzt. Dabei genügte es, wenn die Partnerorganisation bei Betrachtung sämtlicher vorliegender Nachweise zu dem Ergebnis kam, dass der Vortrag des Antragstellers mit überwiegender Wahrscheinlichkeit zutraf, vgl. http://www.stiftung-evz.de/fragen/index.html.

[777] Die polnische Partnerorganisation erhielt in einer ersten Rate 57 Millionen DM, die tschechischen Kooperationsstellen 56 Millionen DM. Der Claims Conference wurden 100 Millionen DM ausgezahlt. Damit konnten die Partnerorganisationen erste Raten an die Berechtigten auszahlen. Mit der Auszahlung der zweiten Rate wird erst begonnen, wenn sämtliche Anträge von allen Partnerorganisationen vorliegen und damit die endgültige Verteilung der Gelder berechnet werden kann; vgl. SZ v. 16.06.2001, S. 5.

[778] Ende des Jahres 2002 zahlte die Stiftung für NS-Zwangsarbeiter die erste Rate in Höhe von insgesamt 1,95 Milliarden Euro an 1,135 Millionen Opfer aus. Erst wenn diese erste Auszahlungswelle im Jahre 2004 abgeschlossen ist, kann die Restsumme an die Berechtigten fließen, vgl. SZ v. 13. 12.2002, S. 6.

[779] Darunter sind allein 384 000 Polen und 320 000 Ukrainer, vgl. SZ v. 13. 12. 2002, S. 6.

[780] Dabei handelte es sich um Menschen mit Einzelschicksalen, die in keine Kategorie des deutschen Stiftungsgesetzes passen, vgl. SZ v. 13.12.2002, S. 6.

Interesse ihrer Erben fördern. Gemäß § 9 VII StiftungsG wurden 700 Millionen DM als Stiftungskapital zur Verfügung gestellt, mit dessen Erträgen der Fonds arbeitet. Unter Berücksichtigung der Rücklagenbildung zur Kapitalerhaltung stehen derzeit sechs Millionen Euro für die Förderung bereit.[781] Der Fonds, dessen reguläre Fördertätigkeit am 18. April 2002 begann, ist in vier Bereiche gegliedert: Neben der Hilfe für Überlebende und Erben bildet die Erinnerung einen Schwerpunkt der Fonds-Tätigkeit. Weiterhin fördert der Fonds Projekte zur Völkerverständigung und Friedenssicherung, Überwindung von Fremdenfeindlichkeit und Antisemitismus sowie zum Schutz von Minderheiten. Den vierten Bereich bilden Demokratie-Erziehung und Sensibilisierung für Menschenrechte.
Der Fonds nahm seine Arbeit mit der Förderung von zwei Projekten auf, die ehemaligen Zwangsarbeitern sowie anderen Überlebenden des Holocaust zugute kommen. Bei diesen Projekten stehen die Begegnung junger Menschen[782] mit den NS-Opfern zum einen sowie psychosoziale und medizinische Betreuung[783] zum anderen im Vordergrund.

5. Kritische Würdigung der Fonds-Lösung

Die Untersuchungen haben gezeigt, dass nach innerstaatlichem deutschen Recht keinerlei Anspruchsgrundlagen zur Entschädigung von Zwangsarbeitern sowohl gegenüber dem deutschen Staat als auch gegenüber der deutschen Wirtschaft eingreifen. Der einzige Weg für die deutsche Bundesregierung, die Zwangsarbeiter dennoch zu entschädigen und damit den „new sense-value" der amerikanischen Gruppenklagen zu entschärfen, lag in einer Fondslösung. Diese basiert jedoch nach juristischer Bewertung nicht auf rechtlichen Verpflichtungen, sondern lediglich auf moralischen Erwägungen. Diese Stiftung hätte jedoch allein vom Staat finanziert werden müssen. In der Mitverpflichtung der deutschen Wirtschaft, die keiner-

---

781 Fonds „Erinnerung und Zukunft", Pressemitteilung 06/2002, http://www.zukunftsfonds.de/presse/pm2002_06.de.html.

782 Mit dem Programm „Begegnungen mit Zeitzeugen – Lebenswege ehemaliger Zwangsarbeiter" will der Fonds die beiden Säulen „Erinnerung" und „Zukunft" miteinander verbinden. Die Erinnerung an die Schrecken der Nazi-Zeit sollen wach gehalten und das Verantwortungsgefühl der jungen Generation für Gegenwart und Zukunft soll geweckt werden, http://zukunftsfonds.de/presse/pm2002_06.de.html. Zu den einzelnen Programmen, vgl. Pressemitteilung 03/2003 der Stiftung „Erinnerung, Verantwortung und Zukunft".

783 In dem Förderprogramm „Psychosoziale und medizinische Betreuung von ehemaligen NS-Opfern" steht die persönliche Begegnung mit den Opfern im Vordergrund. Hauptziel des Programms, das zunächst auf drei Jahre angelegt ist, ist es, Brücken zwischen den Generationen zu bauen. Zu den geförderten Programmen vgl. Pressemitteilung 19/2002 der Stiftung „Erinnerung, Verantwortung und Zukunft".

lei rechtliche Verpflichtung zur Entschädigung von NS-Zwangsarbeitern trägt, liegt eine unheilvolle Vermischung von Recht und Moral. In dieser Miteinbeziehung deutscher Unternehmen in die Fondslösung liegt eine Systemwidrigkeit, die treffend mit dem Schlagwort „to pay with other people´s money“ umschrieben werden kann.

II. Das Regierungsabkommen zwischen der Bundesrepublik Deutschland und der Regierung der Vereinigten Staaten von Amerika über die Stiftung „Erinnerung, Verantwortung und Zukunft“

Zur Lösung des mit der Zwangsarbeiterfrage verbundenen Justizkonflikts wurden verschiedene Ansätze diskutiert. Zu denken war an ein Regierungsabkommen als völkerrechtliche Möglichkeit. Damit hätten laufende Verfahren ausgesetzt und – verbunden mit einem Streitschlichtungsverfahren nach dem Vorbild der Teheraner Geiselaffäre[784] – zugeführt werden können. Die amerikanischen Gerichte hätten das Regierungsabkommen wegen der Political Question Doctrine beachten und die Klagen zurückweisen müssen.[785] Ein derartiges Abkommen basiert auf der völkerrechtlichen Befugnis von Staaten, über Individualansprüche ihrer Staatsangehörigen zu verfügen.[786]
Wegen des Personalitätsprinzips erstreckt sich diese völkerrechtliche Befugnis jedoch ausschließlich auf amerikanische Staatsangehörige[787], umfasst mithin nicht die Gruppenmitglieder anderer Nationalitäten. Schwierigkeiten hätten sich auch im Fall eines nachträglichen Wechsels der Staatsangehörigkeit ehemaliger Zwangsarbeiter ergeben.[788]

Als völkerrechtliche Alternative zum Regierungsabkommen wurde eine Intervention der amerikanischen Regierung in laufende Verfahren „amicus curiae“ diskutiert. Bei einem „amicus curiae“- Brief handelt es sich um ein Rechtsgutachten, das das Justizministerium als „Freund des Gerichts“ beratend erstellen lässt.[789] Solche Gutachten werden im amerikanischen Rechts-

---

784 Zur Beilegung der Teheraner Geiselaffäre zwischen der USA und dem Iran wurde in Den Haag ein Schiedsgericht eingerichtet, vgl. dazu HESS, Staatenimmunität bei Distanzdelikten, S. 113 ff.

785 So Baker v. Carr, 369 U.S. 186, 217 (1962); Goldwater v. Carter, 444 U.S. 996 (1979); Can v. United States, 14 F. 3rd 160, 164 (2nd Cir. 1994).

786 So BVerfGE 94, S. 314, S. 329; BGHZ 134, S. 67; BVerwGE 99, S. 276.

787 So der BGH, AVR 11 (1963/64), S. 331 ff., S. 335; ebenso IGH v. 5.02.1970, Barcelona Traction, ICJ Reportes 1970, S. 43; ebenso Asociation de Reclamantes v. United Mexican States, 735 F. 2 d S. 1517 ff., S. 1522 f. et seq (D. C. Cir. 1984).

788 Auf dieses Problem weist der BGH ausdrücklich hin, vgl. BGH, AVR 1963/64, S. 331 ff., S. 335.

789 Ein solches Gutachten mit Hinweis auf außenpolitische Verwicklungen wäre denkbar gewesen, vgl. SZ v. 15.05.2001, S. 11.

system bei bedeutenden Prozessen häufig gefertigt. Heß[790] befürwortete eine solche Intervention der amerikanischen Regierung. Dabei sollte das State Department eine Erklärung abgeben, dass die „Act of State Doctrine" und das „forum non conveniens" den Zwangsarbeiterklagen entgegenstehen.[791] Im Rahmen eines solchen Gutachtens hätte die amerikanische Regierung darauf verweisen können, dass der in Deutschland geschaffene Entschädigungsfonds und die dort vorgesehene Rechtsverfolgung ausreichten und die Ermessensausübung der amerikanischen Gerichte im Hinblick auf die Zulassung der Verfahren streitentscheidend beeinflussen können.[792]

Die Regierungen der USA und der Bundesrepublik Deutschland haben einen Mittelweg gewählt. Sie haben die Stiftung „Erinnerung, Verantwortung und Zukunft" durch ein völkerrechtliches Regierungsabkommen abgesichert[793] in der „Erkenntnis, dass die deutsche Wirtschaft eingedenk ihrer beträchtlichen Beiträge zu der Stiftung weder gerichtlich noch anderweitig aufgefordert werden sollte und dass von ihr auch nicht erwartet werden sollte, weitere Zahlungen auf Grund des Einsatzes von Zwangsarbeitern oder auf Grund von Unrecht zu leisten, das aus der Zeit des Nationalsozialismus und dem Zweiten Weltkrieg herrührt und deutschen Unternehmen zur Last gelegt wird".[794] Im Regierungsabkommen verpflichtete sich die amerikanische Regierung „in Anerkennung des legitimen Bedürfnisses deutscher Unternehmen nach umfassendem und andauerndem Rechtsfrieden in dieser Angelegenheit sowie (...) in Anerkennung der Tatsache, dass dieses Bedürfnis für die Errichtung der Stiftung von grundlegender Bedeutung war[795]", zu einer entsprechenden Intervention in die laufenden Verfahren.

---

[790] HEß, Die Aktiengesellschaft 1999, S. 145 ff., S. 154.
Zu den Auswirkungen solcher Empfehlungen auf amerikanische Gerichte vgl. SCHEFFLER, Bewältigung, S. 289 f.

[792] Beachte insbesondere die Bindungswirkung einer solchen Erklärung bei der „Act of State Doctrine", vgl. 28 U.S.C. f) (1987); EBKE, IPRax 1991, S. 148 ff., S. 152 f. Berücksichtigt werden muss jedoch die Unabhängigkeit der Justiz als essenzieller Bestandteil des amerikanischen Rechtssystems. Die amerikanische Regierung kann den Gerichten zwar dringend raten, in ihrem Sinne zu entscheiden, zwingen kann sie sie jedoch nicht.

[793] BGBl. 2000 II, 1372 f. Nach Art. 3 I des Regierungsabkommens „soll die Errichtung der Stiftung ergänzt und ein umfassender und andauernder Rechtsfrieden für deutsche Unternehmen in Bezug auf die Zeit des Nationalsozialismus und den Zweiten Weltkrieg gefördert werden."

[794] Vgl. Präambel des Abkommens zwischen der Regierung der Bundesrepublik Deutschland und der Regierung der Vereinigten Staaten von Amerika über die Stiftung „Erinnerung, Verantwortung und Zukunft" (Regierungsabkommen).

[795] Vgl. Präambel des Regierungsabkommens.

1. Inhalt und Ziele des Abkommens

Die Regierungen der Bundesrepublik Deutschland und der Vereinigten Staaten von Amerika schlossen am 17. Juli 2000 ein Regierungsabkommen zur Sicherung eines „umfassenden und andauernden Rechtsfriedens“[796]. Kernpunkt bildet die Vereinbarung, dass die Stiftung „Erinnerung, Verantwortung und Zukunft“ alle geltend gemachten oder zukünftigen Ansprüche gegen deutsche Unternehmen[797] aus der Zeit des Nationalsozialismus und des Zweiten Weltkrieg abdecken soll. Damit sicherte die amerikanische Bundesregierung vertraglich zu, künftig keine Reparationsansprüche gegen Deutschland geltend zu machen.[798] Außerdem kamen die beiden Staaten darüber überein, dass es in ihrem Interesse läge, wenn die Stiftung die einzige rechtliche Möglichkeit und das ausschließliche Forum für die Regelung dieser Ansprüche wäre (Art. 1 I des Regierungsabkommens).

Im Abkommen verpflichtet sich die Regierung der USA zur Abgabe eines Statement of Interest[799], sobald sie von der Geltendmachung eines Anspruchs nach Art. 1 I des Regierungsabkommens erfährt. Im Statement of Interest empfiehlt die amerikanische Regierung ihren Gerichten die Abweisung dieser Klagen aus jedem gültigen Rechtsgrund. Die Entscheidung über die Abweisung bleibt jedoch – entsprechend dem amerikanischen Rechtssystem – den Gerichten vorbehalten.[800] Die amerikanische Regierung verweist jedoch darauf, dass es im dauerhaften, großen Interesse[801] der

---

[796] Vgl. Präambel des Regierungsabkommens.

[797] Eine Bestimmung des Begriffs „deutsche Unternehmen“ enthält Anlage C zum Regierungsabkommen.

[798] Vgl. Art. 3 III des Regierungsabkommens: „Die Vereinigten Staaten werden keine Reparationsansprüche gegen die Bundesrepublik Deutschland erheben.“ Damit bestätigte und wiederholte das deusch-amerikanische Regierungsabkommen den amerikanischen Reparationsverzicht vom 22.05.2000, vgl. Plenarprot. 14/114, S. 10752.

[799] Unter einem Statement of Interest versteht man eine Erklärung der amerikanischen Regierung gegenüber amerikanischen Gerichten mit dem Inhalt, dass es im außenpolitischen Interesse der Vereinigten Staaten läge, wenn die Stiftung die einzige rechtliche Möglichkeit und das ausschließliche Forum für die Regelung von Ansprüchen wäre, die gegen deutsche Unternehmen geltend gemacht werden, und dass die Abweisung solcher Fälle in ihrem außenpolitischen Interesse läge.“

[800] Vgl. Anlage B Ziff. 3 zum Regierungsabkommen.

[801] „Zu den Interessen der Vereinigten Staaten gehört das Interesse an einer gerechten und umgehenden Regelung der mit diesen Klagen verbundenen Fragen, um den Opfern des Nationalsozialismus und des Zweiten Weltkriegs zu Lebzeiten ein gewisses Maß an Gerechtigkeit zu verschaffen, das Interesse an der Förderung der engen Zusammenarbeit unseres Landes mit unserem wichtigen europäischen Verbündeten und Wirtschaftspartner Deutschland, das Interesse an der Wahrung der guten Beziehungen zu Israel und zu anderen Staaten West-, Mittel- und Osteuropas, aus denen viele derjenige kommen, denen während der Zeit des Nationalsozialismus und des Zwei-

Vereinigten Staaten liegt, Bemühungen um eine Abweisung aller Klagen gegen deutsche Unternehmen in Bezug auf den Nationalsozialismus und den Zweiten Weltkrieg zu unterstützen.[802]
Eine nicht abschließende Aufzählung der Ansprüche, die vom Statement of Interest umfasst sein sollen, enthält Ziff. 1 der Anlage B zum Regierungsabkommen. Danach werden vor allem Forderungen aufgrund von Sklaven- und Zwangsarbeit, Arisierung und medizinischen Versuchen erfasst. Abgewiesen werden sollen auch Kinderheimfälle und Fälle von Personen- und Vermögensschäden oder -verlusten.
Daneben verspricht die amerikanische Regierung, die Regierungen der amerikanischen Bundesstaaten und die Kommunen in die Sicherung des Rechtsfriedens einzubeziehen[803]. Auch zielt das Regierungsabkommen darauf ab, jegliche Infragestellung der Staatenimmunität der Bundesrepublik Deutschland abzuwehren, die sich auf Ansprüche wegen der Folgen des Zweiten Weltkriegs und des Nationalsozialismus bezieht. (Art. 3 IV). Dem Leitgedanken des Abkommens, „die Beziehungen zwischen den beiden Staaten im Geist der Freundschaft und der Zusammenarbeit zukunftsorientiert zu gestalten und aus der Vergangenheit herrührende Fragen erfolgreich zu klären“[804], trägt die Verpflichtung der amerikanischen Regierung Rechnung, keine Reparationsansprüche gegen die Bundesrepublik Deutschland zu erheben (Art. 3 III des Regierungsabkommens).
Entscheidende Bedeutung kommt Ziff. 7 der Anlage B zum Regierungsabkommen zu. Aus ihr geht hervor, dass der amerikanischen Regierung mögliche Klageabweisungsgründe durchaus bekannt sind.[805] Dennoch nimmt die amerikanische Regierung keine Stellung zur Frage der Begründetheit von Rechtsansprüchen. Die Vereinigten Staaten vertreten nicht die Auffassung,

---

ten Weltkriegs Leid zugefügt wurde, sowie das Interesse an der Erlangung von Rechtsfrieden in Bezug auf gegen deutsche Unternehmen aufgrund deren Tätigkeit in der Zeit des Nationalsozialismus und im Zweiten Weltkrieg geltend gemachte Ansprüche“, vgl. Ziff. 5 der Anlage B zum Regierungsabkommen.

802 Vgl. Anlage B Ziff. 3 zum Regierungsabkommen.

803 Vgl. Art. 2 II des Regierungsabkommens: „Die Vereinigten Staaten werden sich in Anerkennung der Bedeutung der Ziele dieses Abkommens, einschließlich des umfassenden und andauernden Rechtsfriedens, frühzeitig und nach besten Kräften bemühen, auf eine Weise, die sie für angemessen halten, diese Ziele gemeinsam mit den Regierungen der Bundesstaaten und Kommunen zu verwirklichen.“

804 Präambel des Regierungsabkommens.

805 So heißt es: „Die Kläger (...) sehen sich zahlreichen rechtlichen Hürden gegenüber, dazu gehören unter anderem Justiziabilität, Völkersitte (international comity), Verjährungsfristen, Fragen der gerichtlichen Zuständigkeit, Zuständigkeitsablehnung (forum non conveniens), schwierige Beweislage sowie die Zulassung einer bestimmten Erbengruppe.“

ihre politischen Interessen seien ein eigenständiger Rechtsgrund für eine Abweisung. Vielmehr betont die amerikanische Regierung in jedem Statement of Interest, dass die politischen Interessen der Vereinigten Staaten für eine Abweisung aus jedem gültigen Rechtsgrund sprechen.
In der Gemeinsamen Erklärung anlässlich des abschließenden Plenums zur Beendigung der internationalen Gespräche über die Vorbereitung der Stiftung „Erinnerung, Verantwortung und Zukunft" verpflichteten sich neben der USA die Regierungen der Republik Belarus, des Staates Israel, der Republik Polen, der Russischen Föderation, der Tschechischen Republik und der Ukraine dazu, die zur Herbeiführung eines umfassenden und andauernden Rechtsfriedens erforderlichen besonderen Maßnahmen im Rahmen ihrer innerstaatlichen Rechtssysteme durchzuführen.[806]

2. Kritische Würdigung der rechtlichen Ausgestaltung des Statement of Interest

Festzustellen ist, dass dieses Statement of Interest keine präzisen juristischen Gründe für eine Klageabweisung aufführt. Die amerikanischen Unterhändler weigerten sich, klare juristische Hinweise in das Statement hineinzuschreiben. Damit blieb die amerikanische Regierung hinter ihren juristischen Möglichkeiten zurück.
Wie weitgehende Rechtssicherheit von amerikanischer Seite gewährleistet werden kann, zeigt das so genannte Japan-Statement vom 23. März 2000, das das amerikanische Justizministerium und das State Department gegenüber dem nordkalifornischen District Court in Sachen Zwangsarbeiter zugunsten Japans abgaben.
Amerikanische Soldaten, die während des Zweiten Weltkrieges als Kriegsgefangene zur Zwangsarbeit beim japanischen Konzern Ishihara Sangyo herangezogen worden waren, hatten gegen dessen japanische Tochter auf Entschädigung geklagt. Daraufhin hatte sich der zuständige Richter des nordkalifornischen District Court an das amerikanische Justizministerium gewandt und gefragt, ob durch solche Forderungen ein amerikanisches Bundesgesetz tangiert sei. Das Justizministerium stellte in seinem Statement unmissverständlich klar, dass der Antrag der Kläger auf Schadensersatz abgelehnt werden sollte. Denn der Friedensvertrag mit Japan aus dem Jahre 1951 (Friedensvertrag von San Francisco) und das Kriegsanspruchsgesetz hätten die in Rede stehenden Ansprüche abschließend geregelt. Das Kriegsanspruchsgesetz als Bundesgesetz habe Vorrang vor der Rechtsprechung der Bundesstaaten.[807] Das Statement der amerikanischen Regierung enthielt ausführliche Hinweise auf frühere juristische Entschei-

[806] Vgl. Ziff. 4 (c) der Gemeinsamen Erklärung.
[807] Vgl. Handelsblatt v. 5.06.2000, S. 2, Wirtschaftswoche v. 8.06.2000, S. 24 ff.

dungen. Dies ist deshalb so entscheidend, weil im amerikanischen Rechtssystem einer Aufzählung von Präzedenz-Fällen größere Bedeutung zukommt als einer politischen Erklärung[808].
Im Vergleich zum Japan-Statement gewährt das Statement of Interest zugunsten der deutschen Wirtschaft einen geringeren Grad an Rechtssicherheit. Mit Blick auf dieses Japan-Statement wäre es juristisch durchaus möglich gewesen, amerikanische Gerichte uneingeschränkt aufzufordern, im außenpolitischen Interesse der USA auf den in Deutschland geschaffenen Entschädigungsfonds zu verweisen. Dies hätte zur Folge gehabt, dass diejenigen Klagen abgewiesen worden wären, die vom Entschädigungsfonds umfasst waren.
Die Berücksichtigung des Japan-Statements verleitet zu der Annahme, dass nicht juristische, sondern politische Gründe das amerikanische Verhalten leiteten.[809] Zwar bestand zwischen der USA und Japan ein Friedensvertrag, der die Reparationsfrage ausdrücklich regelte. Trotz dieses völkerrechtlichen Unterschieds hätte es doch nahe gelegen, die Zwangsarbeiterproblematik mit Deutschland vergleichbar mit der mit Japan zu regeln.[810]
Das Statement of Interest, zu dessen Abgabe sich die amerikanische Regierung gegenüber der deutschen Wirtschaft verpflichtete, kann hingegen als juristisches „Nullum“ angesehen werden.[811] Denn das Statement of Interest führt keineswegs zu einer Veränderung der Rechtslage. Vielmehr handelt es sich um einen rechtlich unverbindlichen Hinweis an die Gerichte, die entsprechend der nach wie vor bestehenden materiellen Rechtslage zu entscheiden haben.
Kommen die Richter zu dem Ergebnis, dass die Ansprüche früherer NS-Zwangsarbeiter durch frühere Verträge oder Vereinbarungen untergegangen sind, so ist das Statement of Interest überflüssig. Die Klagen müssen nach geltendem Recht als unbegründet abgewiesen werden.
Sind die Klagen dagegen begründet, können sie nicht mit einem Hinweis auf die Beteiligung der amerikanischen Regierung an außergerichtlichen Abkommen beseitigt werden.

---

808 Jedoch darf die Bedeutung der Schaffung von Präzedenzfällen nicht überbewertet werden. Bindende Wirkung entfalten Urteile im angelsächsischen Recht nämlich nur, wenn sie von einem der oberen Gerichte gefällt wurden. Solange kein entsprechender Spruch ergangen ist, ist erneut jeder Bundesbezirksrichter ungebunden in seiner Rechtsfindung, vgl. DREYER, in: SZ v. 15.05.2001, S. 11.

809 So auch HEß, in: FAZ v. 8.06.2000, S. 18.

810 So HEß, in: FAZ v. 8.06.2000, S. 18.

811 So SZ v. 28.03.2001, S. 19.

3. Rechtsfrieden als Bedingung für die Zahlung von Entschädigung

Die deutsche Wirtschaft machte die Auszahlung der von ihr bereitgestellten fünf Milliarden DM von der Bedingung abhängig, dass Rechtsfrieden erreicht würde. Daher sollte erst nach Abweisung aller anhängigen Klagen mit der Auszahlung der Entschädigungsleistungen an ehemalige Zwangsarbeiter begonnen werden. In der Gemeinsamen Erklärung[812] wurden im amtlichen Anhang die 66 damals vor amerikanischen Gerichten anhängigen Entschädigungsklagen ehemaliger Zwangsarbeiter aufgelistet.[813]

Am 13. November 2000 erfolgte die Abweisung von 46 Sammelklagen ehemaliger NS-Zwangsarbeiter, die sich gegen deutsche Unternehmen gerichtet hatten.[814] Gemäß der Empfehlung der amerikanischen Regierung im Statement of Interest wurden die Entschädigungsklagen in den meisten Fällen abgewiesen.

Die New Yorker Richterin Shirley Wohl Kram sträubte sich jedoch im Januar 2001 gegen die Abweisung von Klagen gegen deutsche Banken[815], obwohl die US-Regierung auch ihr gegenüber ein Statement of Interest abge-

[812] Gemeinsame Erklärung anlässlich des abschließenden Plenums zur Beendigung der internationalen Gespräche über die Vorbereitung der Stiftung „Erinnerung, Verantwortung und Zukunft" v. 17.07.2000. Unterzeichner dieser gemeinsamen Erklärung waren neben den Regierungen der Bundesrepublik Deutschland und der Vereinigten Staaten von Amerika auch die Regierungen der Republik Belarus, des Staates Israel, der Republik Polen, der Russischen Föderation, der Tschechischen Republik und der Ukraine sowie die deutschen Unternehmen, die an der Initiative zur Errichtung einer Stiftung beteiligt sind und die Conference on Jewish Material Claims against Germany Inc. und die unterzeichnenden Opferanwälte.

[813] Diese 66 Klagen wurden später in drei Sammelklagen zusammengefasst.

[814] Die jeweils abgegebenen Statements of Interest erhöhten den politischen Druck auf die amerikanischen Richter. Vgl. zu den Verfahren, Die Welt v. 15. 11.2000, S. 2.

[815] Diese Klagen hatten folgenden Hintergrund: Die Bank Austria hatte sich bereits im Jahre 1999 außergerichtlich zu Zahlungen an ehemalige Zwangsarbeiter verpflichtet und alle Forderungen gegenüber deutschen Banken aus den Jahren 1938 bis 1946 an die amerikanischen Kläger abgetreten. Hintergrund war die Rolle der Deutschen Bank und der Dresdner Bank bei der Enteignung österreichischer Juden und dem Handel mit dem Nazi-Gold aus den Vernichtungslagern. Diese Geschäfte wurden damals über österreichische Banken abgewickelt.
Die deutschen Banken weigerten sich jedoch, die Forderungen aus jener Zeit zu begleichen. Sie begründeten ihre Weigerung mit dem Staatsvertrag zwischen Österreich und Deutschland von 1955, in dem Österreich auf alle Ansprüche gegenüber Deutschland verzichtet hatte. Außerdem vertrat die deutsche Seite den Standpunkt, dass Ansprüche der Bank Austria gegenüber deutschen Banken nicht bestünden. Wenn je solche Forderungen bestanden hätten, so wären diese mittlerweile verjährt. Die amerikanischen Opferanwälte hatten die Ansprüche zunächst zurückgehalten und dann zusammen mit den übrigen Klagen gegen deutsche Banken geltend gemacht, vgl. FAZ v. 22.03.2002, S. 2.

geben hatte. Sie begründete ihre Entscheidung damit, dass die Wirtschaft bis zu diesem Zeitpunkt erst 3,6 Milliarden DM gesammelt habe und damit die versprochenen fünf Milliarden DM noch nicht zur Verfügung stünden.[816] Deshalb forderte Wohl Kram einen genauen Termin, wann die Stiftung über die vollständige, fest zugesagte Summe von fünf Milliarden DM seitens der Wirtschaft verfügen würde.[817] Das Entschädigungsprojekt drohte zu scheitern, als die New Yorker Richterin am 7. März 2001 die Sammelklagen nicht abwies, obwohl sowohl Kläger als auch Beklagte sich dafür aussprachen, den Fall zu den Akten zu legen. Wohl Kram stützte ihre Entscheidung darauf, dass es zweifelhaft sei, ob die Zwangsarbeiterstiftung überhaupt ihren Zweck erfüllen würde. Außerdem bemängelte die Richterin, dass die deutsche Wirtschaft auch bis zu diesem Zeitpunkt ihren Anteil von fünf Milliarden DM noch nicht vollständig bereitgestellt habe.[818] Außerdem forderte sie, dass die österreichischen Bankenfälle gesondert behandelt werden sollten.[819] Denn die möglichen Ansprüche österreichischer Banken waren nach ihrer Ansicht nicht von der Entschädigungsvereinbarung der Stiftungsinitiative erfasst.

Obwohl die Stiftungsinitiative der deutschen Wirtschaft am 13. März 2001 die noch fehlenden 1,4 Milliarden DM für den Entschädigungsfonds zur Verfügung stellte, wies die Richterin die Klagen nicht ab. Sie begründete diese Entscheidung damit, dass die österreichischen Bankenfälle noch nicht zu ihrer Zufriedenheit gelöst seien. Denn bei Abweisung dieser Klagen bestünde die Gefahr, dass diejenigen zu Schaden kämen, denen Forderungen österreichischer Banken gegen deutsche Banken abgetreten worden waren. Die Richterin befürchtete, dass den Opfern in den österreichischen Bankenfällen der Rechtsweg abgeschnitten würde, ohne dass sie dafür eine Gegenleistung bekämen. Wegen des hohen Alters der Opfer empfahl die Richterin dem Deutschen Bundestag, schon jetzt der Auszahlung des Geldes zuzustimmen. Sobald eine Lösung für die Bankenfälle gefunden sei, könnten die Kläger abermals einen Antrag auf Klageabweisung stellen.[820] Auf die Berufung der Beklagtenseite wies die Richterin am 10. Mai 2001 die Sammelklage ehemaliger Zwangsarbeiter letztendlich ab, knüpfte diese Abweisung je-

---

816 Die Welt v. 27.01.2001, S. 4.

817 Vgl. FAZ v. 31.01.2001, S. 15. Um die Klagen abweisen zu können, verlangte die Richterin weitere Informationen. So wollte sie unter anderem genau wissen, wie die Stiftung „Erinnerung, Verantwortung und Zukunft" mit den Anträgen auf Entschädigung zu verfahren plante und wie sie die Auszahlung des Geldes durch die sieben Partnerorganisationen überwachen wollte.

818 Die Welt v. 9.03.2001, S. 2.

819 So FAZ v. 22.03.2001, S. 2.

820 FAZ v. 22.03.2001, S. 2.

doch an weitere Bedingungen.[821] Die Hauptforderung war, dass der Deutsche Bundestag noch vor der Sommerpause Rechtsfrieden feststellen und den Beginn der Entschädigungszahlungen beschließen sollte. Würde diese Forderung nicht erfüllt, so könnten die ehemaligen Zwangsarbeiter und deren Hinterbliebene die Klagen abermals anhängig machen. Außerdem müssten die Forderungen österreichischer Banken gegen deutsche Banken, die an Holocaust-Opfer abgetreten worden waren, ebenfalls aus dem Vermögen der Stiftungsinitiative bedient werden. Dies war zum einen im Entschädigungsgesetz nicht vorgesehen, zum anderen hielten sowohl die deutsche Bundesregierung als auch die Wirtschaft diese Ansprüche für wertlos. Um diese Bedingung erfüllen zu können, hätte es einer Gesetzesänderung bedurft. Am 17. Mai 2001 verwarf das Berufungsgericht in New York diese Bedingungen. Daraufhin wies die Richterin Wohl Kram die Sammelklage endgültig und ohne Auflagen ab. Erst nach dieser Klageabweisung lag für die Stiftungsinitiative der deutschen Wirtschaft ausreichende Rechtssicherheit vor. Am 30. Mai 2001 beschloss der Bundestag auf Antrag aller Fraktionen, dass „ausreichende Rechtssicherheit" für deutsche Unternehmen vor Opferklagen gegeben sei. Dieser Beschluss war die Bedingung für die Auszahlung der Entschädigungsleistungen an ehemalige Zwangsarbeiter.

Aus diesem Fall wird ersichtlich, dass selbst bei Vorliegen eines Statement of Interest eine Klageabweisung nicht zwingend ist. Vielmehr ist sie von der juristischen Einschätzung der amerikanischen Richter abhängig. Dieser Fall zeigt deutlich, dass die amerikanische Regierung keinen direkten juristischen Einfluss auf die unabhängigen Bundesgerichte nehmen konnte. Entscheidend für eine tatsächliche Rechtssicherheit war somit, eine genügende Anzahl von Präzedenzfällen zu schaffen, auf die die Richter ihre Klageabweisungen stützen konnten. Sinnvollerweise mussten dies vor allem Klagen sein, die vor besonders kritischen Gerichten verhandelt wurden und bei denen nicht die Anwälte die Zurückziehung der Klage beantragt hatten. Jedoch darf auch die Bedeutung von Präzedenzfällen nicht überbewertet werden. Eine Bindung der Gerichte besteht nach amerikanischem Recht erst bei einem Urteil des obersten Gerichts.

Auch nach der Auszahlung der Gelder war der Rechtsfrieden dadurch gefährdet, dass die ersten Entschädigungen zugunsten ehemaliger polnischer NS-Zwangsarbeiter zu einem ungünstigen Wechselkurs überwiesen worden waren. Die in Warschau ansässige Stiftung „Deutsch-polnische Aussöhnung" und die polnischen Opferverbände warfen der Stiftung „Erinnerung, Verantwortung und Zukunft" vor, das Geld in polnischer Währung zu einem

[821] Für den Fall der Nichterfüllung dieser Bedingungen hielt die Richterin die Wiederaufnahme der Klage für möglich.

Zeitpunkt[822] ausgezahlt zu haben, als der Kurs des Euro sich auf einem historischen Tiefstand befunden habe.[823]
Mittlerweile sind auf dem Gebiet der Rechtssicherheit für deutsche Unternehmen wesentliche Fortschritte erzielt worden.[824] Vorbehaltlich der Einlegung eines weiteren Rechtsmittels durch einen Kläger sind zwischenzeitlich alle in Anlagen C und D der Gemeinsamen Erklärung aufgeführten Klagen gegen deutsche Unternehmen zurückgenommen worden (dismissed with prejudice) oder haben sich anderweitig erledigt.[825] Auch sind der Bundesregierung derzeit keine Klagen gegen deutsche Unternehmen aus Israel oder den osteuropäischen Staaten bekannt, die die Gemeinsame Erklärung unterzeichnet haben.
Dennoch sind immer noch einige Verfahren bei amerikanischen Gerichten anhängig, die sich vor allem auf Forderungen im Zusammenhang mit der Arisierung[826] stützen.[827] Teilweise wenden sich die Kläger sogar gegen das deutsch-amerikanische Regierungsabkommen und versuchen, ein bereits abgegebenes Statement of Interest der amerikanischen Regierung aus verfassungsrechtlichen Gründen für unbeachtlich erklären zu lassen.[828] Darüber hinaus zeigen sich die amerikanischen Bundesstaaten durchaus nicht immer kooperativ. So existieren beispielsweise in den US-Bundesstaaten Minnesota

[822] Dieser niedrige Kurs sei lediglich wenige Minuten verzeichnet worden.

[823] Wenn die Stiftung die gesamte Summe in Höhe von 1,8 Milliarden DM zu diesem für die polnischen Opfer ungünstigen Kurs überwiesen hätte, so hätten diese nach den Befürchtungen der polnischen Partnerorganisationen 23 Millionen DM, Die Welt v. 20.06.2001, S. 7.

[824] Vgl. Vierter Bericht der Bundesregierung über den Stand der Rechtssicherheit für deutsche Unternehmen im Zusammenhang mit der Stiftung „Erinnerung, Verantwortung und Zukunft" (Stand: 31.03.2003), BT-Drs. 15/1026.

[825] Vgl. BT-Drs. 15/1026 S. 2.

[826] Vgl. Arisierungsklage Ungaro-Benages vs. Dresdner Bank AG and Deutsche Bank, vgl. Anlage 3 der BT-Drs. 15/1026, S. 8. Mit dieser Klage machte die Enkelin von Benno Orenstein Vermögensansprüche aus der Arisierung der Firma „Orenstein & Koppel" geltend. Das Bezirksgericht des Southern District of Florida lehnte nicht nur ein Verwertungsverbot bezüglich des Statement of Interest ab, sondern wies am 14.02.2003 auch die gesamte Klage ab. Dabei stützte es sich u.a. auf die Feststellung, dass die Materie der Justiz entzogen („political question doctrine") und durch deutsche Vorschriften abschließend geregelt sei („international comity doctrine"). Gegen dieses Urteil legte die Klägerin am 9.04.2003 Berufung beim 11th Circuit ein.

[827] Vgl. BT-Drs. 15/1026, S. 2 f.

[828] Der amerikanischen Regierung wurde in diesem Fall vorgeworfen, durch Abschluss des deutsch-amerikanischen Regierungsabkommens gegen die US-Verfassung verstoßen zu haben, weil sie die Klägerin rechtlos stellte.

und Rhode Island[829] nach wie vor Gesetzesentwürfe, die bestimmten Holocaust-Opfern den Weg zu einzelstaatlichen Gerichten in den USA eröffnen sollten.[830] Daneben ist im Bundesstaat Kalifornien seit dem Jahre 1998 ein Gesetz[831] in Kraft, das Holocaust-Opfern und ihren Erben die Möglichkeit gibt, bis zum 31.12.2010 vor kalifornischen Gerichten zu klagen.
Für massiven Konfliktstoff sorgt derzeit vor allem der Schutz deutscher Unternehmen vor legislativen und administrativen Maßnahmen in den USA, insbesondere im Versicherungsbereich. In der Praxis spielt diese Frage vor allem eine Rolle bei bundesstaatlichen Gesetzen[832], die der jeweiligen Versicherungsaufsichtsbehörde das Recht geben, europäischen Versicherungsunternehmen teilweise gegen Androhung des Lizenzentzuges aufzuerlegen, sämtliche Versicherungspolicen des Gesamtkonzerns aus den Jahren 1920 bis 1945 EDV-aufbereitet offen zu legen.[833]

---

829 Minnesota House Bill H.F. 638 und Rhode Island House Bill 6802. Beide Gesetze sollen Zwangsarbeitern, die von den europäischen Achsenmächten zwischen 1929 und 1945 zur Arbeit gezwungen worden waren, die Möglichkeit geben, bis zum 31.12.2010 vor einem Gericht in Minnesota bzw. bis zum 31.12.2012 vor einem Gericht in Rhode Island auf Entschädigung zu klagen; vgl. dazu Anlage 9 der BT-Drs. 15/1026.

830 Die Verabschiedung dieser Gesetzesentwürfe wird derzeit nicht weiter verfolgt. Die amerikanische Regierung vertritt gegenüber den Abgeordneten auf Staaten- und Bundesebene in Umsetzung ihrer Verpflichtung aus Art. 2 II des Regierungsabkommens den Standpunkt, dass diese Gesetzesprojekte dem US-Bundesinteresse widersprächen, vgl. BT-Drs. 15/1026 S. 4.

831 California Assembly Bill 1334, vgl. Anlage 9 der BT-Drs. 15/1026.

832 So ist das entsprechende Gesetz des Bundesstaates Kalifornien (Holocaust Victim Insurance Relief Act (HVIRA) of 1999, Cal. Ins. Code §§ 13800–13807) Gegenstand des Verfahrens American Insurance Association, American Re-Insurance Company et al. vs. John Garamendi, in his capacity as Commissioner of Insurance for the State of California, vgl. Anlage 8 der BT-Drs. 15/1026.
Deutsche (und amerikanische) Versicherer sowie die Vereinigung amerikanischer Versicherungen klagten gegen Bescheide des Versicherungskommissars, die von den Unternehmen – in Umsetzung des Gesetzes – die Offenlegung aller Versicherungspolicen verlangt hatten, die von ihnen im Zeitraum von 1920 bis 1945 ausgestellt worden waren. Sie bestritten dabei unter anderem die Verfassungsmäßigkeit des kalifornischen Gesetzes. Die US-Regierung teilt die Auffassung der Kläger und reichte entsprechende Schriftsätze ein. Auch die deutsche Regierung unterstützte die Kläger durch Einreichung von amicus curiae Schriftsätzen, BT-Drs. 15/1026 S. 3 f.

833 In Kalifornien: Holocaust Victims Insurance Act (HVIA), in Kraft seit 10.10.1999; in Florida: Holocaust Victims Insurance Act (HVIA), in Kraft seit 1.07.1998; in Maryland: Maryland House Bill 3423, in Kraft seit 14.04.2000; in New York: New York Senate Bill 7799, in Kraft seit 8.07.1998; in Washington: Washington Senate Bill 5509, in Kraft seit 25.07.1999. Daneben existieren entsprechende Gesetzesentwürfe in anderen amerikanischen Bundesstaaten. Ausführlich zu den Gesetzesentwüfen, vgl. Anlage 9 der BT-Drs. 15/1026.

Die Unterzeichnung einer Vereinbarung der Stiftung „Erinnerung, Verantwortung und Zukunft" mit dem Gesamtverband der deutschen Versicherungswirtschaft und der International Commission on Holocaust Era Insurance Claims am 16. Oktober 2002 und die damit geschaffene Basis zur Regelung offener Versicherungspolicen stellte einen weiteren Schritt in Richtung eines umfassenden „administrativen Rechtsfriedens" dar. Obgleich die International Commission on Holocaust Era Insurance Claims am 30. April 2003 die Daten von 363 232 möglichen Policeninhabern in das Internet stellte, ist das angestrebte Ziel, dass auch die US-Versicherungskommissare das vereinbarte Verfahren als abschließende Regelung anerkennen und weitere Maßnahmen gegen deutsche Versicherungsunternehmen unterlassen, bisher noch nicht erreicht.[834]

Die Untersuchung zeigt, dass die zügige Behandlung der Entschädigungsproblematik auf verschiedenen Faktoren beruhte: Die ausdrückliche Anerkennung der besonderen moralischen Verantwortung des Bundestages für die Opfer des Nationalsozialismus in der Präambel des Stiftungsgesetzes fand ihren Niederschlag in der Hinzuziehung der Opferverbände, die auf einen schnellen Abschluss des Verfahrens drängten und diesen durch ihre Mitwirkung ermöglichten.[835] Hinzu kam das hohe Alter der Opfer und der Wunsch, dass möglichst viele von den Leistungen der neuen Stiftung profitieren könnten.[836] Einen weiteren Anreiz für die zügige Behandlung des Gesetzes im deutschen Parlament bot die mit dem Stiftungsgesetz anvisierte Rechtssicherheit für die Bundesrepublik Deutschland und deutsche Unternehmen.[837]

B. Lösung der Reparationsfrage

Fraglich ist, welcher Lösung die Reparationsproblematik zugeführt werden kann. Diese Frage ist eng verknüpft mit der Frage nach dem Schicksal des Londoner Schuldenmoratoriums. Welche Rolle spielt diesbezüglich der 2+4-Vertrag und das Verhalten der Vertragspartner bei dessen Verhand-

---

[834] Dabei bemüht sicht die US-Regierung auf politischem Wege darum, dass entsprechende US- Gesetzesinitiativen auf Bundes- und Bundesstaatenebene zukünftig gegenstandslos werden, vgl. BT-Drs. 15/1026 S. 3 f.

[835] HAHN, NJW 2000, S. 3521 ff., S. 3522.

[836] Präambel des deutsch-amerikanischen Regierungsabkommens: „...In der Überzeugung, dass die Stiftung einen schnellstmöglichen Mechanismus für gerechte und schnelle Zahlungen an nunmehr betagte Opfer bereitstellen wird."

[837] HAHN, NJW 2000, S. 3521 ff., S. 3522.

lung? Haben die lange Zeitdauer seit Ende des Zweiten Weltkrieges, die Integration der Bundesrepublik in die westliche Staaten- und Bündnisgemeinschaft sowie die Reaktionen der übrigen europäischen Staaten und der USA auf das deutsche Reparationsverständnis tatsächlich Einfluss auf die rechtliche Behandlung der Problematik? Entspricht die von der deutschen Regierung eingeschlagene Argumentationslinie völkerrechtlichen Grundsätzen?

I. Keine Änderung des Schuldenaufschubs

Problematisch ist das Schicksal des Londoner Schuldenmoratoriums nach Abschluss des 2+4-Vertrages. Heß[838] vertritt die Ansicht, dass der Regelungsrahmen des Art. 5 II und IV des Londoner Schuldenabkommens nicht mit Abschluss des 2+4-Vertrages (sozusagen stillschweigend) weggefallen ist.[839] Denn die Beendigung eines völkerrechtlichen Vertrages erfolge durch die im Vertrag vorgesehenen Aufhebungsmechanismen (vgl. Art. 25 LSA) oder durch entsprechende Aufhebungsvereinbarungen der Parteien. Eine einseitige Vertragsbeendigung hingegen ließe das Völkerrecht (aus gutem Grund) nicht zu. Das Londoner Schuldenabkommen wurde weder durch die Mechanismen nach Art. 25 LSA aufgehoben, noch erfolgte eine entsprechende Aufhebungsvereinbarung. Eine Aufhebungsvereinbarung im Rahmen des 2+4-Vertrages war schon deshalb nicht möglich, weil bei Abschluss des Vertrages nur sechs Staaten und nicht alle in das Londoner Schuldenabkommen einbezogenen Parteien beteiligt waren.

Außerdem war zum Zeitpunkt des Abschlusses des 2+4-Vertrages die Haftung deutscher Unternehmen für die Zwangsarbeit de facto bereits von umfangreichen Wiedergutmachungsregelungen überlagert worden. Heß[840] sieht die individuelle Haftung der Unternehmen durch die Wiedergutmachung nach dem Bundesentschädigungsgesetz und den Globalabkommen als verdrängt an. Er verweist darauf, dass die Kriegsfolgenbewältigung in Deutschland durch staatliche Ausgleichszahlungen erfolgt sei und die Kriegsfolgen durch die Sonder- und Sozialgesetzgebung ohne unmittelbaren Zugriff auf einzelne Schädiger kollektiviert worden sei.[841]

Zu denken wäre jedoch auch an die Verjährung.

---

838 Heß, in: Die Aktiengesellschaft 1999, S. 145 ff, S. 151.

839 So auch Hahn, NJW 2000, S. 3521 ff.

840 Heß, in: Die Aktiengesellschaft 1999, S. 145 ff, S. 151.

841 Heß, in: Die Aktiengesellschaft, S. 145 ff., S. 151 m.w.N., mit Verweis darauf, dass die Bundesrepublik Deutschland aus diesem Grund darauf verzichtet hatte, die nach § 8 Abs. 2 S. 2 BEG auf sie übergegangenen Rückgriffsansprüche gegen private Firmen zu realisieren.

II. Die Verjährung

Das Institut der Verjährung, das allen modernen Rechtssystemen bekannt ist, kann in zwei verschiedenen Formen auftreten. In den nationalen Rechtsordnungen lassen sich die erwerbende Verjährung (usucapio oder Ersitzung) und die erlöschende Verjährung unterscheiden. Erstere ist einschlägig, wenn ein neuer Erwerbstitel begründet wird, letztere greift ein, wenn ein Recht hinfällig wird.[842]

Das Völkerrecht hingegen kennt keine streng fixierten Verjährungsgrenzen, so dass das Bestehen des Instituts der Verjährung von einem Teil der völkerrechtlichen Literatur bestritten wird.[843] Der weit überwiegende Teil der Völkerrechtslehre anerkennt jedoch das Institut der Verjährung und unterscheidet ebenso wie nationale Rechtsordnungen zwischen erwerbender und erlöschender Verjährung. Da erstere lediglich in Verbindung mit Gebietserwerben relevant wird, spielt sie in Bezug auf die hier in Frage stehende Reparationsdebatte keine Rolle.

Die erlöschende Verjährung könnte jedoch durchaus in Betracht kommen. Spätestens seit ihrer Aufnahme in mehrere Resolutionen des Institut de Droit international im Jahre 1925 ist die erlöschende Verjährung als Verjährung internationaler Verpflichtungen in zivilisierten Nationen als allgemeiner Rechtsgrundsatz anerkannt[844] und damit Bestandteil des Völkerrechts.[845] Das Institut der Verjährung gilt grundsätzlich sowohl für öffentlich-rechtliche Forderungen als auch für privatrechtliche Forderungen zwischen einem Staat und einem Privatmann gelten, die im Wege des diplomatischen Schutzes zwischenstaatlich geltend gemacht werden.[846] Das bedeutet, dass das Institut der Verjährung durchaus auch auf Individualschäden anwendbar ist, die als zwischenstaatliche Ansprüche vom jeweiligen Heimatstaat im Wege des diplomatischen Schutzes geltend gemacht werden. Deshalb kann das völkerrechtliche Prinzip der Verjährung auch für mögliche Entschädigungsansprüche ehemaliger Zwangsarbeiter gelten, da diese

---

[842] FLEISCHAUER, in: Strupp/Schlochauer, Wörterbuch des Völkerrechts, Bd. III, S. 509.

[843] FLEISCHAUER, in: Strupp/Schlochauer, Wörterbuch des Völkerrechts, Bd. III, S. 509 m.w.N.

[844] Zuvor war die Frage, ob der völkerrechtliche Anspruch eines Staates auf Wiedergutmachung verjährt, wenn er innerhalb einer bestimmten Zeit nicht geltend gemacht wurde oder nach der Erhebung längere Zeit hindurch nicht weiter verfolgt wurde, umstritten. Die Gegner des Instituts einer völkerrechtlichen Verjährung verwiesen dabei vor allem auf den Schiedsspruch des Haager Schiedshofs vom 14.10.1902 über die kalifornischen Kirchengüter. Zum Meinungsstand, vgl. VERDROSS, Völkerrecht, S. 413.

[845] FLEISCHAUER, in: Strupp/Schlochauer, Wörterbuch des Völkerrechts, Bd. III, S. 509 ff., S. 511.

[846] FLEISCHAUER, in: Strupp/Schlochauer, Wörterbuch des Völkerrechts, Bd. III, S. 509 ff., S. 511.

als Reparationen zwischenstaatliche Ansprüche darstellen. Bedingung für eine Geltung des Prinzips der Verjährung ist jedoch, dass die Entschädigungsforderungen gegenüber dem deutschen Staat und nicht gegenüber deutschen Unternehmen erhoben werden.
Das Institut der Verjährung erstreckt sich sowohl auf vertragliche als auch auf deliktische Ansprüche, wobei Einigkeit darüber besteht, dass Deliktsforderungen schneller verjähren als vertragliche Verpflichtungen.[847] Für die einzelnen Voraussetzungen der Verjährung haben sich im Völkerrecht keine festen Regeln entwickelt, vielmehr werden flexible Regelungen gefordert. Diese Forderung nach Flexibilität strahlt namentlich auf die Verjährungsfristen aus, das Institut de Droit international sprach sich deshalb dafür aus, die Entscheidung der Verjährungsfristen dem Richter nach den Umständen des Einzelfalls zu überlassen.[848] Wann die Verjährung beginnt, wann sie endet und wie sie unterbrochen werden kann, kann danach nicht allgemein, sondern nur unter Berücksichtigung des Einzelfalls entschieden werden.
Jedenfalls soll die Verjährung internationaler Verpflichtungen durch Einreichung einer Klage vor einem internationalen oder innerstaatlichen Gericht sowie durch die diplomatische Geltendmachung der Forderung verhindert werden können.
Problematisch ist, wie die innerstaatlichen Verjährungs-vorschriften mit der völkerrechtlichen Verjährung verknüpft sind. Einigkeit besteht jedenfalls darüber, dass Forderungen eines privaten Gläubigers, die durch den Heimatstaat im Wege des diplomatischen Schutzes geltend gemacht werden, nicht verjähren, sofern der Private die Forderung innerstaatlich rechtzeitig geltend gemacht hat. Umgekehrt kann die Einrede der Verjährung des nationalen Rechts dann dem fordernden Staat entgegen gehalten werden, wenn der private Gläubiger die Forderung hat verjähren lassen.[849]

III. Die Desuetudo

Das Verhalten der europäischen Staaten und der USA legt auch den Gedanken an eine desuetudo nahe. Bei der desuetudo handelt es sich um einen besonderen Fall der Aufhebung eines Vertrags durch entgegenstehendes Gewohnheitsrecht.[850] Einvernehmen über das Ende eines Vertrags kann

847 FLEISCHAUER, in: Strupp/Schlochauer, Wörterbuch des Völkerrechts, Bd. III, S. 509 ff., S. 511 f.
848 FLEISCHAUER, in: Strupp/Schlochauer, Wörterbuch des Völkerrechts, Bd. III, S. 509 ff., S. 512.
849 FLEISCHAUER, in: Strupp/Schlochaer, Wörterbuch des Völkerrechts, Bd. III, S. 509 ff., S. 512.
850 SEIDL-HOHENVELDERN/STEIN, Völkerrecht, § 24 Rn. 419.

auch dadurch hergestellt werden, dass der oder die anderen Partner nicht gegen eine einseitige Erklärung protestieren, die Vertragsbestimmungen für obsolet erklären.[851] Die Bundesrepublik Deutschland hat im Laufe der Nachkriegszeit und insbesondere im Zusammenhang mit der Wiedervereinigung gebetsmühlenartig ihren Standpunkt wiederholt. Die anderen europäischen Staaten sowie die USA haben diesem nicht ausdrücklich widersprochen. Insbesondere haben sie im Vorfeld des 2+4-Vertrags nicht auf weiteren Reparationen von Seiten der Bundesrepublik Deutschland bestanden. All diese Umstände legen den Fall einer desuetudo nahe.

IV. Das Estoppel-Prinzip

Weiterhin stellt sich die Frage, ob den Reparationsforderungen der jüngsten Vergangenheit nicht die Verwirkung entgegenstehen könnte, die im Völkerrecht als Estoppel-Prinzip bezeichnet wird.

Das Völkerrecht enthält als eine Rechtsregel das so genannte Estoppel-Prinzip[852], das in seinen Grundzügen dem römischen „bona fides-Grundsatz“[853] entspricht. Ein Anspruch ist dann verwirkt, wenn der Anspruchsgegner aufgrund vorangegangenen Verhaltens des Anspruchsinhabers darauf vertrauen durfte, dass er nicht mehr mit Forderungen konfrontiert würde. Das Estoppel-Prinzip gründet sich auf die Vorstellungen von Treu und Glauben im Rechtsverkehr.[854] Wer sich in Widerspruch zu seinem bisherigen Verhalten (venire contra factum proprium) setzt, kann auf diese Weise seine Ansprüche verwirken.

Auf internationaler Ebene sind in diesem Kontext die Fälle zu nennen, in denen ein Staat durch sein tatsächliches Verhalten eine bestimmte Rechtsansicht zum Ausdruck bringt („estoppel by conduct“). Danach ist es ihm verwehrt, zum Schaden einer anderen Partei einen gegensätzlichen Standpunkt einzunehmen. Charakteristisch für einen Verstoß gegen das Estoppel-Prinzip ist dabei der Vertrauensbruch.[855] Der Estoppel-Einwand kann allerdings nur dann erhoben werden, wenn die Willenserklärung oder das

---

[851] SEIDL-HOHENVELDERN/STEIN, Völkerrecht, § 24 Rn. 419 a.

[852] Zum Estoppel-Prinzip vgl. MENZEL, in: Strupp/Schlochauer, Wörterbuch des Völkerrechts, Bd. I, S. 441 f.

[853] Der römische Rechtsterminus „bona fides” leitet sich modernen Wortforschungen zufolge aus der indogermanischen Bezeichnung für Binden und Flechten ab. Fides bedeutet Worthalten und stellte die materielle Grundlage aller Rechtsbeziehungen zwischen Bürgern und Nichtbürgern sowie zwischenstaatlicher Beziehungen dar. Vgl. zum Terminus „bona fides“ VERDROSS, in: Strupp/Schlochauer, Wörterbuch des Völkerrechts. Bd. I, S. 223.

[854] MENZEL, in: Strupp/Schlochauer, Wörterbuch des Völkerrechts, Bd. I, S. 441.

[855] MENZEL, in: Strupp/Schlochauer, Wörterbuch des Völkerrechts, Bd. I, S. 441.

konkludente Verhalten eine klare und unmissverständliche „representation of fact" darstellt.[856]
Der Grundsatz der Verwirkung lässt sich auf sämtliche Reparationsforderungen, also auch auf die Entschädigungsansprüche ehemaliger ausländischer NS-Zwangsarbeiterübertragen.
Die völkerrechtlichen Anspruchsinhaber hätten spätestens im Rahmen der Verhandlungen vor Abschluss des 2+4-Vertrages ihre Forderungen geltend machen oder zumindest zum Ausdruck bringen müssen, dass der 2+4-Vertrag als „abschließende Regelung in bezug auf Deutschland" zukünftigen Reparationsansprüchen nicht entgegen stehe. Auf diesen Einwand verzichtete die internationale Staatengemeinschaft jedoch und protestierte auch nicht, als mit dem 2+4-Vertrag eine „abschließende" Regelung mit Deutschland getroffen wurde.[857] Vielmehr wurde der Abschluss des 2+4-Vertrags von der Völkergemeinschaft ausdrücklich begrüßt. Aus diesem Verhalten konnte und durfte die Bundesrepublik Deutschland die Schlussfolgerung ziehen, dass sich auch für die internationale Staatengemeinschaft die deutsche Reparationsfrage erledigt habe. Zu Recht schloss die Bundesrepublik Deutschland den 2+4-Vertrag im Vertrauen darauf ab, dass Reparationsverpflichtungen nicht mehr bestünden. Denn die Geltendmachung von Reparationen hatte die Staatengemeinschaft durch ihr Verhalten im Rahmen des 2+4-Vertrages verwirkt.
Das Verhalten der Bundesrepublik Deutschland und der internationalen Staatengemeinschaft gibt daneben noch zu einem weiteren unterstützenden Argument Anlass, das von der Rechtsprechung[858], der Wissenschaft[859] und der Politik[860] ins Feld geführt wurde: Weder im Zusammenhang mit der Wiedervereinigung noch im 2+4-Vertrag war es zu einer endgültigen Regelung der Reparationsfrage gekommen. Deshalb blieb die Funktion des Londoner Schuldenabkommens unberührt, Reparationszahlungen im Zusammenhang mit dem Zweiten Weltkrieg und deren Geltendmachung zurückzustellen.
Folge des 2+4-Vertrages war nicht nur die Tatsache, dass die deutsche Regierung die Reparationsfrage zu Recht als erledigt ansehen durfte. Im Rahmen des 2+4-Vertrages (Art. 1) erfolgte auch die endgültige Fixierung der deutschen Ostgrenze, wodurch Deutschland unwiderruflich seine ehe-

---

[856] MENZEL, in: Strupp/Schlochauer, Wörterbuch des Völkerrechts, Bd. I, S. 441.
[857] Vgl. DOEHRING, FAZ v. 15.03.2000, S. 11.
[858] Vgl. statt aller: Urteil des Landgerichts Bonn v. 5.11.1997, Az.: 1 O 134/92, abgedruckt in: BARWIG u.a., Entschädigung für NS-Zwangsarbeit, S. 248 ff.
[859] HAHN, NJW 2000, S. 3521 ff., S. 3526; DOLZER, NJW 2000, S. 2480 ff., S. 2481.
[860] MdB BOSBACH (CDU) in der Plenardebatte des Bundestages v. 6.07.2000, BT-Plenarprot. 14/114, S. 10755 (D).

maligen Provinzen Schlesien, Pommern und Ostpreußen abtrat. Diese Abtretung konnte nur als Reparation verstanden werden, da eine Annexion durch die Siegermächte völkerrechtswidrig gewesen wäre.
Der Wert dieser drei ehemals deutschen Provinzen ist in einer Geldsumme kaum auszudrücken. Hinzu kommen noch die ungeheuren Verluste der deutschen Bevölkerung durch die Enteignung ihres unbeweglichen und beweglichen Privateigentums.
Auch die Zwangsarbeit deutscher Kriegsgefangener nach dem Ende des Zweiten Weltkrieges kann nur als Reparation gewertet werden, denn nach geltendem Völkerrecht hätten die Kriegsgefangenen mit Beendigung des aktiven Kriegszustandes entlassen werden müssen. Dabei war das Schicksal deutscher Kriegsgefangener mit dem ausländischer Zwangsarbeiter im Deutschen Reich durchaus vergleichbar.
Addiert man diese Reparationen, so ergibt sich ein ungeheurer, kaum bezifferbarer Leistungsumfang, aus dem auch die Entschädigungsansprüche ehemaliger NS-Zwangsarbeiter hätten erfüllt werden können. Dass die Sklavenarbeiter des Deutschen Reiches nicht von diesen immensen deutschen Reparationssummen profitierten, lag nicht in deutscher Verantwortung.[861] Denn die Reparationsleistungen flossen auf zwischenstaatlicher Ebene, ihre Verteilung unter den geschädigten Privatpersonen lag in der Hand des jeweilig begünstigten Staates. Ob und wie dieser die Leistungen verteilte, entzog sich der deutschen Kontrolle.
Trotz dieses eindeutigen Befunds zugunsten der Bundesrepublik Deutschland proliferierten die Entschädigungsforderungen. So wurde die Bundesrepublik Deutschland im Jahre 1997 von der Zivilkammer des Landgerichts Livadia[862] zu einem Schadensersatz in Höhe von 9,45 Mrd. Drachmen (umgerechnet 56 Mio. DM) verurteilt.[863] Lebhaft diskutiert wurde in diesem Zusammenhang die Frage der Staatenimmunität der Bundesrepublik Deutschland. Das Landgericht vertrat dazu die Ansicht, dass ein Staat, der zwingende Völkerrechtsnormen verletzt habe, stillschweigend auf seine

---

861 Vgl. dazu DOEHRING, FAZ v. 15.03.2000, S. 11.

862 Urteil des Landgerichts Livadia (Nr. 137/ 1997) vom 30. Oktober 1997.

863 Der Verurteilung lag folgender Sachverhalt zugrunde zit. nach HOBE, IPRax 2001, S. 368:

Griechenland war seit dem Angriff der deutschen Wehrmacht am 6.4.1941 durch deutsche Truppen besetzt. Nach vorausgegangenen bewaffneten Auseinandersetzungen mit Partisanen wurden infolge einer sog. „Sühneaktion" am 10.06.1944 durch eine der deutschen Wehrmacht eingegliederte SS-Division über 300 Einwohner des Dorfes Distomo in brutaler Weise getötet. Die Dorfbewohner waren an den Partisanenkämpfen unbeteiligt gewesen. Das Dorf wurde niedergebrannt. Das Geld wurde den Hinterbliebenen der Opfer zugesprochen. Sie hatten als Familienangehörige Schadensersatz wegen seelischen Schmerzes aufgrund des Verlustes ihrer Angehörigen eingeklagt.

Immunität verzichtet habe. Außerdem hätten Staatshandlungen, die gegen zwingendes Völkerrecht verstießen, nicht die Qualität hoheitlicher Handlungen. Der beklagte Staat habe nicht im Rahmen seiner Hoheitsgewalt gehandelt. Der Areopag wies die Revision[864] der Bundesrepublik Deutschland am 5. Mai 2000 mit einer großen Mehrheit von 16 gegen 4 Richter zurück[865] und verweigerte Deutschland das Privileg der Staatenimmunität. Die Richter beriefen sich auf eine allgemeine Tendenz in der Rechtsprechung der internationalen Gemeinschaft, bei hoheitlichen Handlungen, die Menschenrechte und Prinzipien des internationalen Rechts verletzten, den Grundsatz der Immunität zu durchbrechen. Daraus leitete der Areopag eine allgemeine Übung innerhalb der Völkerrechtsgemeinschaft ab, die als Recht akzeptiert werde. Erst das Oberste Sondergericht Griechenlands[866] (OSG) revidierte das Urteil des Areopag. Es kam zum Ergebnis, dass sich im vorliegenden Entwicklungsstadium des internationalen Rechts noch keine allgemein anerkannte Regel herausgebildet habe, die eine Durchbrechung des Grundsatzes der Staatenimmunität bei Verstößen gegen völkerrechtliches ius cogens rechtfertige. Ausländischen Staaten sei auch dann das Privileg der Staatenimmunität zuzugestehen, wenn sie bei bewaffneten Auseinandersetzungen Grundsätze des ius cogens verletzten. Diese Regel sei aus Respekt für die Gleichheit der Staaten und zur Gewährleistung von guten internationalen Beziehungen geboten.

Während für griechische Gerichte die Staatenimmunität die Hauptproblematik darstellte, beschäftigten sich sowohl die deutsche Regierung als auch deutschen Gerichte im Zusammenhang mit der Distomo-Klage mit dem Reparationenbegriff.

Die deutsche Regierung stand – ebenso wie ihre Vorgängerregierungen – auf dem Standpunkt, dass es sich bei den Forderungen um Reparationen handele. Vergeltungsmaßnahmen wie die gegen das Dorf Distomo seien als Maßnahmen im Rahmen der Kriegsführung zu qualifizieren. Denn sie stellten Reaktionen auf Partisanenangriffe dar. Damit fielen sie nicht unter die Regelung des Bundes zur Entschädigung typisch nationalsozialistischen

---

864 Die Bundesrepublik hat ihre Revision vor allem auf ihre Staatenimmunität für Taten, die infolge von Kriegshandlungen erfolgten, gestützt und die Klage wegen der fehlenden Jurisdiktion griechischer Gerichte für unzulässig gehalten.

865 Daraufhin hat die Bundesregierung in einer am 29. 05. 2000 dem griechischen Botschafter in Berlin übergebenen Note ihre Rechtsauffassung dargelegt und die griechische Regierung gebeten, einer Weiterung dieses Völkerrechtsverstoßes entgegenzutreten.

866 Die Entscheidung wurde am 17.09.2002 verkündet.

Unrechts, sondern unter den Komplex Reparationen.[867] Da die Vergeltungsaktionen in Distomo auf dem Kriegsgeschehen beruhten, könne ein Ausgleich der Schäden nur auf zwischenstaatlicher Ebene stattfinden. Es sei Sache der reparationsberechtigten Staaten, aus den ihnen gezahlten Reparationen die Individualansprüche der geschädigten Staatsbürger zu befriedigen.[868]

Das zu Reparationszwecken zur Verfügung stehende Wirtschaftsgut sei aber bereits durch das Pariser Abkommen vom 14. Januar 1946 zwischen den 18 Unterzeichnerstaaten, zu denen auch Griechenland gehörte, aufgeteilt worden.[869] Konsequent vertrat die Bundesregierung auch hier – ebenso wie in der Zwangsarbeiterfrage – die Ansicht, dass die Reparationsfrage nach Jahrzehnten friedlicher, vertrauensvoller und fruchtbarer Zusammenarbeit mit der internationalen Staatengemeinschaft ihre Berechtigung verloren habe.[870] Im Übrigen seien Reparationen über 50 Jahre nach Ende der kriegerischen Auseinandersetzung in der völkerrechtlichen Praxis ein Sonderfall ohne jede Präzedenz.[871]

Daneben führte die deutsche Regierung die erhebliche finanzielle Unterstützung Griechenlands im Rahmen der EU an. So hatte Griechenland allein in den Jahren zwischen 1992 und 1998 aus dem EU-Haushalt rund 68 Milliarden DM erhalten. In den Jahren zwischen 1981 und 1991 seien rund 28 Milliarden DM Agrarhilfe aus Brüssel überwiesen worden. In beiden Fällen habe der deutsche Beitragsanteil an diesen Zahlungen rund 30 Prozent betragen. Im Jahr 2000 zahlte die EU etwa 11,5 Milliarden DM pro Jahr an Athen, wovon auf die Bundesrepublik Deutschland ein Beitrag in Höhe von 2,8 Milliarden DM entfiel. Als direkte deutsche Wirtschaftshilfe hatte die Bundesrepublik bis zum Jahr 2000 991,1 Millionen DM gezahlt, die Rüstungshilfe belief sich auf 2,8 Milliarden DM.[872]

Zur abschließenden Regelung von Ansprüchen Griechenlands infolge nationalsozialistischer Verfolgungsmaßnahmen gegen griechische Staatsan-

---

867 So gibt die deutschsprachige Athener Zeitung (vom 2.01.1998, S. 3) die Ansicht der Bundesregierung wider.

868 So die Ansicht der beklagten Bundesregierung im Distomo-Prozess vor dem Landgericht Bonn, Az.: 1 O 358/95.

869 Außerdem verwies die Bundesregierung darauf, dass auch Griechenland an der Beschlagnahme des deutschen Auslandsvermögens zur Befriedigung von Reparationsforderungen partizipierte.

870 So die Ansicht der beklagten Bundesregierung vorgetragen vor dem Landgericht Bonn, Az.: 1 O 358/95

871 So die Antwort der Bundesregierung auf die Kleine Anfrage der Abgeordneten Ulla Jelpke und der Fraktion der PDS, Drs. 14/3992 v. 15.08.2000.

872 Antwort des Staatsministers im Auswärtigen Amt, Christoph Zöpel auf eine Anfrage des CSU-Bundestagsabgeordneten Johannes Singhammer, Angaben zit.nach: Die Welt v. 8.09.2000, S. 2.

gehörige, die Freiheits- oder Gesundheitsschäden erlitten hatten, hatte Deutschland aufgrund des Vertrages vom 18. März 1960[873] an Griechenland 115 Millionen DM gezahlt.[874]

Zu Recht lehnte auch der Bundesgerichtshof[875] Schadensersatz- bzw. Entschädigungsansprüche ab. Auch der BGH war der Ansicht, dass es sich um Reparationen und damit um rein zwischenstaatliche Ansprüche handelte. Nach der im Jahr 1944 geltenden traditionellen Konzeption des Völkerrechts als zwischenstaatliches Recht sei der Einzelne nicht als Völkerrechtssubjekt gesehen worden. Vielmehr gewährte ihm das damalige Recht nur mittelbaren internationalen Schutz. Im Wege des diplomatischen Schutzes könnte der Staat sein eigenes Recht darauf geltend machen, dass das Völkerrecht in der Person seiner Staatsangehörigen beachtet würde. Dieses Prinzip der ausschließlichen Staatenberechtigung galt nach Ansicht der Richter in den Jahren zwischen 1943 und 1945 auch für die Verletzung von Menschenrechten. Der Einzelne konnte grundsätzlich weder die Feststellung des Unrechts noch einen Unrechtsausgleich verlangen. Auch hatte er weder nach Völkerrecht noch in der Regel nach innerstaatlichem Recht des einzelnen Staates einen subjektiven, durchsetzbaren Anspruch darauf, dass sein Heimatstaat den diplomatischen Schutz ausübte.
Auch die Bestimmungen der Haager Landkriegsordnung vermittelten keine Individualansprüche. Denn diese hätten nur zwischen den Vertragsmächten

[873] Vertrag v. 1961, BGBl. II v. 21.09.1961, 1597.

[874] Dieses letzte Argument ist nicht überzeugend, da es sich bei den Wiedergutmachungsleistungen aufgrund des Vertrages vom 18. März 1961 in Höhe von 115 Millionen DM nicht um Reparationen handelte. Gemäß Art. 1 des Vertrages erhielten nur diejenigen Opfer eine Entschädigung, die aus Gründen der Rasse, des Glaubens oder der Weltanschauung verfolgt worden waren. Die Opfer des Massakers von Distomo konnten aus diesem Vertrag keine Wiedergutmachung erlangen. Außerdem erfolgten die Zahlungen nach Art. 3 „unbeschadet etwaiger gesetzlicher Ansprüche griechischer Staatsbürger". Auch das Auswärtige Amt der Bundesrepublik Deutschland ging wohl davon aus, dass die Wiedergutmachungsleistungen nicht für Kriegsverbrechen vorgesehen waren. Der Deutsche Botschafter in Athen äußerte sich gegenüber einem Überlebenden des Distomo-Massakers folgendermaßen: „Nach Auffassung der Bundesregierung sind Vergeltungsaktionen wie gegen das Dorf Distomo nicht als NS-Tat zu definieren, deren Opfer wegen ihrer Rasse, ihrer Religion oder ausdrücklicher Antihaltung geschädigt worden sind, sondern als Maßnahme im Rahmen der Kriegsführung, denn sie stellten Reaktionen auf Partisanenangriffe dar. Sie fallen deshalb nicht unter die Regelung des Bundes zur Entschädigung von NS-Unrecht, sondern unter den Fragenkomplex Reparation; Brief an Argyris N. Sfountouris v. 23.1.1995, in: Athener Zeitung v. 2.01.1998.

[875] Urteil des BGH v. 26.07.2003, Az.: III ZR 245/98.

Anwendung gefunden; die Kriegsparteien seien sich dagegen lediglich gegenseitig zum Schadensersatz verpflichtet gewesen.
Auch nach deutschem Recht stand – nach Ansicht der Richter – den Klägern kein individueller Schadensersatzanspruch gegen Deutschland zu. Dabei verkannte der BGH keineswegs, dass für individuelle Ersatzansprüche aus nationalem Recht neben einem völkerrechtlichen Anspruch ihres Heimatstaates gegen den Verletzterstaat durchaus Raum war. Das Bundesentschädigungsgesetz deckte mögliche Ansprüche jedoch nicht ab.[876] Die Voraussetzungen eines Amtshaftungsanspruches nach § 839 BGB i.V.m. Art. 131 WRV lagen zwar grundsätzlich vor, trotzdem verneinte der BGH diesen Anspruch. Denn nach dem damaligen Kriegsverständnis habe es keine Einstandspflicht des Staates nach innerstaatlichem Amtshaftungsrecht gegenüber durch Kriegshandlungen geschädigten Ausländern gegeben. Der Krieg sei ein völkerrechtlicher Ausnahmezustand gewesen. Er sei seinem Wesen nach auf Gewaltanwendung ausgerichtet gewesen und habe die im Frieden geltende Rechtsordnung weitgehend suspendiert. Die Verantwortlichkeit für den Beginn des Krieges und die Folgen der kollektiven Gewaltanwendung wie auch die Haftung für individuelle Kriegsverbrechen der zu den bewaffneten Mächten gehörenden Personen hätten auf Ebene der kriegsführenden Staaten geregelt werden müssen. Der Staat, der bei der Kriegsführung anerkannte Grundsätze des Völkerrechts verletzte, habe dem betroffenen Staat für dessen Schaden einzustehen. Umfasst sei die Haftung für alle Handlungen der eigenen Soldaten. Dies gelte unabhängig davon, ob es um kompetenzmäßige Akte ging oder ob gegen oder ohne Befehle gehandelt wurde.

---

[876] Gemäß § 1 I BEG hat einen Anspruch nach dem BEG nur derjenige, der in der Zeit vom 30.01.1933 bis zum 8.05.1945 (Verfolgungszeit) wegen seiner gegen den Nationalsozialismus gerichteten politischen Überzeugung, aus Gründen der Rasse, des Glaubens und der Weltanschauung (Verfolgungsgründe) durch nationalsozialistische Gewaltmaßnahmen verfolgt worden ist und hierdurch Schaden an Leben, Körper, Gesundheit, Freiheit, Eigentum, Vermögen oder in seinem beruflichen und wirtschaftlichen Fortkommen erlitten hat (Verfolgter). Der Verfolgung wegen politischer Überzeugung gleichgestellt wird eine Verfolgung, die darauf beruht, dass der Verfolgte aufgrund eigener Gewissensentscheidung sich unter Gefährdung seiner Person aktiv gegen die Missachtung der Menschenwürde oder gegen die sittlich, auch durch den Krieg nicht gerechtfertigte Vernichtung von Menschenleben eingesetzt hat (§ 1 II BEG). Nationalsozialistische Gewaltmaßnahmen in diesem Sinne sind deshalb nur gegeben, wenn sie aus den genannten Verfolgungsgründen vorgenommen worden sind (§ 1 III 1 BEG). Um Maßnahmen dieser Art handelte es sich nach den Feststellungen des Berufungsgerichts bei der Zerstörung des Dorfes Distomo und der Exekution ihrer Bewohner jedoch nicht.

Auch einen rechtswidrigen enteignungsgleichen bzw. aufopferungsgleichen Eingriff lehnte der BGH ab. Aus der Sicht der Rechtsprechung im Jahre 1944 war für die Heranziehung des Aufopferungsgedankens kein Raum. Denn schuldhaft rechtswidrige Maßnahmen, die in Ausübung öffentlicher Gewalt ergriffen worden waren, hätten nach damaliger Ansicht lediglich einen Amtshaftungsanspruch auslösen können. Außerdem sei der Aufopferungsgedanke, der auch dem Rechtsinstitut des enteignungsgleichen Eingriffs zugrunde liegt, auf Maßnahmen der Verwaltung beschränkt gewesen. Kriegsschäden seien ausgeklammert gewesen.
Als Resümee ist festzuhalten, dass innerstaatliche Ansprüche – wie der BGH zu Recht ausführte – nicht eingriffen. Reparationsansprüche hätten auf zwischenstaatlicher Ebene geltend gemacht werden müssen. Aber auch in Bezug auf die Distomo-Klagen gilt das Estoppel-Prinzip mit der Folge, dass eventuell bestehende zwischenstaatliche Forderungen als verwirkt anzusehen sind.

C. Lösung der Wiedergutmachungsfrage

Angesichts der besonderen moralischen Verpflichtung gegenüber den Opfern schuf die Bundesrepublik Deutschland in der Nachkriegszeit nationale Gesetze zur Wiedergutmachung typisch nationalsozialistischen Unrechts. Diese gewährten Individualansprüche. Zwar können sich Individualansprüche durchaus auch auf völkerrechtliche Normen gründen, Voraussetzung dafür ist jedoch eine Verankerung in völkerrechtlichen Verträgen. Wenn Friedensverträge private Kriegsschäden erwähnen, so bedeutet dies jedoch zunächst nur, dass die Reparationspflicht diese Schäden einschließt.[877] Nur in Einzelfällen gewährten völkerrechtliche Verträge Individualansprüche, die nicht auf zwischenstaatlicher Ebene geltend gemacht werden müssen. So begründete das Pariser Reparationsabkommen von 1946 beispielsweise einen individuellen Wiedergutmachungsanspruch für so genannte „displaced persons“. Voraussetzung für die Geltendmachung dieses Anspruchs war jedoch, dass die Opfer keinen Schutzstaat hatten, der gegenüber Deutschland zu Reparationen berechtigt war.[878]
Die vereinzelte Gewährung von Individualansprüchen in völkerrechtlichen Verträgen darf aber keineswegs zu der Schlussfolgerung verleiten, dass Individualansprüche im Zusammenhang mit Kriegsschäden in der Regel ausgeschlossen seien. Fehlen auch oft völkervertragsrechtliche Grundlagen

---

[877] So KALDENBACH, in: Entschädigung nach bewaffneten Konflikten, S. 63 ff., S. 81.
[878] KALDENBACH, in: Entschädigung nach bewaffneten Konflikten, S. 63 ff., S. 81.

für Individualansprüche, so können diese durchaus im nationalen, innerstaatlichen Recht verankert sein. In diesem Kontext sind die Gesetze zur „Wiedergutmachung typisch nationalsozialistischen Unrechts"[879] zu nennen. Diese gewähren Opfern Wiedergutmachung, die aus Gründen politischer Gegnerschaft gegen den Nationalsozialismus oder aus Gründen der Rasse, des Glaubens oder der Weltanschauung unter der nationalsozialistischen Gewaltherrschaft verfolgt wurden.[880] Ziel dieser Wiedergutmachung für typisch nationalsozialistisches Unrecht ist die Kompensation von Unrecht, das sich unmittelbar aus der nationalsozialistischen Ideologie ergibt. Sie erfolgte zwischen 1949 und 1953 durch verschiedene Entschädigungsgesetze der Länder der Bundesrepublik Deutschland.[881]

I. Das Bundesentschädigungsgesetz

Im Überleitungsvertrag verpflichtete sich die Bundesrepublik Deutschland staatsvertraglich zu einem umfassenden Wiedergutmachungsprogramm.[882] In Umsetzung von Teil IV[883] ÜV entstand das Bundesentschädigungsgesetz (BEG) vom 29. Juni 1956[884] in der Fassung des BEG-Schlussgesetzes vom 14. September 1965[885]. Die Leistungen des Bundesentschädigungsgesetzes sind stark von humanitären Gesichtspunkten geprägt. So liegt das Hauptziel des Bundesentschädigungsgesetz in der Wiedergutmachung besonders gravierender Menschenrechtsverletzungen durch das Nazi-Regime.

Wer aus Gründen der politischen Gegnerschaft gegen den Nationalsozialismus, der Rasse, des Glaubens oder der Weltanschauung (§ 1 BEG) durch nationalsozialistische Gewaltmaßnahmen (§ 2) geschädigt wurde, kann Wiedergutmachung erhalten. Dabei sieht das Gesetz Entschädigung vor für Schäden an Leben, Körper oder Gesundheit, Freiheit, Eigentum, Vermögen und im beruflichen oder wirtschaftlichen Fortkommen, die ihre Ursache in nationalsozialistischen Gewaltmaßnahmen hatten.

---

879 So KISCHEL, JZ 1997, S. 126 ff., S. 126.

880 Vgl. Bericht der Bundesregierung über Wiedergutmachung und Entschädigung für nationalsozialistisches Unrecht sowie über die Lage der Sinti, Roma und verwandter Gruppen, BT-Drs. 10/6287 v. 31.10.1986.

881 FÉAUX DE LA CROIX, Die Wiedergutmachung nationalsozialistischen Unrechts durch die Bundesrepublik Deutschland, Bd. III, S. 201,

882 FÉAUX DE LA CROIX, Die Wiedergutmachung nationalsozialistischen Unrechts durch die Bundesrepublik Deutschland, Bd. III, S. 142; RUMPF, in: Die Wiedergutmachung nationalsozialistischen Unrechts durch die Bundesrepublik Deutschland, Bd. III, S. 313.

883 BGBl. 1955 II, 431.

884 BGBl. 1956 I, 562.

885 BGBl. 1965 I, 1315.

Sowohl das objektive[886] als auch das subjektive[887] Territorialitätsprinzip schränkte die Anspruchsberechtigung stark ein. Daneben war vom Anwendungsbereich des Bundesentschädigungsgesetzes ausgenommen, wer in Ländern lebte, mit denen die Bundesrepublik Deutschland keine diplomatischen Beziehungen unterhielt. Damit schieden Opfer aus Mittel- und Osteuropa von vornherein aus. Antragsberechtigt waren lediglich Geschädigte, die in Deutschland oder in westlichen Ländern inklusive Israels lebten, sofern sie die übrigen Voraussetzungen erfüllten. Diese gesetzlichen Härten, die aus den strengen Antragsvoraussetzungen resultierten, glich die Bundesrepublik Deutschland durch außergesetzliche Regelungen aus. In diesem Kontext sind die „Abschlussgeste Wiedergutmachung"[888] sowie die Härteregelungen für Opfer pseudomedizinischer Versuche[889] und nationalsozialistischer Gewaltherrschaft[890] zu nennen.

---

[886] Nach dem objektiven Territorialitätsprinzip wurden nur Personenschäden ohne Rücksicht darauf entschädigt, wo sie begangen worden waren. Sachschäden hingegen wurden nur entschädigt, wenn sie im früheren Reichsgebiet begangen worden waren.

[887] Nach dem subjektiven Territorialitätsprinzip erhielten grundsätzlich nur Opfer eine Entschädigung, die eine räumliche Beziehung zum früheren Reichsgebiet oder zum Bundesgebiet aufweisen konnte.

[888] So stellte der deutsche Staat der jüdischen Claims Conference, den jüdischen Gemeinden in Deutschland sowie dem Zentralrat der Juden insgesamt 440 Millionen DM zur Verfügung. Dieser Betrag wurde auf Veranlassung des Bundestages im Jahre 1990 um 180 Mio. DM erhöht (BT-Drs. 11/7899 v. 18.09.1990). Nichtjüdische Verfolgte erhielten im Rahmen der „Abschlussgeste Wiedergutmachung" 100 Millionen DM.

[889] Zwar gewährte das Bundesentschädigungsgesetz Opfern pseudo-medizinischer Menschenversuche eine Entschädigung für Körper- und Gesundheitsschäden, viele Anträge scheiterten jedoch an den strengen gesetzlichen Voraussetzungen. Deshalb wurde mit Beschluss vom 26. Juli 1951 Opfern pseudo-medizinischer Versuche in besonderen Notfällen eine einmalige Fürsorgeleistung in einer Höhe zwischen 1 000 und 25 000 DM gewährt. Zur Vereinfachung und Beschleunigung der Verfahren der Antragsteller aus dem Ostblock schloss die Bundesrepublik Deutschland Globalabkommen mit Jugoslawien, der Tschechoslowakei, Polen und Ungarn ab.

[890] Härtefälle ergaben sich daraus, dass die Opfer nationalsozialistischer Gewaltherrschaft – ebenso wie jüdische NS-Opfer – verfolgungsbedingt über die gesamte Welt verstreut und hatten meist den Status von Flüchtlingen im Sinne der Genfer Konvention vom 28. Juli 1951. Art. VI BEG war insofern unzureichend. Deshalb stellte die Bundesregierung 45 Millionen DM zur Verfügung. Diese Mittel sollten für Härtebeihilfen an Personen verwendet werden, die unter der nationalsozialistischen Gewaltherrschaft aus Gründen ihrer Nationalität unter Missachtung der Menschenrechte gesundheitlich geschädigt worden waren. Aufgrund weiterer Abkommen stockte die Bundesregierung den Betrag um 13 Millionen DM auf, so dass sich die Gesamtbeihilfe für Nationalgeschädigte auf 58 Millionen DM belief.

II. Das Bundesrückerstattungsgesetz

Mit dem Bundesrückerstattungsgesetz (BRüG) vom 19. Juli 1957[891] setzte die Bundesrepublik Deutschland ihre Verpflichtung zur „inneren Rückerstattung" aus dem Dritten Teil[892] des Überleitungsvertrags um. Materiellrechtlich knüpfte das Bundesrückerstattungsgesetz an die Rückerstattungsgesetze an, die die früheren Besatzungsmächte für ihren jeweiligen Zuständigkeitsbereich erlassen hatten.[893]

Ziel war die Rückerstattung von Vermögensgegenstände, die in der Zeit zwischen dem 30. Januar 1933 und dem 8. Mai 1945 aus Gründen der Rasse, Religion, Nationalität, Weltanschauung oder politischer Gegnerschaft gegen den Nationalsozialismus entzogen[894] worden waren. Die Rückerstattungsansprüche als Individualansprüche richteten sich sowohl gegen das Deutsche Reich, seine Behörden, die NSDAP und alle diesen gleichgestellte Rechtsträger als auch gegen Privatpersonen einschließlich Unternehmen, Banken, Versicherungsgesellschaften und sonstige private Verbände. Die

---

[891] Gesetz zur Regelung der rückerstattungsrechtlichen Geldverbindlichkeiten des Deutschen Reiches und gleichgestellter Rechtsträger, BGBl. 1957 I, 734, zuletzt geändert am 3.09.1969, BGBl. 1969 I, 1561.

[892] BGBl. 1955 II, 418 ff.

[893] Gesetz Nr. 59 (Rückerstattung feststellbarer Vermögensgegenstände) der Amerikanischen Militärregierung (USREG) vom 10.11.1947, Abg. der Militärregierung Deutschland, Amerikanisches Kontrollgebiet, Ausgabe G vom 10. 11. 1947, S. 1; Verordnung Nr. 120 (Rückerstattung geraubter Vermögensobjekte) der Französischen Militärregierung (VO Nr. 120) vom 10.11.1947; Abl. des Französischen Oberkommandos in Deutschland Nr. 119 vom 14.11.1947, S. 1219; Gesetz Nr. 59 (Rückerstattung feststellbarer Vermögensgegenstände an Opfer der nationalsozialistischen Unterdrückungsmaßnahmen) der Britischen Militärregierung (Brit.REG) vom 12.05.1949, Abl. der Militärregierung Deutschland, Britisches Kontrollgebiet, Nr. 28, S. 1169; Anordnung BK/O (49) 180 (Rückerstattung feststellbarer Vermögensgegenstände an Opfer der nationalsozialistischen Unterdrückungsmaßnahmen) der Alliierten Kommandantur Berlin (REAO) vom 26.07.1949; VOBl. für Groß-Berlin I 1949 S. 221. In der sowjetischen Zone und im Ostsektor Berlins ergingen keine REG kraft Besatzungsakts, sondern lediglich im Lande Thüringen das Wiedergutmachungsgesetz vom 14.09.1945, Regierungsblatt für das Land Thüringen Teil I, S. 24. Eingehend zum Komplex der Rückerstattungsgesetzgebung durch die Allierten Siegermächte vgl. BUNDESMINISTER DER FINANZEN/ SCHWARZ (HRSG.), Die Wiedergutmachung nationalsozialistischen Unrechts durch die Bundesrepublik Deutschland, Bd. I, S. 1 ff.

[894] Unter den Begriff Entziehung fielen sowohl Wegnahme durch Zwang als auch Weggabe unter Zwang.

Ansprüche waren in erster Linie auf Naturalrestitution, d.h. Rückgabe der entzogenen Vermögensgegenstände[895] gerichtet.
Erst wenn eine Rückgabe nicht möglich oder nicht zweckmäßig war, weil der entzogene Gegenstand entweder nicht mehr vorhanden, beschädigt oder sonst in seinem Wert gemindert war, konnte der Anspruch auf Wert- oder Schadensersatz gerichtet werden. Daneben konnten Ansprüche auf Herausgabe oder Ersatz der Nutzungen geltend gemacht werden, die aus dem Vermögenswert gezogen wurden oder hätten gezogen werden können[896].
In den Kreis der Anspruchsberechtigten fielen die Verfolgten sowie ihre Erben und sonstige Rechtsnachfolger. Waren keine Erben vorhanden oder machte der Verfolgte von seiner Anspruchsberechtigung keinen Gebrauch, so gingen die Ansprüche auf Nachfolgeorganisationen über.[897] Ebenso wie im Entschädigungsrecht griff auch im Rückerstattungsrecht das objektive Territorialitätsprinzip Raum mit der Folge, dass eine Rückübertragung nur dann möglich war, wenn sich der entzogene Gegenstand im Geltungsbereich des Bundesrückerstattungsgesetzes befand.

III. Völkerrechtliche Verträge

Über diese gesetzlichen Regelungen hinaus schloss die Bundesrepublik Deutschland völkerrechtliche Verträge, die ebenfalls der Wiedergutmachung typisch nationalsozialistischen Unrechts dienten.
Mit dem Israel-Abkommen aus dem Jahre 1952[898] intendierte die Bundesregierung, die materiellen Schäden der nationalsozialistischen Verfolgungsmaßnahmen gegen das jüdische Volk wiedergutzumachen. Dazu zahlte die Bundesrepublik Deutschland dem Staat Israel in 14 Jahresraten bis zum Ende des Jahres 1965 einen Betrag von drei Milliarden DM in Form von Warenlieferungen und Dienstleistungen. Diese Leistungen wurden für die Aufnahme und Eingliederung jüdischer Flüchtlinge in den Staat Israel verwendet[899].

---

[895] Darunter fallen Grundstücke und Rechte an Grundstücken, Hausrat, Bibliotheken, Kunstgegenstände, Sammlungen, Schmuck, Edelmetall und andere bewegliche Sachen, Wertpapiere, Bankguthaben, Versicherungsansprüche und andere Rechte.

[896] Die rückerstattungsrechtlichen Vorschriften wurden inhaltlich weitgehend den Vorschriften des Bürgerlichen Gesetzbuches über die Eigentümer-Besitzer-Verhältnisse angepasst.

[897] Dabei belief sich der Gesamtwert der Ansprüche und Leistungen, die auf Nachfolgeorganisationen übergingen, schätzungsweise auf 200 Millionen DM, vgl. KLIESCH, RzW 1967 S. 97 ff.; SCHMIDT, RzW 1978, S. 5 ff., 44 ff., S. 47.

[898] Israel-Abkommen v. 10.09.1952, BGBl. 1953 II, 36 ff.

[899] Vgl. BT-Drs. 14/360, S. 8. Daneben stellte die Bundesrepublik Deutschland der

Auch die Globalabkommen mit elf westeuropäischen Staaten[900] zugunsten jüdischer Opfer, die die Bundesrepublik Deutschland zwischen 1959 und 1964 abschloss, dienten der Wiedergutmachung typisch nationalsozialistischen Unrechts.[901] Zur Entschädigung der jeweiligen Staatsangehörigen, die durch nationalsozialistische Verfolgungsmaßnahmen Personenschäden (Schäden an Leben, Körper, Gesundheit oder Freiheit) erlitten hatten, stellte die Bundesregierung insgesamt eine Milliarde DM zur Verfügung.[902] Auch bei den Abkommen Jugoslawien[903], der Tschechoslowakei, Ungarn und Polen zur Entschädigung von Opfern pseudo-medizinischer Menschenversuche in national-sozialistischen Konzentrationslagern handelte es sich um Verträge zur Wiedergutmachung nationalsozialistischen Unrechts.[904]

Claims Conference einen Sonderfonds in Höhe von 450 Millionen DM bereit. Am selben Tag unterzeichnete die Bundesrepublik Deutschland ein Abkommen zur Unterstützung, Eingliederung und Ansiedlung jüdischer Opfer der nationalsozialistischen Verfolgung, vgl. Haager Protokoll Nummern 1 und 2, BGBl. 1952 II, S. 85.

[900] Dabei handelt es sich um folgende Verträge:

1. mit Luxemburg vom 11.07.1959 über 18 Millionen DM; BGBl. 1960 II, 2077.
2. mit Norwegen vom 07.08.1959 über 60 Millionen DM; BGBl. 1960 II, 1336.
3. mit Dänemark vom 24.08.1959 über 16 Millionen DM; BGBl. 1960 II, 1333.
4. mit Griechenland vom 18.03.1960 über 115 Millionen DM; BGBl. 1961 II, 1596.
5. mit den Niederlanden vom 08.04.1960 über 125 Millionen DM; BGBl. 1963 II, 629.
6. mit Frankreich vom 15.07.1960 über 400 Millionen DM; BGBl. 1961 II, 1029.
7. mit Belgien vom 28.09.1960 über 80 Millionen DM; BGBl. 1961 II, 1037.
8. mit Italien vom 02.06.1961 über 40 Millionen DM; BGBl. 1963 II, 791.
9. mit der Schweiz vom 29.06.1961 über 10 Millionen DM; BGBl. 1963 II, 155.
10. mit Großbritannien vom 09.06.1964 über 11 Millionen DM; BGBl. 1964 II, 1032.
11. mit Schweden vom 03.08.1964 über 1 Millionen DM; BGBl. 1964 II, 1402.

[901] A.A. EICHHORN, Reparation als völkerrechtliche Deliktshaftung, S. 161 ff., S. 168. Eichhorn qualifiziert die Wiedergutmachungsabkommen als partielle Reparationsvereinbarungen. Die durch diese Abkommen geregelte Wiedergutmachung stelle sich als Unterfall der eigentlichen Reparationen dar.

[902] BT-Drs. 10/6287, S.50.

[903] Globalabkommen mit Jugoslawien über die Entschädigung von Opfern pseudo-medizinischer Versu che v. 24.04.1961. Globalabkommen mit der CSSR über die Entschädigung von Opfern pseudo-medizinischer Versuche v. 30.10.1969. Globalabkommen mit Ungarn über die Entschädigung von Opfern pseudo-medizinischer Versuche v. 22.01.1971. Globalabkommen mit Polen über die Entschädigung von Opfern pseudo-medizinischer Versuche v. 16.11.1972.

[904] A.A. EICHHORN, Reparation als völkerrechtliche Deliktshaftung, S. 161 ff., S.168.

Sowohl die nationalen Gesetze als auch die völkerrechtlichen Verträge zur Wiedergutmachung typisch nationalsozialistischen Unrechts waren geprägt von dem moralischen und politischen Bewusstsein, die Opfer nationalsozialistischer Gewaltmaßnahmen zügig zu entschädigen.[905]

[905] So auch ZIEGER, in: RIW/AWD, Bd. 26 (1980), S. 17.

Schlussbetrachtung

I.

1. Der völkerrechtliche Begriff „Reparation“ tauchte erstmals am Ende des Ersten Weltkrieges im Versailler Vertrag auf. Dort verdrängte er den seit dem Mittelalter verwendeten Ausdruck „Kriegsentschädigung“. Im völkerrechtlichen Sprachgebrauch versteht man unter einer „Reparation“ die Pflicht zur Wiedergutmachung eines schuldhaften Angriffs, die dem Besiegten von dem Sieger nach dem Ende eines Krieges abverlangt wird. Er erfasst sowohl den Ersatz des gesamten Vermögensschadens des verletzten Staates als auch den Ausgleich für die Verletzung von Rechtsgütern seiner Staatsangehörigen. Anders als die Kriegsentschädigung, die lediglich die Erstattung der Kriegskosten beinhaltete, umfasst die Reparation zusätzlich den Schadensersatz für völkerrechtswidrige Handlungen. Der traditionellen Konzeption des Völkerrechts als einer zwischenstaatlichen Rechtsordnung entsprechend handelt es sich bei Reparationsansprüchen um zwischenstaatliche Ansprüche aus unerlaubter Handlung.
2. Bereits das Führen eines Angriffskrieges durch das Deutsche Reich schuf die Voraussetzungen für einen Reparationsanspruch der Siegermächte. Denn es stellte bereits zum Zeitpunkt des Ausbruches des Zweiten Weltkrieges ein völkerrechtswidriges Handeln dar. Es verletzte nämlich den Kellog-Briand-Pakt aus dem Jahre 1928, der neben 35 anderen Nationen auch das Deutsche Reich verpflichtete, künftig bedingungslos den Krieg als Werkzeug der Politik zu ächten und auf ihn zu verzichten. Der Streitfrage, ob Reparationspflichten erst durch einen Wiedergutmachungsvertrag oder einen Schiedsspruch ausgelöst werden oder ob es eines solchen gesonderten Rechtsaktes nicht bedarf, schenkten die Siegermächte bei der praktischen Realisierung ihrer Reparationsforderungen nach dem Zweiten Weltkrieg keinerlei Beachtung.
3. Im Zusammenhang mit dem Begriff „Reparation“ findet sich in der völkerrechtlichen Literatur zuweilen die Wendung „Wiedergutmachung“. Sie ist insofern missverständlich, als sie zwei völlig unterschiedliche Bedeutungen haben kann. Wird der Begriff Wiedergutmachung im *völkerrechtlichen* Sprachgebrauch verwendet, so stellt er die deutsche Übersetzung des Terminus Reparation dar. Daneben bildete sich nach Ende des Zweiten Weltkrieges die speziell *deutsche* Begrifflichkeit der „Wiedergutmachung für typisch nationalsozialistisches Unrecht“ heraus. Sie beschreibt die Wiedergutmachung an Opfern, die aus Gründen der Rasse, des Glaubens, der Weltanschauung oder der politischen Gegnerschaft gegen den Nationalso-

zialismus unter der NS-Gewaltherrschaft verfolgt wurden. Rechtlich umgesetzt wurde die Wiedergutmachung für typisch nationalsozialistisches Unrecht vor allem im Bundesentschädigungsgesetz (BEG). Anders als der *völkerrechtliche* Wiedergutmachungsanspruch als ein zwischenstaatlicher Anspruch, ist der Wiedergutmachungsanspruch wegen typisch nationalsozialistischen Unrechts ein Individualanspruch. Der Zweite Weltkrieg löste sowohl Reparationsverpflichtungen als auch Wiedergutmachungsverpflichtungen Deutschlands aus. Die Durchsetzung dieser beiden Anspruchsarten unterlag einem stetigen Wandel, wobei jedoch sechs prägende Phasen ausgemacht werden können.

4. In einer ersten Phase zwischen 1945 und 1955 stand die „Selbstbedienung der vier Hauptsiegermächte" im Vordergrund. Denn unmittelbar nach der bedingungslosen Kapitulation des Deutschen Reiches und der vollständigen Auflösung der deutschen Staatsgewalt hatten Großbritannien, die USA, die Sowjetunion und Frankreich die „Supreme Authority" in Deutschland übernommen mit der Folge, dass auf deutscher Seite ein Verhandlungspartner für das Deutsche Reich fehlte. Die Alliierten befriedigten ihre Reparationsansprüche durch einseitige Befehle oder Gesetze eigenmächtig. Ungeklärt blieb dabei, ob sie anstelle der handlungsunfähigen deutschen Regierung oder als Besatzungsmächte handelten.
5. Die zweite Phase ab 1953 stand im Zeichen des Schuldenaufschubs. Um die Reparationsforderungen gegenüber der Bundesrepublik Deutschland einzudämmen, kam es Anfang der fünfziger Jahre zu entscheidenden reparationsrechtlichen Regelungen, an denen die deutsche Regierung erstmals als zumindest formal gleichberechtigter Partner beteiligt war. Besondere Relevanz für die weitere Entwicklung der bundesdeutschen Reparationsverpflichtungen hatte der im Londoner Schuldenabkommen (LSA) vom 27. Februar 1953 verankerte Schuldenaufschub (Londoner Schuldenmoratorium), der neben den drei westlichen Besatzungsmächten noch dreißig weitere Staaten einband. Nach Art. 5 II LSA sollte die Prüfung „der aus dem Zweiten Weltkrieg herrührenden Forderungen" der ehemaligen Kriegsgegner und von Deutschland besetzten Staaten und ihrer Staatsangehörigen „bis zur endgültigen Regelung der Reparationsfrage zurückgestellt werden". Die Forderungen der neutralen und am Krieg unbeteiligten Staaten und ihrer Staatsangehörigen, die „während des zweiten Weltkrieges entstanden" wurden prinzipiell zurückgestellt, bis sie im Zusammenhang mit der Regelung der Forderungen der ehemaligen Kriegsgegner geprüft werden können (Art. 5 III LSA).

Die Staaten und ihre Staatsangehörigen, „die vor dem 1. September 1939 mit dem Reich verbündet waren“ (Art. 5 IV LSA) wurden auf ihre Friedensverträge mit den Alliierten verwiesen. Auch der zwischen der Bundesrepublik Deutschland und den drei Westalliierten geschlossene Vertrag zur Regelung aus Krieg und Besatzung entstandener Fragen vom 26. Mai 1952, der so genannte Überleitungsvertrag (ÜV), sah einen Schuldenaufschub vor. Er bestimmte, dass „die Frage der Reparationen durch einen Friedensvertrag zwischen Deutschland und seinen ehemaligen Gegnern oder vorher durch diese Frage betreffende Abkommen geregelt werde“. Daneben verankerte der ÜV in Art. 3 I einen Einwendungsverzicht der Bundesrepublik Deutschland gegen ihre Kriegsgegner. Sowohl das Londoner Schuldenabkommen als auch der Überleitungsvertrag enthielten lediglich einen vorläufigen Schuldenaufschub. Die Vertragswerke regelten jedoch weder die Reparationsfrage noch umfassten sie Bestimmungen für den Fall der Wiedervereinigung. Auf diese Entwicklungen in den westlichen Zonen reagierte die Sowjetunion in ihrem Protokoll über den Erlass der deutschen Reparationszahlungen vom 22. August 1953 mit einem demonstrativen Reparationsverzicht zugunsten Gesamtdeutschlands, in den auch Polen einbezogen war.

6. Die dritte Phase, die zeitlich zwischen 1955 und 1970 lag, war vor allem von der Entschädigung für typisch nationalsozialistisches Unrecht geprägt. Diese Wiedergutmachung im engeren Sinne umfasste sowohl innerstaatliche wie auch völkerrechtliche Ansätze. Nach Gründung der Bundesrepublik Deutschland schuf die Regierung umfangreiche gesetzliche Regelungen zur Entschädigung typisch nationalsozialistischen Unrechts. Hervorzuheben sind das Bundesentschädigungsgesetz (BEG) und das Bundesrückerstattungsgesetz (BRüG). Lücken und Härten in der Gesetzgebung wurden durch außergesetzliche Härteregelungen geschlossen. Auf völkerrechtlicher Ebene vereinbarte die Bundesrepublik Deutschland sowohl mit Israel als auch mit zahlreichen west- und osteuropäischen Staaten Globalabkommen zur Entschädigung von Opfern des Nazi-Terrors. Die Globalabkommen stellten keine Durchbrechung des Londoner Schuldenmoratoriums dar. Denn sie waren inhaltlich nicht vom Komplex „Reparationen“ umfasst, für den das Londoner Schuldenabkommen ein Moratorium normierte.
7. Die vierte Phase ab dem Jahre 1970 trägt die Bezeichnung „moralische Wiedergutmachung“ ohne Anerkennung einer Rechtspflicht. Diese wurde gegenüber den Staaten Westeuropas im Wesentlichen durch Stiftungen umgesetzt. Trotz des Verzichts der Sowjetunion und Polens sowie der ehemaligen Verbündeten Nazi-Deutschlands

auf Reparationszahlungen führten moralischer und politischer Druck zu Leistungen der Bundesrepublik Deutschland auch an osteuropäische Staaten. Diese Zahlungen erfolgten ohne Anerkennung einer Rechtspflicht und dokumentierten die Bereitschaft der Bundesregierung, die Folgen des NS-Regimes zu mildern. Daneben erbrachte die Bundesrepublik Deutschland in großem Umfang so genannte verdeckte Reparationsleistungen. In diesem Zusammenhang sind die gewaltigen Gebietsverluste Deutschlands zu nennen, die Deutschland nach dem Zweiten Weltkrieg durch die Annexion eines Drittels seines Staatsgebiets durch osteuropäische Staaten erlitt. Nicht vergessen werden dürfen bedeutsame Nettotransferleistungen auf den Gebieten der Europäischen Gemeinschaften und des Nordatlantikpaktes, bei denen die Bundesrepublik Deutschland einer der Hauptleistungsträger ist.

8. Die fünfte Phase stand unter dem Eindruck des 2+4-Vertrages vom 12. September 1990. Der 2+4-Vertrag ist die friedensvertragliche Regelung, die sowohl nach dem Londoner Schuldenmoratorium als auch nach dem Überleitungsvertrag die Grundlage für die Regelung der Reparationsverpflichtungen bilden sollte. Jedoch fehlen in ihm vermögensrechtliche Regelungen vollständig. Obgleich der Vertrag der geeignete Ort für eine abschließende Regelung der Reparationsfrage gewesen wäre, zog es die deutsche Regierung zum damaligen Zeitpunkt vor, die Problematik zu tabuisieren. Um ein Auflodern der Reparationsdebatte zu verhindern, unterstützte Deutschland in den Jahren nach der Wiedervereinigung vor allem die Staaten des ehemaligen Ostblocks mit Milliardenbeträgen. Diese so genannte „moralische Wiedergutmachung" ohne Anerkennung einer Rechtspflicht floss vor allem in Stiftungen und Fonds zur Überwindung des Ost-West-Konfliktes.
9. Die sechste und letzte Phase, die ihren Höhepunkt am Ende des vergangenen Jahrhunderts erlebte und immer noch andauert, war und ist von der „Privatisierung einer moralischen Schuld" geprägt. Forderungen wurden nicht mehr auf zwischenstaatlicher Ebene geltend gemacht, sondern von Individuen gegen deutsche Unternehmen gerichtet. Zwischenstaatliche Verantwortung wurde privatisiert. In diesem Zusammenhang sind vor allem die amerikanischen Sammelklagen ehemaliger NS-Zwangsarbeiter zu nennen, die sich gegen international agierende deutsche Unternehmen wendeten. Der Tatsache, dass es nach dem Krieg auch deutsche Zwangsarbeiter gab, wurde in der emotional geführten Diskussion um die Entschädigung ausländischer Zwangsarbeiter wenig Interesse entgegengebracht. Durch das Gesetz zur Errichtung der Stiftung „Erinnerung, Verantwortung und

Zukunft", das am 12. August 2000 in Kraft trat, verpflichteten sich die deutsche Wirtschaft und der deutsche Staat zur Zahlung von jeweils fünf Milliarden DM. Flankiert war das Gesetz von dem deutsch-amerikanischen Regierungsabkommen vom 17. Juli 2000, das die Frage der Rechtssicherheit deutscher Unternehmen vor weiteren Klagen im Ausland abschließend regelte.

II.

1. Unter dem Hitler-Regime wurden acht bis zwölf Millionen Menschen zur Zwangsarbeit herangezogen. Eine Definition des Begriffs „Zwangsarbeit" fällt schwer, weil es ganz verschiedene Ausformungen der erzwungenen Heranziehung von Arbeitskräften gab. Jeglicher Art von Zwangsarbeit gemein ist jedoch die Tatsache, dass den Arbeitskräften sowohl Arbeitsstelle als auch Arbeitgeber aufoktroyiert wurden. Soziale Absicherungen gab es kaum. Nimmt man eine Grobeinteilung nach dem Status der Zwangsarbeiter vor, so lassen sich Zivilarbeiter, Kriegsgefangene und KZ-Häftlinge unterscheiden.
2. Entschädigungsforderungen von Individuen für NS-Zwangsarbeit lassen sich unter den Reparationsbegriff subsumieren. Denn der weite völkerrechtliche Reparationsbegriff umfasst den Ersatz des gesamten Schadens, den der Besiegte durch seine Kriegshandlungen verursacht hat. Da Forderungen einzelner Zwangsarbeiter Reparationen sind, können sie nur vom jeweiligen Heimat- oder Schutzstaat des betroffenen Zwangsarbeiters geltend gemacht werden. Aufgrund ihrer Qualifikation als zwischenstaatliche Ansprüche können Forderungen nicht gegen deutsche Unternehmen, sondern nur gegen den deutschen Staat gerichtet werden.

III.

1. Vor der Wiedervereinigung wurden Klagen ausländischer ehemaliger
2. Zwangsarbeiter mit Verweis auf das Londoner Schuldenmoratorium als derzeit unbegründet abgewiesen.
3. Lohn- und Entschädigungsforderungen deutscher Zwangsarbeiter waren nicht vom Reparationsbegriff umfasst, da sie keine Forderungen eines fremden Staates darstellten. Deshalb galt das Londoner Schuldenmoratorium gegenüber deutschen Zwangsarbeitern nicht. Bei der rechtlichen Behandlung von Klagen deutscher Sklavenarbeiter spielte das Londoner Schuldenmoratorium deshalb nur eine untergeordnete Rolle, im Vordergrund standen Abweisungsgründe prozessrechtlicher Natur wie beispielsweise die Verjährung.
4. Auch die Bundesregierung qualifizierte sämtliche Entschädigungsforderungen ausländischer Zwangsarbeiter als Reparationen und unterstellte sie dem Londoner Schuldenmoratorium.

5. Obwohl Klagen ehemaliger Zwangsarbeiter gegen deutsche Unternehmen juristisch erfolglos waren, fanden sich namhafte deutsche Unternehmen in der Nachkriegszeit auf Druck der Opfervertretungen – allen voran der Claims Conference – zu außergerichtlichen Einigungen bereit. Zwischen 1958 und 1966 zahlten deutsche Firmen insgesamt 51,5 Mio. DM zur Entschädigung ehemaliger Zwangsarbeiter. Zu betonen ist, dass diese Leistungen ohne eine von deutschen Gerichten festgestellte Rechtspflicht erfolgten.

IV.

1. Im 2+4-Vertrag, der als „Ersatzfriedensvertrag mit Deutschland" die Grundlage für die Wiedervereinigung der beiden deutschen Staaten legte, fehlten entgegen ursprünglicher sowjetischer Vorstellungen vermögensrechtliche Regelungen vollständig. Im Interesse einer zügigen Wiedervereinigung hatten es die sechs Staaten vorgezogen, die aufwändige Reparationsfrage nicht zum Gegenstand der 2+4-Verhandlungen zu machen. Die jüngsten Entwicklungen hinsichtlich der Reparationsthematik zeigen jedoch, dass eine klare und eindeutige Regelung notwendig gewesen wäre. Der 2+4-Vertrag als „abschließende Regelung in bezug auf Deutschland" wäre der geeignete Ort für einen eindeutigen Verzicht auf weitere Reparationsforderungen gegenüber dem wiedervereinigten Deutschland gewesen, vor allem auch deshalb, weil dieses Vertragswerk die ungeheuren Gebiets- und Vermögensverluste Deutschlands durch die Annexionspolitik Polens und der Sowjetunion letztlich bestätigte. Nicht außer Acht gelassen werden darf, dass die Bundesrepublik Deutschland seit Kriegsende aufgrund Globalabkommen und sonstiger Verträge Entschädigungszahlungen in einem Gesamtumfang von 140 Milliarden DM zur moralischen Wiedergutmachung ohne Anerkennung einer Rechtspflicht geleistet hatte.
2. Für die Bundesregierung war die Reparationsfrage fünfzig Jahre nach Ende des Zweiten Weltkrieges obsolet geworden. Das Thema habe nach Jahrzehnten friedvoller, vertrauensvoller und fruchtbarer Zusammenarbeit mit der internationalen Staatengemeinschaft und nach umfangreichen Transaktionen seine Berechtigung verloren. In diesem Verständnis schloss sie auch den 2+4-Vertrag ab.
3. Obgleich der deutsche Standpunkt in der Reparationsproblematik den USA bekannt war, widersprachen sie ihm nicht. Auch bestanden sie nicht auf Reparationsleistungen im Kontext mit der Wiedervereinigung. Auch die europäischen Staaten rügten den Verzicht auf reparationsrechtliche Regelungen im 2+4-Vertrag keineswegs. Vielmehr begrüßten sie das Ergebnis der Verhandlungen ausdrücklich.

3. Ob mögliche Ansprüche ehemaliger ausländischer Zwangsarbeiter mittlerweile verjährt sind, ist strittig. Im Völkerrecht gilt jedoch der Grundsatz, wonach die Geltendmachung von Forderungen dann nicht mehr rechtserheblich ist, wenn sie nach dem bisherigen Verhalten des Forderungsinhabers nicht mehr zu erwarten ist (Estoppel-Prinzip). Die völkerrechtlichen Anspruchsinhaber hätten spätestens im Rahmen der Verhandlungen und des Abschlusses des 2+4-Vertrages klarstellen müssen, dass dieser Vertrag trotz seiner Bezeichnung als „abschließende Regelung in bezug auf Deutschland" künftigen Reparationsforderungen nicht entgegenstehen solle. Da sie dies versäumten, sind mögliche völkerrechtliche Ansprüche nunmehr als verwirkt anzusehen.
4. Neben dem Völkerrecht steht das innerstaatliche Recht als eigenständige Materie. Es hat die Möglichkeit, Individualansprüche zu normieren. Das Völkerrecht gibt lediglich den allgemeinen Rahmen und die allgemeinen Grundsätze vor. Die innerstaatliche Umsetzung und Konkretisierung obliegt dem nationalen Gesetzgeber. Der deutsche Gesetzgeber setzte die völkerrechtliche Verpflichtung zur Entschädigung von Personen wegen Verfolgung aufgrund ihrer Rasse, ihres Glaubens oder ihrer Weltanschauung, die aus Teil VI des Überleitungsvertrags resultierte, innerstaatlich durch das Bundesentschädigungsgesetz um. Das Bundesentschädigungsgesetz gewährt Individualansprüche gegen die Bundesrepublik Deutschland. Jedoch sieht es keine Entschädigungsansprüche wegen geleisteter Zwangsarbeit vor. Auch ein Rückgriff auf allgemeine Bereicherungs- oder Schadensersatzansprüche nach §§ 812 ff. und 823 ff. BGB musste scheitern. Denn die Anwendung dieser allgemeinen zivilrechtlichen Vorschriften auf Entschädigungsfälle hätte die spezielle Wiedergutmachungsgesetzgebung des Bundesentschädigungsgesetzes unterlaufen. Der deutsche Gesetzgeber hatte aber gerade darauf verzichtet, mögliche Ansprüche von Zwangsarbeitern in den Regelungsbereich des Bundesentschädigungsgesetzes aufzunehmen. Diese bewusste gesetzgeberische Entscheidung wäre konterkariert worden, wenn allgemeine – nicht für diesen Zweck geschaffene – zivilrechtliche Vorschriften Ansprüche schaffen könnten. Außerdem wurde der Zweite Weltkrieg als völkerrechtlicher Ausnahmezustand qualifiziert, der seinem Wesen nach auf Gewaltanwendung ausgerichtet war und der die im Frieden geltende Rechtsordnung weitgehend suspendierte. Die Haftung für den Beginn eines Krieges sowie die Folgen der damit zwangsläufig verbundenen kollektiven Gewaltanwendung sollte ausschließlich auf der Ebene der kriegsführenden Staaten geregelt werden. Dementsprechend haftet nach allgemeinem Völkerrecht der illegale Kriegseröffner für alle Schäden, die

dem verletzten Staat aus der illegalen Kriegseröffnung erwachsen waren.

V.

1. In den USA fanden ehemalige NS-Zwangsarbeiter ein äußerst günstiges rechtliches Klima zur Klageerhebung. Das Rechtsinstitut der class-action und die damit verbundenen contigency fees machten die Rechtsverfolgung in den Vereinigten Staaten sowohl für Kläger als auch für Anwälte wirtschaftlich attraktiv.
2. Trotzdem sprechen durchaus gewichtige Argumente dafür, die Zuständigkeit amerikanischer Gerichte für die Beurteilung von Delikten deutscher Unternehmen oder des Deutschen Reiches zu bezweifeln. So steht es im Ermessen des jeweiligen amerikanischen Richters, seine an sich gegebene Zuständigkeit zu versagen („forum non conveniens"), wenn der Rechtsstreit vor einem orts- und sachnäheren Gericht entschieden werden könnte. Eine weitere Möglichkeit zur Klageabweisung bietet die Act of State-Doctrine.
3. Zur Abweisung von Klagen kann auch der völkerrechtliche Grundsatz der Staatenimmunität führen. Nach dem restriktiven Immunitätsverständnis kann ein Staat Befreiung von der Gerichtsbarkeit eines fremden Staates beanspruchen, soweit es um die Beurteilung seines hoheitlichen Handelns („acta iure imperii") geht. Nicht-hoheitliches („acta iure gestionis") Verhalten hingegen unterliegt nicht dem Schutz der Staatenimmunität. Die völkerrechtliche Bedeutung der Menschenrechte nahm in den vergangenen Jahren deutlich zu. Einschränkungen der Immunität aufgrund grober Menschenrechtsverstöße wurden ernsthaft diskutiert und von namhaften Vertretern der Völkerrechtslehre auch befürwortet. In der höchstrichterlichen Rechtsprechung setzte sich diese Tendenz –möglicherweise aus Rücksicht auf die internationalen Beziehungen – nicht durch. Eine Einschränkung der Immunität bei grob völkerrechtswidrigen Akten könnte nämlich zu einer Belastung der zwischenstaatlichen Beziehungen führen. Denn so könnte sich jeder Richter eines Staates zum Richter über das Verhalten eines fremden Staates oder seines Staatsoberhauptes aufschwingen.

VI.

1. Das Stiftungsgesetz, das am 12. August 2000 in Kraft trat, bildete den Abschluss jahrzehntelanger Debatten über die Entschädigung ehemaliger Zwangsarbeiter. Materiell wichtigstes Ziel der Stiftung „Erinnerung, Verantwortung und Zukunft" stellt die Entschädigung von Zwangsarbeit dar. Eine weitere Säule bilden Projekte zur Völkerverständigung, der Warnung vor totalitären Systemen und

der internationalen Zusammenarbeit zur Sicherung von Frieden und Menschenrechten.

2. Die Stiftung ist Ausdruck moralischer und historischer Verantwortung. Denn Reparationsverpflichtungen der Bundesrepublik Deutschland bestanden nicht mehr, ebenso wenig standen ehemaligen Zwangsarbeitern nach innerstaatlichem deutschen Recht geeignete Anspruchsgrundlagen zur Seite. Der einzig juristisch gangbare und praktisch realisierbare Weg für die Bundesregierung, die Zwangsarbeiter dennoch zu entschädigen lag in einer Fondslösung. Diese Stiftung hätte jedoch allein vom Staat finanziert werden müssen. In der Einbindung der deutschen Wirtschaft, die keinerlei rechtliche Verpflichtung zur Entschädigung von NS-Zwangsarbeitern hatte, liegt eine unheilvolle Vermischung von Recht und Moral. In dieser Einbeziehung deutscher Unternehmen in die Fondslösung liegt eine Systemwidrigkeit, die treffend mit dem Schlagwort „to pay with other people´s money" umschrieben werden kann.

3. Die Regierungen der Bundesrepublik Deutschland und der Vereinigten Staaten von Amerika schlossen am 17. Juli 2000 ein Regierungsabkommen zur Sicherung eines „umfassenden und andauernden Rechtsfriedens". Dessen Kern bildete die Vereinbarung, dass die Stiftung „Erinnerung, Verantwortung und Zukunft" alle geltend gemachten und zukünftigen Ansprüche gegen deutsche Unternehmen aus der Zeit des Nationalsozialismus und des Zweiten Weltkriegs abdecken soll. Im Abkommen verpflichtete sich die amerikanische Regierung zur Abgabe eines Statement of Interest im Falle der Geltendmachung eines solchen Anspruchs. Mit dem Statement of Interest blieb die amerikanische Regierung hinter ihren Möglichkeiten zurück. Aus juristischer Sicht ist das Statement of Interest ein „Nullum". Es führte nicht zu einer Veränderung der Rechtslage. Vielmehr handelt es sich um einen rechtlich unverbindlichen Hinweis an die amerikanischen Gerichte.

Die Untersuchung hat gezeigt, dass die Bundesrepublik Deutschland nach dem Zweiten Weltkrieg umfangreiche Reparations- und Wiedergutmachungsleistungen erbracht hat.
Mehr als ein halbes Jahrhundert nach Kriegsende erreichen sie mehr als das Zehnfache der von Stalin in Jalta aufgestellten Maximalforderungen.[906] Dies beweist, dass sich die Bundesrepublik Deutschland während der gesamten Nachkriegszeit ihrer Verantwortung als Aggressor des Zweiten Weltkriegs gestellt hat.
Obwohl sich die Sachlage in rechtlicher Hinsicht nach dem 2+4-Vertrag zugunsten der Bundesrepublik Deutschland entwickelt hatte, proliferierten in den vergangenen Jahren Individualansprüche gegen den deutschen Staat und deutsche Unternehmen. Die Gegner Deutschlands im Zweiten Weltkrieg nutzten die gegenwärtige Bereitschaft in Deutschland zur Auseinandersetzung mit der Nazi-Vergangenheit, um an das moralische Gewissen der Deutschen zu appellieren.
Hinzu kam, dass ehemalige Zwangsarbeiter in den USA nicht nur eine ihnen äußerst wohl gesonnene Öffentlichkeit, sondern auch ein günstiges politisches, wirtschaftliches und rechtliches Klima zur Durchsetzung ihrer Entschädigungsansprüche vorfanden.
Die deutsche Regierung und die deutsche Industrie reagierten. Mit der Stiftung „Erinnerung, Verantwortung und Zukunft" zogen sie einen finanziellen Schlussstrich unter ein dunkles Kapitel deutscher Geschichte. Dabei waren für die deutsche Wirtschaft die Zusicherung von Rechtsfrieden durch die Abweisung aller anhängigen Klagen sowie der ausdrückliche Ausschluss weiterer Entschädigungsklagen vor amerikanischen Gerichten von überragender Bedeutung.[907]
Dies führte dazu, dass die USA und die Bundesrepublik Deutschland die Stiftung durch ein völkerrechtliches Regierungsabkommen absicherten. Zu betonen ist jedoch, dass das darin enthaltene „Statement of Interest"[908] keine präzisen Gründe für eine Klageabweisung aufführt. Wie der Vergleich mit

[906] Zwar konnte in Jalta keine Einigung über die Gesamtsumme der Reparationen erzielt werden, Stalin und Roosevelt gingen von ca. 20 Milliarden Dollar aus, von denen die UdSSR die Hälfte erhalten sollte, vgl. SCHLOCHAUER, Yalta Conference, in: EPIL, Instalment 4 (1982), S. 358 ff., S. 359; vgl. BLUMENWITZ, Festschrift für Steinberger, S. 63 ff., S. 80.

[907] So auch HAHN, NJW 2000, S. 3118 ff., 3119.

[908] Darin empfiehlt der amerikanische Präsident den Gerichten eine Klageabweisung aus außenpolitischen Gründen, da die Stiftung die ausschließliche Form und die einzige Möglichkeit für die Regelung aller gegen deutsche Unternehmen geltend gemachten Ansprüche sei, die mit deren Tätigkeit in der Zeit des Zweiten Weltkriegs zusammenhängen.

dem sog. Japan-Statement vom 23. März 2000 beweist, blieb die US-Regierung dabei hinter ihren juristischen Möglichkeiten zurück.[909] Angesichts dieser Gestaltungsmöglichkeit wäre es juristisch durchaus möglich gewesen, amerikanische Gerichte uneingeschränkt aufzufordern, Klagen aufgrund der außenpolitischen Interessen der USA und des in Deutschland geschaffenen Entschädigungsfonds abzuweisen.[910]
Ein höherer Grad an Rechtssicherheit hätte erreicht werden können, wenn es zu einer gesetzlichen Verankerung eines Klageverzichts nach dem Vorbild der Verträge von Algier[911] zwischen den USA und dem Iran zur Beendigung der Teheraner Geiselaffäre[912] gekommen wäre.[913] Ob deutsche Unternehmen durch das „Statement of Interest" tatsächlich dauerhaft vor weiteren Image gefährdenden Klagen gefeit sind, bleibt abzuwarten. Dies wäre jedoch im Interesse der derzeit ohnehin gespannten deutsch-amerikanischen Beziehungen äußerst wünschenswert und würde dazu beitragen, weitere Verstimmungen im bilateralen Verhältnis beider Staaten zu verhindern.
Der Ruf nach Entschädigung ist trotz dieser Einigung in der Zwangsarbeiterfrage noch lange nicht verhallt. So verlangte vor nicht allzu langer Zeit der afrikanische Stamm der Herero Entschädigung für den Völkermord, den deutsche kaiserliche Truppen vor 100 Jahren im heutigen Namibia verursachten.[914] Für den Herero-Oberhäuptling Riruako steht außer Zweifel: „Die Deutschen haben sich mit dem Holocaust an Juden, Sinti und Roma beschäftigt, nun werden sie sich auch mit dem Genozid an den Herero auseinandersetzen müssen."[915] Daher gebühre seinem Volk Wiedergutmachung für den Genozid. Der Stamm der Herero verlangt von der Bundesrepublik Deutschland Wiedergutmachung in Höhe von zwei Milliarden Dollar, die notfalls mit Hilfe amerikanischer Gerichte durchgesetzt werden soll. Zwar drückte Außenminister Joschka Fischer im September 2001 bei einer Antirassismus-Konferenz der UNO in Durban sein „tiefes Bedauern" über Deutschlands

[909] Das Japan-Statement enthielt einen ausführlichen Teil mit Hinweisen auf frühere Entscheidungen. Dies ist deshalb so bedeutend, weil im amerikanischen Rechtssystem eine solche Aufzählung von Präzedenz-Fällen ungleich schwerer wiegt als eine bloße politische Erklärung.

[910] Vgl. auch HEß, in FAZ v. 8.06.2000, S. 18. Hinzu kommt, dass ein „Statement of Interest" lediglich politische Bedeutung hat, aber keine rechtliche Bindungswirkung entfaltet. Denn die US-Regierung hat keinerlei direkten juristischen Einfluss auf die Rechtsprechung unabhängiger Bundesrichter.

[911] Umfassend zu den Verträgen von Algier, HAKENBERG, Die Iran-Sanktionen der USA während der Teheraner Geiselaffäre aus völkerrechtlicher Sicht, S. 268 ff.

[912] Vgl. ILM 20 (1981), S. 223; AJIL 75 (1981), S. 418.

[913] Dies scheiterte jedoch an den politischen Gegebenheiten in den USA.

[914] Ausführlich dazu: Der Spiegel 3/2004, S. 102 ff.

[915] So Der Spiegel, 3/2004, S. 102 ff., S.102.

Kolonialpolitik aus[916], eine finanzielle Entschädigung war damit jedoch nicht verbunden. Forderungen der Herero nach Wiedergutmachung setzte die Bundesrepublik das Argument entgegen, die Verbrechen der Kaiserzeit hätten damals „keinen Verstoß gegen geltendes Völkerrecht“ dargestellt und seien im Übrigen verjährt.[917] Allerdings werde Deutschland für die ehemalige Kolonie weiterhin der wichtigste Entwicklungshelfer sein.
Aber auch in Europa wurden in der jüngsten Vergangenheit Entschädigungsforderungen gegenüber Deutschland laut. Aktuelles Beispiel sind die Klagen der Angehörigen der Opfer des SS-Massakers von Distomo vor griechischen[918] und deutschen[919] Gerichten. Die Anerkennung der Staatenimmunität der Bundesrepublik Deutschland durch das Oberste Sondergericht Griechenlands[920] und die damit verbundene Abweisung der Klagen ist als Meilenstein auf dem Weg zu einer stabilen Friedensordnung in Europa zu werten. Denn ein dauerhafter Friede gründet sich auf gegenseitigem Vertrauen, Achtung und Respekt vor der Würde des anderen. Die Gewährung von Immunität – als Ausdruck staatlicher Souveränität – bedeutet die Anerkennung und Umsetzung dieser Grundsätze. Deshalb zeugt die Entscheidung des Obersten griechischen Sondergerichts von der Verantwortung und dem Respekt Griechenlands gegenüber dem deutschen EU-Partner. Die Versagung der Immunität hätte eine Klageflut unermesslichen Ausmaßes gegen den deutschen Staat nach sich ziehen können und die Bundesrepublik Deutschland nicht nur wirtschaftlich in starke Bedrängnis gebracht.[921] Denn die Schaffung eines Präzedenzfalles hätte eine Klagelawine von Kriegsopfern aus ganz Europa in Gang bringen können.
Dadurch hätten die politischen Beziehungen Deutschlands zu anderen europäischen Staaten ernsthaft gefährdet werden können. Gegenläufige Urteile deutscher Gerichte hätten Jurisdiktionskonflikte heraufbeschwören können. Diese hätten nicht nur dem bilateralen Verhältnis zweier Staaten höchsten Schaden zufügen können, sondern wären auch ein Rückschritt auf dem Weg

---

916 So Der Spiegel, 3/2004, S. 102 ff., S. 103.
917 Vgl. Der Spiegel, 3/2004, S. 102 ff., S. 103.
918 Urteil des Landgerichts Livadia v. 30.10.1997; Urteil des Ersten Zivilsenats des Obersten Gerichtshofs Griechenlands (Areopag) v. 4.05.2000, Nr. 131/2001, teilweise abgedruckt in: Kritische Justiz (KJ) 2000 (33), S. 473 ff.; Entscheidung des Obersten Sondergerichts v. 17.09.2002.
919 LG Bonn v. 23.06.1997, Az. 1 O 358/95; Urteil des OLG Köln v. 27. August 1998, Az. 7 U 167/97; Urteil des III. Zivilsenats des BGH v. 26.6.2003, Az. III ZR 245/98.
920 Oberster Sondergerichtshof, 6/2002, Dike Int. 2002, S. 1282 ff.
921 Allein in Griechenland waren im Juli 2002 bereits etwa 65 000 Schadensersatzklagen gegen Deutschland anhängig. Opferanwalt Stamoulis bezifferte die griechischen Reparationsforderungen auf insgesamt rund 50 Milliarden Euro. Teilweise wurde von Forderungen in Höhe von rund 70 Milliarden DM – einschließlich fälliger Zinsen – ausgegangen, so SCHMINCK-GUSTAVUS in: KJ 34 (2001), S. 111 ff., S. 116

zu einer Harmonisierung und Angleichung der Rechtsordnungen in Europa gewesen. Das Vertrauen der Völkergemeinschaft in ihre Gerichtsbarkeit wäre nachhaltig erschüttert worden. Auch die seit dem Zweiten Weltkrieg stetig gewachsenen freundschaftlichen Beziehungen zwischen Deutschland und seinen europäischen Partnern wären auf eine harte Zerreißprobe gestellt worden. Denn das Aufstellen von Forderungen seitens der europäischen Nachbarn hätte zu Gegenforderungen der Bundesrepublik Deutschland führen können.[922] Die Staatengemeinschaft wäre hinsichtlich der Reparationsproblematik um Jahrzehnte zurückgeworfen worden, was zu einer ernsthaften Gefährdung des friedlichen Nebeneinanders der europäischen Staaten hätte führen können. Im Interesse eines starken und geeinten Europas ist ein Wiederaufrollen der Reparationsthematik durch erneute Forderungen gegenüber der Bundesrepublik Deutschland politisch nicht empfehlenswert. Auch wenn der Wert der Reparationen nie exakt ermittelt wurde[923], so waren die deutschen Einbußen allein durch den Verlust der Ostgebiete des Deutschen Reiches – eines Viertels des Staatsgebietes –, der durch den 2+4-Vertrag endgültig besiegelt wurde, immens. Daneben traten moralische Entschädigungsleistungen und Wiedergutmachungsgesten in Höhe von 140 Milliarden DM. Dies zeigt, dass sich die Bundesrepublik Deutschland durchaus ihrer moralischen und historischen Verantwortung gestellt hat. Die Bundesrepublik Deutschland erfüllte ihre finanziellen Verpflichtungen – auch in Zeiten finanzieller Engpässe. So sammelte sie in einem Kraftakt das Geld für die Zwangsarbeiter-Stiftung. Jetzt ist im Gegenzug die internationale Staatengemeinschaft aufgerufen, sich ihrer Verantwortung gegenüber dem seit mehr als einem halben Jahrhundert friedliebenden deutschen Staat und Bündnispartner zu stellen und ihn vor einer Überflutung mit weiteren Forderungen zu schützen. Denn „der Schlussstrich des 2+4-Vertrages ist nicht gezogen worden, um darunter alte Rechnungen zu addieren. Er ist gezogen worden als Startlinie für ein neues, friedliches und unbelastetes Miteinander der früheren Kriegsgegner."[924]

---

[922] Als Beispiel wird immer wieder eine mögliche Klage seitens der Bundesrepublik Deutschland gegen Großbritannien wegen der Zerstörung Dresdens in den letzten Kriegstagen genannt, vgl. auch SZ v. 13.06.2003, S. 2.

[923] Eine exakte Feststellung des Wertes der Reparationsleistungen ist nach Angaben der deutschen Bundesregierung deshalb nicht möglich, weil die Siegermächte einseitig Reparationen vorgenommen haben, ohne darüber Buch zu führen. Nach einer Auflistung des Bundesfinanzministeriums vom 31.12.1997 ergab sich für die westlichen Besatzungszonen und die sowjetische Zone ein Wert von knapp 200 Milliarden DM. An innerstaatlichen Leistungen im Rahmen des Lastenausgleichs ergaben sich mehr als 750 Milliarden DM, so FAZ v. 13.06.2000, S. 16.

[924] So zu Recht KEMPEN, Festschrift für Steinberger, S. 179 ff., S. 195.

Literaturverzeichnis

Ahlbrecht, Heiko / Ambos, Kai, Der Fall Pinochet(s), Baden-Baden, 1999.

Adenauer, Konrad, Erinnerungen 1953 – 1955, Stuttgart 1966.

Akademie der Wissenschaften der UdSSR: Völkerrecht, Hamburg 1960.

Albert, Michael, Völkerrechtliche Immunität ausländischer Staaten gegen Gerichtszwang, München 1984.

Allstadt, Markus, Die offene Völkerrechtslage im deutsch-tschechischen Verhältnis und ihre Bedeutung für die Osterweiterung der Europäischen Union, Frankfurt a.M., Berlin, Bern, Bruxelles, Wien, 2000.

Ambos, Kai, Der Fall Pinochet und das anwendbare Recht, JZ 1999, S. 16 ff.

Antoni, Michael, Das Potsdamer Abkommen – Trauma oder Chance ? Geltung, Inhalt und staatsrechtliche Bedeutung für Deutschland, Berlin 1985 (Völkerrecht und Politik Band 13).

Aroneanu, Eugène, La définition de l´aggression, Paris 1958

August, Jochen, Die Entwicklung des Arbeitsmarktes in Deutschland in den 30er Jahren und der Masseneinsatz ausländischer Arbeitskräfte während des Zweiten Weltkrieges in: Archiv für Sozialgeschichte, Bd. 24, 1984, S. 305 ff.

August, Jochen, u.a., Herrenmensch und Arbeitsvölker. Ausländische Arbeiter und Deutsche 1939 – 1945 in: Beiträge zur nationalsozialistischen Gesundheits- und Sozialpolitik, Bd. 3, Berlin 1989.

Augstein, Franziska, 1 Mark Ost = 2 Mark West Anstand und Ablass: Wer stiftet für die Zwangsarbeiter? in FAZ v. 16.11.1999, S. 49.

Auswärtiges Amt (Hrsg.), Die Auswärtige Politik der BRD, Dokument Nr. 41, S. 701, Dokument Nr. 113, S. 393; Köln 1972.

Backer, John H., Die Entscheidung zur Teilung Deutschlands. Die amerikanische Deutschlandpolitik 1943 – 1948, München 1981.

Badura, Peter, Der Eigentumsschutz des eingerichteten und ausgeübten Gewerbebetriebs gegenüber der staatlichen Intervention im Bereich der Wirtschaft in: FS zum 125-jährigen Bestehen der juristischen Gesellschaft zu Berlin, 1984.

Ballreich, Hans, Treaties, Effect on Third States, EPIL VII 1984, S. 476 ff.

Bartolus, Tractus represaliarium, 1354, Quaestio I/3.

Bartolus, Commentarius ad Digestum novum, Leyden 1525.

Barwig, Klaus / Saathoff, Günter / Weyde, Nicole (Hrsg.), Entschädigung für NS-Zwangsarbeit: Rechtliche, historische und politische Aspekte, 1. Aufl., Baden-Baden 1998.

Bastid, Suzanne, Les traités dans la vie internationale, Paris 1985.

Bazyler, Michael J., Holocaust Justice, New York 2003.

Bedürftig, Friedemann u.a., Das große Lexikon des Dritten Reiches, Augsburg 1993.

Beitzke, Günther, Exterritorialität, in: Strupp, Karl / Schlochauer, Hans-Jürgen, Wörterbuch des Völkerrechts, Erster Band, Berlin 1960, S. 499.

Benz, Wolfgang, Vom freiwilligen Arbeitsdienst zur Arbeitsdienstpflicht, in: Vierteljahreshefte für Zeitgeschichte, 16. Jg. 1968, S. 317 ff.

Benz, Wolfgang, Der Wollheim – Prozeß, Zwangsarbeit für die I.G. Farben in Auschwitz in: Herbst, Ludolf/Goschler, Constantin, Wiedergutmachung in der Bundesrepublik Deutschland, Schriftenreihe der Vierteljahreshefte für Zeitgeschichte, Sondernummer, München 1989, S. 303 ff.

Berber, Friedrich, Lehrbuch des Völkerrechts, Bd. I, Allgemeines Friedensrecht, 2. Auflage, München 1975.

Berber, Friedrich, Lehrbuch des Völkerrechts, Bd. II, Kriegsrecht, 2. Auflage, München 1969.

Berber, Friedrich, Lehrbuch des Völkerrechts, Bd. III, Streiterledigung, Kriegsverhütung, Integration, 2. Aufl., München 1977.

Bergmann, Arthur, Fremd – und Zwangsarbeiter – Ansprüche nach dem Londoner Schuldenabkommen und in der Sozialversicherung, RzW 1979, S. 41 ff.

Bishop, William W., International Law, Cases and materials, 3.ed., Boston 1971, S. 795 ff.

Bloed, Arie, The human dimension of the Helsinki process: the Vienna follow-up meeting and its aftermath, Dordrecht u.a. 1991.

Blumenwitz, Dieter, Die Grundlagen eines Friedensvertrages mit Deutschland, München 1966.

Blumenwitz, Dieter, Die territorialen Folgen des Zweiten Weltkrieges, AVR 23 (1985), S. 1 ff.

Blumenwitz, Dieter, Flucht und Vertreibung und ihre vermögensrechtlichen Folgen, in: Flucht und Vertreibung, Köln, Berlin, Bonn, München 1987.

Blumenwitz, Dieter, Die tschechisch-liechtensteinischen Beziehungen. Ein anhaltender Konflikt in Mitteleuropa, in: Kick, Karl G. (Hrsg.), Wandel durch Beständigkeit: Studien zur deutschen und internationalen Politik, Jens Hacker zum 65. Geburtstag, Berlin 1998, S. 347 ff.

Blumenwitz, Dieter, Die Forderungen ufern aus, Die Welt v. 23.03.2000, S. 5.

Blumenwitz, Dieter, Die Souveränität der Bundesrepublik Deutschland in: Badura, Peter / Scholz Rupert (Hrsg.), Wege und Verfahren des Verfassungslebens, Festschrift für Peter Lerche, München 1993, S. 385 ff.

Blumenwitz, Dieter, Versteckte Kollisionsnormen in völkerrechtlichen Verträgen? – Der liechtensteinische Bilderstreit, in: Jean-Francois Gerkens/ Hansjörg Peter / Peter Trenk-Hinterberger / Roger Vigneron (Hrsg.), Mélanges Fritz Sturm, Liège 1999, S. 1385 ff.

Blumenwitz, Dieter, Deutsche Souveränität im Wandel, Zfp 46. Jg. 2/99, S. 195 ff.

Blumenwitz, Dieter, Staatennachfolge und die Einigung Deutschlands, Teil 1, Berlin, o.J.

Blumenwitz, Dieter, Der Vertrag vom 12.9.1990 über die abschließende Regelung in bezug auf Deutschland, NJW 1990, S. 3041 ff.

Blumenwitz, Dieter, Das Offenhalten der deutsch-polnischen Beziehungen, Bonn 1992.

Blumenwitz, Dieter, This is Germany, Germany´s legal status after unification, Bonn 1994.

Blumenwitz, Dieter, Die Frage der deutschen Reparationen in: Tradition und Weltoffenheit des Rechts, Festschrift für Helmut Steinberger, Beiträge zum ausländischen öffentlichen Recht und Völkerrecht Bd. 152, Heidelberg, New York, Barcelona, Hongkong, London, Mailand, Paris, Tokio, 2002

Bölke, Peter, „Zwangsarbeiter – Viel Zeit bleibt nicht", in: Der Spiegel v. 9.08.1999, S. 34 ff.

Bouchez, Leo J., The Nature and Scope of State Immunity from Jurisdiction and Execution, N.Y.I.L. 10, (1979), S. 3 ff.

Bothe, Michael, Die strafrechtliche Immunität fremder Staatsorgane, ZaöRV Bd. 31 (1971), S. 246 ff.

Bower, Tom, Das Gold der Juden, 1. Auflage, München 1998.

Brandweiner, Heinrich, Die Deutsche Demokratische Republik und das Problem der Staatennachfolge, Deutsche Außenpolitik Jg. 1 (1956), S. 496 ff.

Brodesser, Hermann-Josef / Fehn, Bernd Josef / Franosch, Tilo / Wirth, Wilfried, Wiedergutmachung und Kriegsfolgenliquidation, München 2000.

Broms, Bengt, The Definition of Aggression, RdC 154 (1977 – I), S. 299ff.

Bröhmer, Jürgen, State Immunity and the Violation of Human Rights, The Hague/Boston/London 1997.

Brössler, Daniel, Fischer für Entschädigung Sudentendeutscher, in: Süddeutsche Zeitung v. 2.07.2003, S. 1.

Bucher, Egon, Vollstreckbarkeit schweizerischer Schiedssprüche und Staatenimmunität im Vollstreckungsverfahren, IPRax 1982, S. 161 ff.

Bülck, Hartwig, Die Zwangsarbeit im Friedensvölkerrecht, Göttingen 1953.

Bundesminister der Finanzen / Schwarz (Hrsg.), Die Wiedergutmachung nationalsozialistischen Unrechts durch die Bundesrepublik Deutschland,
Band I: Schwarz, Walter, Rückerstattung nach den Gesetzen der Alliierten Mächte, München 1974.
Band III: Féaux de la Croix, Ernst / Rumpf, Helmut, Der Werdegang des Entschädigungsrechts, München 1985.
Band IV: Gießler, Hans u.a., Das Bundesentschädigungsgesetz, Erster Teil, München 1981.

Bundesministerium der Justiz (Hrsg.), Deutsches Vermögen im Ausland,
Band I: Böhmer, Otto / Duden, Konrad / Hermann Janssen (Bearb.)
Band III: Böhmer, Otto (Bearb.)

Cairncross, Sir, Alec, The Price of War, British Policy on German Reparations 1941 – 1949, Oxford, New York 1986.

Castillon, Richard, Les Réparations Allemandes. Deux Expériences, Paris 1953

Cornides, Wilhelm, Die Weltmächte und Deutschland, Geschichte der jüngsten Vergangenheit, 1945-1955, Tübingen 1957.

Cornides, Wilhelm /Menzel, Eberhard (Hrsg.), Quellen für Politik und Völkerrecht, Oberursel (Taunus) 1948.

Dahm, Georg, Völkerrecht, 3. Auflage, Stuttgart 1961

Dahm, Georg, Völkerrechtliche Grenzen der inländischen Gerichtsbarkeit gegenüber ausländischen Staaten, in: Festschrift für Arthur Nikisch, Tübingen 1958, S. 153 ff.

Delaume, Georges R., The State Immunity Act of the United Kingdom, AJIL 73 (1979), S. 185 ff.

Deutscher Bundestag (Hrsg.), Entschädigung für NS-Zwangsarbeit: Öffentliche Anhörung des Innenausschusses des Deutschen Bundestages am 14.10.1990, Bonn 1990.

Diner, Dan, Ist der Nationalsozialismus Geschichte? Zur Historisierung und Historikerstreit, Frankfurt a.M. 1987.

Dinstein, Yoram, The erga omnes Applicability of Human Rights, AVR Bd. 30 (1992), S. 19.

Doehring, Karl, Völkerrechtswidrige Konfiskation eines Gemäldes des Fürsten von Liechtenstein als „deutsches Eigentum“: Ein unrühmlicher Schlusspunkt in: IPRax 1998, S. 465 ff.

Doehring, Karl, Befremdliche amerikanische Andeutungen, in FAZ v. 15.03.2000, S. 11.

Doehring, Karl in: Ress, Georg / Stein, Torsten (Hrsg.), Der diplomatische Schutz im Völker- und Europarecht: Aktuelle Probleme und Entwicklungstendenzen, 1. Auflage, Baden-Baden 1996, S. 13.

Donnedieu de Vabres, Henri, Le procès de Nuremberg devant les principes modernes du droit pénal international, RdC 70 (1947 – I), S. 477 ff.

Dolzer, Rudolf in: Entschädigung für NS-Zwangsarbeit, Öffentliche Anhörung des Innenausschusses des Deutschen Bundestages v. 14.12.1989 (Zur Sache 6/90), S. 196 ff., Bonn 1990.

Dolzer, Rudolf, Schadensersatz für Zwangsarbeit? – Die polnischen Forderungen haben keine Rechtsgrundlage, in: FAZ v. 27.11.1989, S. 16.

Dormann Bessenich, Agnes, Der ausländische Staat als Kläger, Schriftenreihe des Instituts für Internationales Recht und Internationale Beziehungen, Bd. 60, Basel / Frankfurt a. M. 1993

Dorsel, Christoph, Forum non conveniens: richterliche Beschränkung der Wahl des Gerichtsstandes im deutschen und amerikanischen Recht, Berlin 1996.

Dreyer, Michael in: SZ v. 15.05.2001, Der Wahn der Rechtssicherheit.

Düx, Heinz in: Entschädigung für NS-Zwangsarbeit, Öffentliche Anhörung des Innenausschusses des Deutschen Bundestages v. 14.12.1989 (Zur Sache 6/90), S. 130 ff., Bonn 1990.

Eagleton, Clyde, The Responsibility of States in International Law, New York 1928.

Ebke, Werner, Bestechung ausländischer Amtsträger und Act of State Doctrine: Anmerkungen zur Kirkpatrick-Entscheidung des United States Supreme Court, IPRax 1991, S. 148 ff.

Eichholtz, Stephanie, Die US-amerikanische Class Action und ihre deutsche Funktionsäquivalente, Hamburg 2002.

Eichhorn, Bert Wolfgang, Reparation als völkerrechtliche Deliktshaftung: rechtliche und praktische Probleme unter besonderer Berücksichtigung Deutschlands (1918 – 1990), 1. Auflage, Baden-Baden, 1992.

Ehlers, Kurt, Die Rechtslage nach dem AHKG 63, JZ 1952, S. 465 ff.

Engel, Christoph, Eigentumsschutz für Unternehmen, AöR 118 (1993), S. 169 ff.

Esterhazy, Yvonne in: Handelsblatt v. 16.11.1999, S. 8.

Faust, Fritz, Das Potsdamer Abkommen und seine völkerrechtliche Bedeutung, 4. Aufl., Frankfurt am Main 1969.

Ferencz, Benjamin B., Lohn des Grauens: die verweigerte Entschädigung für jüdische Zwangsarbeiter, Frankfurt / Main; New York 1981.

Ferencz, Benjamin, „German Supreme Court Bars Claims of Forced Laborers“ in: AJCL 15, 1966 - 1967, S. 561 ff.

Féaux de la Croix, Ernst, Schadensersatzansprüche ausländischer Zwangsarbeiter, NJW 1960, S. 2268 ff.

Fiedler, Wilfried, Die Wiedererlangung der Souveränität Deutschlands und die Einigung Europas, JZ 1991, S. 685 ff.

Finkelstein, Norman, Die Holocaust-Industrie, München 2001.

Fleischhauer, Carl-August, Verjährung, in: Strupp/Schlochauer, Wörterbuch des Völkerrechts, Bd. III, Berlin 1962, S. 509 ff.

Gebauer, Martin / Schulze, Götz, Völkerrecht zieht Gesetzen zu Zwangsarbeiterentschädigung Grenzen in: FAZ v. 26.11.1999.

Geiger, Rudolf, Staatenimmunität: Grundsatz oder Ausnahme, NJW 1987, S. 1124 ff.

Gelinsky, Katja, Genießt Deutschland Staatenimmunität? in: FAZ v. 9.05.200, S. 6.

Gersdorff, Ursula von, Frauen im Kriegsdienst 1941 - 1945, Stuttgart 1969.

Geschichtswerkstatt (Hrsg.), Zwangsarbeit. Arbeit – Terror – Entschädigung. Heft 19, Hamburg 1989.

Geyr, Heinz, Auf dem Weg zur Aussöhnung. Bonn, Warschau und die humanitären Fragen, Stuttgart 1978.

Gmür, Edwin A., Zur Frage der gerichtlichen Immunität fremder Staaten und Staatsunternehmen, Schweizer Jahrbuch für internationales Recht, Bd. VII (1959), S. 9 ff.

Gornig, Gilbert, Der Zwei-plus-vier-Vertrag unter besonderer Berücksichtigung grenzbezogener Regelungen, ROW 1991, S. 97 ff.

Gornig, Gilbert, Die Verantwortlichkeit politischer Funktionsträger nach völkerrechtlichem Strafrecht, NJ 1992, S. 4 ff.

Goschler, Constantin, Westdeutschland und die Verfolgten des Nationalsozialismus 1945 – 1954, Quellen und Darstellungen zur Zeitgeschichte, Bd. 34, Institut für Zeitgeschichte (Hrsg.), München; Wien, Oldenburg, 1992.

Gottwald, Peter, Class Actions auf Leistung von Schadensersatz nach amerikanischem Vorbild im deutschen Zivilprozeß?, ZZP 91 (1978), S. 1 ff.

Granow, Ausländische Kriegsschädenansprüche und Reparationen, AöR Bd. 77, S. 67 ff.

Greiner, Christoph, Die „Class Action“ im amerikanischen Recht und deutscher „Ordre Public“, Frankfurt am Main 1998.

Grewe, Wilhelm G. Peace Treaties, Encyclopedia of Public International Law IV, 1982, S. 102 ff.

Grotius, De Iure Belli et Pacis libris tres, Buch 2, Paris 1625.

Guggenheim, Paul, Lehrbuch des Völkerrechts, Bd. I, Basel 1948.

Guggenheim, Paul, Lehrbuch des Völkerrechts, Bd. II, Basel 1951.

Hacker, Jens, Der Rechtsstatus Deutschlands aus der Sicht der DDR, Köln 1974.

Hahn, Hugo, J., Deutsche Rechtsprechung 1945 - 1950, in: ZaöRV 14 (1951/52), S. 252 ff.

Hahn, Hugo, J. / Braun, Wilfried, in: Die Währungsklausel als Interpretationsproblem; in: Behrens, Peter (Hrsg.): Die Wertsicherung der Young-Anleihe, Max-Planck-Institut für ausländisches und internationales Privatrecht; Studien Heft 10, 1987, S. 1 ff.

Hahn, Hugo, J., Völkerrechtliche Praxis der Bundesrepublik Deutschland im Jahr 1987, in: ZaöRV 49 (1989), S. 520 ff.

Hahn, Hugo, J. Entschädigung für Zwangsarbeit im Zweiten Weltkrieg in: Recht und Kriminalität, Festschrift für Friedrich-Wilhelm Krause, S. 93 ff., Köln, Berlin, Bonn, München 1990.

Hahn, Hugo J. Entschädigung für Zwangsarbeit? in: NJW 2000, S. 3118 f.

Hahn, Hugo, J., Individualansprüche auf Wiedergutmachung von Zwangsarbeit im Zweiten Weltkrieg – Das Entschädigungsgesetz v. 2.8.2000, in: NJW 2000, S. 3521 ff.

Hakenberg, Michael, Die Iran-Sanktionen der USA während der Teheraner Geiselaffäre aus völkerrechtlicher Sicht, Frankfurt a. M., Berlin; Bern; New York; Paris; Wien, 1988.

Harmssen, G.W., Am Abend der Demontage, Bremen 1951.

Hausser, in: Entschädigung für NS-Zwangsarbeit, Öffentliche Anhörung des Innenausschusses des Deutschen Bundestages v. 14.12.1989 (Zur Sache 6/90), Bonn 1990.

Hay, Peter, Einführung in das amerikanische Recht, 4. Auflage, Darmstadt 1995.

Heidenberger, Peter, Die Praxis von US-Gerichten zur Staatenimmunität Deutschlands, ZVglRWiss 97 (1998), S. 440 ff.

Heikkilä, Hannu, The Questions of European Reparations in Allied Policy, 1943–1947, Helsinki 1998

Herbert, Ulrich, Fremdarbeiter Politik und Praxis des „Ausländer-Einsatzes“
In der Kriegswirtschaft des Dritten Reiches, Berlin-Bonn, 1985.

Herbert, Ulrich, in: Entschädigung für NS-Zwangsarbeit, Öffentliche Anhörung des Innenausschusses des Deutschen Bundestages v. 14.12.1989 (Zur Sache 6/90), S. 112 ff., Bonn 1990.

Herbert, Ulrich, Arbeit und Vernichtung. Ökonomisches Interesse und Primat der „Weltanschauung im Nationalsozialismus in: ders. (Hrsg.), Europa und der „Reichseinsatz“. Ausländische Zivilarbeiter, Kriegsgefangene und KZ- Häftlinge in Deutschland 1938 –1945, Essen 1991, S. 384 ff.

Herbert, Ulrich, Nicht entschädigungsfähig ? Die Wiedergutmachungsansprüche der Ausländer in: Herbst, Ludolf / Goschler, Constantin (Hrsg.), Wiedergutmachung in der Bundesrepublik Deutschland, München 1998, S. 273 ff.

Herbert, Ulrich, Zwangsarbeiter im „Dritten Reich“ – ein Überblick in: Barwig, Klaus / Saathoff,Günter / Weyde, Nicole (Hrsg.), Entschädigung für NS-Zwangsarbeit: Rechtliche, historische und politische Aspekte, 1. Aufl., Baden-Baden 1998, S. 17 f.

Herbst, Ludolf / Goschler, Constantin (Hrsg.), Die Bundesrepublik und die Opfer nationalsozialistischer Verfolgung, München 1998.

Herbst, Ludolf / Goschler, Constantin (Hrsg.), Wiedergutmachung in der Bundesrepublik Deutschland, Schriftenreihe der Vierteljahreshefte für Zeitgeschichte, Sondernummer, München 1989, S. 303 ff.

Herndl, Kurt, Zur Problematik der Gerichtsbarkeit über fremde Staaten. Überlegungen anläßlich der bevorstehenden Kodifikationen der Normen über die Staatenimmunität, in: Ius Humanitatis. Festschrift zum 90. Geburtstag von Alfred Verdross, Berlin 1980, S. 421 ff.

Hess, Burkhard, Staatenimmunität bei Distanzdelikten, in: Festschrift für Schütze zum 65. Geburtstag, München 1992.

Heß, Burkhard, Entschädigung für NS-Zwangsarbeit vor US-amerikanischen und deutschen Zivilgerichten, Die Aktiengesellschaft 1999, S. 145 ff.

Heß, Burkhard, Inländische Rechtsbesorgung gegen Erfolgshonorar, NJW 1999, S. 2485 ff.

Heß, Burkhard, Kriegsentschädigungen aus kollisionsrechtlicher und rechtsvergleichender Sicht, in: Heintschel von Heinegg u.a. (Hrsg.), Entschädigung nach bewaffneten Konflikten, Berichte der Deutschen Gesellschaft für Völkerrecht, Bd. 40, Heidelberg 2003, S. 107 ff.

Heuwagen, Marianne in: SZ v. 15.05.2001, S. 6, Schröder warnt vor neuen Verzögerungen.

Heydecker, Joe J. / Leeb, Johannes, Der Nürnberger Prozeß: Bilanz der Tausend Jahre, 2. Auflage, Köln 1959.

Hinz, Joachim, Das Kriegsgefangenenrecht: unter besonderer Berücksichtigung seiner Entwicklungen durch das Genfer Abkommen vom 12. August 1949, Berlin 1955.

Hobe, Stephan, Durchbrechung der Staatenimmunität bei schweren Menschenrechtsverletzungen – NS-Delikte vor dem Areopag, in: IPRax 2001, S. 368 ff.

Hockerts, Hans Günter, Wiedergutmachung in Deutschland. Eine historische Bilanz 1945 – 2000, in: Zeitgeschichte, 49. Jahrgang, Heft 2, April 2001, S. 167 ff.

Hokema, Grit, Immunität von Staatsoberhäuptern, Frankfurt a. M.; Berlin; Bern; Bruxelles; New York; Oxford; Wien 2002.

Homze, Edward L., Foreign Labor in Nazi Germany, Princeton 1967.

Hopmann, Barbara, Zwangsarbeit bei Daimler-Benz, Zeitschrift für Unternehmensgeschichte: Beiheft (78), Stuttgart 1994.

Internationaler Militärgerichtshof (Hrsg.), Der Prozeß gegen die Hauptkriegsverbrecher vor dem Internationalen Militärgerichtshof Nürnberg, Bd. I, Nürnberg 1947.

Internationaler Militärgerichtshof (Hrsg.), Der Prozeß gegen die Hauptkriegsverbrecher vor dem Internationalen Militärgerichtshof Nürnberg, Bd. XVII, Nürnberg 1948.

Ipsen, Knut, Völkerrecht, 5. Aufl., München 2003.

Jarass Hans D. / Pieroth Bodo, Grundgesetz für die Bundesrepublik Deutschland, 6. Auflage, München 2002.

Jeschek, Hans-Heinrich, Nuremberg Trials, EPIL IV (1982), S. 50 ff.

Jeske, Jürgen, Das zweite Angebot in: FAZ v. 19.11.1999, S. 13.

Kadelbach, Stefan, Staatenverantwortlichkeit für Angriffskriege und Verbrechen gegen die Menschlichkeit, in: Heintschel von Heinegg u.a., Entschädigung nach bewaffneten Konflikten, Berichte der Deutschen Gesellschaft für Völkerrecht, Bd. 40, Heidelberg 2003, S. 63 ff.

Kaienburg, Hermann, „Vernichtung durch Arbeit". Der Fall Neuengamme. Die Wirtschaftsbestrebungen der SS und ihre Auswirkungen auf die Existenzbedingungen der KZ-Gefangenen, Bonn 1990.

Kaps, Karola, in FAZ v. 14.06.1999, S. 8, "Ein Mosaik, kompliziert und zeitaufwendig".

Karl, Georg, Völkerrechtliche Immunität im Bereich der Strafverfolgung schwerster Menschenrechtsverletzungen, Baden-Baden 2003.

Kelsen, Hans, Unrecht und Unrechtsfolge im Völkerrecht, ZaöRV, Bd. XII, S. 481 ff.

Kempen, Bernhard, Der Fall *Distomo:* griechische Reparationsforderungen gegen die Bundesrepublik Deutschland in: Festschrift für Helmut Steinberger, Beiträge zum ausländischen öffentlichen Recht und Völkerrecht, Bd. 152, Berlin, Heidelberg, New York, Barcelona, Hongkong, London, Mailand, Paris, Tokio, 2002, S. 179 ff.

Kimminich, Otto, Einführung in das Völkerrecht, 7. Auflage, Tübingen u.a. 2000.

Kindermann, Klemens, in: Handelsblatt v. 5.06.2000, S. 2, Washington muss bei NS-Entschädigung einlenken.

Kischel, Uwe, Wiedergutmachung und Reparationen, JZ 1997, S. 126 ff.

Koch, Harald, Kollektiver Rechtsschutz im Zivilprozeß: Die class action des amerikansichen Rechts und deutsche Rechtsprobleme, Frankfurt a. M. 1976.

Kokott, Juliane, Missbrauch und Verwirkung von Souveränitätsrechten bei gravierenden Völkerrechtsverstößen in: Recht zwischen Umbruch und Bewahrung, Festschrift für Rudolf Bernhardt, Berlin, Heidelberg, New York, London, Paris, Tokyo, Hong Kong, Barcelona, Budapest 1995, S. 135 ff.

Kolvenbach, Walter, Internationale Umwelthaftung – eine neue Gefahr für Mulitnationale Unternehmen? DWiR 1992, S. 322 ff.

Krüger, Herbert, Wesen, Grund und Höhe des Reparationsanspruchs“, Rechtsgutachten, Hamburg 1953.

Küpper, Georg, Die neuere Rechtssprechung in Sachen NS-Zwangsarbeit, Kritische Justiz 1998, Bd. 31, S. 246.

Küppers, Hans, Die Stellung der Polen im Arbeitsleben, RABl. V 1941, S. 535.

Küster, Otto, Erfahrungen in der deutschen Wiedergutmachung, Tübingen 1967.

Kurtz, Michael, J., The End of the War and the Occupation of Germany, 1944-52. Laws and Conventions enacted to counter German Appropriations: The Alliied Control Council, in: Simpson (Hrsg.) The Spoils of War, S. 112 ff.

Lauterpacht, Hersh, The Problem of Jurisdictional Immunities of Foreign States, in: The British Yearbook of International Law, Bd. 28 (1951), S. 220 ff.

Langkeit, Jochen, Staatenimmunität und Schiedsgerichtsbarkeit, Heidelberg 1988.

Lejeune, Mathias, „Personal Jurisdiction" über ausländische Firmen nach amerikanischem Zivilprozeßrecht, RIW 1998, S. 8 ff.

Majer, Dietmut, Die Frage der Entschädigung für ehemalige Zwangsarbeiter in Völkerrechtlicher Sicht, AVR Bd. 29, 1991.

Majer, Dietmut in: Entschädigung für NS-Zwangsarbeit, Öffentliche Anhörung des Innenausschusses des Deutschen Bundestages v. 14.12.1989 (Zur Sache 6/90), S. 153 ff., Bonn 1990.

Mann, F.A., Deutsches Vermögen im Ausland, NJW 1947/1948, S. 601 ff.

Marcus Richard L. / Sherman, Edward F., Complex litigation: cases and materials on advanced civil procedure, 3. ed., St. Paul, Minn. 1998.

Menzel, Eberhard, Estoppel-Prinzip, in Strupp/Schlochauer, Wörterbuch des Völkerrechts, Bd. I, Berlin 1960, S. 441 f.

Metz, Wilhelm, Fürsorge für überlebende Opfer von Menschenversuchen, RzW 1963, S. 293 ff.

Moreau, Patrick u.a., Die Politik der letzten SED-Regierung und ihre Folgen in: Materialien der Enquete-Kommission „Überwindung der Folgen der SED-Diktatur im Prozess der deutschen Einheit", Deutscher Bundestag (Hrsg.), Bd. VIII/3, Baden-Baden 1999, S. 2008 ff.

Mosler, Hermann / Doehring, Karl, Die Beendigung des Kriegszustands mit Deutschland nach dem zweiten Weltkrieg, Köln, Berlin 1963.

Müller, Reinhard, in FAZ v. 13.06.2000, S. 16, Vergebliche Forderungen.

Münch, Ingo von, Das völkerrechtliche Delikt in der modernen Entwicklung der Völkergemeinschaft, 1963, Frankfurt / Mainz, S. 150 ff.

Münch, Ingo von (Hrsg.), Dokumente des geteilten Deutschlands, Bd. I, 2. Aufl., Stuttgart 1976.

Oberhammer, Paul / Reinisch, August, Zwangsarbeiter vor deutschen Gerichten, IPRax 2001, S. 211 ff.

Oppenheim, Lassa / Lauterpacht, Hersh, International Law - A Treatise, Volume II, Disputes, War and Neutrality, 7. Aufl., 1952.

Palandt, Otto, Bürgerliches Gesetzbuch, 59., neubearbeitete Auflage, München 2000.

Paulus, Andreas, Triumph und Tragik des Völkerstrafrechts, NJW 1999, S. 2644 ff.

Pawlita, Cornelius, Verfolgungsbedingte Zwangsarbeit im Nationalsozialismus, Arbeit und Recht, S. 426 ff.

Pawlita, Cornelius, „Wiedergutmachung" als Rechtsfrage ? Die politische und juristische Auseinandersetzung um Entschädigung für die Opfer nationalsozialistischer Verfolgung (1945 bis 1990), Frankfurt a. M. u.a. 1993

Randelzhofer, Albrecht / Dörr,Oliver, Entschädigung für Zwangsarbeit? Zum Problem individueller Entschädigungsansprüche von ausländischen Zwangsarbeitern während des Zweiten Weltkrieges gegen die Bundesrepublik Deutschland, Berlin 1994.

Raschhofer, Hermann, Die deutsche Reparationsregelung und die Reparationsposition der Tschechoslowakei, in: Kipp, Heinrich (Hrsg.) Um Recht und Freiheit, Festschrift für Friedrich August Frhr. v. d. Heydte zur Vollendung des 70. Lebensjahres, Berlin 1977, S. 495 ff.

Rauschning, Dietrich, Beendigung der Nachkriegszeit mit dem Vertrag über die abschließende Regelung in bezug auf Deutschland, DVBl. 1990 S. 1275 ff.

Rauschning, Dietrich (Hrsg.), Rechtsstellung Deutschlands. Völkerrechtliche Verträge und andere rechtsgestaltende Akte, München 1985.

Rauschning, Dietrich, Der Fortbestand des deutschen Staates und die Verträge von Bonn und Paris, in: Bd. 9 der Studien zur Deutschlandfrage, Berlin 1985, S. 23.

Rauschning, Dietrich, Deutschlands aktuelle Verfassungslage, DVBl. 1990, S. 393 ff.

Reinisch, August, NS-Verbrechen und „political questions": Können deutsche Unternehmen von ehemaligen Zwangsarbeitern vor US-Gerichten verklagt werden? IPRax 2000, S. 32 ff.

Ress, Georg / Stein, Torsten (Hrsg.) Der diplomatische Schutz im Völker – und Europarecht: aktuelle Probleme und Entwicklungstendenzen, 1. Auflage, Baden- Baden 1996.

Rexin, Manfred, Anerkannt -und zur Kasse gebeten, Deutschland Archiv, Jg. 6 (1973), S. 134 ff.

Roos, Gerd Joachim, Zur Konfiskation privater deutscher Auslandsvermögen, Stuttgart 1956.

Ruge, Anja, Die Lohnersatzansprüche ehemaliger Zwangsarbeiter gegen deutschen Industrieunternehmen, Frankfurt/Main u.a., 2001.

Rumpf, Helmut, Die deutsche Frage und die Reparationen, ZaöRV 33 (1973), S. 344 ff.

Rumpf, Helmut, Die Regelung der deutschen Reparationen nach dem Zweiten Weltkrieg, ArchVR Bd.23 (1985), S. 74 ff..

Rumpf, Helmut, Wiedergutmachung, Deutschland zahlt immer, Kultur und Zeitgeschichte, Archiv der Zeit, Rosenheim, o.J..

Rumpf, Helmut, Vom Niemandsland zum deutschen Kernstaat: Beitrag zur Entwicklung der Deutschlandfrage seit 1945, Hamburg 1979.

Safferling, Christian, Zwangsarbeit vor US-amerikanischen Gerichten, NJW 2000, S. 1922 ff.

Sandrock, Otto (Hrsg.), Festschrift für Günther Beitzke zum 70. Geburtstag am 26. April 1979, Berlin (u.a.) 1979.

Schaumann, Wilfried / Habscheid, Walther, J., Die Immunität ausländischer Staaten nach Völkerrecht und deutschem Zivilprozessrecht, Berichte der deutschen Gesellschaft für Völkerrecht, Heft 3, Karlsruhe 1968.

Scheffler, Arndt, Bewältigung hoheitlich begangenen Unrechts durch fremde Zivilgeriche, Berlin 1997.

Schirilla, Laszlo, Wiedergutmachung für Nationalgeschädigte, München 1982.

Schlochauer, Hans-Jürgen, Yalta Conference in: Bernhardt, Rudolf (Hrsg.) Encyclopedia of Public International Law, Instalment 4, Use of force. War and neutrality. Peace treaties (N-Z), Amsterdam u.a. 1982, S. 358 ff.

Schmidt, Norman, Stellung und Aufgaben der Nachfolge-Organisationen im Rückerstattungsrecht, RzW 1978, S. 5 ff., S. 44 ff.

Schminck-Gustavus, Christoph, Nemesis in: Kritische Justiz 34 (2001), S. 111 ff.

Schönfeld, Ulrich von, Die Staatsimmunität im amerikanischen und englischen Recht, Schriften zum internationalen Recht, Bd. 28, Berlin 1983.

Schüle, Adolf, in: Strupp, Karl / Schlochauer, Hans-Jürgen, Wörterbuch des Völkerrechts, S. 843.

Schmale, Holger, Mit zäher Pendeldiplomatie über den Flur zum Erfolg für leidgeprüfte Zwangsarbeiter in: Main-Echo v. 14.06.2000, S. 2.
Schröder, Dieter, Ein Ersatzfriedensvertrag in: SZ v. 13.09.1990, S. 4.

Schröder, Rainer, Zwangsarbeit: Rechtsgeschichte und zivilrechtliche Ansprüche (I), Jura 1994, S. 61 ff.

Seidl-Hohenveldern, Ignaz, Entschädigungspflicht der Bundesrepublik für reparationsentzogenes deutsches Auslandsvermögen, Völkerrechtliche Aspekte, Heidelberg 1962.

Seidl-Hohenveldern, Ignaz, Anmerkung zum Urteil des BGH v. 29.01.1953 – IV ZR 201 / 51 (München), NJW 1953, S. 1389 ff.

Seidl-Hohenveldern, Ignaz in: Burmeister, Joachim (Hrsg.), Verfassungsstaatlichkeit, Festschrift für Klaus Stern zum 65. Geburtstag, München 1997, S. 89.

Seidl-Hohenveldern, Ignaz, Lexikon des Rechts, Völkerrecht, 3. Aufl., Neuwied, Kriftel, Berlin 2001.

Seidl-Hohenveldern, Ignaz/ Stein, Torsten, Völkerrecht, 10. Aufl., Köln, Berlin, Bonn, München 2000.

Shinnar, Felix Eliesar, Bericht eines Beauftragten, Die deutsch – israelischen Beziehungen 1951 – 1966, Tübingen 1967.

Siegfried, Klaus - Jörg, Das Leben der Zwangsarbeiter im Volkswagenwerk 1939 – 1945, Frankfurt / Main, New York 1988.

Simma, Bruno in: SZ v. 13.07.2000, S. 2, Menschenrecht gegen Staatenrecht.

Strupp, Karl, Das völkerrechtliche Delikt, Stuttgart 1920.

Strupp, Karl / Schlochauer, Hans-Jürgen (Hrsg.), Wörterbuch des Völkerrechts, Bd. I, Berlin 1960.

Stuby, Gerhard in: Entschädigung für NS-Zwangsarbeit, Öffentliche Anhörung des Innenausschusses des Deutschen Bundestages v. 14.12.1989 (Zur Sache 6/90), Bonn 1990.

Stumpf, Eva, Kulturgüterschutz im internationalen Recht unter besonderer Berücksichtigung der deutsch-russischen Beziehungen, Frankfurt a.M.; Berlin; Bern; Bruxelles; New York; Oxford; Wien 2003.

Suchartikul, Immunities of foreign states before national authorities, RdC 149 (1976 I), S. 87 ff.

Surmann, Rolf/Schröder, Dieter (Hrsg.), Der lange Schatten der NS-Diktatur, Hamburg/Münster 1999.

Tams, Christian, Schwierigkeiten mit dem Ius Cogens, AVR, Bd. 40 (2002), S. 331 ff.

Teyssen, Georg, Deutschlandtheorien auf der Grundlage der Ostvertragspolitik, Frankfurt a. M. 1987.

Verdross, Alfred, Bona fides, in: Strupp/Schlochauer, Wörterbuch des Völkerrechts, Bd. I, Berlin 1960, S. 223 f.

Verdross, Alfred, Völkerrecht, 5.Auflage, Wien 1964.

Verdross, Alfred / Simma, Bruno, Universelles Völkerrecht, 3. Aufl., 1984.

Von der Heydte, F.A., Potsdamer Abkommen nach 1945 in: Strupp / Schlochauer, Bd. 2, S. 786 ff.

Walter, Bernhard, Rückführung von Kulturgut im internationalen Recht, Bremen 1988.

Weber, Hermann, Anmerkung zur „Liechtenstein-Entscheidung" des Bundesverfassungsgerichts vom 28. Januar 1998, AVR (36) 1998, S. 188 ff.

Wehner, Markus, Es gab auch „Westarbeiter" in: FAZ v. 14.07.1999, S. 16.

Wenk, Silke, Das konfiszierte deutsche Privatvermögen in Polen und der Tschechoslowakei – Die Rechtslage nach Abschluss des deutsch-polnischen und deutsch-tschechoslowakischen Nachbarschaftsvertrages, Frankfurt/M.; Berlin; Bern; New York; Paris; Wien, 1993.

Winkler, Ulrike, Stiften gehen. NS-Zwangsarbeit und Entschädigungsdebatte, Köln 2000.

Wirth, Steffen, Staatenimmunität für internationale Verbrechen, Jura 2000, S. 70 ff.

Woetzel, R. K., The Nuremberg trials in International Law, New York 1960.

Wolff, Bernhard, Zur Abgeltung der Reparationsschäden unter besonderer Berücksichtigung der Entstehungsgeschichte des Sechsten Teils des Überleitungsvertrages, Rechtsgutachten, Bonn 1964.

Zieger, Gottfried, Das Thema der Reparationen im Hinblick auf die besondere Lage Deutschlands, in: RIW / AWD 1980, S. 10 ff.

Zieger, Gottfried, Völkerrechtliche Kontinuität in Deutschland aus der Sicht der DDR in: Meissner, Boris / Zieger, Gottfried (Hrsg.), Staatliche Kontinuität unter besonderer Berücksichtigung der Rechtslage Deutschlands, Bd. I der Staats- und völkerrechtlichen Abhandlungen der Studiengruppe für Politik und Völkerrecht, Köln 1986, S. 47.

Zorn, Hermann in: Entschädigung für NS-Zwangsarbeit, Öffentliche Anhörung des Innenausschusses des Deutschen Bundestages v. 14.12.1989 (Zur Sache 6/90), S. 103 ff., Bonn 1990.

Abkürzungsverzeichnis

a.A.	anderer Ansicht
a.a.O.	am angegebenen Ort
Abl.	Amtsblatt
Abs.	Absatz
a.F.	alter Fassung
AG	Aktiengesellschaft
AJCL	American Journal of Comparative Law
AJIL	American Journal of International Law
AöR	Archiv des öffentlichen Rechts
ATO	Allgemeine Treuhand-Organisation
AVR	Archiv des Völkerrechts
Art.	Artikel
Aufl.	Auflage
Az.:	Aktenzeichen
BayVbl.	Bayerische Verwaltungsblätter
Bd.	Band
BDI	Bundesverband der Deutschen Industrie
BEG	Bundesentschädigungsgesetz
BGB	Bürgerliches Gesetzbuch
BGBl.	Bundesgesetzblatt
BGH	Bundesgerichtshof
BGHZ	Entscheidungen des Bundesgerichtshofs für Zivilsachen
BRAO	Bundesrechtsanwaltsordnung
BSGE	Entscheidungen des Bundessozialgerichtshofs
BT	Bundestag
BT-Drucks.	Bundestags-Drucksache
BT-Prot.	Bundestags-Protokoll
Bull.	Bulletin
BVerfG	Bundesverfassungsgericht
BVerfGE	Bundesverfassungsgerichtsentscheidung
BVerwGE	Bundesverwaltungsgerichtsentscheidung
bzw.	beziehungsweise

ca.	circa
Cir.	Circuit
Clunet	Journal du Droit International
D.C.	District Columbia
DDR	Deutsche Demokratische Republik
ders.	derselbe
d.h.	das heißt
DM	Deutsche Mark
doc.	document
Dok.	Dokument
DÖV	Die Öffentliche Verwaltung
DVBl.	Deutsches Verwaltungsblatt
DWiR	Deutsche Zeitschrift für Wirtschaftsrecht
EA	Europa-Archiv
EPIL	Encyclopedia of Public International Law
ETS	European Treaty Series
EMRK	Europäische Konvention zum Schutze der Menschenrechte und Grundfreiheiten
EuGH	Europäischer Gerichtshof
f. (ff.)	folgend(e)
FAZ	Frankfurter Allgemeine Zeitung
Fn.	Fußnote
FR	Frankfurter Rundschau
FS	Festschrift
FSIA	Foreign Sovereign Immunities Act of 1976 (USA)
F.Supp.	Federal Supplement
F2d	Federal Reporter, second series
GG	Grundgesetz
HLKO	Haager Landkriegsordnung
Hrsg.	Herausgeber
HuV-I	Humanitäres Völkerrecht: Informationsschriften
HVIRA	Holocaust Victim Insurance Relief Act

IARA	Interalliierte Reparationsagentur
ICJ	International Court of Justice
ILM	International Legal Materials
IMT	International Military Tribunal
IPRax	Praxis des Internationalen Privat- und Verfahrensrechts
ILC	International Law Commission
i.V.m.	in Verbindung mit
JRSO	Jewish Restitution Successor Organization
JTC	Jewish Trust Corporation
JZ	Juristen-Zeitung
KJ	Kritische Justiz
KRG	Kontrollratsgesetz
KSZE	Konferenz für Sicherheit und Zusammenarbeit in Europa
KZ	Konzentrationslager
LSA	Londoner Schuldenabkommen
Mich.	Michigan
Mio.	Millionen
m.w.N.	mit weiteren Nachweisen
NJ	Neue Justiz
NJW	Neue Juristische Wochenschrift
Nr.	Nummer (-n)
N.Y.I.L.	Netherlands Yearbook of International Law
Plenarprot.	Plenarprotokoll
RdC	Recueil des Cours de l´Académie de Droit International de la Haye
RGBl.	Reichsgesetzblatt

RM	Reichsmark
Rn.	Randnummer
RIW/AWD	Recht der Internationalen Wirtschaft (Außenwirtschaftsdienst des Betriebs-Beraters)
ROW	Recht in Ost und West, Zeitschrift für Rechtsvergleichung und innerdeutsche Rechtsproblem
Rspr.	Rechtsprechung
Rzw	Rechtsprechung zum Wiedergutmachungsrecht (Beilage zur NJW)
S.	Seite(n), Satz/Sätze
SBZ	Sowjetische Besatzungszone
sec.	section
SIA	United Kingdom State Immunity Act of 1978 (United Kingdom)
sog.	so genannte
SPD	Sozialdemokratische Partei Deutschland
SS	Schutzstaffel
SZ	Süddeutsche Zeitung
u.a.	unter anderem
UdSSR	Union der Sozialistischen Sowjetrepubliken
U.N.T.S.	United Nations Treaty Series
U.S.C.	United States Code
ÜV	Überleitungsvertrag
UN(O)	United Nations (Organization)
USA	United States of America
v.a.	vor allem
vgl.	vergleiche
VN	Vereinte Nationen
Vol.	Volume
VW	Volkswagen
WVK	Wiener Vertragsrechtskonvention

ZaöRV	Zeitschrift für ausländisches öffentliches Recht und Völkerrecht
z.B.	zum Beispiel
Zfp	Zeitschrift für Politik
Ziff.	Ziffer
zit.	zitiert
ZVglRWiss	Zeitschrift für vergleichende Rechtswissenschaften
ZZP	Zeitschrift für Zivilprozeß

AUGSBURGER SCHRIFTEN ZUM STAATS- UND VÖLKERRECHT

Herausgegeben von Professor Dr. Dieter Blumenwitz

Band 1 Fritz-Harald Wenig: Rechtsprobleme des innerdeutschen Handels.

Band 2 Wilfried Niedermeier: Der Beitritt der Bundesrepublik Deutschland zum Statut des Internationalen Gerichtshofes unter besonderer Berücksichtigung der obligatorischen Gerichtsbarkeit.

Band 3 Johann G. Gleich: Die Anerkennung der DDR durch die Bundesrepublik.

Band 4 Matthias Weigand: Der Vertrag über die gegenseitigen Beziehungen zwischen der Bundesrepublik Deutschland und der Tschechoslowakischen Sozialistischen Republik vom 11. Dezember 1973 - Eine völkerrechtliche Analyse.

Band 5 Werner Trützschler von Falkenstein: Die sich ändernde Bedeutung der Feindstaatenartikel (Artikel 53 und 107 der Satzung der Vereinten Nationen) für Deutschland.

Band 6 Reiner Schenk: Die Viermächteverantwortung für Deutschland als Ganzes, insbesondere deren Entwicklung seit 1969.

Band 7 Wolfgang Wagner: Die Verwirklichung der Menschenrechte im Pakt der Vereinten Nationen über bürgerliche und politische Rechte vom 16. Dezember 1966, im Grundvertrag und den ihn begleitenden Nebeninstrumenten.

Band 8 Ulrich Wacker: Der Konflikt verschiedener Rechtssysteme vor, während und nach der Kolonialzeit in Kenia.

Band 9 Wolfgang Enders: Der mexikanische Bundesstaat. Die politische und sozioökonomische Problematik eines föderalen Verfassungssystems in einem Land der "Dritten Welt".

Band 10 Heiner Hasford: Die Jurisdiktion der Europäischen Gemeinschaften. Zur extraterritorialen Wirkung des Gemeinschaftsrechts.

SCHRIFTEN ZUM STAATS- UND VÖLKERRECHT

Band 11 Wolf Dieter Remmele: Die Selbstdarstellung der Bundesrepublik Deutschland im Ausland durch den Rundfunk als Problem des Staats- und Völkerrechts.

Band 12 Elisabeth Lichtenstern: Die Gesetzgebung im Spannungsverhältnis zwischen Bund und Ländern.

Band 13 Peter Gassner: Kollektivmacht und Individualschutz im amerikanischen Arbeitsrecht.

Band 14 Helga Walter: Das Selbstverständnis des modernen Algeriens. Die historisch-nationalen und islamischen Elemente.

Band 15 Dieter Schütz: Der internationale ordre public. Der Ausschluß völkerrechtswidrigen fremden Rechts im Internationalen Privatrecht der Bundesrepublik Deutschland.

Band 16 Klaus-Peter Kißler: Die Zulässigkeit von Wirtschaftssanktionen der Europäischen Gemeinschaft gegenüber Drittstaaten.

Band 17 Rainhardt Freiherr von Leoprechting: Die neue Rohrwaffen-Artillerie-Munition im Lichte des I. Genfer Zusatzprotokolles vom 12. Dezember 1977. Zur Frage der Völkerrechtskonformität der Verteidigung der Bundesrepublik Deutschland mit modernen konventionellen Artilleriesystemen.

Band 18 Roland Steinmeyer: Die Schiffsgläubigerrechte im südafrikanischen nationalen und internationalen Privatrecht. Eine rechtsvergleichende Darstellung unter Einbeziehung des englischen und deutschen internationalen Privatrechts und unter besonderer Berücksichtigung des ordre public.

Band 19 Martin C. Ney: Der Einsatz von Atomwaffen im Lichte des Völkerrechts. Summary: The Use of Nuclear Weapons and International Law.

Band 20 Teodoro Ribera Neumann: Das chilenische Verfassungsgericht und das deutsche Bundesverfassungsgericht - Ein Rechtsvergleich -. 1985.

Band 21 Theodora Antoniou: Europäische Integration und griechische Verfassung. 1985.

Band 22 Georg Teyssen: Deutschlandtheorien auf der Grundlage der Ostvertragspolitik. 1987.

Band 23 Karin Klüpfel: Selbstbestimmung durch Assoziation. Die Assoziation als Verwirklichung des Selbstbestimmungsrechts der Völker - dargestellt am Beispiel von Puerto Rico. 1987.

Band 24 Friedrich Dehner: Die Stellung Berlins im Bundesrat. 1987.

Band 25 Thilo Morhard: Die Rechtsnatur der Übereinkommen der Internationalen Arbeitsorganisation. Zugleich ein Beitrag zur Lehre vom "soft law". 1988.

Band 26 Ralf Jahn: Ansiedlung von Einzelhandelsgroßprojekten (§ 11 Abs. 3 BauNVO 1977). Zur Frage der Bestimmtheit grundrechtsbeschränkender Eingriffsnormen. 1988.

Band 27 Wolfgang Götzer: Der völkerrechtliche Status der Donau zwischen Regensburg und Kelheim. Eine völkerrechtliche Untersuchung des Donauabschnittes Regensburg - Kelheim unter Einbeziehung der gesamten deutschen Donau. 1988.

Band 28 Michael Hakenberg: Die Iran-Sanktionen der USA während der Teheraner Geiselaffäre aus völkerrechtlicher Sicht. 1988.

Band 29 Renate Oxenknecht: Der Schutz ethnischer, religiöser und sprachlicher Minderheiten in Art. 27 des Internationalen Paktes über bürgerliche und politische Rechte vom 16. Dezember 1966. 1988.

Band 30 Raphael Quarshie Avornyo: Deutschland und Togo. (1847-1987). 1988.

Band 31 Friedrich Frhr. Waitz von Eschen: Die völkerrechtliche Kompetenz der Vier Mächte zur Gestaltung der Rechtslage Deutschlands nach dem Abschluß der Ostvertragspolitik. 1988.

Band 32 Gisela Süß: Die Zulassung von Zahnärzten aus dem EG-Bereich zur deutschen Kassenarztpraxis. Ein Beitrag zu Standort und Bedeutung der Grundrechte im Europäischen Gemeinschaftsrecht. 1988.

Band 33 Meggy Steffens: Die deutsche Ostpolitik im Spiegel publizistischer Stellungnahmen in den USA 1969-1973. 1988.

Band 34 Norbert Karl Riedel: Der Einsatz deutscher Streitkräfte im Ausland - verfassungs- und völkerrechtliche Schranken -. 1989.

Band 35 Heidi Dünisch: Der Mundatwald - Zur Bereinigung letzter Kriegsfolgenprobleme zwischen Deutschland und Frankreich.1989.

Band 36 Sabine Niedermeyer-Krauß: Kommunalwahlrecht für Ausländer und Erleichterung der Einbürgerung. Integrationsmöglichkeiten für Ausländer aus verfassungs- und europarechtlicher Sicht. 1989.

Band 37 Dirk-Hermann Voß: Regionen und Regionalismus im Recht der Mitgliedstaaten der Europäischen Gemeinschaft: Strukturelemente einer Europäischen Verfassungsordnung. 1989.

Band 38 Tilo Klinner: Satellitenfernerkundung im Völkerrecht. Inwieweit existiert ein völkerrechtlicher Datenschutz? 1989.

Band 39 Barbara Schmidt: Die Erweiterung der seewärtigen Hoheitsrechte der Bundesrepublik Deutschland und der DDR unter besonderer Berücksichtigung deutschlandrechtlicher Probleme. 1989.

Band 40 Hans-Joachim Brauns: Wiedervereinigung und europäische Integration. 1990.

Band 41 Gilbert-Hanno Gornig: Der Hitler-Stalin-Pakt. Eine völkerrechtliche Studie. 1990.

Band 42 Gudrun Lehnberger: Kommunale Entwicklungshilfe. Eine Aufgabe der Gemeinden? - Bestandsaufnahme und rechtliche Würdigung unter besonderer Berücksichtigung der bayerischen Verwaltungspraxis. 1990.

Band 43 Heike Kaup: Der Schwangerschaftsabbruch aus verfassungsrechtlicher Sicht. Eine rechtsvergleichende Untersuchung anhand des deutschen und des amerikanischen Rechts. 1991.

Band 44 Bernadette Steinmeyer: Verfassungsrechtliche Ansätze zur Neuordnung der multirassischen Gesellschaft Südafrikas unter Berücksichtigung des Vorschlages des Verhandlungsforums der "KwaZulu/Natal Indaba". 1991.

Band 45 Burkhard Schöbener: Die amerikanische Besatzungspolitik und das Völkerrecht. 1991.

Band 46 Christian Raap: Die Souveränität der Bundesrepublik Deutschland unter besonderer Berücksichtigung des militärischen Bereichs und der deutschen Einheit. 1992.

Band 47 Andrea Wagner: Der argentinisch-chilenische Konflikt um den Beagle-Kanal. Ein Beitrag zu den Methoden friedlicher Streiterledigung. 1992.

Band 48 Ralf Wittkowski: Die Staatensukzession in völkerrechtliche Verträge unter besonderer Berücksichtigung der Herstellung der staatlichen Einheit Deutschlands. 1992.

Band 49 Michael Piazolo: Das Recht auf Abtreibung als Teilaspekt des Right of Privacy. 1992.

Band 50 Silke Wenk: Das konfiszierte deutsche Privatvermögen in Polen und der Tschechoslowakei. Die Rechtslage nach Abschluß des deutsch-polnischen und deutsch-tschechoslowakischen Nachbarschaftsvertrages. 1993.

Band 51 Antje Kießwetter: Die Verfassungsentwicklung in Namibia. 1993.

Band 52 Angelika Kleffner-Riedel: Regionalausschuß und Subsidiaritätsprinzip. Die Stellung der deutschen Bundesländer nach dem Vertrag über die Europäische Union. 1993.

Band 53 Jerzy Kranz: Entre l'influence et l'intervention. Certains aspects juridiques de l'assistance financière multilatérale. 1994.

Band 54 Knut Kettwig: Rechtsgrundlagen dezentraler grenzüberschreitender Zusammenarbeit im deutsch-polnischen und deutsch-tschechischen Grenzraum. 1994.

Band 55 Ulrich Seidenberger: Die diplomatischen und konsularischen Immunitäten und Privilegien. Ein Beitrag zur Diskussion über die Reformbedürftigkeit des Diplomaten- und Konsularrechts aus staats- und völkerrechtlicher Sicht. 1994.

Band 56 Christian Schede: Bundesrat und Europäische Union. Die Beteiligung des Bundesrates nach dem neuen Artikel 23 des Grundgesetzes. 1994.

Band 57 Florian Prugger: Die Nachfolge in das Vermögen der ehemaligen DDR. Ein Beitrag zu Art. 21 ff Einigungsvertrag unter besonderer Berücksichtigung der Firma F.C. Gerlach des Bereichs Kommerzielle Koordinierung. 1994.

Band 58 Mark Zimmer: Einsätze der Bundeswehr im Rahmen kollektiver Sicherheit. Staats- und völkerrechtliche Grundlagen unter Berücksichtigung des BVerfG-Urteils vom 12.07.1994. 1995.

Band 59 Gerd von Laffert: Die völkerrechtliche Lage des geteilten Zypern und Fragen seiner staatlichen Reorganisation. 1995.

Band 60 Wolfram Schneeweiß: Die rechtliche Stellung der Indianerstämme innerhalb der Vereinigten Staaten von Amerika. Ein Modell für den Schutz der *indigenous peoples*. 1995.

Band 61 Marianne Janik: Möglichkeiten und Grenzen einer gemeinsamen Exportkontrolle für sensitive Waren und Dienstleistungen im Lichte des europäischen Gemeinschaftsrechts. 1995.

Band 62 Michael Brems: Die politische Integration ethnischer Minderheiten aus staats- und völkerrechtlicher Sicht. 1995.

Band 63 Martin Vocke: Verfassungsinterpretation und Normbegründung - Grundlegung zu einer prozeduralen Theorie der Verfassungsgerichtsbarkeit. 1995.

Band 64 Stefan von der Beck: Die Konfiskationen in der Sowjetischen Besatzungszone von 1945 bis 1949. Ein Beitrag zu Geschichte und Rechtsproblemen der Enteignung auf besatzungsrechtlicher und besatzungshoheitlicher Grundlage. 1996.

Band 65 Stephanie Baer: Der Zerfall Jugoslawiens im Lichte des Völkerrechts. 1995.

Band 66 Christine Sauerwald: Die Unionsbürgerschaft und das Staatsangehörigkeitsrecht in den Mitgliedstaaten der Europäischen Union. 1996.

Band 67 Silke Buchner: Die Rechtswidrigkeit der Taten von "Mauerschützen" im Lichte von Art. 103 II GG unter besonderer Berücksichtigung des Völkerrechts. Ein Beitrag zum Problem der Verfolgung von staatlich legitimiertem Unrecht nach Beseitigung des Unrechtssystems. 1996.

Band 68 Bernd Weiß: Einführung und Umsetzung der Europäischen Charta der kommunalen Selbstverwaltung in Deutschland, insbesondere in Bayern und Nordrhein-Westfalen. 1996.

Band 69 Gesine Katharina Neumann: Boliviens Recht auf freien Zugang zum Pazifik. Zur völkerrechtlichen Problematik des Zugangs der Binnenstaaten zum Meer. 1997.

Band 70 Elvira Pfrang: Das Verhältnis zwischen Europäischem Gemeinschaftsrecht und deutschem Recht nach der Maastricht-Entscheidung des Bundesverfassungsgerichts. Eine Studie zu den Konflikten beider Rechtsordnungen auf dem Gebiet des Grundrechtsschutzes und der Kompetenzen. 1997.

Band 71 Dieter Blumenwitz / Burkhard Schöbener: Stabilitätspakt für Europa. Die Sicherstellung mitgliedstaatlicher Haushaltsdisziplin im Europa- und Völkerrecht. 1997.

Band 72 Matthias Weinberg: Schutz der deutschen Minderheit in Polen nach den Weltkriegen. Ein Vergleich unter Berücksichtigung der aktuellen Rechtslage. 1997.

Band 73 Reinhard Müller: Der "2+4-Vertrag und das Selbstbestimmungsrecht der Völker. 1997.

Band 74 Stefan Strobl: Das Nichtverbreitungsregime für Kernwaffen nach 1995 und der freie Zugang zu nuklearen Technologien und Materialien. 1997.

Band 75 Christine Weber: Das Gegenzeichnungsrecht unter besonderer Berücksichtigung der Verfassung des Fürstentums Liechtenstein. 1997.

Band 76 Stephan Semrau: Die Gemeinsame Außen- und Sicherheitspolitik der Europäischen Union. 1998.

Band 77 Marcus Schultz: Die Auslandsentsendung von Bundeswehr und Bundesgrenzschutz zum Zwecke der Friedenswahrung und Verteidigung. Völker- und verfassungsrechtliche Analyse unter besonderer Berücksichtigung der Entscheidung des Bundesverfassungsgerichtes zum Einsatz deutscher Streitkräfte vom 12. Juli 1994. 1998.

Band 78 Benedikt P. Kuttenkeuler: Die Verankerung des Subsidiaritätsprinzips im Grundgesetz. Ein Beitrag zur Bedeutung des Subsidiaritätsprinzips für die Kompetenzabgrenzung im Bundesstaat. 1998.

Band 79 Winfried Bausback: Verfassungsrechtliche Grenzen des Wahlrechts zum Deutschen Bundestag. 1998.

Band 80 Elvira Pfrang: Towards Liberalisation of the European Electricity Markets. The Directive concerning Common Rules for an Internal Market in Electricity in the Frame of the Competition and Internal Market Rules of the EC-Treaty. 1999.

Band 81 Alexander Wolf: Prozessuale Probleme des »Maastricht"-Urteils des Bundesverfassungsgerichts. 1999.

Band 82 Jürgen Bartl: Die humanitäre Intervention durch den Sicherheitsrat der Vereinten Nationen im "Failed State". Das Beispiel Somalia. 1999.

Band 83 Thomas Gnielinski: Die Reform des deutschen Staatsangehörigkeitsrechts. Eine Analyse und Bewertung der vorliegenden Gesetzesvorhaben. 1999.

Band 84 Margarita González: Der völkerrechtliche Status des Panamakanals nach Ablauf der Übergangszeit im Jahr 1999. 2000.

Band 85 Petra Johnen: Die Verfassungsentwicklung Südafrikas unter besonderer Berücksichtigung der verfassunggebenden Gewalt des Volkes. 2001.

Band 86 Markus Allstadt: Die offene Völkerrechtslage im deutsch-tschechischen Verhältnis und ihre Bedeutung für die Osterweiterung der Europäischen Union. Zugleich Überlegungen zu den Auswirkungen zwingenden Völkerrechts in der Vertriebenenfrage. 2000.

Band 87 Gerrit Aschmann: Europol aus Sicht der deutschen Länder. 2000.

Band 88 Mark Weber: Der Berlin-Status im intertemporalrechtlichen Konflikt. Dargestellt am Beispiel von Grundstücksenteignungen im Ostteil Groß-Berlins. 2001.

Band 89 Heidi Hellwig: Die Staatsangehörigkeit als Anknüpfung im deutschen IPR. Unter besonderer Berücksichtigung des Gesetzes zur Reform des Staatsangehörigkeitsrechts. 2001.

Band 90 Aline Bruer-Schäfer: Der Internationale Strafgerichtshof. Die Internationale Strafgerichtsbarkeit im Spannungsfeld von Recht und Politik. 2001.

Band 91 Andreas Rosenfeld: Die Verfassungsentwicklung von Mosambik. Ein Beitrag zur rechtsstaatlichen Transformation im südlichen Afrika. 2001.

Band 92 Markus Pallek: Der Minderheitenschutz im deutschen Verfassungsrecht. Eine analytische Untersuchung des Begriffs sowie der bundes- und landesverfassungsrechtlichen Stellung der ethnischen, nationalen, sprachlichen, kulturellen und religiösen Minderheiten in der Bundesrepublik Deutschland vor dem Hintergrund der völker- und europarechtlichen Rahmenbedingungen. 2001.

Band 93 Ansgar Firsching: Die Samen, ihre Rechtsstellung in Schweden und ihre Rechtsstellung im Lichte der Indigenous Peoples weltweit. 2002.

Band 94 Jörg Dunker: Regionale Integration im System des liberalisierten Welthandels. EG und NAFTA im Vergleich. 2002.

Band 95 Katharina Wodarz: Gewaltverbot, Menschenrechtsschutz und Selbstbestimmungsrecht im Kosovo-Konflikt. 2002.

Band 96 Grit Hokema: Immunität von Staatsoberhäuptern. 2002.

Band 97 Tido Oliver Hokema: Mehrfache Staatsangehörigkeit. Eine Betrachtung aus völkerrechtlicher und verfassungsrechtlicher Sicht. Unter Berücksichtigung des Staatsangehörigkeitsreformgesetzes vom 15. Juli 1999. 2002.

Band 98 Janet Kerstin Butler: Die Beteiligung von Privatpersonen am WTO-Streitbeilegungsverfahren. Bestandsaufnahme und Entwicklungsperspektiven. 2002

Band 99 Tobias H. Irmscher: Die Behandlung privater Beschwerden über systematische und grobe Menschenrechtsverletzungen in der UN-Menschenrechtskommission. Das 1503-Verfahren nach seiner Reform. 2002.

Band 100 Markus Voltz: Menschenrechte und ordre public im Internationalen Privatrecht. 2002.

Band 101 Sabine Schorer: Das Konsensprinzip in der internationalen Gerichtsbarkeit. 2003.

Band 102 Anja Weisgerber: Das Beweiserhebungsverfahren parlamentarischer Untersuchungsausschüsse des Deutschen Bundestages. 2003.

Band 103 Stephan Anstötz: Perspektiven zur staatlichen Neuordnung Zyperns. 2003.

Band 104 Eva Stumpf: Kulturgüterschutz im internationalen Recht unter besonderer Berücksichtigung der deutsch-russischen Beziehungen. 2003.

Band 105 Christian Malzahn: GATT-widrige *Treble Damages*-Klagen auf der Grundlage des US Antidumping Act 1916. Eine Untersuchung der Rechtsstellung beklagter deutscher Unternehmen im US-amerikanischen und deutschen Recht. 2003.

Band 106 Susanne Giannios: Ein Wasserregime im Nahen Osten. Rechtliche und politische Grundlagen und Perspektiven der internationalen Wasserverteilung im Jordanbecken. 2004.

Band 107 Jan Hübner: Das Verbrechen des Völkermordes im internationalen und nationalen Recht. 2004.

Band 108 Benjamin Krenberger: Deutschland im Spannungsfeld zwischen Europäischer Menschenrechtskonvention und nachzubefolgendem Besatzungsrecht. Reichweite der Verpflichtungen des souveränen Deutschlands nach der Liechtenstein-Entscheidung des Europäischen Gerichtshofes für Menschenrechte. 2004.

Band 109 Matthias Werner Schneider: Kommunaler Einfluß in Europa. Die Einflußnahme der Kommunen beim Europarat als Modell für die Europäische Union. KGRE, AdR und EKC als Säulen eines europäischen Kommunalschutzes. 2004.

Band 110 Bettina Gerber: Die Asylrechtsharmonisierung in der Europäischen Union. Unter besonderer Berücksichtigung der Richtlinie zur Festlegung von Mindestnormen für die Aufnahme von Asylbewerbern in den Mitgliedstaaten. 2004.

Band 111 Markus Lintner: Die verfassungsrechtlichen Grenzen des horizontalen Länderfinanzausgleichs nach Art. 107 Abs. 2 GG. 2004.

Band 112 Daniel Volk: Die Begrenzung kriegerischer Konflikte durch das moderne Völkerrecht. 2005.

Band 113 Eugenie Trützschler von Falkenstein: Mittelosteuropa – Nationen, Staaten, Regionen. Die Erweiterung der Europäischen Union aus der historischen Perspektive. 2005.

Band 114 Angela Kaiser: Minderheitenschutz in der Europäischen Union. Eine Untersuchung des „doppelten Standards" des EU-Minderheitenschutzes unter besonderer Berücksichtigung der Europäischen Grundrechtecharta. 2005.

Band 115 Kerstin Liesem: Die Reparationsverpflichtungen der Bundesrepublik Deutschland nach dem Zweiten Weltkrieg unter besonderer Berücksichtigung der Zwangsarbeiterentschädigung. 2005.

Kolibri 360 GmbH
Ferdinand-Jühlke-Straße 7
99095 Erfurt, Deutschland
produktsicherheit@kolibri360.de

Druck:
CPI Druckdienstleistungen GmbH
im Auftrag der
Kolibri 360 GmbH
Ferdinand-Jühlke-Str. 7
99095 Erfurt